황성신문연구

최 경 숙 지음

부산외국어대학교 출판부

황성신문연구

2010년 2월 28일 1판 1쇄 발행

저 자/ 최 경 숙
발행인/ 유 선 규
발행처/ **부산외국어대학교 출판부**
등 록/ 제 카7-53호 (1988. 9. 1.)
주 소/ 608-738 부산광역시 남구 석포로 15
전 화/ 051)640-3439, 3440 팩스/ 051)640-3580
인터넷/ http://press.pufs.ac.kr

편 집/ 주간 · 김수환, 디자인 · 배영수
인쇄처/ 세종문화사 (051)463-5898
공급처/ 한국출판협동조합 (02)716-5616～9

ISBN 978-89-8312-334-3 93910

값 13,000원

머리글

본 연구는 대한제국기 황성신문(1898. 9. 5~ 1910. 8. 28)의 계몽사상을 구명하는 데 목적을 두고 있다.

근대사를 공부하면서 사상사에 관심을 가지고 위정척사사상, 개화사상, 동학사상 등을 공부하다가 우연히 매천 황현 그리고 황성신문을 접하게 되었다.

처음 접하였던 황성신문은 매력적이지 않았다. 12년간 3500여 회에 달하는 많은 분량, 한문체라 해도 지나친 말이 아닌 고루한 문장들 때문에 덮어 두었다. 보다 쉽게 읽을 수 있는 독립신문(1896. 4. 7~ 1899. 12. 4) 대한매일신보(1904. 7. 18~ 1910. 8. 28) 제국신문(1898. 8. 10～1910. 8. 2)이 있고, 그 내용들을 검토하는 일만도 내 능력에 넘쳐서 허우적거려야 할 형편이었기 때문이다. 신문을 뒤적거리며 이것을 시작하는 것이 아닌데 하는 후회감마저 들 지경이었으니 황성신문은 더 이상 보고 싶지 않은 것이 솔직한 마음이었다.

그러나 얼마 지나지 않아 독립협회의 개신 유학자들이 발간한 신문이긴 하지만 단명한 독립신문과 달리 왜 이 신문은 일본에 의해 강제 폐간될 때까지 그렇게 오래 간행될 수 있었을까? 독립신문 이후 국문을 사용한 신문이 유행이었는데 왜 홀로 유아독존 국한문혼용체를 사용하였을까? 독립신문이나 대한매일신보의 연구자는 많은데 왜 이 신문은 연구자들에게 인기를 끌지 못하였을까? 고루한 남성 취향의 이 신문이 당시 여학교나 여성운동은 어떻게 보았을까? 유학자적인 요소가 강하였던 필진들이 꿈꾸었던 세상은 당시의 다른 언론들과 얼마나 다를까? 자꾸 궁금증이 일어났다. 해결 방법은 신문을 읽어 가는 방법뿐이었고, 그 많은 기사들 중에서 무엇을 가려서 연구할 것이냐도 고민이었다. 결국 논설에 한정하여 논설을 분석함으로써 신문을 통하여 토로하고자 했던 사상들을 찾아보았다.

황성신문 창간과 역사인식에 관한 것은 선학의 연구가 있어 많은 도움을 받았다. 또 신문의 논설을 어떤 형식으로 분류하여 구성하느냐에 관해서는 언론사를 연구한 저서들을 통해서 도움을 받았다. 논설을 분류하여 정치 경제 교육 등으로 나누었지만 분류한 각 항목들이 전체 논설에서 차지하는 비율이나 연도별 비율의 분석은 하지 못하였다. 러일전쟁을 기점으로 신문의 성격이 바뀌지만 이 시기를 구분하여 분류된 논설이 구체적으로 어떻게 변하고 어디에 보다 많은 비중을 두었느냐를 분석하지 못하였다. 계량적인 분석보다는 논설을 통하여 그들이 내세웠던 목표와 가치, 사상을 파악하는 데 중점을 두고 그 내용을 밝혀내고자 하였다. 황성신문 논설의 분야별 비율이나 시기별 비율을 분석하고, 다른 신문의 논설을 분류하고 그 비율과 황성신문의 비율을 비교함으로써 특성과 중점을 둔 사상을 보다 명확히 할 수 있으리라 생각한다. 이것은 앞으로의 과제이다.

황성신문의 논설을 통해서 개신유학자들의 관심과 사상을 파악하고 그것이 사회에 어떤 영향을 끼쳤는가를 알아보는 것은 어려운 일이었다. 열심히 하였지만 특정사상의 형성 배경, 영향, 상호간의 관련성 등은 엉성하기만 하고 이런 것이 있었고 이런 말을 하였다는 사실의 나열에 불과한 글이 되고 말았다. 몇 번이나 보완한다고 뒤적거리고, 출판을 결정하고서도 너무 부족한 부분이 많아 많이 망설여졌다. 그러나 오히려 부족한 글이지만 내어놓고 잘못된 부분을 지적받고, 그것을 겸허히 받아들임으로써 내 시각도 좀 더 열릴 수 있다는 마음에서 출판을 결정하였다.

연구를 위해서 경인문화사 발행의 영인판 황성신문을 사용하였다. 또 황성신문의 논조를 좀 더 이해하기 위해 독립신문은 영인간행위원회 발행의 영인판을, 대한매일신보는 관훈클럽 발행의 영인판을 사용하였다.

국한문혼용체, 고어체로 적혀있는 글을 인용하면서 현재의 어법에 맞게 번역하여 사용하였다.

전문 연구서 출판을 감내한 부산외국어대학 출판부 관계자들에게 감사의 뜻을 표한다. 필요한 논문이 있을 때마다 수고를 아끼지 않고 자료를 찾아 준 최정호, 논문의 수정을 도와 준 윤녕과 영준, 글이 제대로 안될 때 부리는 짜증을 잘 참아 준 가족들에게 고마움을 느낀다. 자식이 하는 일이라면 무조건의 지원을 보내주었던 돌아가신 부모님께서 이 책을 보고 기뻐해 주셨으면 하는 소망을 품어본다.

2010년 2월

목 차

Ⅰ. 서론

『황성신문(皇城新聞)』은 대한제국이 성립된 후인 1898년 9월 5일 창간되어 1910년 8월 28일 종간호와 8월 29일 한일강제 합병 호외로 폐간되기까지 약 12년간 동안 간행된 신문이다. 이 신문은 독립협회의 또 다른 기관지 역할을 하면서 『독립신문』 『대한매일신보』와 더불어 개화진보를 주장하고 국민계몽에 노력하였다. 또한 대한제국의 성립, 국권침탈과정, 강제 병탄으로 강제 폐간되기까지 대한제국과 역사를 같이 하였다고 하여도 지나친 말은 아닐 것이다.

『황성신문』이 발행되고 있던 시기(1897년~ 1910년)는 19세기말에서 20세기초에 걸치는 중요한 시대로서 제국주의 열강들의 영토의 독점적 영유와 재분할을 위한 경쟁이 격화되고 있었다. 즉 1860년대부터 독점자본주의로 이행한 서구자본주의는 국내 과잉 생산된 상품과 자본 및 자본재를 해외 미개시장에 수출하고자 식민지 쟁탈전에 뛰어 들었다. 이에 따라 1880년대에서 1890년대에 걸쳐 대부분의 아프리카대륙이 서구제국주의 국가의 수중에 들어갔고, 동양에서도 미얀마, 말레이시아, 파키스탄, 암만, 필리핀 등이 영국, 프랑스, 미국 등의 식민지로 전락해 갔다. 이러한 세력들은 한국에도 밀어 닥쳤다. 또한 일본이 메이지유신으로 천황체제를 확립한 이후 자본주의체제로의 전환을 도모하면서 한국에 대한 침략정책을 추진하던 시기였다. 조선을 둘러싼 제국주의 열강의 이권침탈과 청·일·러시아 등 삼국의 각축으로 민족적 위기감이 극에 달하였고, 끝내는 일제가 한반도에서 독점적 지위를 구축하게 된 때였다. 그리고 개항 이후 자본주의 세계에 편입함에 따라 그 결과 반봉건 근대화운동과 함께 반제국주의 투쟁이라는 새로운 민족사적 임무가 부하된 시기였다.

사상적으로는 주자학적 사상체제를 고수하면서 열강에 대항하고자 했던 '위정척사사상', 서학에 대항하는 민족종교로서의 '동학사상', 자본주의적 부국강병체제를 지향하는 '개화사상'이 새롭게 대두되었다. 국내적으로 이 시기의 가장 큰 특징은 위로부터의 개혁인 갑오개혁이 추진되는 상황과 밀접한 관련이 있다. 갑오개혁은 정권 담당자들과 일본제국주의와의 관련 속에 진행됨으로서 그 자체에 근대지향적인 성격이 있음에도 불구하고 범민중적 저항을 받게 되었다. 더구나 그것은 '아래로부터의 개혁'운동인 동학농민혁명을 철저히 진압하고 난 후에 조선의 정치 경제를 일본의 침략구조에 맞게 개편하려는 의도의 소산이었기 때문에 더욱더 격렬한 저항을 유발시켰다. 그러나 개혁의 추진 과정에서 발생한 삼국간섭에 따른 러시아의 부각과 친러정책, 을미사변에 이어서 아관파천이 일어나면서 개혁 의도는 좌절되었다.[1)]

1896년 2월 고종의 아관파천을 계기로 김홍집의 제3차 친일내각이 붕괴되고 수구파와 구미파의 연립내각이 수립됨으로서 청일전쟁을 통하여 조선에 강력한 영향력을 행사해 오던 일본의 침략세력은 일단 후퇴하고 한반도에 있어서 자본주의 열강 간의 세력균형이 형성되었다. 그러나 국왕이 러시아공사관에 머물러 있던 관계로 한국에 대한 러시아

---

1) 유영익, <갑오경장추진세력의 사상과 행동－갑오개화파관료의 배경과 개혁사상을 중심으로→, 『한림대논문집』 인문사회편 5, 1987; 원유한, <갑오개혁>, 『한국사』 17; 강덕상 외, 『갑신갑오기의 근대변혁과 민족운동』, 청아, 1985.

의 영향력이 크게 강화되어 러시아를 비롯한 열강의 이권침탈은 더욱 심해졌으며, 친러집권층의 외세의존적인 자세와 보수반동적인 성향으로 정국은 혼미를 거듭했다. 고종의 환궁과 대한제국의 성립과 더불어 광무정권은 왕권강화와 왕실의 재정 확충을 이루기 위하여 개혁을 단행하였다.

이러한 상황에서 자주독립과 충군애국의 기치를 걸고 민중을 계몽하여 단합된 국민의 힘으로 완전한 자주독립 국가를 만들려는 목적에서 독립협회가 창립되었다.[2] 광무정권과는 성격을 달리하는 개혁노선을 추진한 독립협회는 자주국권사상, 자유민권사상, 그리고 국정 전 분야에 걸친 일대 변혁을 통하여 근대적 자강체제를 수립하려는 자강개혁사상을 내세워 국권・민권 개혁운동을 전개하였다.[3] 민중을 계몽하여 애국적이고 근대적인 국민으로 육성하려는 목적을 지니고 순 한글로 된 『독립신문』을 발간하였다. 이어 독립협회 내 개신유학자들을 중심으로 하여 『황성신문』이 발간되었다. 민선의회를 설립하여 입헌대의정체 곧 근대적인 정치체제를 갖추어 자강개혁을 추진하도록 하려는 독립협회의 기본전략은[4] 단계적인 성공을 거듭하여 국왕으로 하여금 제한된 범위에서나마 국민참정권을 공인하도록 하고 일종의 국회설립법인 의회식 중추원관제를 만듦으로써 우리나라 최초의 의회가 설립될 단계에 이르렀다.

그러나 독립협회의 의회개설안을 중심으로 한 개혁안은 광무개혁을 주도하던 수구관료층의 정치개혁안과 대립되는 양상을 보이고 있었다.

---

2) 유영렬, <독립협회의 민중운동전개과정>, 『사총』 1973; 신용하 『독립협회연구』, 일조각, 1976.

3) 신용하, 위의 책. pp. 144

4) 유영렬, 『개화기의 윤치호연구』, 한길사, 1985, pp. 120-130.

결국 수구파의 음모와 책동으로 의회설립이 마지막 단계에서 좌절되고 독립협회마저 해체되어 그 궁극적인 목적을 달성할 수는 없었다.[5]

물론 독립협회의 개혁안은 대한제국시기의 개혁정책의 방향을 제시하였고, 또 개혁정책 속에 수용되어 실제로 상당한 개혁이 이루어졌다는 평가도 있듯이[6] 독립신문 역시 당시의 개혁・계몽운동의 방향설정에 많은 영향을 주었다.

이처럼 서구의 발달된 문명을 받아들여 민족적 위기를 극복하고자 한 개화 사상가들은 전통적인 정치와 제도의 개혁을 주장하였고, 그들의 최종목표는 문명개화를 이룩하여 자주적 근대국가를 건설하는 데 있었다. 그러기 위해서는 주자학적 사유를 타파하고 근대적 사유를 확대해 나가는 것이 자주적 변혁을 성취하기 위한 전제조건이었으며, 전근대적 가치체제의 결함을 극복하고 근대제도와 사상을 실현함으로써 역사주체 = 국민을 형성하는 일은 중요한 과제였다. 실제로 개화지식인들은 자주독립과 부국강병을 지향하는 기본으로서 근대교육운동을 중시하였다.

독립협회가 해체(1898.12)된 이후 한반도를 둘러싼 열강의 이권침략이 첨예화 되어감에 따라 민중계몽을 목적으로 한 많은 단체들이 설립되어 계몽운동을 전개해 나갔다. 황성기독교청년회(1903.10), 보안회(1904.7), 협동회(1904.9), 진명회(1904.11), 공진회(1904.12), 헌정연구회(1905.5), 동아개진교육회(1905.7), 국민교육회(1905.7), 대한구락부(1905.9), 대한자강회(1906.3), 서우학회(1906.10), 신민회(1907.12) 등

5) 유영렬, 위의 책, pp. 135-137.

6) 김용섭, <광무년간의 양전사업에 관한 연구>, 아세아연구 31, 1968; 김영호, <한말서양기술의 수용>, 아세아연구 31, 1968; 원유한, <전환국고>, 『역사학보』 37, 1968; 송병기, <광무개혁연구>, 『사학지』 10, 1976.

이 조직되어 정치 경제적 민족운동을 전개해 나갔으며, 『황성신문』도 그 일익을 담당하고 있었다.

『황성신문』이 간행되던 시기는 위에서 말한 바와 같은 우리 스스로의 개혁과 근대 문명 수용이 외세에 의해 좌절되어가던 시기였다. 『황성신문』의 필진들은 위기에 처한 국내외 상황을 타개하고자 국민계몽, 의식의 개혁과 더불어 식산흥업과 자강실현을 위한 제도개혁을 주장하고 이를 통해 국권을 회복하고자 하였다.

본 연구에서는 『황성신문』의 논설을 통하여 동 신문이 추구했던 논조의 가치정향과 국내외 문제에 대한 정치적 인식을 분석하고자 하였다. 그러므로 신문의 보도기능 등 언론사적 연구가 아닌 사회적 기능과 역사성을 중시하여 시대적 추이와 배경에 따르는 계몽 내지는 계몽사상을 고찰하는 데 초점을 맞추었다.

따라서 『황성신문』의 논설을 분석하는데 있어서 마땅히 위의 두 측면 즉 대외적으로 외세에 어떻게 대응하고자 하였으며, 대내적으로 근대적 발전 문제에 어떻게 접근하고자 하였는가를 중심으로 고찰하고자 한다.

갑오개혁에서 시작된 일련의 근대적 제 개혁은 주체적 역량의 부족과 외국 열강의 침략적 간섭으로 충분한 성과를 거둘 수는 없었지만 조선사회에 큰 전환을 가져왔다. 그리고 봉건제가 해체되고 조선이 일본과 열강의 반식민지로 결정적으로 전락하는 가운데 봉건지식인의 개명화-사상적 전환, 곧 개화지식인의 형성이 더욱 촉진되었다. 특히 독립협회가 설립되어 대중화 활동을 한 것과 국문, 국한문혼용의 각종 신문이 간행된 것이 지식인의 의식변화에 크게 이바지하였다.[7]

---

7) 강재언, 『한국의 개화사상』, 비봉출판사, 1981.

대한제국기(1897년~1910년)의 개화지식인들의 활동을 나누어 보면 전기1897~1904)에는 독립협회운동과 만민공동회 광무개혁이 전개되었으며, 후기에는 국권회복운동을 전개하였다고 할 수 있다. 개화사상의 보급과 부국강병을 실현하기 위한 계몽의 한 방법으로 많은 신문이 출간되었는데 『독립신문』, 『협성회회보』 및 이것의 이름을 바꾼 『매일신문』에 덧붙여 몇 개의 신문이 출현했던 외에도 1898년 8월에는 『제국신문』이, 같은 해 9월에는 『황성신문』이 창간되어 조선의 개화를 추구하는 활발한 주장이 전개되었다. 그리고 이 시기에 발행된 신문들이 순국문체를 사용했음에도 불구하고, 『황성신문』은 국한문혼용체를 사용하여 발간하였다. 이는 『황성신문』과 같은 시기에 발간된 제국신문이 순국문을 사용하여 독립신문과 더불어 계몽의 대상을 민중과 부녀자까지 포함한 것과는 달리하였음을 나타내며 자연히 그 독자층을 한정하였음을 드러낸다.

그러나 『황성신문』은 이 시기의 어느 신문보다 비교적 오랜 기간 발행되었다. 또한 독립협회에서 활약하던 인물을 중심으로 하여 발간되었음에도 불구하고, 그 발행진들은 독립협회원 중에서도 개신유학파로 불리어지던 사람들이었다.[8] 국문신문이 한문을 이해할 수 없는 민중의 계몽에 매우 유효한 것이었음에도 불구하고 『황성신문』이 국한문혼용문을 사용하였다는 점을 주시한다면 이 점에서 우리는 『황성신문』의 한 면모를 추구해 볼 수 있으리라 생각된다.

당시의 대표적 개신유학자로는 박은식(朴殷植), 장지연(張志淵), 이기(李沂), 신채호(申采浩) 등을 들 수 있는데 박은식과 장지연이 모두 1898년에 사상전환을 했던 것에서 보여 지듯이[9] 봉건지식인이 근대지

8) 신용하, 『독립협회연구』, 일조각, 1976, p. 105.

식인으로 자기 변혁을 하는 것이 하나의 사회적 조류로 되기 시작했던 시기는 대략 1898년 이후의 일이었다. 이들이 사상적 전환을 하였던 시기에 『황성신문』이 창간되고, 신문창간에 주도적 역할을 하였던 면을 고려한다면 신문발간의 목적이나 성격이 어느 정도 드러나리라 생각한다.

각성한 지식인들은 적극적으로 근대지식을 흡수하는 동시에 대대적인 계몽활동을 조직함으로서 민중의 의식변혁을 촉진하였다. 그러나 이들은 독립협회의 서구적 개념을 지닌 자 와는 달리 그동안 정신문화의 주류를 이어 왔던 유학을 부정하지 않았으며 오히려 그 기반으로 하였다. 그러면서도 한편으로 신학문, 특히 근대과학을 도입함으로서 국가재건의 방도를 찾아내려고 하였다.

이런 면에서 『황성신문』의 논설이나 논조의 분석 연구는 이미 많은 성과를 축적하고 있는 『독립신문』이나 『대한매일신보』등의 연구와 함께 고찰되어야 할 과제라 하겠다.

최근에 근대 언론과 출판에 관한 연구가 본격화되어 당시의 언론, 출판물이 지녔던 사상이나 운동에 관한 연구가 활발히 전개되고 있다.[10] 연구 분야별로 살펴보면 1) 인물에 관한 연구, 2) 주요 신문・단체에 관한 연구, 3) 신문・학회지의 내용・사상에 관한 연구로 구분할 수 있다.

1)에 관한 연구는 대개 신문 창간이나 학회 창립에 주도적인 역할을 한 인물 - 서재필, 유길준, 윤치호, 장지연, 박은식, 신채호, 양기탁 - 들을 중심으로 그 생애나 사상에 관한 연구가 주류를 이루고 있다.[11] 2)에

---

9) 신용하, 『박은식의 사회사상연구』, 서울대출판부, 1982; 김용선, <위암 장지연의 제 논설에 나타난 교육관>, 원광대 학위논총 5집, 1985.

10) 안민세, <조선신문소사>, 『신문평론』 1947년 4월 ~1948년 12월, 4회 전재; 최준, 『한국신문사』, 일조각, 1960; 동 『한국신문사논고』, 일조각, 1976 ; 이해창, 『한국신문사연구』, 성문각, 1971.

관한 연구는 『한성순보』 『한성주보』 『독립신문』 『대한매일신보』 『황성신문』 등을 대상으로 하여 신문의 발행경위 · 특성 · 공적 등을 밝히는 데 연구의 초점을 두고 있다.[12] 3)에 관한 연구는 앞서의 신문 중 주로 『독립신문』[13]과 『대한매일신보』를 중심으로 하여 신문에 나타난 가치관념, 항일의식, 대외문제인식, 사회사상, 교육사상을 밝히는 데 중점을 두고 있다.

한국에서 개화운동이 본격화된 것은 1880년대부터였다. 이 시기의 운동은 몇 몇 선각자들에 의한 이른바 위로부터의 운동이었으나 1890년대에 이르면 횡적 혹은 대중화의 운동으로 발전하여 나아갔다. 1890년대의 개화운동을 이처럼 1880년대와 다른 차원으로 발전케 하는데 중요한 역할을 한 것은 독립신문이었다.[14]

---

11) 구자혁, <장지연의 역사의식과 교육론>, 『역사교육』 27. 1980 ; 김봉렬, <유길준의 개화사상>, 『경희사학』, 1983.2; 김영호, <유길준의 개화사상>, 『창작과 비평』 가을호, 1968; 송건호, <서재필의 자주적 근대화 사상>, 『한국의 근대사상』, 삼성출판사, 1977; 신용하, <박은식의 애국계몽사상>, 『성곡논총』; 同, <신채호의 애국계몽사상>, 『한국학보』 19. 1980; 유영렬, 『개화기의 윤치호연구』, 한길사, 1985; 김도형, <장지연의 변법론과 그 변화>, 『한국사연구』 109, 2000. 이외 에도 다수의 논문과 저서가 있지만 생략하였다.

12) 이광린, <『황성신문』 연구>, 『동방학지』 53, 1986: 김기주, <『황성신문』에 관한고찰>, 『호서대 논문집』 8, 1987 ; 최기영, <『황성신문』의 역사관련 기사에 대한 검토>, 『한국근현대사연구』 2, 1995: 이광린, <서재필의 독립신문 간행에 대하여> 『진단학보』 39. 1975. ; 同, <한성순보와 주보에 대한 고찰>, 『역사학보』 38. 1969 ; 최준, <한성순보에 대한 고찰>, 『향토서울』 2. 1958.

13) 신용하, 『독립협회연구』, 일조각, 1976: 주진오, <19세기 후반 개화개혁론의 구조와 전개 - 독립협회를 중심으로>, 연세대학교대학원 박사학위 논문, 1995.

14) 신용하, 앞의 책, 1976
한홍수, 『근대한국민족주의연구』, 연세대출판부, 1977.
개화기는 대략 세 시기로 구분하고 있다. 첫째 단계는 1870년대로서 개화는 개국과 같은 개념으로 사용되고 해외에 대한 지식을 가져야 된다는 것이 개화사상으로 간주되던 시기였다. 둘째 단계는 1880년대로 동도서기론의 대두, 개화정책이 일부 실시됨에 따라 외국기술을 받아들여 나라의 부강을 이룩해 보겠다는 사상이 전개되던 시기였다. 마지막 셋째 단계는 1890년대와 1900년대로 일본을 중심으로 한 제국주의 열강의 침략이 가중되던 시기로서 이에 대한 대응방식으로서, 국가의 독립과 국민의 권리를 주장하던 시기였다.(이광린, 『한국개화사연구』, 서울, 일조각, 1969.)

이러한 면에서 『독립신문』, 독립협회와 만민공동회에 대한 연구는 많이 이루어졌다. 독립협회의 창립에 대해서는 신용하의 <독립협회의 창립과 조직>이 있다. 이 논문은 독립협회의 창립과정과 그 계보를 밝히고 독립협회가 창립 될 때 고급관료가 주도하였으나(고급관료주도기) 이후 민중진출기, 민중주도기, 민중투쟁기로 발전하면서 어떻게 조직이 변화하게 되는 가를 밝히고 지방지회와 자매단체와 지지층을 분석하였다.

또 독립협회 운동에 대해서도 많은 연구가 이루어져서[15) 독립협회가 창립된 후 독립문을 건립하는 과정, 토론회를 열어 시민을 계몽하는 과정, 독립협회가 정치집단화 되어 가는 과정, 러시아에 대한 이권할양 반대운동, 의회설립운동, 관민공동회운동 등을 매우 자세히 실증적으로 밝혔다.

신문 발행의 유관 단체로서 독립협회의 사상적 특징을 규명하고자 한 연구는 상당히 이루어졌다.[16) 『독립신문』의 논설이나 독립협회회보, 『황성신문』을 토대로 하여 당시 신문의 성격을 이해하고 평가하는 데 많은 도움을 주고 있다. 이의 논문들을 통해서 보면 독립협회의 이념은 한국의 정치적 근대화와 역사적 방향 제시와 관련시켜 민족주의와 민주주의라는 동시적 양면성을 지닌 두 가지 요소였음이 밝혀졌다.[17)]

---

15) 박종렬, <독립협회의 민중계몽활동에 대한 고찰>, 『춘천교육대학 논문집』 11, 1972; 유영렬, <독립협회의 민권운동 전개과정>, 『사총』 17-18합집, 1973; 한흥수, <독립협회 회보의 내용분석>, 『사회과학논집』 6, 1973.; 신용하, <독립협회의 독립문 건립과 토론회의 계몽활동>, 『독립협회의 민족운동 연구』, 1974.; 천관우, <독립협회의 국회개설운동>, 『한국사의 재발견』, 1975.

16) 박성근 <독립협회의 사상적 연구>, 『이홍직 박사 회갑기념 한국사논총』, 1969; 유영렬 <독립협회의 민권사상연구>, 『사학연구』 22, 1973; 신용하, <독립협회의 사회사상>, 『한국사 연구』 9, 1973; 전봉덕 <서재필의 법률사상>, 『한국사 연구』 10, 1974; 신용하, <독립협회의 사회사상의 사회학적 해석>, 『독립협회 연구』, 1976.

17) 한흥수, 『근대한국민족주의연구』, 연세대출판부, 1977.

독립협회의 사회사상은 자유민권사상, 자주독립사상, 자강개혁사상으로 나눌 수 있고, 그 사상적 배경은 서구 시민사상의 단선적인 흐름이 아니라 국내에서 실학의 전통을 계승 발전시킨 진보적 사상이 합쳐서 형성된 사상임을 지적하고 있다.[18]

이외에도 『독립신문』의 교육사상에 관한 연구가 활발히 이루어졌다.[19] 이것의 연구는 독립신문의 창간이 서재필과 국내의 온건개화파가 국민계몽을 위하여 창간한 것이며, 독립신문이 보도적 기능보다 계몽적 역할을 수행한 점과 여론과 공론을 형성하여 사회 정치운동을 전개한 경위를 밝히었다. 또한 독립신문에 나타난 교육사상이 실학을 축으로 하였음과 국문, 국사에 의한 조선본위의 교육, 경제 개화를 위한 실업교육을 중시하였고 동몽(아동)교육의 실현, 여성교육을 강조하였음을 구명하였다.

1900년대의 언론, 출판에 관한 연구는 애국계몽운동[20]에 주안점을 두고 연구가 이루어졌다. 따라서 애국계몽운동을 주도한 사회단체의 창립과정, 설치목적, 활동에 관한 연구를 통해서 그 단체의 목적이 대개

---

18) 신용하, <독립협회의 사회사상>, 『한국사연구』 9, 1973.

19) 강재언, 앞의 책; 이현희, 『한국근대여성개화사』, 이우, 1980.; 정순목, <한국개화교육의 이상과 전개>, 『한국교육연구』 1, 정신문화연구원. 1980.; 김숙자, <독립협회의 교육사상>, 『한국사연구』 30, 1980.

20) '애국계몽운동'이란 용어는 1949년 손진태가 『국사개요』에서 처음 사용하였는데 1905년 이후 있었던 문화운동을 지칭하고 있다. 신용하는 1905년 ~ 1910년 까지 종래의 개화파가 중심이 되어 완전한 국권회복을 목적으로 전개한 민력계발과 민족독립력 양성운동을 지칭하고 있는 데 대개 이 설이 주류를 이루고 있다(신용하, <한말 애국계몽사상과 운동> 『한국사학』 1, 1980). 여기에 대해 이광린씨는 그 시기와 범위를 확대시켜 1890년 대 후반부터 다수 국민이 참여한 횡적 대중화운동을 의미한다고 하였다. (이광린, <개화사상과 애국계몽운동>, 『한국학입문』, 1983.) 윤병석, 홍일식씨의 경우 애국계몽이란 용어 보다는 '자주독립을 개화 자강에 의해 이룩될 수 있다는 개화자강독립론이며 자강개혁운동'이라고 하였다.(홍일식, <개화사상>, 『한국현대문화사대계』 3, 1981.) 본고에서는 자강독립을 실현하는 방법의 하나로서 계몽사상이라는 용어를 사용하였으며, 시기는 1890년대 후반부터 1910년으로 제한하였다.

국권회복운동의 일환으로 실력을 양성하기 위하여 국민에게 애국주의적 신지식을 교육하고 근대산업을 일으키도록 하여 국민의 자강을 실현하는 것이었음을 밝히고 있다.[21]

이 시기의 언론 계몽활동으로서는 , 『황성신문』, 『대한매일신보』『제국신문』, 『만세보』, 『대한민보』등의 신문과 각 학회의 학회보가 중요한 활동을 하였음이 밝혀졌다. 이 중에서 대한매일신보에 관한 연구가 활발히 이루어졌다. 이 신문에 관한 연구를 통하여 당시 애국계몽운동의 사상과 구체적 활동의 목표가 한국 민족이 주체가 되어 교육과 실업을 진흥함으로써 경제적, 문화적 실력을 양성하고, 나아가 국가의 부강을 이루어 국권회복을 이룩하는데 있으며 그의 실현을 위해서 교육운동, 우리의 것에 대한 강조, 상무(尙武)교육을 중시하였음이 규명되었다.

기존의 연구 성과에서 나타났듯이『독립신문』과『대한매일신보』에 관한 연구는 활발히 이루어졌지만『황성신문』에 관한 연구는 소략하다. 이에 본 연구에서는『황성신문』이 『독립신문』,『대한매일신보』 보다도 비교적 오랜 기간 동안 (1898년 9월 5일~1910년 9월 14일) 발간됨으로써 독립협회기에서 애국계몽시기에 이르기까지의 당시 개화지식인들의 사상을 살펴보는데 용이하다는 점.『황성신문』이 독립협회 회보로써의 기능을 가졌고 필진들이 독립협회원으로 활동하였다고 하더라도[22] 신문 발행진의 성격이 상이하다는 점에 주목하였다.[23] 발행진의

---

21) 신용하, <한말 애국계몽사상과 운동>, 『한국사학』 1, 1980; 이현종, <대한자강회에 대하여>, 『진단학보』 29-30, 1966; −<기호흥학회에 대하여>, 『사학연구』 21,1969.; −, <대한협회에 관한 연구>, 『아세아연구』 8권6호.; 정 관, <대한자강회월보에 관한 일고찰>, 『역사교육논집』 1, 1980.; −, <구한말 애국계몽단체의 활동과 성격>, 『대구사학』 20-21, 1982.

22) 부회장급인 남궁억, 류근은『황성신문』의 창간에 참여하고, 장지연, 박은식, 나수연, 신채호가 편집 및 논설위원으로 활동하였다.

23) 독립협회는 그 사상적 주류에 따라 서구시민 사상의 영향을 받은 계열(『독립신문』)과 개신

사상적 차이는 사회상황에 대한 제 인식이나 성향에 다소 차이가 있는 견해를 피력하였을 가능성이 있다고 생각하여 『황성신문』의 논설을 중심으로 하여 『황성신문』이 내포하고 있는 계몽사상을 밝히는데 주안점을 두고자 한다.

이를 위해서 첫째, 『황성신문』이 창간된 경위와 신문발간에 적극 참여 활동하였던 인물의 사상적 특징 및 신문이 지향하고자 하였던 개혁방안의 이념을 살펴보기로 한다.

둘째, 이들 개화 사상가들이 추구했던 내용이 부국강병체제의 확립이었고, 그를 위해서 서구의 정치사상, 정치제도 및 과학기술문명의 도입의 필요성을 주장하였다는 것은 일반적인 사실이다. 부국강병체제라는 점에서는 같을지라도 개신유학적 배경을 가졌던 『황성신문』의 필진들이 수용하고자 하였던 정치사상은 어떠한 것이었으며, 그리고 동학농민혁명과 청일전쟁, 러일전쟁을 겪었던 시대에 살면서 이들이 가졌던 당 시대에 관한 인식은 어떠하였으며, 이에 대한 대처방안은 무엇이었나를 살펴보기로 한다.

셋째, 개화사상과 실학사상의 관련성에 관한 연구가 활발해지고, 개화사상이 실학사상의 계승과 영향 하에 성립된 사상임이 밝혀졌다. 실학으로써 서구의 학문을 이해하고 그를 구현하는 방법으로 식산흥업을 주장하였을 때 이들이 주장하였던 경제적 개혁내용은 어떠하였는가를 살펴보고자 한다.

넷째, 개화 사상가들이 서구의 사상 · 제도 · 문물을 적극 도입하여 수용하기 위해선 무엇보다도 구학문 · 구제도의 개혁이 중요하였다. 개

유학적 전통을 배경으로 서구 사상을 취사선택한다는 계열(『황성신문』)의 두 흐름으로 나누고 있다(신용하, 위의 책, p.105)

신유학자로서 그들이 지닌 유교적 배경을 바탕으로 한 구학문 구제도에 대한 태도 및 『황성신문』을 통해 나타난 이들의 유교개혁, 유교의 종교적 교화기능을 정립하려는 노력을 살펴보고자 한다.

다섯째, 이 시기 그들에게 주어진 가장 큰 과제가 부국강병체제의 달성 나아가 러일전쟁이후 국권회복이었다. 이를 실현하기 위해 당대의 개화 사상가들이 추구하였던 방안 중의 하나가 교육계몽 운동이었다. 『황성신문』 역시 보도 계도의 기능을 병행하여 계몽운동과 교육구국운동을 전개시켜 나갔었다. 이에 『황성신문』에 나타난 논설 중 교육에 관련된 것을 대상으로 분석해 봄으로써 그들이 당대에 추구하고자 하였던 교육운동에서 중점을 두었던 것은 무엇이었는가를 규명해 보고자 한다. 그러나 이 범위에 교육정책, 교육제도, 교과과정에 관한 것은 다루지 않았다.

이러한 것은 이미 기존의 연구를 통하여 독립신문, 대한매일신보가 지녔던 개화, 계몽, 구국사상의 재확인임과 동시에 이들 신문과는 달리 『황성신문』만이 지녔던 특성을 규명해 보는데도 도움이 되리라 생각한다.

『황성신문』에 나타난 개신유학자들의 계몽사상에 관해서 알아보기로 하였지만 고찰의 범위는 논설에 국한하였다. 잡보(雜報)나 관보(官報), 광고 등등의 기사가 당시의 시대상황을 밝히는 데는 상당히 중요하다고 생각되지만, 개신유학자였던 주필들의 개혁사상은 아무래도 논설에 집약되어 표현되었다고 보고 이를 중심으로 살피되 일부 잡보나 기서, 별보, 사설 등의 기사를 참고로 하였다.

Ⅱ. 『황성신문』의 창간 이념과 성격

1. 『황성신문』의 창간 경위

대한제국기를 전후하여 당시 민중에게 가장 큰 영향을 줄 수 있는 국민계몽의 수단으로서 신문이 큰 역할을 하였다. 『황성신문』도 이 시기의 다른 신문들과 함께 국민계몽에 충실한 신문으로서 정치, 사회, 교육의 각 분야에 기여한 바가 컸다고 볼 수 있다. 『황성신문』이 창간된 것은 1898년(광무2) 9월 5일이었다.[24] 『황성신문』은 기존의 『대한황셩신문』을 인수하는 방식으로 창간되었지만,[25] 실질적으로 『황성신문』의 시초는 『경성신문』에서 비롯되었다.[26]

먼저 『경성신문』을 살펴보면 이 신문은 당시 윤치호(尹致昊) 등에 의

24) 『황성신문』의 창간경위에 대해서는 이광린, <황성신문연구>(『동방학지』 53집, 연세대 국학연구원, 1986 12). 김기주, <『황성신문』에 관한 고찰> (『호남대 논문집』 8집, 1987). 강만생, <『황성신문』의 현실개혁구상 연구>(『학림』 9집, 1987)를 참조하여 작성하였다.

25) 『京城新聞』(1898년 3월 5일 창간)은 창간 한달 뒤인 4월 6일 『대한황성신문』으로 題號를 바꾸었다. 여기에 관해서는 『대한황성신문』 11호 광무 2년 4월 6일 題號 및 廣告, 『협성회원회보』, 『매일신문』에 관련 내용이 나타난다(최준, 『한국신문사』, 일조각, 1960).

26) 『황성신문』의 전신이 『경성신문』이라고 한 것은 『황성신문』의 여러 기사에서 볼 수 있다. 『황성신문』 광무 3년 11월 1일~11월 30일 「本社特別告白」, 광무 10년 2월 19일 「告白」. 『경성신문』의 창간 준비는 1898년 2월 윤웅렬의 집에서 8명이 모여 각기 10원씩 내어 80원으로 신문을 준비하였다고 한다. 또 3월 2일부터 수 · 토요양일 주 2회 발행된 『경성신문』은 以文社의 시설을 빌어 사용하였다. (최기영, <초기신문사연구의 새로운 자료>, 『한국근대사연구』 3집, 1995, p. 394)

해 상무에 도움이 되기 위해라는 목적과 상공업지로서의 성격을 지니고 순한글 소형판으로 간행되었다. 고표(股票,주식)를 발행하여 고금제에 의한 조직체로서 운영되었으며, 제 1호(1898년 3월 2일)부터 주 2회씩 제 10호까지 발간되었다.

이후 1898년 4월 6일에 『대한황셩신문』으로 제호를 바꾸고 경성신문의 발행 호수를 이어 받아 11호로 발행되었다. 그 이유는 "다시 고치기는 우리나라 자주 독립한 후에 세계 각국에서 우리나라 사람도 신문하는 글을 알게 함이라"[27]에서 나타나듯 자주 독립국가인 한국에서 신문을 간행하고 있음을 세계 사람에게 알리기 위한 의도에서 제호를 바꿨다는 것이다. 신문 제호의 변경은 청일전쟁이 끝나고 시모노세키조약이 체결되어 일본으로부터 자주 독립국가임을 또 다시 확인받게 된 당시의 정세를 반영한 것이다.[28] 또 국호가 대한제국으로 한성이 황성으로 바뀌는 상황에서 자존하는 의미,[29] 즉, 주체성을 발양하고자 한 듯하다. 그리고 이 과정에서 신문발행권이 이상재, 유근, 남궁억, 박은식, 장지연 등에게 이전되었다.[30]

『대한황성신문』으로 제호를 바꾼 뒤 신문사는 고본제 즉 주식제를 채택하여 운영하였으며, 차차 이 제도의 채택으로 재정이 어느 정도 안정되어 신문사의 확장을 논의하였다.[31] 같은 해 8월에는 발행 간격을 좁히기 위하여 고금을 모집하였고, 일본에서 인쇄시설을 도입하고 신문

---

27) 이광린, 앞의 논문, p. 7

28) 당시 신문을 보면 청일전쟁이후 청의 종주권에서 벗어남으로서 '독립'이 출발되었다고 인식했으며, 중화체제에서 만국공법적 질서로 참여가 되었다고 인식하였다.
강재언, 앞의 책; 주진오, <독립협회의 대외 인식의 구조와 전개>, 『학림』 8, 1986; 정창렬, <근대국민국가 인식과 내셔널리즘의 성립과정>, 『한국사』 11, 한길사, 1994.

29) 신용하, 『독립협회연구』, 일조각, 1976. p 45.

30) 정대철, <『황성신문』에 관한 연구>, 『한양대 사회과학논총』12집, 1993, p.349.

31) 『대한매일신문』 1898. 5. 12 잡보, 『독립신문』 1898. 5. 21 잡보, 『독립신문』 1898. 9. 15 광고.

사 건물을 예전에 우순청이 있었던 자리로 이전하였다. 그런데 일반국민들은 이 신문을 흔히 『황성신문』이라고 불렀던 같으며, 『독립신문』의 기사를 통해서도 그 사실을 확인할 수 있다.[32] 새 주자(鑄字)를 사용하고 사옥 이전까지 하여 신문사의 면모를 일신하였던 『대한황성신문』은 약 4개월 만에 정간되었다.[33] 『대한황성신문』을 정간을 하게 된 연유는 당시 서울에는 독립신문, 협성회회보 등의 신문과 잡지가 간행되고 있었으므로 한글로 경성신문이나 『대한황성신문』을 간행한다는 것은 큰 의미가 없는 일이었기 때문이다. 또한 신문을 운영하던 사람들이 모두 독립협회 회원이었으므로 신문의 논조가 같았으며, 그 때문에 구독자 확보에 애로가 있었던 것이다. 이 외에도 1897년 이후 정부측과 독립협회 사이의 대립이 심화된 상황에서 관인을 비롯한 지배층을 지지세력으로 규합하기 위한 신문이 필요하였다는 지적도 있다.[34] 이러한 시대적 요청에 부응하여 오래 논의한 끝에 유학적 전통을 지닌 인물들이 중심이 되어 국한문 혼용체로 된 『황성신문』으로 제호를 바꾸어 창간하였다.

제호가 바뀌면서 신문의 체제도 순 한글에서 국한문 혼용체로 바뀌었다. 신문의 발간 동기와 목적에서도 나타나듯이 그 시기 신문을 간행하는 목적이 보도 기능보다는 국민을 계몽하고 여론을 환기시키는데 중점을 두었으므로 독자층을 의식하지 않을 수 없었을 것이다. 보수지식층인 양반유생들을 외면할 수 없는 형편이고 한편으로 일반대중도 독자로 끌어들이기 위한 방법의 모색이 필요하였을 것이다.[35] 뿐만 아니라

32) 『독립신문』 1898. 4. 12 잡보.

33) 독립신문의 1898. 8. 2 잡보에 의하면 "새 활판주자의 사용 사무확장으로 『황성신문』 은 며칠간 停報한다"고 하였다.

34) 강만생, <『황성신문』의 현실개혁구상 연구>, 『학림』 9집, 1987. pp.66-67.

35) 이광린, 앞의 논문, p. 10 ; 김기주, 앞의 논문, p. 197.

『독립신문』 이래 순한글 체제의 신문만 발행되던 당시 분위기로는 한문 신문을 간행하기도 어려웠을 것이고, 이에 대한 방법을 모색한 끝에 국・한문 혼용체로 신문을 제작하기로 한 듯하다.

장지연, 남궁억, 유근이 주2회 2면제였던 『대한황성신문』의 판권을 물려 받아서 제호를 『황성신문』으로 바꾸고 새로운 문체의 일간지로 1898년 9월 5일 창간하였으며, 1910년 8월 28일 종간호와 8월 29일 한일강제 합병 호외로 폐간되기까지 약 12년간 간행되었다.36)

『황성신문』 창간 초기 때의 지면구성은 대개 제1면에 논설 또는 별보, 제2면은 관보, 제3면은 잡보와 외보, 제4면은 광고로 모두 6개 분야로 구성되어 있었다.

창간 이듬해인 광무 3년(1899) 11월 13일부터 기사, 독자투고 및 광고신청 등이 늘어남에 따라 전체구성에 상당한 변동이 있었다. 지면을 확대하고 단행을 늘임과 동시에 기서와 사조(詞藻), 습유(拾遺) 등을 첨가하여 보다 다양한 체제를 갖추었다.37)

그 후 『황성신문』은 제2차 신문지확장 개량작업을 하였다. 광무 9년(1905) 4월 1일 이후 산뜻한 자체로 선명한 인쇄가 될 수 있도록 활판 기계와 활자를 교체하면서 동시에 지면확장과 내용구성에 약간의 변동을 가하였지만 분야별 내용도 별다른 변화가 없었다.38)

이어 광무 10년(1906) 4월 2일 이후 『황성신문』은 제3차 지면확장 개량을 행하였다. 전체적으로 단행수를 늘렸으며, 내용분야에서도 상당한 신축성이 있어서 <대동고사>라든지 소설 등이 연재되는 때가 있었고,

---

36) 『황성신문』은 1910년 8월 30일 통감부에 강제 매수되어 『한성신문』으로 제호가 바뀌었으며, 결국 1910년 9월 14일 폐간되었다.

37) 『황성신문』 1899. 11. 13 사설

38) 『황성신문』 1905. 3. 28 사설

1907년 10월부터 잡보 중에 지방소식을 <지방소식일통>이란 제하에 별도로 마련하였는가 하면,[39] <일기예보>란이 매일 실려 일기예보를 전해주었다.[40]

『황성신문』은 일간으로 체제를 바꾸면서 자금 확보를 위하여 고금제를 좀 더 확대하는 방향을 추진하였다. 자본금은 고금제에 따라 한 고에 10원씩 500고를 정하였다. 1905년 8월에는 사원총회에서 300고를 늘려 800고로 높였다. 지속적인 광고게재에도 불구하고 고는 그렇게 많이 판매되지 않았고, 구독자의 증가도 정체되고 구독료의 납부도 저조하여 어려운 재정사태를 공개하여 도움을 호소하였다.[41] 이 때 고종은 제국신문과 함께 『황성신문』에 하사금을 내리고 내부에 훈령을 내려 전국적으로 신문구독료를 납부케 하는 등 여러 가지 도움을 제공하였다. 그러나 신문 운영에 있어 재정적인 어려움은 해소되지 않아서 구독료 독촉을 위하여 사원총회에서 총무원을 선출하기도 하고,[42] 광고를 통하여 미수금을 독촉하기도 하였다.[43]

1902년 9월 11일 대공동에 있던 신문사 사옥을 고종이 하사한 수진방에 있는 예전의 관리서 건물로 이전하기 위하여 일시 신문을 정간하였다가 10월 24일 속간하였다. 그 후에도 고종의 자금 지원을 받아 종로 보신각 서쪽에 있던 중서 종로 백목 후 건물을 매입하여 이전하였고,[44] 『황성신문』은 폐간될 때까지 이 사옥을 사용하였다.

『황성신문』은 신문 운영에 많은 어려움을 겪었음을 광고를 통하여서

---

39) 『황성신문』 1907. 9. 29 부터 잡보란에 기재
40) 『황성신문』 1907. 10. 4 부터 2면 끝부분에 실림.
41) 『황성신문』 1903. 2. 5 社告
42) 『황성신문』 1905. 8. 15 광고
43) 『황성신문』 1907. 2. 21-23, 1907. 4. 13-15, 社告.
44) 『황성신문』 1904. 7. 2 잡보

도 알 수 있다. 이처럼 『황성신문』이 경영난을 겪게 된 원인은 구독료 적체 현상과 『황성신문』에 대한 탄압 강화를 들 수 있다.[45] 1905년 11월 20일 <시일야방성대곡> 사건 이후 기사 삭제와 발행정지의 횟수가 늘어남에 따라 가중된 경영난은 폐간을 종용하는 단계로 진행되었다고 보고 있다.

2. 창간이념과 역할

『황성신문』을 창간한 다음날 주필의 한 사람이 '신문이란 무엇이며, 기자란 무슨 일을 하는가'에 대하여 논설을 썼다. 그 글을 보면 신문은 정보 전달의 기능과 국민들의 의견 수렴의 역할을 하며, 기자는 지위도 없고 권력도 없지만 권세가나 간호가(奸豪家)를 두려워하지 말고 엄연히 필삭(筆削)의 권한을 발휘하여 시시비비를 가려 권선징악을 이룩해야 하는 존재라고 하였다.[46]

신문사를 창설한 목적은 실제로 '인민이 개명하기를 주의'함이지 이익을 취하기를 추구함은 아니라고 하여[47] 신문사의 설치의도가 국민의 문명개화에 있음을 밝혔다. 또, "옛것을 익혀 새 것을 알고 근본을 밝혀 응용에 도달하는 일로서 세상의 목탁이 되는 것"이었다. [48] 이로 본다면 『황성신문』의 발행취지는 첫째, 국민이 국내외의 정세를 손쉽게 알 수 있도록 하고, 둘째, 하의상달하여 국민의 어려움과 고통을 덜어주며,

---

45) 정진석, 앞의 논문, p.356; 김기주, 앞의 논문, pp. 197-202.
46) 『황성신문』 1898. 9. 6 논설; 본 논문에서는 고어로 된 문장을 현재 어법에 맞추어 인용하였음
47) 『황성신문』 1898. 10. 19 논설
48) 『황성신문』 1898. 9. 5 논설

셋째, 국민을 계몽시키는 역할, 넷째, 정계와 사회의 나아가야 할 방향 제시[49]에 있었다.

그러나 장지연이 <황성신문사기>에서도 밝혔듯이[50] 정치를 변화시키고 개진문명(開進文明)을 제 1의 목표로 삼았지만 , 한국사회는 오랫동안 상하가 막혀 있었던 것이므로 앞서의 의도를 달성하고자 하였으나 처음에는 쉽게 뚫고 들어갈 수 없었다는 것을 알 수 있다. 그러나 위와 같은 취지와 목적을 실현하기 위해서 『황성신문』은 논설을 통해 정치, 경제, 사회, 교육, 군사, 외교 등의 제반사항에 걸쳐 정부나 관리들이 개혁하고 반성하여야 할 점들을 제시함으로서 국민계몽, 국가부강과 독립 수호의 방안을 강구하였다. 또한 선진근대사상 고취, 구습의 폐단제거, 사회악습의 철폐, 부정부패의 배척, 근대문명의 도입 등을 소재로 한 논설을 통해 국민계몽과 개명을 실현코자 하였다. 그러한 성격은 논설에 나타난다.

『황성신문』은 논설의 논지를 피력하는 목적을 "우리나라의 성쇠를 걱정하여 번성하기를 원하고 쇠약함을 원하지 않는 말이다. 우리 관인의 잘 잘못을 판단하여 올바르기를 권하고 잘못됨을 반박하는 말이오. 우리 국민의 현우를 논하여 어리석은 자를 이끌어 현명하게 되도록 하고자 함이라"[51]하여 세 가지로 요약하였다. 첫째, 우리나라가 쇠약함을 벗어나 세계만국과 번성하도록 하는 방안을 제시하고 충고하는 것이며 둘째, 관리가 백성에 대하여 탐학, 비리, 가혹한 형벌을 남용하는 행위, 도리에 어긋나고 속이는 행위 등의 사악한 정치를 버리고 인정(仁政)을 행하도록 바라는 것. 셋째, 국인의 현우(賢愚)에 따라 나라의 흥망이 좌

49) 『황성신문』 1908. 7. 25 논설 「言論의 權衡」

50) 張志淵, 『韋庵文稿』 卷4 記 <皇城新聞社記>

51) 『황성신문』 1899. 2. 24 논설

우되니 백성들을 모두 현명하게 인도하는 글이라 하였다. 이같이 『황성신문』의 논설은 개명부강한 나라, 정도를 지키는 관리, 국민의 계몽을 위한 길잡이 역할을 하는 데 그 목적을 두었으며, 이것이 곧 『황성신문』의 창간이념이라고 하겠다.

당시 독립신문 창간 이래 모든 신문이 순국문을 사용하여 국문전용 시대를 가져왔던 것이나 『황성신문』의 출현으로 그 일각이 무너졌다. 『황성신문』은 당시 신문들과 달리 국한문혼용체를 사용하였지만 한글에 대해 부정적이었던 것은 아니다. 오히려 민의 개명을 위해서 국문을 사용하는데 적극 찬성의 입장을 취하고 있다.[52] 한문은 뜻과 발음이 달라 배우기가 극히 어려우나 한글은 서양의 로마문자보다도 더욱 쉬워 짧은 기간에 누구든지 배울 수 있으니 모든 글을 한글로 쓰는 것이 옳다고 하였다. 뿐만 아니라 한문은 재주가 많은 자가 아니면 배우기 어려운 데도 불구하고 배우기 쉬운 국문을 천시하고 한문을 숭상하는 것은 외국의 웃음거리일 뿐이니 마땅히 국문전용을 하여야 한다[53]고 주장하였다.

이처럼 한문 사용을 반대하고 한글전용을 찬성하는 뚜렷한 의사를 갖고 있으면서도 국한문을 혼용하는 체재를 갖춘 이유를 다음 사설에서 밝혀놓고 있다.

> 세종대왕께서 따로 문자를 창조하셔서 어리석은 남녀라도 개명하지 않음이 없도록 하였으니 곧 국문이라. 그 글이 간단하고 쉬워 비록 어린 아이와 여자라도 몇 달을 공들여 배우면 가히 평생 사용할 수 있는지라. 이것으로 따라서 10명에 5, 6명은 배워 익혔다.(중략) 대황제폐하(고종)께서 갑오 중흥의 때를 만나서 자주독립하시는 기초를 확정하시고 새롭

52) 『황성신문』 1898. 9. 28 논설 「國文漢文論」 上
53) 위와 같음

> 게 개혁하는 정령을 반포하실 때 특별히 기성의 유전하신 문자(한문)와 선왕의 창조하신 문자를 병행하고자 공사 문첩을 국한문으로 혼용하라는 칙교를 내렸고 모든 이들이 따라서 봉행하니 최근에는 관보와 각 부와 군의 훈령 지령과 각 군의 청원서 보고서가 이것이라. 이제 본사에서도 신문을 확장하는 데 먼저 국한문을 함께 사용하는 것은 먼저 대황제 폐하의 성칙을 따라 준수하는 뜻이고, 그 다음으로는 옛글과 새 글을 함께 전하려는 뜻이고, 다음으로는 독자들이 공람하는 데 편리하도록 하여 함이다.[54)]

라 하여, 1894년 갑오개혁 때 국왕이 공사문첩에 국한문을 혼용하라는 교서를 내린 바 있어 이 취지에 따라 기성(기자)이 남긴 문자(漢字)와 선왕(세종)이 창조한 문자(한글)을 병행한다고 하였다. 또한 한문과 국문을 함께 전승하기 위해서 국·한문혼용체를 채택하였다고 밝혔다. 보다 현실적인 이유는 세 번째 이유로 제시한 것으로서 신문구독자 중에 한글보다 한문에 익숙한 지식인의 신문구독에 편의를 도모하도록 함이었다. 『황성신문』은 국·한문혼용체를 사용함으로써 자신들이 목적으로 하는 대상이 누구인가를 명확히 하였다. 또한 어떤 면에서는 국문이나 한문 어느 한 문자만을 위주로 표기하는 것보다는 국·한문 혼용체를 씀으로써 한문전용시대에서 점차 한글 사용시대로 전이하는 과정에서 발생할 수 있는 불편을 완화해주는 적절한 처사였다고 생각된다.

『황성신문』이 국·한문혼용체를 택한 실제적인 목적은 당시의 지식층인 양반·유생층을 독자로 끌어들여 이들을 변화시키고자 함이었다.

> 우리나라 사람이 전국에 있는 신문이 겨우 두 종류이다. 제국신문은

---

54) 『황성신문』 1898. 9. 5 創刊號 社說

순한글 발행인 까닭에 구독자는 시민과 부녀자등 몇 사람에 지나지 않을 뿐이다. 황성(서울) 내외에서 지방 관청에 이르기까지 상하 신사들이 두루 읽어 보는 것은 단지 『황성신문』일 뿐이다.[55)]

에서 보이듯 『제국신문』과 『황성신문』의 구독자층은 구분된다. 서울과 지방관청에서 『황성신문』을 통람하는 상하 신사란 말할 것도 없이 양반유생을 가리키는 것이다. 이들의 『황성신문』에 대한 태도는 다음의 글을 보면 잘 나타나 있다. 수구당주인(壽久堂主人)이란 가명으로 쓴 기고 글을 보면[56)] 완고한 유생이 신문을 열람하면서 언론의 힘을 인식하였음을 밝히고 있다.

『황성신문』 기자에게, 나는 세상에서 소위 말하는 완고유유한 사람이다. 옛날 신문이 처음 나왔을 때 세상의 듣고 말하는 것이 다 놀랍고 괴상한 것을 지목하여 개화의 무리가 조정을 비방하고 황당한 얘기로 선동을 삼고자 하는 것이라 여겨 배척하였다. 나 역시 그 때는 개 짖는 소리로 듣고 신문이라 하는 것은 다 이와 같은 부류라 여기고 눈 아래 두었다. 근래에 와서 외국의 압박이 날로 심해지고 나라의 안위가 위험에 처하여 비록 내가 짧은 지식이나 역사를 배워 고금의 안위의 자취를 궁구하였으니 매생의 곡과 호옹의 피가 지사의 금일이다. 친구를 쫓아 귀신문 몇 개를 열람하였는데 쓰여진 글들이 십만의 대군과 맞설 수 있고 한국국민의 사기를 북돋아 주고 있음을 보고 그 뒤로 몇 년 동안 애독하고 있다. …(중략)… 그리고 얼마 전에 신문이 정간되었다는 소식을 듣고 한탄하고 있다.

또 1906년(광무 10) 5월 충청남도 대흥군수 신성묵이 신문요금을 지

55) 『황성신문』 1904. 2. 24 논설 「警告諸公」
56) 『황성신문』 1903. 2. 10 寄書

불할 돈이 군 예산에 없다고 일인 재무관이 말을 하자 그 말에 따라 『황성신문』을 끊어버렸다[57]는 소식을 듣고 어떤 분이 성남 완고생(城南頑固生)이란 가명으로 즉각 비난의 글을 보냈다.[58] 이 글에서 그는 스스로를 명리를 멀리하고 세상을 등지고 살은 인물로, 7년 동안 은둔하여 오직 신문 구독의 습벽을 지닌 채 살고 있는데 신성묵의 신문반환 소식을 접하고 그의 행동을 문명의 적이라고 규정하고 흥분하였다는 것이다. 그런 뒤에 화를 삭히고 조용히 생각하니 지난날의 자기가 아니다고 하였다. 위의 두 사람은 원래 보수적인 유학자였는데 『황성신문』을 구독한 뒤부터는 태도를 바꾸었던 듯하다.

『황성신문』은 유생이나 양반들이 신문을 개화 지식인들의 선동수단이란 인식에서 벗어나 세계의 상황과 자기의 역할을 인식하도록 하고, 나아가 이들을 변화시키는데 주안점을 두었고 이를 위해 국한문혼용체를 사용하였다. 그리고 이처럼 유학자들이 점점 『황성신문』의 본래 취지와 일치되어 갔다. 나아가

> 근자에 『황성신문』의 논설과 보도를 본 즉 항상 온건하고 확실함을 힘써서 국민교육주의를 지키는 데 실수가 없으니 우리나라 신문 중의 백미라 하는 데 주저하지 아니하리로다. 나아가 근일 설란 중에 우내 대세를 웅문 건필로 도도히 설파한 것은 한국 국민의 시대교육에 법문이 다름아니다고 할 만하다.[59]

에서 보이듯, 한국 신문 중의 백미로서 『황성신문』의 논설에서의 주장을 적극 지지하고 있는 점으로 미루어 보아 매천(梅泉) 황현(黃玹)이

57) 『황성신문』 1906. 5. 14 논설 「論大興郡守辛成默氏新聞返還」
58) 『황성신문』 1906. 5. 16 기서
59) 『황성신문』 1909. 6. 9 기서 友洋生 「皇城新聞의 確論建筆을 賀함」

"『황성신문』이 국한문으로 창간되어 시정과 인물을 거리낌 없이 논박하자 사방에서 다투어 신문을 사보았다"[60]고 한 글이 과장은 아니었음을 알 수 있다.

이로 볼 때 『황성신문』의 창간 이념은 여론형성층이자 지배계층인 지식층(봉건 유생층)을 독자층으로 삼아 그들을 개명시키기 위함이었으며, 이는 어느 정도의 효과를 거두었다. 또한 지배층의 입장에서 기존 체제의 골격을 유지해 나가면서 당대의 목표인 부국강병을 실현해 나가고자 하였다. 이를 위해 국민계몽 정치·사회개혁의 방향을 제시 실현하는 데 목적을 두었음을 알 수 있다.

3. 필진의 성격

『황성신문』의 창간 이후 직·간접으로 참여한 사람은 역대 사장으로 남궁억·장지연·남궁훈·김상천·유근·성선경, 논설기자로는 장지연·유근 등이었다.[61] 한문에 조예가 깊은 박은식, 최창식 등이 초기에 신문편집에 참여하였기 때문에 한학적 필치가 특색이었다.[62] 『황성신문』 참여자들의 성격은 전통적 유학을 바탕으로 삼았으며, 대부분이 관

60) 황현, 『梅泉野錄』, 광무 2년 2월조. 국사편찬위원회, 1955. p.224.

61) 『황성신문』의 경영진은 사장과 총무원으로 구성되었는데 시기별로 살펴보면, 1기(1898. 9. 5~1902. 8. 30) 사장 남궁억, 총무원 나수연 2기(1902. 8. 31~1905. 4) 사장 장지연 총무원 유재호 3기(1905. 4~1905. 11) 사장 장지연, 부사장 김상연, 총무원 남궁훈, 회계 김시영 4기(1905. 11~1906. 2. 27) 사장 남궁훈, 총무원 성낙영 5기(1906. 2. 28~1907. 5. 18) 사장 김상천, 총무원 김재완 6기(1907. 9.17~1910. 6. 11) 사장 유근 7기(1910. 6. 13~1910. 8. 28) 사장 성선경 이다. 사장진의 교체가 잦은 편이지만 주도적인 역할을 한 인물로는 남궁억, 장지연, 김상천, 유근을 들 수 있겠다. (『황성신문』 1898. 9. 5 창간호 「本社告白」; 1902. 9. 2 사설; 1906. 2.19 사고; 1907. 5. 20 잡보 「任員改選」; 1907. 9. 19 사고).

62) 안재홍, <한국신문사론> 3, 『朝鮮日報』 1927. 1. 9.

인출신이거나 관인이었다.[63] 이런 요소로 인해 사회체제의 급격한 변화보다는 기존체제 속에서 국권을 수호하고 문명부강을 달성한다는 입장을 취했다. 『황성신문』의 핵심 구성원인 남궁억, 장지연, 나수연(羅壽淵), 유근을 비롯하여 상당수가 독립협회의 중견간부로 활약했으므로 『황성신문』이 독립협회와 일정한 관계를 가졌음은 이미 밝혀졌다.[64] 이들은 독립협회 내에서도 전통적 유학을 바탕으로 하면서도 서구문명의 우월성을 철저하게 인식하여 능동적으로 이에 대처해야 한다는 입장을 지녔다.

『황성신문』의 주필, 즉 논설위원으로는 1902년 8월에서 1905년 11월까지 사장으로 있었던 장지연, 또 1906년 9월에서 1910년 6월까지 사장으로 있었던 유근을 들 수 있다. 박은식도 창간 때부터 주필로 있었으나 1905년 을사조약 이후 신문이 정간되자 「대한매일신보」로 옮겼다. 신채호는 1905년 장지연의 초청으로 주필이 되었다가 보호조약 체결로 신문사가 정간됨에 따라 「대한매일신보」로 옮겼다. 이들 주필들이 논설을 집필하고 신문의 방향을 주도한 것으로 보이므로 간략하나마 이들의 연혁을 살펴보는 것은 『황성신문』의 성격을 보다 명확하게 규정짓는데 도움이 되리라 생각된다.

장지연(1864~1921)[65]은 경상도 상주 출신으로 일찍이 한학을 수학하였고 시문에 능하여 많은 문장을 남겼다. 1897년 고종이 황제의 위에

---

63) 강만생, 앞의 논문. p.71.

64) 신용하, 앞의 책, p.140.

65) 장지연에 관한 연구 논문은 다음과 같다. 김영호 <위암 장지연의 생애와 사상> 『신동아』 1972.; 윤남한 <장지연의 생애와 자강사상> 『한국의 근대사상』 삼성출판사 1977.; 千寬宇 <장지연과 그 사상> 『다산학보』 3집 1967.; 최영옥 <위암 장지연의 자강교육사상> 『숙대사론』 8집 1974.; 구자혁 <장지연의 역사의식과 교육론> 역사교육 27집 1980.; 김용선 <위암 장지연의 제 논설에 나타난 교육관> 원광대 대학원 학위논총15집-인문 사회 자연계-1985.

오르는 것을 청하는 만인소를 지었으며, 같은 해 내부주사를 지냈고, 1898년에는 사례소 직원(司禮所 直員)으로 일하였다. 1898년에는 독립협회에서도 일시 간여한 것으로 보이며, 이종일(李鍾一) 등이 조직한 대한제국민력회에도 참여하였고, 남궁억 등과 함께 『황성신문』 창간작업에도 참여, 『황성신문』의 주필이 되었다. 1899~1900년에는 시사총보사 주필로 일했으며, 시사총보가 정간되고 광문사로 개편된 뒤 편집원이 되어 현채(玄采)와 함께 다산 정약용의 『목민심서』 『흠흠신서』 등을 간행하였다. 1901년에는 다시 『황성신문』의 주필, 1903~5년에는 『황성신문』의 사장을 맡았다. 1905년 <시일야방성대곡>사건으로 일시 구금되었다가 1906년 1월 말 석방된 뒤, 『황성신문』 사장을 사임하고 오가키 타케오(大垣丈夫), 윤효정 등과 함께 대한자강회의 일에 열중하였다. 1908년 봄 블라디보스토크에 가서 『해조신문』의 주필로 일하다가 8월 귀국하였다. 이후 대한협회에서 활동하다가 1909년 9월 이후 대한협회가 일진회와의 제휴를 모색하자 대한협회를 탈퇴하고, 10월에는 경남일보 주필로 초대되어 1910년 8월까지 활동하였다.[66] 그의 사상은 유학에 기초를 둔 것으로 그 바탕 위에 서구문명의 수용을 추구하였다.

박은식(1859~1925)[67]은 황해도 황주에서 출생하여 운암(雲菴) 박문일로부터 주자학을 배웠으며, 1886년 향시에 특선되었고, 1892년 평안감사 민병석(閔丙奭)의 추천으로 동명왕릉 참봉을 지냈다. 1895년 민병석을 따라 원주에서 어초생활을 하다 1897년 말 잠시 상경하여 서울의 정세를 익혔으며, 1898년에는 아주 상경하여 정착하였다. 이때 그는 독립협회에도 큰 관심을 가졌던 것으로 보이며, 『황성신문』의 창간과

66) 장지연, 『위암문고』 권11 <연보>.

67) 박은식에 관한 연구 논문은 다음과 같다. 신용하 『박은식의 사회사상 연구』 서울대출판부 1982.; 이만열 편, 『박은식』, 한길사, 1980.

함께 주필로 일하기 시작, 1905년까지 『황성신문』사에 있었으며 1906~7년경에는 대한매일신보사에 있었으나, 이후 다시 『황성신문』으로 복귀하여 1910년 폐간 때까지 일하였다.[68] 박은식은 1898년 이후 관직에 대한 미련을 버리고 주로 언론을 통한 계몽운동에 주력하였으며, 특히 교육을 통한 자강을 강조하였다. 또한 유교의 개혁을 주장하였다.[69]

남궁억(1863~1939)[70]은 서울에서 출생하여 한학을 수학하였고, 21세 때인 1883년 영어학교에서 영어를 배워 통역관으로 관료생활을 시작, 1886년 내부주사로 국왕의 통역을 맡았다. 1887~1889년에는 구미 각 국에 파견되어 전권대사 조민희를 따라 홍콩까지 갔다가 되돌아 왔다. 그는 1889년 이후 4년 동안 별군직에 있었으며, 1893년에는 경상도 칠곡 부사로 부임하였다. 1895년 2월에는 귀경하여 내부토목국장을 맡았으며, 흥화학교(興化學校)에서 교사를 하기도 했다. 1896년에는 강원도 의병 선유사로 파견되기도 했다. 같은 해 설립된 독립협회에서 수석총무를 맡았으며, 독립신문의 영문판 편집을 맡았다. 또한 독립협회 몫의 중추원 의관에 선출되어 활동하는 한편 1898년 9월 『황성신문』사 사장이 되어 신문 발간작업에 착수하였다. 1902년 정부를 비판한 글로 총무 나수연과 함께 경무청에 구금되기도 하였고,[71] 1903년에는 망명 중인 박영효와 내통했다는 무고로 인하여 다시 경무청에 구금되었다. 1905년 이후 다시 관직의 길로 나아가 성주목사, 양양군수를 지냈으며, 1907년 9월 관직을 사임하고 귀경하여 11월 대한협회 회장직을 맡았다. 1908년 3월에는 관동학회 회장이 되었으나 9월에 회장직을 사임하였

68) 『박은식전집』하, <연보>.

69) 신용하, 『박은식의 사회사상 연구』, 서울대출판부, 1982, pp. 165-205.

70) 남궁억에 관한 연구 논문은 다음과 같다. 강정민, <남궁억의 교육사상에 관한 연구>, 고려대교육대학원, 1981.

71) 『황성신문』 1902. 4. 14 잡보 「社長總務同逮」

다. 1910년 이후 배화학당, 홍천 모곡학교 등에서 교육 사업에 종사하면서 민족의식 고취에 진력하다가 무궁화사건, 십자가당 사건에 걸려 옥고를 치렀다.[72] 남궁억은 일찍 영어를 배운 실무관료로서 광무정권과도 일정한 관련을 맺고 있으면서도 개화운동에 참여하여, 관직생활과 개화자강운동을 번갈아 가면서 전개한 인물이다.

유근(1861~1921)은 경기도 용인에서 출생하여 한학을 공부한 뒤, 1894년 상경, 이듬해 관직에 나갔다가 1년 만에 그만 두었다. 그는 1898년 독립협회에 참여하였고,『황성신문』발간에도 참여하여 3년 동안 주필로서 활동하였다. 1902년 이후 휘문의숙의 숙감(塾監), 숙장으로 교육활동을 하였다. 다시『황성신문』에 복귀, 1906년 9월에는 사장이 되어 1910년 6월까지 신문발간의 책임을 맡았다. 또 대한자강회, 대한협회, 기호흥학회 회원으로 활동하였다.

이들 외에도 신채호가 조부의 사숙에서 한학을 수업하고 성균관에 입학하였다가 1905년 상반기부터 장지연의 초청으로『황성신문』의 논설위원으로 위촉되어 활동하기도 하였으나[73] 그 해 11월 시일야방성대곡 사건으로 무기정간을 받게 되자 대한매일신보로 옮겨 활동을 하였다.

『황성신문』의 주요 필진들 중에서 남궁억은 한학 외에도 서구적 교육을 받았음을 알 수 있지만 대부분이 한때 관직에 몸담은 적이 있었고, 전통적인 주자학의 소양을 갖고 신학문, 신사상을 수용한 이들이다.[74] 그

---

72) 한서남궁억선생기념사업회 편,『한서 남궁억선생의 생애』, 1960.

73) 신일철,『신채호의 역사사상연구』, 일조각, 1981; 정창렬, <한말 신채호의 역사의식>, 손보기 박사 정년기념논총, 지식산업사, 1987.

74)『황성신문』의 주요 필진들은 유학의 철저한 부정을 거부하는 입장에 있었다. 그 저류에 중화주의적 자기문화권에 대한 자존의식에서 출발한 중체서용론－양무파의 논리를 계승 극복하는 방향에서 모색된 서구수용론을 견지하였다. 따라서 독립신문의 중심인물들과는 달리 중화주의적 민족주의가 잔존한 변법론에 의한 전통의 재긍정에 입각한 주체성 있는 자

들은 독립협회에 참여하여[75] 계몽운동에 몸담으면서 민중계몽, 지식인(양반·유생)계몽에 관심이 많았고 신학문 수용을 적극 주장하기도 하였다.

즉, 유교적 전통 위에서 서구문명을 섭취, 일정한 테두리 속에서 신학과 구학을 절충 수용하는 유교적 혁신을 시도한 것으로 나타난다. 이들이 문명개화를 통한 부국강병의 실현에 중점을 두었다 하더라도 유교적 전통을 유지한다는 바탕위에서 그 실현과정에서 체제나 국민의 정치참여와 같은 변혁추구에는 어떤 입장을 가졌는지를 살펴봄으로써 계몽사상과 개혁의 한 면모를 밝힐 수 있을 것이다.

강론을 전개했다는 평가를 받고 있다. (신일철, 앞의 책, P.64.) 『황성신문』은 연구자들에 따라 개신유학적 전통사상을 기반으로 한 애국계몽운동을 전개하였다. 자강론적 개화론의 입장, 개신유학계열의 변법론, 변법적 서구운명수용론으로 그 성격에 대한 견해를 다르게 나타낸다. 많은 논의가 필요하지만 본 연구에서는 개신유학계열의 자강론적인 서구문명수용론의 입장을 따랐다.

75) 부회장급에 남궁억, 유근, 그 밖에 장지연, 박은식, 나수연, 남궁훈, 신채호 등이 참여

Ⅲ. 시대상황에 대한 인식

독립협회의 활동으로 1898년에 이르면 봉건지식인이 근대지식인으로 자기변혁을 시도하였고,[76] 각성한 지식인들은 적극적으로 근대적 지식을 흡수하는 동시에 민중의식의 변혁을 시도하였다. 『황성신문』에서 활약한 인물들은 앞 장에서 살펴보았듯이 유학을 기반으로 하여 신학문 특히 근대과학을 도입함으로서 국가재건의 방도를 찾아내려고 하였다. 또한 보수양반들을 계몽하여 개화자강의 대열로 이끈다는 목적을 주된 동기로 삼았다는 특색을 지니고 있다. 이들이 일정한 테두리 내에서 신학과 구학을 절충 수용하는 유교적 혁신과 문명개화를 통한 부국강병의 실현에 중점을 두었다 하더라도 그 실현과정에 한계점은 있었다. 그것은 체제 내부적 문제나 시대적 한계도 있었지만, 동학농민혁명과 청일전쟁, 러일전쟁을 겪으면서 당시대의 문제에 대한 해결방안의 모색점이나 시대인식의 미숙함도 상당히 작용하였다고 본다. 이러한 면을 살펴보고자 한다.

『황성신문』이 발간(1898~1910)되던 당시의 시대상황은 청일전쟁에서 러일전쟁(1894~1904)기와 러일전쟁 이후 국권침탈기로 나누어볼

76) 신용하, 『박은식의 사회사상연구』, 서울대출판부, 1982: 同, <신채호의 애국계몽사상>, 『한국학보』 19: 김용선, <위암장지연의 제 논설에 나타난 교육관>, 『원광대학위논총』 5집, 1985.

수 있다. 이 시기는 대한제국이 성립되고, 한반도 내에서의 러시아의 우위권이 일본 우위로 바뀌어 가는 결국 일본에 의해 국권이 박탈당하는 시기였다.

1895년에서 1905년에 이르는 기간은 동아시아 여러 나라의 국제환경과 더 나아가 유럽과 러시아 미국을 포함하는 세계질서의 개편기이기도 하였다. 청일전쟁, 삼국간섭, 헤이(Hay)의 문호개방정책, 의화단봉기, 하와이와 필리핀에서의 미일의 갈등, 영일동맹, 태프트-가쓰라밀약, 러일전쟁 그리고 T · 루즈벨트 중재의 포츠머스강화 조약 등의 사건들을 하나의 구조 속에서 파악한다면 그것은 일본, 러시아, 미국의 태평양지역에 있어서의 제국주의의 팽창주의적 대두라는 동시적 동질성 속에 일어났던 것이다. 국제적으로는 러시아와 미국의 세계사로의 진출이 특징이었다. 러시아의 시베리아횡단철도건설계획과 미국에 있어서 프론티어소멸론은 이들의 태평양지역에서의 팽창주의를 예고하는 것이었다.[77]

1894년 청일전쟁을 통하여 조선을 보호국화 하려는 일본의 기도는 러시아 · 프랑스 · 독일에 의한 삼국간섭으로 무산되었다. 그러나 청일전쟁과 삼국간섭 이후 제국주의 열강의 동아시아 침탈을 위한 각축은 더욱 첨예화되어 갔다. 특히 1898년부터 열강의 청 분할경쟁은 본격화되어 독일은 1898년 3월에 산동반도의 교주만을, 영국은 동년 6월과 7월에 구룡반도와 위해위를, 그리고 프랑스는 1899년 11월에 광주만을 각각 조차했으며, 미국도 1989년의 미서전쟁을 통하여 필리핀을 점령하고 열강에 대하여 청에 있어서 문호개방을 요구하였다.[78]

---

77) 박영재, <근대일본의 아시아 인식>, 『노일전쟁전후 일본의 한국침략』, 일조각, 1986, p.110.

78) 이광린, 『한국사강좌』 V, 근대편, 일조각, 1981. pp.457 ~ 458.

러시아는 1896년에 동청철도부설권을 획득하고, 1898년 3월에는 여순 대련을 조차하여 만주를 그 세력권에 넣었으며, 1896년 2월의 아관파천을 계기로 일본을 대신하여 한반도에 강력한 영향력을 행사하게 되었다.[79] 삼국간섭과 아관파천을 계기로 청과 조선에서 세력을 상실한 일본은 1896년에 러시아와 협상을 벌여, 웨베르·고무라각서 (1896.5.14)와 로마노프·야마가타 의정서(1896.6.9)를 체결하여 한반도에서 러시아와 동등한 권리를 인정받게 되었다. 이어 1898년에는 러시아가 만주집중정책으로 동아시아정책을 전환함에 따라 로젠·니시협정(1898.4.25)을 체결함으로써 한반도에서 일본의 경제적 우위를 인정받게 되었으며, 러일양국 간에 이른바 만한교환정책이 이루어졌다.

한편 청일 전쟁 후 러시아의 여순·대련조차는 미국과 영국을 접근시켜 이후 미영 양국은 일본을 지원하여 러시아를 견제하려는 동아시아정책을 굳히게 되었다.[80] 즉 러시아의 남하정책에 대항하는 영·미·일 3각 협조체제가 구축된 시기이다. 1900년에 러시아가 청의 의화단사건을 계기로 만주를 점령하고 그 지배권을 확립하게 되었다. 이에 일본은 1902년에 영일동맹을 맺어 러시아의 남하정책에 대응하는 한편 1903년에는 러시아와 협상을 통하여 만주와 한반도에서 러일양국의 이익범위를 확정코자하였으나 협상이 끝내 결렬됨에 따라 러일전쟁을 도발했던 것이다.[81]

미국과 영국의 후원에 힘입어 러일전쟁에서 승세를 굳힌 일본은 1905년 7월의 태프트·고무라각서와 8월의 제2차 영일동맹을 통하여 미국과 영국으로부터 한국에 대한 지배권을 인정받고, 9월의 러일강화

79) 이광린, 위의 책 및 최문형,『열강의 동아시아정책』, 일조각, 1979. p.17.

80) 최문형, 위의 책, pp.103 ~ 104.

81) 동덕모, <한국과 20세기초의 국제정세>,『한국사』19, 국사편찬위원회, 1976, pp.21-24.

조약을 통하여 러시아로부터도 한국에 있어서 정치적 · 군사적 특수 이권과 한국에 대한 지도 · 보호 · 감리의 권리를 인정받았다.[82] 이어서 일본은 같은 해 11월에 강제로 한국과 '보호조약'을 체결하기에 이르렀다. 요컨대 일본의 한국에 대한 보호조약의 체결은 일본의 한국영유에 대한 제국주의 열강의 공동승인 아래 이루어 진 것이며, 러일전쟁 승리 후의 제국주의 일본에 있어 한국영유는 예정된 코스였다.

이러한 시대 상황에서 제국주의 침략과 국권에 대한 『황성신문』의 인식은 어떠하였는지를 살펴보고자 한다.

국내적으로 이 시기의 가장 큰 특징은 위로부터의 개혁인 갑오개혁이 추진되는 상황과 밀접한 관련이 있다. 갑오개혁은 정권 담당자들과 일본제국주의와의 관련 속에 진행됨으로서 그 자체에 근대지향적인 성격이 있음에도 불구하고 범민중적 저항을 받게 되었다. 더욱이 개혁의 추진과정에서 발생한 삼국간섭에 따른 러시아의 부각과 친러정책, 을미사변에 이어서 아관파천이 일어나면서 개혁 의도는 좌절되었다.[83]

1896년 2월 고종의 아관파천을 계기로 김홍집의 제3차 친일내각이 붕괴되고 수구파와 구미파의 연립내각이 수립됨으로서 청일전쟁을 통하여 조선에 강력한 영향력을 행사해 오던 일본의 침략세력은 일단 후퇴하고 한반도에 있어서 자본주의 열강 간의 세력균형이 형성되었다. 그러나 국왕이 러시아공사관에 머물러 있던 관계로 한국에 대한 러시아의 영향력이 크게 강화되어 러시아를 비롯한 열강의 이권침탈은 더욱 심해졌으며, 친러집권층의 외세의존적인 자세와 보수반동적인 성향으

---

82) 김경태, <일본제국주의의 형성과 대한제국>, 『한국근대사회와 제국주의』, 한국사연구회, 1985, pp.143-144.

83) 유영익, <갑오경장추진세력의 사상과 행동 －갑오개화파관료의 배경과 개혁사상을 중심으로－>, 『한림대논문집』 인문사회편 5, 1987; 원유한, <갑오개혁>, 『한국사』 17, 1976; 강덕상 외, 『갑신갑오기의 근대변혁과 민족운동』, 청아, 1985.

로 정국은 혼미를 거듭했다. 고종의 환궁과 대한제국의 성립과 더불어 광무정권은 왕권강화와 왕실의 재정 확충을 이루기 위하여 개혁을 단행하였다.

이러한 상황에서 자주독립과 충군애국의 기치를 걸고 민중을 계몽하여 단합된 국민의 힘으로 완전한 자주독립 국가를 만들려는 목적에서 독립협회가 창립되었다.[84] 광무정권과는 성격을 달리하는 개혁노선을 추진한 독립협회의 기본사상은 자주국권사상, 자유민권사상, 자강개혁사상으로 집약된다.

그러나 독립협회의 개혁안 가운데 의회개설안을 중심으로 한 개혁안은 광무개혁을 주도하던 수구관료층의 정치개혁안과 대립되는 양상을 보이고 있었다. 결국 수구파의 음모와 책동으로 의회설립이 마지막 단계에서 좌절되고 독립협회마저 해체되어 그 궁극적인 목적을 달성할 수는 없었다. 그렇지만 독립협회의 개혁안은 대한제국시기의 개혁정책의 방향을 제시하였고, 또 개혁정책 속에 수용되어 실제로 상당한 개혁이 이루어졌다는 평가도 있듯이[85] 이는 개혁・계몽운동의 방향설정에 많은 영향을 주었다.

독립협회가 해체된 이후에도 개신유학계열의 인사들에 의해『황성신문』은 계속 발간되었으며, 언론을 통한 국민계몽을 지속시켜 나갔다. 청일전쟁이후 청의 종주권 파기를 독립으로 인식하였던[86]『황성신문』의 필진들이 청일전쟁과 러일전쟁, 그리고 국권침탈에 이르는 이 시기

84) 신용하『독립협회연구』, 일조각, 1976 ; 유영렬 <독립협회의 민중운동전개과정>,『사총』 제17,18합집.

85) 김용섭, <광무년간의 양전사업에 관한 연구>, 아세아연구 31, 1968; 김영호, <한말서양기술의 수용>, 아세아연구 31, 1968; 원유한, <전환국고>,『역사학보』37, 1968; 송병기, <광무개혁연구>,『사학지』10, 1976.

86)『황성신문』1898. 12.7 논설

국제질서에 대한 인식은 어떠하였으며, 계몽운동을 전개하여 국권회복에 주력하면서 국권에 대해서는 어떻게 인식하였으며, 난국을 헤쳐 나가기 위해 어떤 방법을 모색하였던 가를 살펴보기 위해 본 장에서는 『황성신문』의 논설에 나타난 시대상황에 관한 인식과 대응논리를 분석하여 그들의 개혁론의 한 단면을 살펴보고자 한다.

1. 『황성신문』의 문명 개화관

『황성신문』에서는 개화를 '개물성무 화민성속'이라 하여 통시대적인 개념으로, 물질과 풍속의 개명을 의미하는 개념으로 인식하고 있다. 또 개화의 내용에 대해서는 행실의 개화, 학술의 개화, 정치의 개화, 법률의 개화, 무기의 개화, 물품의 개화로 구분하고 행실의 개화는 만국의 공통한 것으로 불변하지만 기타의 개화는 시대에 따라 변화하는 것으로 인식하였다.[87]

『황성신문』 계열의 인사들에게 정치 법률 등의 변화는 시대에 따라 변개 가능한 것이었고, 서법 역시 그러한 논리 속에서 수용 가능한 것이었다. 여기서 주목되는 것은 이들이 정치와 법률의 수용까지도 나아갈 수 있는 여지를 그들의 논리 속에서 지니고 있는 점이다. 『황성신문』의 한 논설에서는 "어찌 천하에 읽지 못할 책이 있으며 배우지 못할 법이 있으리오"라고 하여 서구의 학문 특히 천문학 · 지리학 · 농학 · 공학 · 의학 · 화학 등 학문은 그 장점을 취하여 흡수해야 한다고 지적하고 있다.[88] 나아가 서구의 법률과 제도 역시 수용 가능한 것으로 인식하고 있

87) 『황성신문』 1898. 9. 23 논설

다.[89] 이는 『황성신문』의 논자들이 서법을 포함한 서구 문명의 수용에 긍정적임을 보여주고 있는 것으로 동도서기적인 입장과는 차이가 나타난다. 이러한 『황성신문』의 서학(신학문)수용론은 유교적 변통론에 의한 개화론이라는 점에서 개신유학계열의 서구문명수용론을 보여주고 있는 것이다.

그렇다면 개물(開物) 또는 성속(成俗)으로 표현되고 있는 문명에 대해서는 어떤 견해를 지녔을까. 개물과 성속이 역사상에 늘 존재해 왔던 현상이었기에 문명 역시도 마찬가지였다.[90] 이들은 고대 동양에서 이루어진 문명 역시도 개화라는 인식을 가짐으로써 동양문명의 상대성을 긍정하고 있다. 그에 따라 개화현상은 통시대적인 것이고 서구문명의 수용만이 개화가 아니라 동양의 전통문명의 발달 역시도 문명의 범주에서 인식될 수 있었다. 이러한 문명에 대한 태도는 나아가 한국문명이라는 관점으로 나타나기도 한다.[91] "하물며 우리 대한은 오백년 문명고국이라"에서 이들은 동양문명 속에서 다시 한국문명의 상대성과 독자성에 대해 인식하고 있었다. 이들에게 한국문명의 독자성에 대한 인식이 자리 잡고 있는 사실은 그들의 사상적 기반이 전통유학에 뿌리를 두고 있을 뿐만 아니라 실학자들의 역사인식의 기반 위에 서 있었다는 점에서 가능했다.

『황성신문』의 필진들이 위와 같은 특성을 지녔기에 단순한 문물의 수용만이 개화가 아니고 무엇보다 정신, 의식의 개화를 강조하고 있다. 이들에게 있어 개화는 마음을 깨고 밝히는 것이다. 정신적 내면세계를

---

88) 『황성신문』 1898. 9. 15 논설
89) 『황성신문』 1898. 6. 28 논설
90) 『황성신문』, 1898. 9. 23 논설
91) 『황성신문』, 1898. 9. 16 논설

개화하여야 함을 강조하는 논설의 내용은『황성신문』에 많이 나타난다. 개화를 "개물성무하여 화민성속을 일컷는 말"[92]이라고 하였으나 개화에 대해 각기의 주장과 의견이 달라 혼돈 속에 빠져 있는 사회 분위기를 반개화와 찬개화로 나누어 각기의 주장을 5회 연속해서 논설을 게재하였다. 개화의 해가 풍속을 해치고 세태를 혼란하게 하는 골수병이 되었다며 '개화의 해로움'이라 하여,[93] 사회의 각 방면에 걸쳐 개화병이 만연되고 있음을 개탄하는 투고의 논설을 게재하였다. 이 논설의 반대 입장에서 왜 개화의 잘못이겠는가라는 제목으로 "선생은 개화가 실(失)되는 것만 아시고 개화가 해가 되지 않음을 모르시니 진짜 개화의 뜻을 모르고 있습니다. 개화는 사람들이 아직 모르는 것을 개발하고 백성을 교화해서 나아가는 본 뜻인데 옛날의 개화도 있었으나 지금의 개화는 신라와 고려의 더러운 풍속을 개혁하여 문명의 치에 들어서게 되었으니 이것이 우리의 개화입니다."[94]라고 하여 기존의 질서와 양반 지배층이 권세를 유지하려는 것은 반문명의 악습임을 힐난하고 있었다. 이는 개화가 시대에 따라 변하는 것은 당연한 것이며 우선적으로 정신적 개화가 시급하다는 점을 강조한 것으로 볼 수 있겠다. 이처럼『황성신문』의 개화인식은 고루한 구습을 개혁하여 자주적 주체성을 확립하려는 방향에서 강조한 것이다.

당시 언론이나 지식인들이 시대 문제를 해결하기 위해 신학 수용이 필요하다는 것을 공통적으로 인식하고 있다. 그러나 조선시대의 정치 이데올로기는 주자학이었고 당시 지배계층의 대부분을 차지하고 있는

92)『황성신문』, 1898. 9. 23 논설

93) 1) 국가(國家之見害) 2)재상 3)선비 4)雄蔭名武 5)窮班 6)中人家 7)中胥家 8)市民 9) 後生 10) 木白 11) 史校奴令輩 12)下民 13)衣服 14) 家屋 등으로 나누어 설명하고 있다.

94)『황성신문』 1900. 9. 5-7 논설「解開化怨」

보수 유생층은 신학에 대해 부정적인 견해를 지니고 있었다. 그렇기 때문에 우리나라의 근대화는 바로 이 중세적인 유교와 유생층을 어떠한 방향으로든지 처리하지 않으면 불가능한 것이었다. 이런 면에서 유생층이 우매한 민중과 더불어 바로 계몽운동의 중요한 대상이 되고 있었다. 당시의 개화사상가들은 유교 문제에 대한 나름대로의 인식 위에서 근대적인 서양사상의 수용을 전개하고 있었던 것이다.[95] 약육강식의 세계, 치열한 경쟁에서 살아남기 위한 '경쟁의 적응력'[96]을 확보하기 위해서는 허문을 숭상하는 전통적 가치체계에서 벗어나 서구문화의 대폭 수용이 필요하다는 입장이었다. 이러한 문제는 신학과 구학이라는 형태로 제기되고 있었다.[97]

당시의 신학 수용에는 여러 갈래의 논의들이 제기되었다. 유교를 전면적으로 부정하고 서양의 새로운 학문을 수용하자는 논의도 나오고 있었지만, 대체로 유교를 기반으로 하고 신학을 수용하자는 논의가 일반적이었다. 중국에서 제기되던 중체서용론과 거의 동일한 구조를 지닌 동도서기론 혹은 구본신참, 신구참작의 형태였던 것이다.[98] 그리고 그 논의도 서양의 기술문명으로 수용해야 한다는 양무론적인 입장도 있었고, 혹은 서양의 근대적인 정치나 법률까지도 수용해야 한다는 변법적인 입장도 있었다. 어느 경우에나 그 근본은 유교였으므로, 신학의 수용은 유교의 근본이념에 대한 보다 철저한 인식이 전제되어야 한다는 주장도 있었다. 혹은 당시의 유교의 폐단을 인정하고 그 폐단을 제거한

95) 김도형, <한말 계몽운동의 정치론 연구>, 『한국사연구』 54, 1985.
96) 『황성신문』 1908. 4. 8 논설「天擇物競에 適者生存論」
97) 이광린, <구한말 신학과 구학과의 논쟁>, 『동방학지』 23・24, 1980.
98) 이러한 방법론에 대한 연구는 다음과 같은 것이 있다. 민두기, <중체서용론고>, 『동방학지』 18, 1978; 김영호, <개항이후의 근대경제사상>, 『한국학입문』 1983.; 김용섭, <광무연간의 양전・지계사업>, 『한국근대농업사연구』, 1984; 강만길, <동도서기론의 재음미>, 『한국민족운동사론』, 1985.

위에서 신학수용을 거론하기도 하였으며, 또는 구학과 신학은 동일한 것이므로 오히려 구학보다는 신학을 적극적으로 수용하자는 논의도 있었다.

『황성신문』에서도 문명개화를 주장하였으며 일정한 원칙을 두었다. 이들은 서구의 정치제도 · 사상 등에도 관심을 보였지만 그 보다는 서구의 기술 수용에 보다 더 많은 관심을 보였으며, 외국학문만 취하고 본국학문을 버리는 것이 아닌 태도,[99] 즉, 서구의 무조건 모방보다는 장점을 취하고, 옛것을 참작하여 새 것을 받아들이는[100] 신중론을 보였다. 이것은 독립신문이 서구에서 궁구하고 닦여진 것이면 무조건 수용하면 된다[101]는 급진적 수용론을 편 것과는 달리 자칭 '수구를 심호하는 자'[102]로서 '동서고금을 참작절충'[103]하는 방향에서의 문명개화를 주장하였다.

러일전쟁 이후 열강의 침략과 국운의 쇠퇴는 일제의 영향권으로 흡수되고, 개화는 사회의 인습타파가 아니라 국권회복이라는 더 큰 과제로 부각되었으며 자강실현을 위한 방안이 모색되었다. 이러한 주장은 을사조약 이후 국권회복운동기에 와서 그 내용이 분명히 드러났다. 국권이 위태롭게 된 것은 올바른 개화가 이루어지지 않은 탓이며, 보수파와 개화파가 서로 잘못을 전가하나 양자 모두가 국권상실의 잘못을 지니고 있다는 견해를 내세우고 있다.[104] 이 양자들이 보수와 개진(문명진보)를 내세우는 데 과연 무엇을 보수하고 개진할 것인지를 묻고 있

99) 『황성신문』 1906. 11. 19 잡보 「新舊學問의 利害」
100) 『황성신문』 1901. 12. 16 논설 「不覺時勢難免夏蟲井蛙」
101) 『독립신문』 1899. 4. 10 논설
102) 『황성신문』 1899. 6. 28 논설
103) 『황성신문』 1902. 5. 19 논설 「廣文社新刊 牧民心書」
104) 『황성신문』 1906. 7. 6 논설 「皮開化之弊」

다.[105] 보수나 개진 양자가 지키거나 고치고자 하는 목적이 실력양성과 자강자립의 실현으로 같은 것이므로 두 세력은 결국 대립이 아니라 상호보완의 관계가 된다.

즉, 구식은 신식의 근저가 되고 신식은 구식의 정화가 되는 것이므로 구학을 바탕으로 한 신학의 수용은 온고이지신의 태도를 지녀야 바람직하다는 것이었다. 그러므로 진정한 수구와 개화는 "옛 것과 현재의 것에 통달하여 완고한 인물이 아닌, 허학을 물리치고 실학에 힘써서 허풍스러운 사람이 되지 않는 것"이다.[106]

이러한 점을 볼 때 『황성신문』은 무조건적인 신학의 수용이 아닌 전통의 재긍정에 입각하여 좋은 것만 취하고 나쁜 것은 거부하려는 보다 주체적인 수용을 강조한 것을 알 수 있다.

어떤 것을 개화해야 하느냐, 개화의 범위에 관해서는 심성 본원에 관한 도덕을 빼고는 다 시대에 따라 변할 수 있는 것 [107]이라고 보았다. 즉 정치와 법률 같은 것은 모두 시대에 따라 변하는 것이며, 변할 수 없는 도덕 안에서도 '절목사변(節目事變, 윤리・규칙)'에 관한 것은 변할 수 있다고 여겼다.[108]

그러나 그렇다고 하여 그들이 급격한 문명개화를 바란 것은 결코 아니었다. "구신파들이 수구파들에게 충격을 주지 않고 화합과 협력을 도모하면서 보수주의를 타파치 않고 점진주의를 취하여서 일반사업에 개량 진보를 기도함이 완전한 방침이라"고 하였다.[109] 어디까지나 점진적인 개화를 매우 강조하였다.

105) 『황성신문』 1907. 4. 28 논설 「保守와 改進」
106) 『황성신문』 1906. 7. 6 논설 「皮開化之大弊」
107) 『황성신문』 1909. 4. 4 논설 「守舊와 求新者의 誤解」
108) 위와 같음
109) 『황성신문』 1909. 11. 17 논설 「保守主義로 進步함이 佳良한 方針」

이들이 이렇게 생각하는 까닭은 '사림은 국가의 원기'로서 사림이 망하지 않으면 국가 또한 망하지 않는다는 인식이 깔려있기 때문이다.[110) 『황성신문』은 유생층을 '잠재적인 문명개진의 최대의 힘'이라고 보고, 이들을 유교 내의 논리로써 설득하여 문명개진의 장으로 끌어내려 하였던 것이다.

이와 같은 점진적인 문명개화, 유림에 대한 계몽의 강조는 『황성신문』의 필진들인 개신유학파들의 학문관과 밀접한 관련성을 갖고 있다고 할 수 있다. 그렇기 때문에『황성신문』은 스스로를 '신구학 참작절충론'을 좀 더 발전시킨 '신구학 특장수용파'로 내세우고 있는 점에서도 나타난다.[111) 『황성신문』은 당시 학계를 구학 고수파・구학위체 신학위용파(동도서기파)・구학폐기 신학수용파・신구학 특장수용파 등으로 나누었다. 주목되는 점은 동도서기와 신구학 특장수용 이 두 가지 경향을 구분하고 있다는 점이다. 동도서기파는 1880년대에 등장하여 과학기술의 측면에서만 서학을 수용하자는 것이고, 신구학참작절충파는 1890년 대 말에 등장하여 정치체제, 정치사상의 측면에서도 서학을 수용할 수 있다는 것이었는데, 이제 이 사상은 자강운동기에 와서 사상・윤리・도덕 등 대상을 불문하고 구학이든 신학이든 특장이 있으면 취할 수 있다는 논리로 발전한 것이다. 이러 견해를 가지고 『황성신문』은 당시의 정치, 경제, 교육, 사회개혁과 민지개발・민력증진을 추구해 나갔다.

이처럼 『황성신문』의 개화 자강의 방법은 무력보다는 실력양성을 통하여 자강하자는 것으로 점진적 실력의 양성을 계몽하였다. 실력을 갖추기 위한 자강의 방법으로는 교육과 식산을 들었다. 그러나 국민(위로

110) 『황성신문』 1908. 3. 28 논설 「我韓의 原基와 根本」

111) 『황성신문』 1907. 5. 15 논설 「舊學問과 新知識의 關係」

는 정부 당국자부터 아래로는 백성까지) 대부분이 자강에 대한 인식이 부족함으로 먼저 자강의 사상과 방법을 계몽해야 한다고 하였다. 따라서 『황성신문』의 계몽논리는 국가에 대한 책임(국권상실에 대한 책임, 국권회복에 대한 의무)을 국민들에게 인식시켜 위기를 극복하려는 것이라고 하겠다. 그러기 위하여 첫째, 절망감에서 벗어나 국가를 위한 헌신적인 사상을 견지하라고 하였다. 둘째, 그 방법으로는 교육, 강연, 언론 등으로 국민을 각성시키고 실업을 진흥케 하고 단합을 통하여 국민의 의무를 실천케 하는 것이라고 보았다. 셋째, 자강개혁 사상은 당장의 치욕에 준비 없이 분개하기보다는 미래를 준비하는 것이었다.[112]

『황성신문』은 이러한 계몽의 역할을 수행하기 위한 것으로 신문 잡지・단체 등을 높이 평가하였다. 언론은 천하의 공리를 주장하고 국민의 지식을 계발하여 정계와 사회의 나아갈 방향을 제시해야 한다는 것이다.[113] 따라서 『황성신문』은 신문에 대한 탄압에 대해서 강하게 반발하였다. 1907년 7월 24일의 신문지법은 신문발행 수속과 관련된 일반 규칙, 신문게재금지 사항과 관련된 규제규정, 법률위반에 대한 처벌 규정 등이었다. 이로서 일제는 한국 내에서 한국인에 의해 발행되는 신문에 대하여 완전히 규제할 수 있게 된 것이었다. 『황성신문』은 이에 대해 신문조례는 인민・언론의 자유를 금지하고 일반 국내 신문을 규제하는 것이라고 공박하며 속히 폐지해 언론의 자유를 허락하고 개명으로 나아갈 수 있게 해야 한다고 주장하였다.[114]

『황성신문』의 개화인식은 고루한 구습을 개혁하여 자주적 주체성을 확립하려는 방향에서 강조한 것이다. 열강의 침략과 국운의 쇠퇴는 일

112) 『황성신문』 1908. 4. 14 논설 「有望者와 絕望者」
113) 『황성신문』 1908. 8. 21 논설 「言論의 特權」
114) 『황성신문』 1907. 10. 11 논설 「新聞束縛의 條例」

제의 영향권으로 흡수되고 개화는 사회의 인습타파가 아니라 국권회복이라는 더 큰 과제로 부각되었다. 국가의 독립과 민족의 자주성은 개화운동이 아니라 투쟁으로서 그 방향이 변경되어야 했으나 일제의 탄압과 견제로 개화의 결실은 미완으로 끝나고 말았다.

2. 사회진화론에 따른 시대인식

1) 사회진화론 수용

『황성신문』의 사상적 기반은 조선 개국 이래 지배이념으로 명맥을 보존하고 있던 유교적 인식을 근저에 깔면서 개화파의 맥을 계승하였으며, 유교를 개혁하여 그 장점을 살리고 그 위에 일본이나 중국을 통하여 수용된 서양의 정치이론을 받아들이자는 '구본신참', '신구참작'의 태도를 지녔다.[115)]

『황성신문』이 발간되던 당시의 중요한 현실 문제는 역시 제국주의 열강의 침략과 일본에 의한 강제적 식민지 지배였다. 또한 내부적으로는 민중층의 동향에 대한 나름대로의 대책도 강구 되어야 했다. 이러한 사회를 인식하는데 당시의 지식인들에게 가장 유용했던 방법이 바로 '사회진화론'이었다.[116)] 사회진화론은 다윈의 생물진화론을 헉슬리, 스

---

115) 『황성신문』 1901. 12. 16 논설「不覺時勢難免夏蟲井蛙」, 1899. 6. 28 논설, 1907. 4 28 논설「보수와 개진」, 1909. 4. 4 논설「수구와 개신자의 오해」 등에 황성신문의 신학수용 태도가 잘 나타나 있다. 이외에도 황성신문 집필진들의 신학수용태도에 관한 논문은 아래와 같다. 이광린, <구한말 신학과 구학의 논쟁>, 『한국개화사의 제문제』, 일조각, 1986; 강만생, <황성신문의 현실개혁구상 연구>, 『학림』 9집, 1987; 박찬승, <한말자강운동론의 각 계열과 그 성격>, 『한국사연구』 68, 1990; 변승웅, <대한제국정부의 경본예참정책과 유생층의 신교육참여>, 『건대사학』 7, 1989.

116) '사회진화론'의 수용과 그 영향에 대한 연구는 다음이 있다. 신일철, 『신채호의 역사사상

펜서가 인간사회에 적용한 것으로 인간사회 역시 생존경쟁의 논리에 의해 운영된다는 이론이다. 여기에서는 적자생존과 생존경쟁이 자연계나 인간사회를 움직이는 기본원리이며 사회진보의 원동력이었다. 즉, 사회의 강자인 지배층의 지배, 나아가 세계의 강자인 제국주의의 침략과 지배를 현실적으로 인정하는 힘의 논리였으며 진보의 개념을 포함하여 사용되었다.

사회진화론은 1880년대 유길준에 의해 최초로 우리나라에 소개되었으나[117] 적극 수용되기 시작한 것은 1900년대 개화자강파들에 의해서였다. 이 시기에 이르면 제국주의 열강들의 침략과 일본의 제국주의화가 두드러져 위기의식이 고조되었고, 특히 러일전쟁을 계기로 당시 개화자강파 인사들은 제국주의적 침략성을 절감하게 되었기 때문이다. 더욱이 을사조약에 의해 강제로 일본에 국권을 빼앗기게 되자 위기의식이 고양되고 민족의식이 앙양되어 사회진화론을 적극 수용하였던 것이다.[118]

당시의 지식인은 생존경쟁의 원리 곧 사회진화론을 개인 대 개인, 국가 대 국가의 모든 경우에 적용되는 원리로 인식하였다. 즉, 서구열강과 조선의 현재의 상황은 사회진화적 원리에서 나온 것으로 조선이 서구열강의 침략 대상이 되고 일제의 반식민지로 전락하게 된 것도 생존경쟁, 우승열패의 결과라는 것이다.

『황성신문』 역시 당시의 세계를 사회진화론의 관점에서 바라보고 있

연구』 3장, 1980; 이광린, <구한말 진화론의 수용과 영향>, 『한국개화사상연구』, 일조각, 1979; 이송희, <한말 애국계몽사상과 사회진화론>, 『부산여대사학』 2, 1984; 주진오, <독립협회의 사회사상과 사회진화론>, 『손보기 선생정년기념 한국사학논총』, 지식산업사, 1988; 박찬승, <한말 일제시기 사회진화론의 성격과 영향>, 『역사비평』, 1996 봄호, 1996.

117) 이광린, <구한말 진화론의 수용과 영향>, 『한국개화사상연구』, 일조각, 1979.

118) 유영렬, <대한자강회의 애국계몽운동>, 역사학회 편, 『한국근대민족주의 운동사연구』, 일조각, 1987, pp. 25-27.

으며 당시의 국제질서가 양육강식하는 시대로서 우승열패하는 국제정세를 인종경쟁의 입장에서 바라보고 있다.[119] 이러한 약육강식의 세계질서 인식은 '동주의 황인종 족속들이 타주의 백인종에게 노예가 될 수 있음'을 지적하는 데도 나타난다.[120]

『황성신문』에서는 이처럼 인종경쟁의 논리로 세계질서를 바라보고 있었기에 제국주의적 질서에 대한 인식 역시 그 본질을 인종경쟁으로 인식하고 있다.[121] 이처럼 인종경쟁을 본질로 하는 제국주의적 세계질서 인식이 있었기에 『황성신문』에서도 그러한 질서에의 참여에서 동양 인종의 공동대응이라는 논리로 귀결되어 나타나고 있다. 대표적으로 1899년 4월 22일의 사설을 보면 서세동점의 현상에 대해서 동양 삼국의 연대를 통해 이를 막을 수 있다고 인식하고 있다. 이는 『황성신문』의 논자들이 인종경쟁적 세계질서에 대해 동양이라는 단위를 설정하고, 그것을 통한 동양 삼국의 공동대응을 상정한 것이다.

『황성신문』은 당시의 시대적 상황에 대해서는 매우 갈등적인 상황으로 인식하였다. 즉 천지고금 만물 나아가 인의·도덕 등 모든 것이 경쟁 상태에 있는 전국 시대이며,[122] 각국 간의 상황이 서로 모함하는 것이 두꺼비씨름, 약육강식의 상황이 제주말 제갈기 먹기, 약소국은 강국의 농간을 모르고 농락당하는 것이 고양이 쥐놀이, 강대국 대치 상황이 호랑이 밥 싸움하는 상황과 같다고 하여 당시의 약육강식적 제국주의의 침략 상황을 거론하였다.[123] 제국주의의 침략이 생존경쟁 우승열패의

---

119) 『황성신문』 1899. 5. 24 논설

120) 『황성신문』 1899. 12. 2 논설

121) 우승열패의 경쟁에서의 국망이 종래의 국망과는 다르다고 지적(1900.5. 10 「國轍古今錄」) 하고 있는 것으로 보아 전통적인 국가 멸망과는 달리 인식하고 있음을 알 수 있다.

122) 『황성신문』1906. 11. 16 논설 「競爭時代」 上

123) 『황성신문』 1901. 10. 5 논설 「余過 一村塾하니 有三歲 學童이 作文較藝라 其文에 日」

상황에 들어섰으므로 비록 서로간의 관계유지를 위해서 만국공법을 만들어 전시나 평시에 통용될 수 있도록 되어있다. 그러나 이것도 국력이 부강하고 민지가 개명된 국가 간에만 적용될 뿐 빈약하고 열등한 나라에는 감히 주어지지 않는 것이다. 국제간의 소위 정의라는 것도 열강의 때에 따른 권형이나 상대국가의 세력의 우열등급에 따라서 내 이권에 적합하게 타인을 방비하는 것이므로 의리를 말한 것은 겸충(箝蟲)의 핑계될 구실에 불과할 뿐인 것이다.[124] 각국이 서로 간에 맹약을 체결하는 것은 금석지확과 같은 신의가 있어서 위배하지 않는 것이 아니고 오히려 춘추전국시대 열국의 회맹과 같은 것이므로 지금의 세계에 인의를 기대한다는 것은 크게 미친 것과 같은 짓이라는 것이다. 소위 공법, 의리, 맹약과 도덕이라는 것은 모두 명의상의 문구일 뿐이요, 실제 개명지화라는 것은 다 바로 이욕을 추구하기에 바쁠 뿐이라고 보았다.

이런 현상은 이미 서양 열강들의 중국할양의 예에서 나타나고 있듯이[125] 제국주의의 침략을 받아 어떤 나라의 속방이 되면 내정을 자주할 수 없고 노예와 같이 취급받게 되므로 금일에 독립국이 못되면 군신상하가 몸 둘 곳이 없다고 강조하였다.[126] 서구 제국주의의 침략의 목적이 이권, 영토의 할양 즉 수탈에 있음을 밝히고 있다.

이와 같은 서세동점의 상황이 일어나게 된 이유는 기후에 따른 인성과 국력의 차이와 깊은 관련성을 가진다고 보았다.[127] 인종적으로도 백인종은 '열성이 고루 실리고 협기가 활동하여 백색인종은 애국성과 의용성이 끊어지지 않고 넉넉한'데 비해서 동양(黃人種)은 '부화만 숭상

---

124) 『황성신문』 1905. 3. 18 논설 「述客問」
125) 『황성신문』 1900. 1. 12 기서 「西勢東漸의 起因」
126) 『황성신문』 1898. 9. 30 논설
127) 『황성신문』 1900. 2. 10 논설 「瘠民勞而向義沃民胡爲不材」

하며 거만한 습성만 이루어 수백년래로 인정이 미약하게 위축되어 국세가 완악하고 황당'하기 때문에 백인들이 동방민족에 대해서는 일치 상응하여 이익을 움켜지고 국가를 삼킬려고 조정의 계략을 만들어서 천직으로 알고 방약무인하며,[128] 세계에 횡행하고 아시아주를 제멋대로 날치는 세력이 강 흐르듯 하지만 지나(황인종)은 우방을 도와주기는 고사하고 자기 나라를 지키기에도 겨를이 없어 남북으로 할양되고 조석으로 위태로운 지경에 이르렀다는 것이다.[129] 또한 이러한 약육강식의 세계질서 인식은 현실적으로 부각되고 있는 중국의 분할위기에 대응하여 증폭되었으며,[130] 서세동점을 인종경쟁의 논리로 바라보고 있었기에 제국주의적 질서에 대한 인식 역시 사회진화론에 의한 양육강식, 인종경쟁으로 인식하고 있다.

그렇다면 서구와 위도상으로 같은 지역에 위치한 동양 민족도 기후로 볼 때 인성 자체는 열등하지 않음에도 불구하고 서구에 뒤진 까닭은 무엇인가. 그것은 앞서 말한 인종적 차이와 뇌기(개명된 지식)와 심력(개척 추진력)의 차이에서 연유한다고 보았다.[131] 결국 서세동점의 시대 생존경쟁의 시대에서 살아남기 위해서는 동양 나아가 한국인에게 부족한 뇌기와 심력을 개선하여야 하며, 그것이 이루어진다면 문명국과 부강된 나라에 도달할 수 있다는 논리이다. 또, 유럽 강대국이 세계의 2/3를 식민지로 삼을 수 있게 된 것은 "그 문화를 일신하며 각각 자유독립의 권리를 보존하여 사람마다 애국하는 성심과 평등권을 가지고 타인에게 압제 보호받는 힘을 수치스럽게 여겨 각자 분발 자립"한 것에서

128)『황성신문』1898. 9. 30 논설
129)『황성신문』1900. 1. 25 논설「時局勇義可觀」
130)『황성신문』1899. 6. 13 논설
131)『황성신문』1900. 11. 16 논설「成事必在腦氣心力」

연유한 것이므로 국민 각자에게 자주・독립의 권리를 심어주는 것이 중요하다고 보았다.[132)]

사회진화론을 받아들여 우승=문명개화, 열패=무지몽매라는 등식으로 파악하였으므로 우승의 국가가 되는 요인은 국민들이 자주, 평등을 알고 개명된 지식을 지니고 있는 데 있다. 그러므로 열패의 국가는 자주, 평등의 보장과 아울러 개명된 지식을 받아들여서 하루 빨리 부국강병을 이루어야하며 그것이 바로 진보이며 시대의 추세에 합당한 것이라고 보았다.

이와 같은 논조로 볼 때 우승열패의 시대에서 몽매 열등한 국가는 개명 우등한 국가의 침략을 받아도 마당하다는 인식을 지녀 제국주의의 침략을 수용하는 입장을 지녔던 듯하다.[133)]

열강의 조선침략에 따른 위기의식의 고조와 아울러 중국 중심의 사대외교 관계에서 벗어나 새로운 국제질서에 의거한 외교 전개가 필요하다는 인식이 개항과 더불어 두드러지게 나타났다. 외교는 국가보존과 국권자수의 방법으로 상당히 중시되었다. 이에 따라 외교관계를 맺어야 할 대상국도 중국이 아닌 국가, 선진문명을 지녔으면서 당시 조선의 문명개화를 도와 줄 수 있는 국가여야 하였다. 이러한 요소는 열강에 대한 인식을 달리하는 요인이 되기도 하였다.

조선책략적인 외교정책에 의하여 1882년 미국과 수호조약이 체결된 이후 미국에 대한 인식은 청의 종주권 강화를 거중 조정해 줄 수 있는 국가로, 또는 재정고문과 군사고문관을 파한하여 실질적인 도움을 줄 수 있는 국가로 여겨서 대체로 호의적이었다.[134)] 이러한 현상은 개화기

---

132) 『황성신문』 1903. 9. 3 논설「世界各國領地及植民地」續
133) 『황성신문』 1901. 4. 24 논설「讀史有感」
134) 한국사연구회편, 『한국근대사회와 제국주의』, 삼지원, 1985, pp.76 ~ 88.

신문의 논조에 일관되어 나타나는 것으로 미국의 국력 강성, 국부의 원인을 제도적인 차원에서까지 찾으려는 적극성을 보이고 있다.[135)]

> 미국이 개국한지는 약 120년이라 세계 각국에 비하면 제일 최신의 나라이다. 그러나 기풍이 날로 나아가고 제조가 날마다 왕성하여 영국과 프랑스인이 선망하여 하는 말이 유럽 각국의 진보함은 나무를 땅에 심어서 그 성장하기를 바라는 것과 같고 미국은 준마를 타고 탄탄대로를 달리는 것과 같다.[136)]

고 하여 미국이 개국한 연륜에 비해서 발전 속도가 엄청나게 빠르다는 사실을 지적하고 있다. 그러나 이러한 미국도 상무를 확장하고 영토를 침범하고 있다는 사실에 관심을 나타내고[137)] 동양 각국이 경계해야 한다고 보았다.[138)] 미국 매킨리 대통령 때에 이르러 미국은 이권팽창주의를 택하여 상무를 확장하고 포규(布哇)·구파도(玖巴島)·필리핀을 점령하고 동양에 대한 이권을 무람하고자 하는 목적을 들어내었다는 것이다. 또 미국민이 팽창주의를 흠복하여 매킨리 씨를 재당선 시켰음으로 동양관계가 맥두보다 가볍지 않음을 생각해야 한다고 주장하였다.[139)]

『황성신문』은 미국이 이미 1898년에 필리핀을 침략 점령하고 중국 나아가 만주에 대한 열강 간의 식민지 쟁탈전에 뛰어든 사실을 스스로 지적하면서도 미국에 대한 우호적인 인식은 계속 이어져 온 듯하다.

미국은 영토적 야심은 없으나 경제적인 제국주의를 실행하고자 할

135) 김민환, 『개화기 민족지의 사회사상』, 나남, 1988, pp.396~398.
136) 『황성신문』 1898. 9. 16 논설
137) 『황성신문』 1900. 12. 22 논설
138) 『황성신문』 1909. 2. 22 논설 「對美國經營東方問題하야 警告我東方諸國」.
139) 『황성신문』 1900. 12. 22 논설

뿐으로 상무를 위중하여 평화를 좋아한다[140]는 인식을 지녔으며, 1900년대 말까지 줄곧 미국의 제국주의가 '침략적 제국주의가 아니라 경제상 세력주의'라고 강조하였다.[141] 1909년의 논설에서, 미국이 먼로주의를 포기하고 매킨리 대통령 때부터 제국주의로 변하여 침략전쟁을 일으켜 필리핀 등지를 점령하여 동방 경영의 출발점으로 삼았으며, 루즈벨트 대통령 때는 이 제국주의가 더욱 진행되어 미국 팽창의 원동력이 되었다.[142]고 설명하고 있다. 『황성신문』의 미국에 대한 인식은 상무만 힘쓰는 국가에서 점차 제국주의 침략을 강행하는 국가로 인식이 변하고는 있지만 그것에 대해 부정적인 반응을 나타내고 대처하는 수준까지는 이르지 않았음을 알 수 있다.

서구 제국주의 국가 중 러시아에 대한 인식의 경우는 조금 다르게 나타난다. 『황성신문』은 러시아를 '지면의 넓이가 지구의 관'[143] 과 같다고 하였다. 그러나 그 넓은 땅이 척박하기 때문에 좋은 땅을 얻기 위해서 동북아를 노리고 장차 풍운을 일으킬 자[144]로 단정하였다. 러시아에 대한 경계인식은 '아관파천'이후 독립협회 회원들의 러시아 재정고문 및 군사교관 반대운동, 절영도 조차지를 둘러싼 대립, 급격한 이권할양이 이루어진 것에 대한 국내적 위기의식이 작용되었을 것으로 추측할 수 있다. 또한 거문도 점령 이후 러시아의 방위정책이 남하정책에서 동방정책으로 바뀜에 따라 시베리아철도 건설추진과 만주에 대한 관심이 중국 일본의 러시아에 대한 경계의식을 강화시켰고, 이것이 우리에게 준 영향도 크다고 본다. 러시아의 남하에 대한 위기의식은 일본에 의하

140) 『황성신문』 1898. 11. 25 논설 「俄國强兵會論」
141) 『황성신문』 1909. 7. 11 논설 「宇內大勢와 韓國」
142) 『황성신문』 1909. 2. 21 논설 「對美國經營東方問題하야 警告我東方諸國」
143) 『황성신문』 1898. 11. 25 논설
144) 『황성신문』 1909. 7. 13 논설 「宇內大勢와 韓國」 續

여 러시아를 막아야한다는 논리까지 발전하였다.[145)]

이에 대해 『황성신문』은 논설에서 『합록보』의 다음과 같은 글을 소개하였다.

> 러시아 시베리아 철도가 축조하기로 한지 이미 오래라 조성되는 날에는 동방에 반드시 큰 변국이 있을 것이다. 일본이 어찌 고려에 중병을 주둔하여 입각지지로 삼아 러시아를 방어하려고 하지 않겠는가. 만약 이 방책을 속히 실행하지 않으면 러시아의 철도가 완성되면 반드시 병사를 내어 고려를 뺏으려 할 것이니 고려가 러시아에 절입되면 일본은 러시아와 더불어 다투는 게 쉽지 않으리다. 지금 고려를 취하는 여부는 일본의 손안에 있는 것이오.[146)]

중국의 기사를 인용한 것이지만 이 글을 게재한 것으로 보아 황성신문의 인식 또한 이와 비슷하다고 할 수 있다. 의화단 사건의 전개과정에 대해서도 그것을 '백인종이 황인종을 역력할 붕아'로 인식하고 있다.[147)]

이와 같은 열강에 대한 인식을 보면 러시아와 미국이 팽창주의정책을 실시하는 점에서는 동일한데도 러시아는 믿을 수 없는 국가로, 미국이 이미 식민지 쟁탈전에 뛰어든 사실을 스스로 지적하면서도 1910년 직전까지 줄곧 미국의 제국주의가 경제적 제국주의에 국한되어 믿을 만하다는 인식을 지녔다. 1904년 러일전쟁 이전까지 개화된 일본에 대한 관심이 침략요인에 대한 관심보다 높았다는 점을 볼 때 단순한 영토상의 침략만을 제국주의 침략정책으로 인식하는 오류를 범하고 있다. 이

145) 『황성신문』 1899. 2. 6 논설 「我日論續」
146) 위와 같음
147) 『황성신문』 1900.7. 17 논설 「堅白同異」

러한 논리는 러시아의 남진에 맞서 동양의 공존을 도모하기 위해서는 한 중 일 동양 삼국이 공영하는 것이 불가피하다고 인식하여 '삼국공영론'을 위기극복 논리로 중요시한 것과도 일맥상통한다.

2) 삼국공영론

시대상황에 대한 갈등적 인식, 경쟁인식은 곧 동양위기론으로 이어졌다. 서세의 적극적인 동점 현상을 직시하면서 동양 삼국의 연대를 통해 이 위기를 막을 수 있다고 인식하고 있다.[148] 사회진화론의 수용에서 나타나듯이 인종경쟁의 세계질서 속에서 동양이라는 단위를 설정하고 그것에 대한 동양 삼국의 대응논리를 추구하였다.[149] 당시 동양은 "자립할 만한 실력이 부족함으로써 열강의 경쟁 목적지가 되어 때때로 평지파란이 일어나고"[150] 있다는 인식하에 서세에 대한 동양의 위기의식이 대두되었다. 이것은 러시아가 남하정책에서 동방정책으로 정책을 전환하고 동방진출의 하나로서 시베리아 철도를 건설하는 데 치중하게 된 사실을 알게 되면서 더욱 심화되었다. 이미 러시아가 아이훈조약을 통해서 청의 영토를 상당히 뺏은 일도 있었기 때문에 이 철도가 완성되면 동아시아에 반드시 일련의 변화가 야기될 것이라고 믿었기 때문이었다.

당시 개화 지식인의 일본개화에 대한 매우 긍정적인 태도는 동양위

---

148) 『황성신문』 1899. 4. 12 논설

149) 동양삼국의 공동대응이라는 논리를 종래 연구에서는 '아시아 연대론'·'동양삼국공영론'·'동양삼국제휴론' 등으로 불렀다. 최근에는 이 논리들이 공통적으로 당시 국제 질서에의 참여에서 동양삼국이 독립된 국가임을 전제로 하면서도 '동양단위'를 통한 참여를 주장하고 있다는 점에서 '동양주의 논리'로 부르기도 한다. 본 연구에서는 '삼국공영론'이라는 용어를 사용하였다.

150) 『황성신문』 1909. 7. 1 논설 「宇內大勢와 韓國」

기론과 결합하여 동양삼국 공영론을 발전시켰다.[151] 삼국공영론 = 아시아 연대론을 제일 먼저 주창한 인물은 일본의 지식인이었는데,[152] 일본에서도 전통적인 중국관의 변화를 가속시켰던 것은 예상을 뒤엎은 청일전쟁의 전황이었다.[153] 청일전쟁으로 일단 전쟁의 기본 목표인 '조선의 독립'을 달성하자 이내 그 아시아인식의 논조를 달리하기 시작하였다. 우선 아시아주의(연대론, 합방론)이든 탈아시아론자들이든 간에 동양에 있어서 일본은 예외적인 존재라는 인식 바탕을 가졌다. 이들은 모두 '힘의 논리'의 신봉자였고, 따라서 '조약'과 '만국공법'은 의미가 없는 것이며 협조와 동맹도 수시로 필요한 것이었다. 이는 특히 청일전쟁과 삼국간섭을 겪고 난 뒤에 두드러진 공통점이었다.[154] 일본의 중국, 나아가 아시아에 대한 인식이 이렇게 바뀌었음에도 불구하고 삼국연대론, 삼국공영론은 당시 한국에 있어서는 대외적인 위기상황의 극복방법으로 꾸준히 논의되었다.

우리의 경우는 1880년대 『한성순보』와 『한성주보』,[155] 1890년대의 『독립신문』, 독립협회에서 활동한 안경수의 경우도[156] 중국이 멸망하

---

151) 이에 관한 연구로는 이광린, <개화기 한국인의 아시아연대론>, 『한국사연구』 60.61합, 1988; 김신재, <『독립신문』에 나타난 삼국공영론의 성격>, 『경주사학』 9, 1990; 조재곤, <한말 조선지식인의 동아시아 삼국제휴 인식r과 논리>, 『역사와 현실』 37, 2000; 김도형, <대한제국기 계몽주의 계열 지식층의 '삼국제휴론'·'인종적 제휴론'을 중심으로>, 『한국근현대사연구』 13, 2000; 백동현, <대한제국기 언론에 나타난 동양주의 논리와 그 극복>, 『한국사상사학』 17, 2001. 등이 있다.

152) 이광린, <개화기 한국인의 아시아 연대론>, 『한국사연구』 60·61합집, 『개화파와 개화사상연구』 1989. p.139.

153) 박영재, <근대일본의 대한인식>, 역사학회 편, 『일본의 침략정책사연구』 일조각, 1984. p.101.

154) 박영재, <근대일본의 아시아인식>, 역사학회 편, 『청일전쟁전후 일본의 한국침략』, 일조각, 1986. pp.123-124.

155) 『한성순보』 1883. 11. 20 各國近事「華人防邊策」, 1884. 1. 8 「中西時勢論」, 『한성주보』 1886. 3. 8 私議「論天下時局」

156) 이광린, <개화기 한국인의 아시아 연대론>, 『개화파와 개화사상연구』, 1988, p.145.

면 한국 역시 따라서 넘어질 것이며 한국과 중국이 망하면 일본의 국가 보존도 어려울 것이라는 논리 하에 동양 삼국공영론을 강조하였다.[157] 이와 같은 논리는 『황성신문』에도 나타난다.

『황성신문』의 필진들은 동양 위기의 관건은 중국의 자수자립에 달려 있다고 믿었다. 왜냐하면 "동양의 형세를 도와서 세계에 병립하는 자는 하나도 청국이요 둘도 청국" 이기 때문이다.[158] 그러나 이러한 청국도 개화를 서두르지 않으므로 쇠퇴해가는 현실이기에 중국이 "구법을 고치지 않고 명나라의 가혹한 제도를 인용하여 백성의 병고는 불문하고 국가의 흥망을 알지 못하면서 자국을 대국이니 중화니 칭하고 서양을 이적이라 금수라 하고 교만하고 완고하여 자신의 잘못됨을 고치지 않아서 도처에 멸시와 모욕을 받고 있다"[159]고 지적하고 한국이 그런 중국을 흠모하여 본받고자 하는 것은 개탄스러운 일이라고 하였다. 동양의 기둥으로써 서양에 맞서서 동양 전국을 지켜야 한다고 믿었던 중국이 오히려 '조분(爪分)'의 위기에 놓여있다는 인식은 이에 대한 방비책으로써 동양의 합심 합력이 요구되었다. 특히 한국은 청국과 입술과 잇몸(唇齒)의 관계에 있으므로 청국이 나누어 진 후에는 청국을 나누던 사냥꾼이 모두 대한으로 모일 것이 분명하므로,[160] 이에 대한 대비책이 요구되었다.

그렇기 때문에 서양에 대한 방어책은 일국에만 있는 것이 아니라 삼국이 힘을 연합하는 데 있다는 것이다. 즉 "동양 삼국이 서로 동심 합력하여 개명 진보가 되어야만 태서 각국의 동점하는 형세를 방비할 터인

157) 『독립신문』 1896. 3. 24 ~ 25 논설, 1896. 4. 7 논설
158) 『황성신문』 1899. 6. 13 논설
159) 『황성신문』 1899. 9. 12 논설
160) 『황성신문』 1899. 6. 13 논설

데 종금이후로는 대동 합방하는 의론을 베풀 곳이 없어서 동양 대세를 위하여 극히 개탄할 일"[161]이라면서, 혹 일본이 자국의 힘만 믿고 연대를 생각하지 않고 한 청 양국에 교만한 태도를 갖는다면 불길이 일본에까지 닿게 되어 수습하기가 어려울 것이니 `순망치한`의 고사를 생각하고 합심해야 한다는 것이었다.[162] 서구열강에 의한 중국 분할의 진전을 설명한 뒤, 서구가 동양을 침범할 때 이미 청 한의 정세를 파악하여 영국 러시아 프랑스 독일 네 나라가 각각 청의 요충지를 할거하여 국권을 차종(借從)하고 이익을 나누어 가졌으며, 한국의 경우 비록 소국으로 스스로를 지키고 보존할 지라도 청국이 분쟁하는 여풍에 독보하기 어려우므로 동양 삼국은 일가를 이루어 서구에 대처해야 한다고 보았다.[163]

동양 삼국의 관계는 순치상의(脣齒相依), 보거상좌(輔車相佐)한 것이므로 공영을 위한 일본의 역할이 강조되면서 일본을 찬양하고, 그 부강의 원인을 규명하자는 주장들이 나타나게 되었다. 이러한 일본의 문명에 대한 연구와 흡수는 이미 개화 초기부터 전개된 것이지만, 러일전쟁으로 세계열강의 하나로 부상한 이후에는 더욱 두드러지게 나타났다. 이것은 삼국 공영을 위한 일본맹주론으로 전화되어갔다.

당시 삼국의 상황을 논하여, 청은 물산이 많고 땅이 비록 넓어도 사람의 마음이 떠났으며,[164] 일본은 이미 개화된 나라로서 "동양세계의 일대 보장의 임무를 맡을 자"[165]라고 인식하고 일본맹주론을 주장하였다. 즉 "천운이 동양의 미약한 세력을 다시 회복하고자 다행으로 일본이 먼저 개화하여 작은 섬나라이지만 열강의 제약을 받지 않고 홀연히 동양

161) 『황성신문』 1899. 10. 2 논설
162) 『황성신문』 1899. 4. 12 논설
163) 『황성신문』 1899. 3. 25 논설
164) 『황성신문』 1900. 8. 24 기서
165) 『황성신문』 1899. 4. 12 논설

에 서 있으니"[166] 동양 대국의 보존을 위해 노력해야 한다고 전제하고 '동양의 맹주'인 일본의 선각자의 지도가 없으면 삼국의 대세를 공제할 수 없다고 강조한 것이다.[167] 동양 삼국공영을 위한 일본맹주론은 일본과의 친화주의의 기반이 되었다. 왜냐하면 한국과 일본 양국 정부의 교제가 친밀치 못하면 양국 인민이 서로 좋아하지 못할 터이니 그러한 즉 양국 장사하는 일에 해가 대단히 있을 터이요 동양 각국 정치상에 유익함이 없을 것이기 때문이다.[168]

이러한 의식은 서세동점에 대한 위기의식은 강하지만 같은 동양권 내의 국가에 대한 위기의식은 적었음을 의미한다. 그것은 청일전쟁에 대한 당시의 태도에서 드러난다. 심지어 독립협회에서는 "조선이 몇 해는 청국의 속국으로 있다가 하느님의 덕으로 독립"이 되었다고 표현하고 있는데,[169] 이것은 청일전쟁에서 승리한 일본이 청과의 조약에서 우리나라의 대청국 종속을 폐기하고 자주 독립국을 명시한 것을 의미한다. 일본이 청국의 간섭을 배제하고 우리나라를 침략하기 위한 조치를 오히려 독립으로 오인하고 있었던 것이다. 『황성신문』에 나타난 청일전쟁의 견해는 다음과 같다.

> 현재 동양 삼국이 서로 도우고 서로 보호하여야 전국을 보존할 수 있다는 것은 지각한 사람들이 모두 확언하는 것이다. 당시 일본이 청병과 더불어 우리나라 평양에서 전투를 한 뒤 승승장구하여 요동까지 이르러 시위를 보인 뒤 돌아와야 하거늘 그 강함을 믿고 우환을 생각하지 않고 병사를 몰아 깊숙이 침입하여 해를 넘겨 싸워서 한 섬(타이완)과 거금의

166) 『황성신문』 1906. 4. 12 논설 「姑息政府」
167) 위와 같음
168) 『황성신문』 1906. 4. 18 논설 「警告律社觀者」
169) 『독립신문』 1896. 7. 4 논설

> 배상금을 받았다. 회군한 후에 영국 러시아 독일 프랑스가 각각 그 요충지를 빼앗았으니 청국의 고굉과 인후의 땅(요충지)이 아닌 곳이 없었다. 어찌된 연유인가 이는 실화한 탓이다. 동양 삼국이 화의하여 견아를 제압하였다면 저들이 비록 강한 나라라 하더라도 이렇게 큰 이익을 얻을 수 있겠느냐 (중략) 한 나라의 실화가 이 보다 크겠는가. 일본은 눈앞의 이익만 생각하다 동양 대국의 권세를 잃어버렸으니 이것을 탄식하노라.[170)]

위의 글에서 일본이 청의 땅을 가지는 것은 동양이 잃은 것을 동양이 얻은 것이니 어찌 손상된 것이 있겠느냐만 일본이 청일전쟁 후 뺏은 땅을 영국·러시아·프랑스·독일에 넘겨주게 된 것은 실화한 탓이며, 동양 삼국이 서로 도우고 서로 보호해 주는 관계라는 것을 망각한 탓이라 하였다.

이에 비해 러일전쟁에 대한 인식은 상당히 다르다. 『황성신문』을 보면 러일전쟁이 일어나기 5년 전인 1899년 2월 6일 『합록보』의 글을 인용한 논설과 같은 해 12월 1일자의 논설에서 시베리아 횡단 철도 부설을 침략의 징조로 여기고 동양 삼국의 연대를 주장하고 있었다. 시베리아 횡단 철도 부설에 따른 우려는 러시아가 남하정책에서 동방정책으로 정책을 전환하고 동방진출의 하나로서 시베리아 철도를 건설하는 데 치중하게 된 사실을 알게 되면서 더욱 심화되었다. 이미 러시아가 아이훈조약을 통해서 청의 영토를 상당히 뺏은 일도 있었기 때문에 이 철도가 완성되면 동아시아에 반드시 일련의 변화가 야기될 것이라고 믿었기 때문이었다. 이러한 예견은 두 나라 사이에 낀 중국과 우리나라에 대한 우려와 더불어 외교적인 방비책도 피력하고 있다.

---

170) 『황성신문』 1898. 12. 24 논설

『황성신문』의 경우 1900년 의화단 사건과 러시아의 만주진출이라는 조건의 변화를 반영하여 삼국연대론이 목표하는 현실적 의미가 강해지고 있었다. 『황성신문』에서는 의화단 사건이 발발하자 이를 동양의 위기로 받아들이고 있다.[171] 『황성신문』의 논자는 의화단 사건과 뒤를 이은 열강의 분할정책에 대하여 동아평화를 위협하는 요인으로 파악하고 동양의 대세를 유지하는 것이 급무라고 인식하고 있다.[172] 특히 의화단 사건을 계기로 러시아의 만주 진출이 이루어지자 러시아 세력을 견제하기 위한 동양의 연대라는 구체성을 띄어가기 시작했다.[173]

러시아의 만주진출 이후 러시아에 대한 경계인식이 표출되었고,[174] 러시아가 만주를 점령하면 장차 한국과 청국에 위기일 뿐 아니라 일본 역시 병탄의 위기에 처하게 되어 동양의 황인종 전체가 멸망 당 할 위협에 처하게 된다고 인식하였다[175] 대외적 위기의식은 자연스럽게 국망의식과 자강의 논리로 표출되고 있었다. 이러한 자강론은 용암포사건(1903. 5) 등 러시아의 만주 진출과 만한국경문제가 첨예화되면서 더욱 두드러져 갔다.[176] 『황성신문』의 논자는 러시아의 용암포사건을 '단기고강'의 분열위기라든가 '이천만 동포씨족'의 위기라 하여 위기감을 표출하고 있다.[177] 이러한 위기감의 증폭에 따라 자강론의 강조점도 역시 국권보존으로 표현되듯이 더욱 강화되고 있다.[178] 러시아가 만주를 점

171) 『황성신문』 1900. 2. 8 논설 「北京事變의 驚疑慟」
172) 『황성신문』 1900. 8. 8 논설 「韓淸危機」
173) 『황성신문』 1901. 4. 17 기서
174) 『황성신문』 1900. 12. 27 외보, 1901. 4. 17 기서, 1901. 3. 11 외보
175) 『황성신문』 1903. 10. 1 논설 「日不得不戰」
176) 김원수, <용암포사건과 일본의 대응>, 역사학회 편, 『러일전쟁 전후 일본의 한국침략』, 일조각, 1986, pp. 87-89.
177) 『황성신문』 1903. 6. 9 논설 「再佈告全國民人」
178) 『황성신문』에 자강론이 등장하는 것도 비교적 초기부터였으며 (『황성신문』 1899.12.9 논설), 이러한 자강론은 의화단사건이후 위기의식이 증폭됨에 따라 더욱 자주 나타났다. 러

령하면 장차 한국과 청국에 위기일 뿐 아니라 일본 역시 병탄의 위기에 처하게 되어 '동양의 황인종' 전체가 멸망 당 할 위험에 처한다는 인식은 보다 강화되고 있다.[179] 또한 인종주의적 방아(防俄)논리를 폈다. 또한 열강의 청국에 대한 욕망으로 인하여 한국도 위기에 처했으며, 특히 일본의 식민정책을 경계해야 한다고 인식하였다.[180] 만주와 한반도를 향한 러시아의 남하정책 뿐만 아니라 일본의 대륙진출정책에도 경계의식을 표현했다. 그러므로 『황성신문』은 동양 삼국의 순치지세와 일본이 주장하는 동양평화론을 내세워 '한국은 일본의 세력하에 만주는 러시아의 보호하에 두자'는 일본과 러시아의 소위 만한교환론을 비판하였다[181] 특히 용암포 사건 이후로 시세론으로 일본보다는 러시아에 의존해야 한다는 논의가 등장하는 등 혼란상이 가중되고 있었다.[182]

그러나 『황성신문』의 경우 그 대체적인 논조가 러시아를 견제의 대상으로 설정하고 자강론을 펼치고 있다.[183] 이러한 인식은 러일전쟁에 이르기까지 지속적으로 표출되고 있으며,[184] 러일 개전에 대해서도 일본의 의로운 행위로 옹호하면서 일본을 후원하기 위하여 나서야 한다고 주장하고 있다.[185] 일본과의 연대를 통한 러시아 견제를 주장하고 있다.

일개전이후 동종·동문론에 입각한 동양주의적 사고가 지속되지만 '민족'용어가 사용되며 '민족'단위의 대응인식이 나타난다. 이에 관한 연구는 서영회, <광무정권의 국정운영과 일제의 국권침탈에 대한 대응>, 서울대 대학원 박사학위논문, 1998; 김도형, <대한제국기 계몽주의 계열 지식층의 '삼국제휴론'·'인종적 제휴론'을 중심으로, 『한국근대사연구』 13, 2000; 백동현, <러일전쟁전후 '민족'용어의 등장과 민족의식>, 『한국사학보』 10. 2001.

179) 러일전쟁에 따른 『황성신문』의 위기인식과 동양주의 논리의 변화는 백동현, 앞의 논문, pp.531~535참조

180) 『황성신문』 1900. 8. 8 논설 「韓淸危機」

181) 『황성신문』 1901. 8. 28 논설 「卞滿韓交換論」 1903. 6. 30 논설 「辨日俄密約成立之說」

182) 『황성신문』1903. 6. 19. 「答或問」

183) 『황성신문』 1903. 6. 30 논설, 1903. 8. 12 논설 「閱韓日淸三國地圖有感」 1903. 8. 18 논설 「六國論」

184) 『황성신문』 1902. 1. 28 논설 「辨霸鮮新報辨妄之謬」

러일전쟁이 일어나자 한국을 둘러싼 두 나라의 침략전쟁이 아니라 인종간의 전쟁으로, 동양의 황인종이 전멸지경에 이를 수 있으므로 아시아의 평화를 위해 일본이 어쩔 수 없이 일으킨 전쟁으로 인식하고 있다. 러일전쟁 개전을 전후하여 "만주를 잃으면 우리나라와 중국이 위험하고 러시아 세력이 반드시 동양에 퍼질 것이며 일본의 존망도 이에 달려있다. 그러므로 일본은 부득불 싸우지 않을 수 없다"[186])고 하여 일본과 러시아의 전쟁은 만주와 한반도 일본 스스로를 지키려는 방어전의 성격을 가진 것으로 인식하였다. 또한 러시아는 만주를 병탄하고 북한을 할양하여 동양전체를 자기의 판도에 넣고자 하고, 일본은 자국의 이익을 옹호하고 동양의 패권을 잡으려 하지만 일본은 한국과 청국의 영토 보전을 위하여 개전한 것이므로 일본을 가깝게 하고 러시아를 멀리하는 것이 당연하다고 주장하였다.[187] 이처럼 러시아에 비해 상대적으로 일본선호의식을 보였다.

러일전쟁이 황인종과 백인종의 인종 전쟁이라는 인식은 당시 지식인의 일반적인 경향이었다. 『황성신문』은 백인종이 이미 홍인종과 흑인종을 진멸한 전력이 있는 것으로 보아[188] 향후 십년이 지나지 않아 아시아주 황인종이 다 변하여 백인종의 세계가 될 우려가 있다고 여겼다.[189] 인종간의 알력, 종족전쟁의 입장에 따르게 되면 황인종인 우리나라는 일본과 협력하여 백인종인 러시아와 싸워야한다는 논리로도 전개되었다. 러일전쟁이 러일 양국이 우리나라를 노리고 침략하는 과정에서 일어난 것이라는 인식은 나타나지 않고 오히려 동양문명의 선도자로

185) 『황성신문』 1904. 2. 14 논설「論日俄交涉顚末」
186) 『황성신문』 1903. 10. 1 논설「日不得不戰」
187) 『황성신문』 1904. 2. 20 논설「警告諸公」
188) 『황성신문』 1899. 12. 2 논설
189) 『황성신문』 1899. 1. 26 논설

서 서양의 침략을 막아주고 동양의 문명개화를 위해 힘쓰는 나라로서의 일본이 황인종을 대표하여 러시아의 침략을 막기 위해 전쟁을 치른다고 생각하였다. 그리하여 이 전쟁을 황색인종의 멸절과 흥왕을 가름 짓는 것으로 파악하고,[190] 황색인종의 나라인 동양 삼국이 단결하여야 하며 그렇지 않고 일신이나 일국만을 생각하게 되면 동양도 무너지고 말 것이라고 하였다.[191]

이에 대한 『황성신문』의 견해는 다음 논설에 잘 나타나 있다. 열강들의 청국 분할 점령을 '실화(失和)'한 탓으로 보고,

> "사사로이 서로 시기하여 한국이 강하면 청을 멸시하고 청이 강하면 일본을 멸시하거나 일본이 강하다고 한국과 청을 멸시하면 저 이리 같은 무리가 행동할 기회가 되지 않겠는가. 아시아주 대륙이 장차 조분될 뿐이니 그러한 꼴을 보지 않으려면 그 영향을 잘 살펴야한다. 무릇 동양으로 오는 자들이 어떤 의도로 내방하겠는가. 만약 동아의 형제들이 일시에 결렬하여 서로 질투하고 싸우면 서구 제국의 먹이 다툼이 되어 세계평화가 절망하리니"[192]

하여 삼국의 단합하고 러시아의 침략에 공동으로 대처함으로써 동양평화가 확보된다고 보았다.

동양의 평화가 확보되어야 우리나라의 독립이 보증된다는 논리에서 일본과의 협력만이 독립을 지킬 수 있다는 기대감을 지녔다고 할 수 있다. 즉, 러일간의 전쟁에서 일본의 승패는 동양 전국의 존망과 관련된 것으로 보았다.[193] 러일전쟁은 우선 문명과 야만의 대결로 인식되었으

190) 『황성신문』 1904. 5. 31 논설「國防當籌」
191) 『황성신문』 1904. 5. 6 논설「亞賓先生問答」
192) 『황성신문』 1906. 12. 12 논설「世界平和가 在東洋」 續
193) 『황성신문』 1904. 5. 3 논설「戰弱之勢在義勇」

며, 그 문명을 한국의 내정개혁 문제와 직결시켜서 생각하였다.[194]

러일전쟁에서 일본의 승리는 당시의 식자층에게 일본의 우수성을 보여주는 증거가 되었고 따라서 일본의 지배를 용인하는 분위기가 팽배하였다. 러일전쟁의 개전과 거의 동시에 체결된 한일의정서의 "동양평화를 확립하기 위하여 한국정부는 일본 정부를 확신하여 시정 개선에 대한 충고를 용인한다." 또 "일본 정부는 한국의 독립 및 영토 보전을 확실히 보증한다." 등의 조항을 액면 그대로 믿는 인식이 깔려 있었다. 그러므로 한일의정서 체결에 대하여 비판하면서도[195] 러일강화 조약 체결에 대해서는 결과적으로 러일전쟁은 한국과 청국의 독립을 공고히 하고 영토를 보존케 한 의전(義戰)이라고 긍정적으로 평가하였다.[196]

『황성신문』 논설 중에 일본을 비판하고 있는 것도 상당히 나타나고 있다. 그러나 비판의 주된 이유는 일본이 자국의 이익만을 노린다는 비난이다. 서세동점에 대비하기 위해서는 동양삼국의 제휴를 통한 동양평화가 무엇보다도 시급한데도 불구하고 일본이 삼국공영이라는 이른바 '대의'를 추구하기보다는 '작은 이권'에 연연하여 동양지배에 집착하고 있는 것을 비판하고 있다. 하지만 그것이 한국에 미치는 여파가 어떠할 것인지에 대한 자각이 부족하였다. 『황성신문』은 일본이 "서세동점하는 일을 당하여 아무쪼록 청국과 돈목하여 근면 개진할 방책을 효급치 아니하고 청국의 한 섬(대만)을 탈유하고 배상을 많이 받는데 급급하고 있다"[197]고 비난하였다. 또 일본이 한국을 도운다고 하지만 실지로

---

194) 정창렬, <러일전쟁에 대한 한국의 대응>, 『러일전쟁전후 일본의 한국침략』, 일조각. 1986. p.226.

195) 『황성신문』 1904. 2. 23 논설「辨風說之妄」

196) 『황성신문』 1905. 9. 9 논설「贊日俄媾和의 速成」, 10. 2 기서「論日俄媾和의 速成原因과 日本 輿論의 失計」

197) 『황성신문』 1899. 5. 23 논설「近者에 日本新聞紙를 據한즉-」

는 광산, 산림, 강과 바다 천택, 원야 전토, 화폐, 농업, 상업, 어업, 공업도 다 일본이요, 전국 토지 소유권을 모두 강점하려고 하니 한국은 허명독립"[198]일 뿐이라고 지적하면서 일본의 노골적인 침략 정책을 비판하였다. 일본의 침략정책에 대한 비판은 『황성신문』의 초기 논설에서도 나타난다.

> 일본이 대한에 대하여 우의가 없다는 것은 아니지만 그 실제는 이익과 세력에 몰두하고 있다. 이것을 상업업무로 말하자면 한성 내외와 각 항구 거류지의 일본상인의 무역, 경인 및 경부철도, 연근해 어업, 개항지의 체신 등이다. 이것을 세력면에서 말하면 상민보호를 구실로 군대를 주둔시키고 경찰서를 설치하고 병참을 건설하고 전선을 가설하여 대한의 주요 권한을 대부분 차지하여 버렸다.[199]

고 하여 일본의 대한 원조의 실질적인 목적이 세력 확장에 있고, 이권 침탈이 전 분야에 걸쳐 있음을 지적하고 있다. 또, 『황성신문』은 1900년대 초기에 일본과 일본인에 대하여 일본인의 자유로운 한국 이민은 한국의 광업 농업 상업적 이익을 취하려는 데 있고,[200] 일본 제일은행권의 한국내 유통은 한국의 재정을 일본에 양여하는 것이며,[201] 일본의 한국 경영은 농업 광산 어염 산림 제조업 무역업 등의 제반 이익을 도모하기 위한 것[202]이라고 하여 이미 러일 전쟁 이전에 일본의 한국에 대한 각종 이권탈취와 경제적 침탈에 비판적인 시각을 가졌다.

---

198) 『황성신문』 1899. 5. 23 논설 「近者에 日本新聞紙를 據한즉-」
199) 위와 같음
200) 『황성신문』 1901. 12. 23 논설 「論日本政府移民法改正」, 1902. 1. 28-29 논설 「辨朝鮮報辨妄之謬」
201) 『황성신문』 1903. 2. 17 논설, 1903. 3. 2－4 논설 「辨朝鮮新報銀行券性質」
202) 『황성신문』 1903. 4. 11 논설 「辨朝鮮新報外人恐怖時代之說」續

러일전쟁 속에서 개별국가와 한인종족의 위기를 맞이하고, 동양문명권이었던 일제의 침략성을 분명하게 인식함으로써 일본 비판의 논리가 나타난다. 이와 같은 일본 비판의 논리는 1904년 10월 경 일본의 보호국 논의를 계기로 보다 분명하게 나타나며,[203] 삼국연대론은 이전과는 달리 동양평화론을 주 내용으로 하면서 나타나고 있다. 1905년 4월 18일 『황성신문』에서는 일본의 시정방침이 한일 양국의 교의와 동양의 평화를 위해 이루어져야 한다고 비판하고 있다.[204] 당시의 한일관계가 일본이 우리나라의 문화를 유도하는 자이며 한국은 세계의 문화를 받아들이려는 때인데, 이런 점에도 불구하고 러일전쟁이 일어난 후 일본 당국자는 한국의 세미한 사정을 헤아리지 않고[205] 의정서에서 비록 독립과 동양 평화를 위한다고 했지만 실 속셈은 따로 있다고 비판하고 있다. 『황성신문』의 경우 통감정치에 대한 비판의 논리 역시 동양 평화를 위태롭게 한다는 논리에 기반하고 있다.[206] 이와 같은 동양평화 논리는 동양의 연대를 통한 평화이다. [207]

이상과 같이 『황성신문』은 러일전쟁 전후 시기의 일본의 한국경영이 일본에는 유익하나 한국에는 무익하다고 인식하고 일본의 대륙진출정책에 경계의식을 가지면서도 러시아의 만주 진출에 대해서는 한 청 일

---

203)『황성신문』 1904. 10. 3 논설「又警告」

204)『황성신문』 1905. 4. 18 논설「答示漢城報記者」續

205)『황성신문』 1905. 4. 17－18 논설「答示漢城報記者」

206)『황성신문』 1906. 9. 20 논설「告統監伊藤侯閣下」

207) 일제의 침략성이 노골화되는 러일전쟁 초기부터 인종경쟁적 사고에 입각한 동양주의가 지닌 논리적 모순과 현실적 모순 양자를 모두 드러내면서도 동양주의적 사고가 여전히 지속할 수 있었던 것은 『황성신문』의 논자들이 민족의식은 단군이라는 종족적 정체성을 지니고 있으면서도 문화적으로는 유교문화라는 보편적 문화 속에서 정체성을 지니고 있었기 때문이며, 그 주도세력이 개신유학계열의 인사들이었던 점에서 지속력을 지닐 수 있었던 것이다.(백동현, <대한제국기 언론에 나타난 동양주의논리와 그 극복>,『한국사상사학』 17, 2001. p.543)

삼국의 연대에 의한 방아논리를 폈으며, 동양삼국 순치론과 동양평화론에 근거하여 한국 독립보장의 논리를 폈다. 이에는 아관파천 이후 러시아의 한국 국권유린과 이권탈취에 대한 반러의식이 반영된 것으로 볼 수 있을 것이다.

이처럼 『황성신문』은 당시 세계는 동양과 서양의 대결의 시대 또는 황인종과 백인종의 인종경쟁의 시대로서 서세동점의 현상이 날로 커간다고 파악하고,[208] 서양의 백인종에 비해 열등한 위치에 있는 동양의 황인종이 살아남는 길은 순치 관계의 삼국이 단결하여 사리사욕을 없애고 상호 동종상보(同種相補)의 방침을 강구하는 것이라고 주장했다.[209] 이것은 동양 삼국의 연대로 서양 세력을 막아야 한다는 서세동점의 방어논리였으나 일본의 국가 이기주의를 넘어선 황인종의 단결과 공생을 주장한 논리였고 내면적으로 한국독립보장의 논리를 함축한 것이다.

나아가 『황성신문』은 당시 동양의 위기를 초래하는 서구 열강의 동양 침략현상을 막을 책임이 일본에 있다고 하여 동양 삼국 중에서 선진국가인 일본의 역할을 강조했다. 『황성신문』은 1910년 1월 9일자 논설을 통해서 선진국가인 일본이 세계대세와 동양관계를 고려하여 한반도와 대륙에 대한 지배야욕을 버리고 한청 양국을 도와 동양 삼국의 연대에 의해 동양평화를 구축해야 한다고 권고했다. 이것은 동양 삼국의 공존공영에 의한 동양평화론 곧 한국독립보장의 논리로서의 동양평화론을 의미한다.

국권침탈이 되던 당시에 자강을 내세우고 있었지만 러일전쟁 또는 일본에 의한 한국 내정개혁에의 기대에서 알 수 있듯이 우리를 가장 위

208) 『황성신문』 1910. 1. 13 논설 「世界大勢의 管見」
209) 『황성신문』 1910. 1. 15 논설 「人種의 關係」

협하고 있던 일본에 대해서는 그 논조가 상당히 약화되고 있다. <시일야방성대곡>을 쓴 장지연의 경우도 보호조약이 맺어진 뒤인 1906년 자신을 방문한 일본인 오가키 타케오(大垣丈夫)의 일한동맹론을 환영하고 그의 한국부조론을 지지하였으며 오가키가 한국을 계도하는데 진력하겠다는 뜻을 보인데 대해 감사를 표시했다.[210] 오가키는 일본의 대한정책인 병탄 · 보호 · 동맹 세 가지 주장가운데 당초부터 양국동맹설을 주장하였던 인물로서[211] 한국에 와서도 인민개발에 힘씀으로서 사람들을 감동시켰다고 되어있다. 그의 속셈이 어쨌든 대한자강회가 조직되면서 고문이 되었고, 또 일본의 대한정책인 병합설이나 보호설에 반대하고 동맹설을 주장한다고 하여 당시의 지식인들에게 꽤 환영받았다.[212]

오가키는 스스로 동양의 영원한 평화를 위해 우리나라에 왔다고 하고[213] 혹은 동양의 영원한 평화를 위해 우리나라의 문명부강을 기도하는 자라고 자처하며[214] 국법 -이 국법은 물론 통감정치체제의 국법이다-의 범위 내에서의 활동을 강조하여 그 지침을 정하여 주기도 하였다.[215] 또는 일본의 한국 통치는 병탄주의와 무단주의를 배격하고 영국의 이집트 지배를 본받아야 한다고 주장하였다.[216] 이러한 논리는 제국주의의 식민지지배를 근본적으로 부정하는 것은 물론 아니었고, 효과적인 식민지배 방법을 건의한 것일 따름이었다. 그가 이미 당시에 일선동조론이

210) 『황성신문』 1906. 2. 27 논설 「感謝大垣君高義」 및 동년 7. 7 논설 및 南崇山人 寄書 「送金陸大垣丈夫之西京序」.
211) 金允植, 『續陰晴史』 下, 174. 광무 10년 3월 8일 <朝鮮功勞者銘鑑> 大垣丈夫項.
212) 大垣의 견해를 당시 긍정적으로 본 글은 『大韓每日申報』 1906. 2. 20 논설 「賀大垣氏來韓」 과 2월 25일 논설 「論大垣氏同盟說」 및 『황성신문』 1906. 2. 27 논설 「感謝大垣君高義」 등이 있다.
213) 『대한자강회월보』 5, 大垣丈夫, 「所感一則」, p.44.
214) 『대한자강회월보』 2, 大垣丈夫, 「韓國三大病源」 (演說), p.38.
215) 『대한자강회월보』 1, 大垣丈夫 「本會趣旨」 演說, p. 23.
216) 『대한자강회월보』 2, 金陸居士, 「感謝短評」, pp.67 ~ 68.

나 당파성을 거론하고 있었던 사실은 결코 우연이 아니었다.[217] 그가 『황성신문』에 <부일(附日)이 즉 배일>이라는 장황한 논설을 발표한 것도 이러한 논리를 변명하기 위한 것이었다. 또 일본의 보호조약이 한국 병합과는 무관하다는 논조를 펴기도 하였다.[218] 노골적인 친일이 비판받는 현실을 회피하기 위해 대한 한인을 전제로 강조하고, 혹은 당시의 경험을 내세워 부일파는 전날의 부아파로 우리나라를 둘러싼 세력의 변화로 자연히 변한 것일 따름이었다고 강변하였다.[219]

오가키의 견해가 이러한 것이었음에도 불구하고 장지연이 일한동맹론에 대해 환영의 뜻을 보인 것도 그 일한동맹론이 일본과 한국의 대등한 입장에서의 동맹, 즉 독립국의 지위를 유지하는 위에서의 양국 동맹을 뜻하는 것으로 받아들였기 때문이었다. 그러나 이는 그들이 일본 내에서의 일한동맹론이 의례히 '일본맹주론'을 동반하고 있었으며, 나아가서는 그 '맹주'의 '문명지도'를 빙자한 침략까지도 긍정하는 이론[220]임을 잘 알지 못하고 있었음을 보여주는 것이었다. 즉 그들은 '일한동맹론' '동양삼국제휴론'을 순수한 의미에서 이해하고 그것을 긍정적으로 받아들이고 있었던 것이다.

한편에서는 일한동맹론, 동양 삼국제휴론을 내세우고 있을 때 『황성신문』의 논조는 동양평화론에 초점이 맞춰진 감이 있다. 『황성신문』은 당시 세계의 추세를 해양국가의 발달에서 이제는 대륙국가가 발달하는 시대로 보고 종래 후진국가로 경시했던 대륙국가인 청의 발전과 역할에도 새로운 인식을 보였다.[221] 곧 한국과 지리・인종・종교・문학에서

---

217) 『대한자강회월보』 2, 大垣丈夫, 「外國人의 誤解」, p.60. 同書, 「本會將來」, pp.7 ~ 12.
218) 『황성신문』 1906. 7. 16 잡보 「大東學校演說」
219) 『황성신문』 1907. 6. 26 논설 「附日이 卽 排日」
220) 旗田巍, 『일본인의 한국관』, 일조각, 1983; 정창열, 앞의 논문.; 이광린, <개화기 한국인의 아시아연대론>, 『한국사연구』 61－62, 1988(『개화파와 개화사상연구』, 일조각, 1989. p.139)

밀접한 관계가 있는 청은 4억 인구를 가진 대국이며 앞으로의 동양 부흥은 청의 진보 여하에 달려 있다고 보고 당시 스스로 보존하고 스스로 독립할 능력이 없는 한국은 순치보차의 관계에 있는 청국의 진보에 주목해야 한다고 강조했다.[222] 이것은 청국으로써 일본을 견제하려는 의식의 일면이라고 하겠다. 당시 『황성신문』이 동양평화론을 강조한 의도는 당시 세계를 인종경쟁의 시대로 보아 동양인종의 보존을 위한 인종주의적 측면에 있었음도 부정할 수는 없다. 그러나 『황성신문』이 동양평화론을 강조한 본질적 의도는 한국존재의 말살을 의미하는 한일합방론을 저지하기 위하여 한일공존과 동양평화를 내세워서 한국의 독립보장을 전제로 하는 국가주의적 측면에 있었던 것으로 보인다.

3) 대응논리

사회진화론적인 시각에서 국제적 사회현상을 설명할 때는 '경쟁극열 우승열패'의 시대임을 강조했지만 국내적 사회현상을 설명할 때는 당파성, 이기성 등을 비판하고 민족적 단합을 강조했다. 즉, 우승열패, 약육강식의 냉혹한 국제사회에서 존망의 위기에 처한 국가 민족의 구성원으로서 개인적 단체적 각성과 분발을 촉구하는 데 귀결되었다. 이것은 사회진화론을 '강자의 약자 지배논리'로 인식함과 동시에 '약자의 강자화를 위한 논리'로 인식하고 활용했던 것이다.

이와 같은 시대 아래 위기상황을 극복하는 방안으로 외교의 중시, 교육과 식산흥업을 내세웠다. 『황성신문』에서는 의뢰의 습속을 타파하고 자강지책을 세운 연후에야 시국의 결렬과 인심의 환산을 막아 강토

221) 『황성신문』 1910. 4. 27 논설 「大陸發達의 時代」
222) 『황성신문』 1910. 1. 15 논설 「人種의 關係」

의 안녕을 얻을 수 있을 것[223]이라고 강조하고, 자력으로 자립자강하지 않으면 국권유지가 불가능할 것[224]이라 주장하며 외교론을 전개하였다. "사이좋게 친하여 수교하고 신의로 서로 친밀하게 되는 것은 병가의 강례이경(講禮以敬)을 적용한 것"이라 하여 외교를 병법에 비유하여서 그 중요성을 내세웠다.[225] 이들은 병법상의 고도의 기술을 사용함과 같이 외교를 수행함으로서 국권의 수호가 가능하다고 강조하며, 유럽 각국에도 그 예가 많다고 주장하였다. 예로 든 나라는 벨기에, 스위스, 네덜란드 등이었다.

자강의 방법으로 외교를 주장하였는 바 이들은 병사를 양성하는 것보다 외교를 잘하는 것이 보다 효과적이라고 여겼다. 병력은 내우를 진정할 만하면 족하며 개화를 먼저 하여 국부를 진흥하면 강병은 그 연후에 쉽게 이룰 수 있다고 주장하였다.[226] 즉 국부를 이룬 연후에 육해군을 광설하고 포대 전함을 준비하여 무위를 드날리면 러시아와 일본의 강함을 두려워할 필요가 없다는 것이다. 그렇기 때문에 국민은 국가 간의 중요한 외교 사항들에 관심을 가져야 한다는 것이었다.

> 외교로 말하자면 전국 인민이 세계에 관한 지식을 양성하여 우내 대세의 변화가 어떠한지를 잘 살펴보되 특히 일본 러시아 청 세 나라의 외교 정치 경제의 변천은 직접 우리나라 독립문제와 많은 관계가 있으니 이를 연구할 필요가 있음은 많은 말이 필요없다.[227]

아울러 국민은 부질없는 배외지심을 버리고 사회적 외교에 임해야

223) 『황성신문』 1904. 1. 21 논설 「警告政府」
224) 『황성신문』 1904. 2. 20 논설 「警告諸公」
225) 『황성신문』 1904. 8. 30 논설 「外交家政術如用兵家」
226) 『황성신문』 1900. 2. 22 논설 「兵强不如國富」
227) 『황성신문』 1909. 7. 15 논설 「宇內大勢와 韓國」 續

한다고 여겼다.

> 외국인을 대하면 무의미하게 교제할 뿐 아니라 국민의 대다수는 외교와 배외를 혼동하여 소극적 태도를 취하는 것을 더없는 양책으로 삼으니 안타깝도다. 어떻게 전 국민의 대활동을 기도할 수 있겠는가[228]

또 외국과 사귀되 어느 한나라에만 치중되지 않아야 된다고 하였다.

외교론의 전개에 있어서도 열강의 동양침략이라는 위기의식을 바탕으로 하여 세력균형을 최대한 유지시켜야 한다고 생각하였다. 개화 초기의 외교정책인 「조선책략」에 의한 균세정책을 중요 골자로 한 이래 시기에 따라 특정 국가에 편협한 경우가 있기는 하였지만 거의 다 외교를 무엇보다 중요시하고 있다. 1880년대의 『한성순보』 『한성주보』는 중국 중심의 인교론을 펼쳐 한 · 중 · 일 삼국을 공동대처의 대상국으로 생각하였다.[229] 그러나 인교와 균세 외교만을 믿을 수 없는 것이 당시의 국제정세이므로[230] 아울러 부강책을 강구하여 자강을 도모해야 한다고 주장하였다.[231]

1890년대 후반에 이르면 『독립신문』의 논설에서는 대한제국의 존립을 유지할 수 있었던 기반이 열강과의 조약을 통한 외교에 있는 것으로 파악하고, 대한제국의 존립이 외교에 기초하고 있으므로 외교문제를 정치문제 가운데 가장 우선적으로 취급해야 한다고 주장하였다.[232] 그러나 외교의 뒷받침이 되는 국방력 강화 등에 대해서는 소홀히 취급하고

---

228) 『황성신문』 1909. 8. 8 논설 「韓國民族의 外交를 論함」
229) 『한성순보』 1884. 7. 3 「隣交論」
230) 『한성순보』 1886. 8. 23. 私議 「論外交」, 1886. 3. 8 「論天下時局」
231) 『한성순보』 1886. 5. 31 「論希臘構難」
232) 『독립신문』 1898. 1. 20 논설, 1897. 5. 25 논설

있다. 그리고 외교수행상의 원칙에 있어서는 자주적인 자세로 중립적 외교를 강조하였지만 기사를 분석해 볼 때 미 영 일에 대해서는 우호적인 자세를 지니고 있으며 반면에 자주국권 수호와 이권반대운동의 대상이 된 러시아에 대해서는 반러시아적인 입장을 지녀서 제국주의 열강에 대한 태도는 편파적이었으며 인식도 불철저하였다.[233)]

『대한매일신보』의 경우는 자주외교를 강조하면서[234)] 예를 갖춘 외교보다 힘에 바탕을 둔 무비론을 역설하였다.[235)] 이러한 것은 보호조약이 체결 된 이후 외교권이 박탈된 당시 상황을 감안할 때 당연한 귀결이라 할 수 있다. 이로 볼 때 『황성신문』의 열강관이나 외교론은 『독립신문』의 인식을 보다 많이 따랐다고 본다.

1890년대 이후는 조선을 둘러싸고 일본과 러시아의 주도권 쟁탈이 치열하게 전개된 시기였다. 무엇보다 자주적이고 주체적인 대외자세와 무비자강이 필요한 시대 상황이었는데도 불구하고 외교우선론에서 벗어나지 못한 것은 제국주의의 성격을 정확하게 파악하지 못한 점, 나아가 일본의 침략야욕을 파악하지 못한 점에 기인한다고 하겠다.

다음으로 민의 경쟁력 확보가 제국주의 침략에 따른 위기에서 벗어날 수 있는 방안이라고 생각하였다. 경쟁의 시대, 제국주의 침략에서 벗어나는 방법은 한국인이 갖고 있는 뇌기 심력을 개선하고 자주 독립의 사상을 심어주는 것이라는 주장이다. 이와 같은 논리는 제국주의의 침략의 본질 파악보다는 침략을 당하는 아시아 나아가 한국 자체의 습성과 제도의 잘못에 보다 큰 비중을 둔 논리이다. 유럽이 강대한 데 비해 한국은 열등함으로 침략을 받아도 당연하다는 논리로써 나아가 한국도

233) 최덕수, <독립협회의 정체론 및 외교론연구>, 『민족문화연구』 13, 1978, p. 225.
234) 『대한매일신보』 1907. 11. 2 논설
235) 『대한매일신보』 1909. 7. 21 논설, 1907. 10. 10 논설

강대해지면 약육강식의 경쟁무대에 뛰어 들 수 있다는 논리로 볼 수 있을 것이다.[236] 물론 여기서 강조한 것은 국민이 우매하면 국가가 반드시 망한다는 논리로 민에 대한 교육의 중요성을 부각 시킨 것이지만, 다른 의미로 보면 우매한 국민은 개화된 국민에 병탄될 수밖에 없다는 논리도 된다.

사회진화론적 시대인식은 우리 대한의 힘이 약하기 때문에 민족과 국가경쟁에서 '패자(覇者)'가 되는 자주 자강을 위한 당연한 귀결로써 애국을 강조하였고, 그것을 실현하기 위한 방법으로 교육을 통한 민력 민지개발에 두었다. 이러한 논리는 실력양성론의 형성을 가져다주었다. 피탈된 국권과 민권을 회복하기 위해서는 무엇보다 실력 = 힘을 길러야 한다는 논리로서 이는 초기 개화사상가들의 부국강병론이나 독립협회의 자강개혁사상에서 그 단초를 볼 수 있으나 사상적으로 체계화 되어 활동의 사상적 기반이 된 것은 이 시기에 와서이다. 『황성신문』 역시 사회진화론을 그 논리적 근거로 하여 문명개화론, 실력양성론을 제시하였다.

> 우리 전국동포여 국권 수호와 국토 보전은 오로지 법률의 공도와 인민의 성의일 뿐이라 우승열패 경쟁의 세계를 맞이하여 정치는 미명하며 민지가 미개하면 어찌 국권을 수호하고 영토를 보전하겠는가.[237]

라고 하여, 법률의 공도와 인민의 혈성으로만 이 난국을 극복할 수 있다는 견해를 나타내고 있다. 이 경쟁의 원리 우승열패는 천연의 공례로써 그 우승이나 열패도 우리 스스로 선택하는 것이며, 옛날에는 대성

236) 『황성신문』 1901. 4. 24 논설 「讀史有感」
237) 『황성신문』 1904. 7. 19 논설 「告全國同胞」

현 대호걸의 힘만으로 나라를 위난에서 구할 수 있었으나 당시는 오직 국민 각자가 자유와 독립을 알게 됨으로서 국가의 독립이 가능하다고 하였다.[238)]

또, 서양의 법을 모방하여 기단취장의 태도를 가지면 일일 상승하여 10~ 20년 내에 그 효과를 볼 수 있으며, 그것을 위한 방법으로 학문만이 중요하다고 하였다. 야만 몽매의 상태에서 벗어나기 위해서는 학문이 필요하지만 경쟁심이 없는 학문은 외국의 노예를 양성할 뿐이라 하여 경쟁심을 중시하고 있다.[239)]

경쟁을 통한 진보를 주장하던 사회진화론은 경쟁의 결과 발생한 강약 우열, 적자와 부적자의 차이를 기정사실로 한 약육강식의 현실을 설명하기에 적합한 것이기도 하였다. 진화론 자체가 자본주의 성립 과정에서 발생되어, 세계상의 강자 = 제국주의 국가의 침략과 지배를 현실적으로 인정하는 논리였던 것이다. 여기에서의 진보는 결국 세계상의 강자가 되는 것이고, 따라서 그 실현도 이미 현실화된 서양의 근대 문명을 달성했을 때 비로소 가능하였다. 경쟁을 통한 개화 = 진보는 미개사회를 정복함으로써 가능한 것이므로 강대국 문명국의 발전이 약소국 미개국의 침략 위에서 가능하다는 사실을 필연적인 것으로 간주할 때 제국주의의 침략을 받은 원인을 내부의 미개로 돌리는 패배주의적 인식이 자연스럽게 나오게 되며, 그 속에서 추진되는 근대화가 제국주의와의 결탁 하에 이루어진다고 하여도 하등의 갈등을 느끼지 못하게 된다. 이러한 인식에서는 제국주의 침략을 오히려 문명을 수용할 수 있는 기회로 여기게 된다. 이는 결국 제국주의의 침략을 받는 요인이 외부적 요인

238) 『황성신문』 1905. 11. 19 논설 「競爭時代」 下
239) 위와 같음.

보다 내부적 요인이 더욱 크다는 논리이다.

이들이 제국주의 침략자체를 근대화로 인식하였던 것에 비해 제국주의의 강권주의적 성격을 대체로 정확하게 인식하고 이를 극복하기 위해 제기된 것이 민족주의였다.

『황성신문』은 사회진화론적 국제 갈등이 바로 서구 강대국의 민족주의에 기인한다는 사실에 유의하게 되었다. 이 신문은 "16세기에 장성한 민족주의가 20세기 신천지에 광휘 활약하여 우주를 진혹하여 동서로 충돌한다"[240] 고 지적하고, 이렇게 하여 제국주의로 발전한 민족주의가 "해외에 자국의 세력을 부식하는데 급급하다"[241] 고 강조하였다. 제국주의는 어디까지나 "약육강식하며 큰 것이 작은 것을 집어 삼키는" 주의로서 "거짓으로 인의를 칭하고 내면으로는 세력과 권리를 뺏고자"[242] 할 뿐이며, "열강이 제국주의를 실행하여 해외에 자국의 세력을 부식하는데 급급함으로써 세계 평화를 교란"[243] 하고 있다는 것이었다.

당시의 민족주의는 우선 제국주의와의 경쟁에서 살아남고, 나아가 부국강병을 추구하여 제국주의 국가로 성장하는 것이 최상의 목표로 추구되고 있었다. 민족주의는 통상, 교통의 과정에서 각 민족 간의 힘의 대결에서 다른 종족보다 우승하기 위한 것이다. 예전의 숭배 지나주의나 이적(夷賊)의 논리는 안 되며, 그들의 장점을 취하여 우리 단점을 보완해야한다. 또 국가는 민족주의로 성립된 것이므로 국가는 한 두 사람의 사유물이 아니고 민족 공유의 것이고, 따라서 애국은 내 몸과 같이, 조국은 내 집과 같이 해야 한다고 하여 민족주의도 그 주체가 민족 = 국

240) 『황성신문』 1907. 6. 20 논설 「民族主義」
241) 『황성신문』 1909. 7. 1 논설 「宇內大勢와 韓國」
242) 『황성신문』 1900. 6. 25 논설 「西陲 防秋策」
243) 『황성신문』 1909. 7. 1 논설 「宇內大勢와 韓國」

가로 간주되고 있었다.[244] 이러한 민족주의에서는 민족이라는 명분하에 그 내부적인 차별은 사상되고 오직 민족을 위해 존재하는 구성원만이 존재하게 된다. 이른바 국민 개념이 결여된 민족주의이다.[245]

3. 국권침탈에 대한 인식

1) 보호국화에 대한 인식

러일전쟁이 끝나자 일본은 한국을 완전 지배하려는 야욕을 드러내었다. 사실 전쟁이 일본의 승리로 끝나자 서구 열강이 일본의 한국지배를 승인한 바 있었던 것이므로 일본은 한국에 손을 뻗쳤던 것이다. 이에 대해 『황성신문』에서는 1904년 3월 1일자 논설을 통하여 독립성의 유지를 필수전제로 한 내정개혁의 원칙을 확인하였고, 민중에 의한 변혁운동을 외국군대를 이용하여 탄압하는 것을 완강하게 반대하였다.[246] 물론 이와 같은 요소는 정부의 대응에서나 개화파의 대응에서는 유례를 찾기 어려운 인식이었다.[247] 또한 이들은 일본이 신의를 지켜 한국을 병합해서는 안 된다고 하였다. 여기서 신의라 하면, 일본이 1876년 체결된 강화도조약 이후로 여러 차례 한국의 독립을 선언한 바 있음을 의미한다. 한국인들도 그것을 믿었고, 그리하여 일본이 한국인을 대하면 언필칭 문명 계도한다, 독립을 부식한다, 동양의 평화를 유지한다고 내세웠다는 것이다. 아울러 한국인들도 시국을 생각해서 동주 동종의 나라

244) 『황성신문』 1907. 6. 20-21 논설 「民族主義」
245) 정창렬, <한말의 역사인식>, 『한국사학사의 연구』, 을유문화사, 1985.
246) 『황성신문』 1904. 3. 1 논설 「論韓日協商條約」
247) 정창렬, 앞의 논문. p.227.

와 형제같이 친애하며 입술과 잇몸같이 서로 도와주는 관계라 생각하여 러일전쟁 때 일본 군인이 한국에 진출하자 한국인 모두가 환영하고 군수물자를 운반하는 등의 일을 도왔다는 것이었다.[248]

『황성신문』은 그러한 신의를 배신하고 일본이 러시아와의 조약체결에서 제 2조에 한국문제를 언급한 사실에 대해 당국에 경고하였다.[249] 『황성신문』에서는 한일의정서의 내용이 일본이 내세우는 것과 다르다는 것을 지적하고, 그 내용에 영토와 독립을 보존한다는 문장이 들어가 있으나 그 외 몇 가지 조문은 독립보존의 말과 서로 모순되어 있으므로 그 가장된 말을 명확히 알 수 있다고 비판한 뒤에 일본이 작은 이익을 탐내어 큰 이익을 잊는다면 동양전국이 무너진다고 하였다.[250] 이로 볼 때 이들은 한일의정서의 내용대로 일본이 한국의 내정을 개혁해 줄 것을 바라는 여론이 상당히 있었음을 알 수 있다. 일본의 군사력 하에서 1904년 8월 22일에 '외국인고문빙용에 관한 협정서'가 체결되어 한국의 내정을 사실상 일본이 장악한 상황에서 『대한매일신보』에서는 일본이 자기나라에 도움되도록 하는 것에만 주력하지 않는다면 그들의 한국 내정개혁 추진이 한국을 개명 진보하게 하며, 따라서 한국에 광대한 이익이 되리라고 기대하였다.[251] 또한 한일의정서의 내정개혁 조항을 일본의 인애한 마음에서 솟아난 것이라고 인식하였다.[252] 이들이 일본의 한국내정개혁에 호의적 반응을 나타내는 이유는 국제관계에 의해서 한국의 독립은 유지될 것이므로 내정개혁이 당면과제라고 인식하였고, 또

248) 朴殷植『韓國痛史』, 『朴殷植全集』 上, 단국대학교 동양학연구소, 1975, 3편 34장; 『대한매일신보』 1905. 11. 22 논설「危哉韓日關係」
249) 『황성신문』 1905. 10. 21 논설「對日俄講和條約第二條警告當局諸公」
250) 『황성신문』 1904. 10. 10 논설「論每日新聞各公使退去說」
251) 『대한매일신보』 1904. 9. 14 논설「英國과 日本에 비교함이라」
252) 『대한매일신보』 1904. 11. 2 논설「韓國에 대한 日本政策」

한 일본의 한국내정개혁과 한국침략을 서로 관련시켜 인식 못하였기 때문이었다.

그러나 일본은 이토 히로부미(伊藤博文)을 특파대사로 한국에 파견하여서 한국정부에 강요하여 보호조약을 체결하였고, 이후 한국은 일본의 보호국으로 전락하였다. 즉각 한국인의 반항이 드세게 일어났다. 『황성신문』 1905년 11월 21일자 논설에 나타난 장지연의 <시일야방성대곡> 같은 것도 그 대표적인 것이었다. 장지연은 러일전쟁이 진행되던 당시 러일전쟁을 황백인종간의 전쟁으로 보는 시각이나, '연합대동론'에는 비판적인 입장을 가지고 있었다. 그는 동양의 전국보다는 우리 국가의 내우외환이 더 급한 일이라고 생각하였던 것이다.[253] 그러나 그도 이토 히로부미에 의해 강요된 보호조약이 동양 삼국의 분열을 맞는 징조라는 견해를 가지고 비난하였다. 앞서 글의 첫머리에서,

> 전날 이등박문이 한국에 왔을 때 어리석은 우리 인민이 서로 기를 쓰고 하는 말이 후작(이등)은 평소에 동양 삼국의 정족 안녕을 담당하고 주선하던 자이라. 오늘 내한한 것은 반드시 우리나라의 독립을 혁고하게 부식하려는 방침을 권고하려는 바이리라 하여 항구에서 서울에 이르기까지 관민 상하가 환영해 마지않았더니 천하의 일이 예측하기 어려운 것이 많도다. 천만 뜻밖에도 다섯 조건(을사조약)이 어디에서 제출되었는가. 이 조건은 비단 한국뿐만 아니라 동양 삼국을 분열하는 조짐을 드러내는 것인즉 이등 후작의 원초주의가 어디에 있는가.[254]

라 하여 한국의 독립을 유지해 온 것으로 누구나 알고 있는데 보호조약을 체결하였다는 것은 뜻밖의 일이며, 이는 분명히 동양 삼국의 분열

---

253) 『황성신문』 1904. 5. 6 논설「亞寘先生問答」; 장지연, 『韋庵文稿』, p. 330-331.
254) 『황성신문』 1905. 11. 20 논설「是日也放聲大哭」

을 빚는 징조라고 비난하였다. 여기서 동양 삼국의 분열이란 결국 동양 삼국의 공영론 즉 아시아 연대론이 깨어졌다는 것을 의미한다.

강국의 침탈행위와 일본에 의한 한국의 '보호국화'라는 현실에 대해서 장지연은 이에 대해 "누천년 신성한 민족이 하루아침에 속박되고 족쇄를 차는 노예와 축생이 된 형편"[255]이라고 한탄했다. 또 박은식도 보호정치를 "타인의 압제를 받는 것"[256]이라고 인식하였다. 이러한 이들의 인식은 보호조약과 보호정치에 대해서는 비판적인 입장에 있었던 것이다. 일본은 러일전쟁 후 조약, 러일전쟁 중 천황의 선전조칙, 한일의정서 3조에서도 한국의 독립과 영토보전을 내세웠음에도 불구하고 돌연히 보한론(保韓論)을 포기하고 보호치하에 두어 한국의 독립주권을 일시에 말살하려고하는 의지가 점점 명료해지고 있다 하여 신의에 대한 일본의 배신을 비판하였다.[257] 그것은

> 지금에 이르러 저 완악한 러시아의 확장을 좌절시키고 사해에 위무를 선양한 기세를 타서 전날의 천직의 보한론을 포기하고 엄연히 보호치하에 엄치하여 우리 대한 국가의 독립주권을 일시에 말살하고자 하는 의지가 점점 명료하게 드러나기에 이르렀다. 우리들은 이에 대하여 아무쪼록 편파된 마음을 잊어버리고 공정한 안목을 일으켜 이제 일본이 한국에 대한 방침으로 능히 우리 동양의 평화를 영원토록 유지하는 것이 옳은지 아닌지. 이는 눈앞의 작은 이익을 위하여 장래의 크나 큰 이익을 망각하기 쉬운 자이니.[258]

에서도 나타나듯이 한국의 보호국화가 동양 삼국이 동등한 입장에서 연

---

255) 『대한자강회보』 4, 張志淵, <自强主義>, p.6
256) 위의 책, 朴殷植, <自强能否의 問答>, p.6
257) 『황성신문』 1905. 8. 29 논설 「論日俄談辨中韓國問題」
258) 『황성신문』 1905. 8. 30 논설 「論日俄議辨中韓國問題」 續

대하는 의미에서의 동양 삼국연대론에 배치된다는 그들의 생각에서 비롯된 것이었다. 이로 볼 때 아직 보호국화 자체에 대하여서도 안이하게 생각하는 면이 있었다.

『대한매일신보』의 경우도 보호국화의 속에서도 한국과 일본이 균리(均利)할 수 있다고 파악하고,[259] 그 대표적 예로 영국의 이집트지배를 부러워하고 있다.[260] 이러한 논의들에서의 보호국의 개념은 "보호국이라는 문자는 원래 구주의 용어를 근년에 일본인이 한문으로 번역한 것인데 그 의미는 한 강국이 한 약소국을 보조하고 보호한다는 것을 말함이나 그 실은 문명국이 야만국 및 반 개화된 나라를 정치권력 하에 점점 이치하는 정략이라"고 하여,[261] 약소국이 강대국의 정치권력 하로 들어가는 과정과 야만에서 문명으로 가는 과정을 일치시켜 보고 있다. 이런 면은 개화사상이 야만에서 문명으로의 진입을 절대가치로 인식하였기 때문에 보호국이 잘되면 보호국과 피보호국 모두에게 좋다는 인식을 지녔다고 하겠다.

일본이 말하는 한국의 내정개혁의 우선 관심이 경찰력의 강화, 도로의 개설, 농사개량에 있었고 교육진흥의 근본목적도 한국인을 동화시켜 일본의 충량한 신민으로 육성한다는데 있었으면서도 이토 히로부미는 그것을 호도하기 위해 시정개선, 문명지도를 내세울 때마다 교육진흥과 식산흥업을 앞세웠다.[262] 이러한 일본의 의도, 나아가 보호정치의 본질을 알지 못하고 단지 그들이 겉으로 내세웠던 문명지도, 시정개선이라는 면에 현혹되어 현실인식에 있어서 상당히 혼란된 태도를 나타내고

---

259) 『대한매일신보』 1905. 9. 3 논설 「時局情形」
260) 『대한매일신보』 1905. 10. 18 외보 「保護權之實質」
261) 『대한매일신보』 1905. 10. 25 기서 「論保護國性質」
262) 박찬승, 『한국근대정치사상연구-민족주의 우파의 실력양성운동론-』, 역사와비평사, 1992, p.46.

있다.

더욱이 이들은 보호국화의 일차적인 책임을 우리 자신에게 찾고 있었다. 예를 들어 장지연의 경우 그는 국권이 쇠퇴하여 침탈에까지 이르게 된 원인을 당파의 고질, 의뢰심, 나태심, 무국가사상 등에서 찾았다. 이 같은 경향은 우승열패를 공례로써 인정하는 '사회진화론적' 시대인식과 일본인들의 문명지도론의 영향에서 비롯된 것으로, 제국주의에 대한 비판의 취약성과 패배주의로의 매몰을 낳을 우려가 있는 것이었다고 하겠다.

2) 국권침탈에 대한 인식

1900년대 이후 일본에 대한 비판은 더욱 가열해졌다. 즉 청한교환론 등 주변 정세의 미묘한 움직임에 촉각을 곤두세우면서 일본이 동양전국의 공존공영에 충실할 것을 거듭 강조하였다.[263) 『황성신문』은 또 일본이 의병이라 호칭하고 동양의 평화를 유지하고 한청의 영토를 보존한다고 소리로는 대의를 내세우고 이 기회를 틈타서 먼저 이익을 도모하게 되면 특히 전국(全局)의 대세만 파열될 뿐 아니라 동양이 결렬하는 위기가 발생하는 경우에는 열강이 수수방관을 하지 않을 것"[264)이므로 일본이 동양 전판을 보존하는 대의에 충실해야 한다고 강조하고 그것이 바로 만세 장책이라고 주장하였다.

물론 당시 한국사회 일각에서는 이상과 같은 아시아 연대론이나 동양 평화론에 대해 비판을 가한 사람들이 있었다. 이를테면 1902년 영일동맹이 체결되자 러시아 독일 프랑스 삼국이 또한 동맹을 체결하였는

263) 『황성신문』 1903. 10. 28 논설 「戰之關係不宜恃人」, 1904. 2. 13 논설 「日俄交涉顚末大要」
264) 『황성신문』 1904. 6. 25 논설 「韓日國交之憾情所有」

데, 이 소식을 접한 한국인들이 기뻐하였다는 이야기를 듣고 『황성신문』 논설에서는,

> 지금 그 체결 방침이 대한의 이익이겠는가. 자국의 이익을 억압하는 것이겠는가. 지식이 모자라는 사람도 알 수 있는 일이다. 그러나 믿을 수 있는 자강은 믿지 않으면서 오히려 믿을 수 없는 외국인은 의지하면 오호라 어찌 매우 어리석고 바보짓이 아니겠는가.[265)]

라 하여 가히 믿을 수 있는 자강에는 의지하지 않고, 도리어 믿기 어려운 외국인에 의뢰하려는 것은 매우 어리석고 바보짓이라고 꾸짖고 있음을 보아 알 수 있다. 그러므로 실력배양에는 힘쓰지 않고 외교교섭이나 타국의 신의에 의뢰하여 나라의 독립을 유지해 보겠다는 태도를 비판한 것이었다고 할 수 있다. 『대한매일신보』의 경우도 동양공영론의 논리를 비판한 글이 나타난다. 보호정치 후 일본지배 하에 서세를 막아 공영권을 구축해야 한다는 동양주의를 개탄하면서[266)] 이 대신에 국가주의를 제창하였다.[267)] 나아가 동양공영이란 명분으로 자행되는 일본의 아시아 지배 역시 제국주의의 한 형태임을 자각하면서 이에 대응하기 위한 방법으로 민족주의를 내세웠다.[268)]

여기서 말하는 민족주의는 국가와 민족을 사랑하는 정신 민족정신이라는 의미를 내포하고 있지만 제국주의에 저항하는 민족주의를 제시한 점에서는 의미가 깊다. 이런 면에서 볼 때 동 시기의 신문이면서도 『황성신문』이 삼국공영론적인 시각을 완전히 배제하지 못하고 있음을 볼

---

265) 『황성신문』 1902. 7. 10 논설 「論日本報所載俄法德締盟說」
266) 『대한매일신보』 1908. 12. 17 논설, 1909. 5. 29 논설
267) 『대한매일신보』 1909. 8. 10 논설, 1908. 12. 17 논설
268) 『대한매일신보』 1909. 5. 28 논설

때『대한매일신보』의 위와 같은 논조는 훨씬 진일보한 것이라 하겠다.

러일전쟁이후 러시아 견제론이 지속하면서도 한일의정서의 체결과 황무지개간사건 등을 겪으면서 일본 비판의 논리가 나타난다.『황성신문』에서는 러일 개전 직후인 1904년 2월 23일 한일의정서가 체결되자 일제에 대한 인식이 변화하여 그 침략적 본성에 대해 분명한 인식을 나타내고 있다.『황성신문』에서는 한일의정서의 체결에 대하여 일본에 보호권을 넘겨 준 것으로 인식하고 이는 결국 보호국으로 전락한 것이라 하여 일제의 침략성에 대한 분명한 인식을 보이고 있다,[269] 나아가 일본의 보호 운운에 대해 그것을 속국화정책이라고 파악하고 있다.[270] 이러한 국가의 독립 상실에 대한 위기감 속에서 등장하는 것이 바로 보국의 논리였다.[271] 이러한 보국론은 1904년 6월 일본의 황무지개간요구 사건으로 더욱 강화되어 가고 있었다.[272] 또한 러일전쟁과 관련하여 '동양 형세의 유지와 황인종의 보전'을 명분으로 동양주의를 주장하는 견해에 반박하여 '자기 나라를 도모하지 못하면서 어찌 천하의 대의를 꾀할 수 있겠는가'라 하여 보국의 중요성을 주장하고 있기도 하다.[273]

이러한 변화와 함께 두드러지는 현상은 종족보존을 의미하는 보종론이 인종론적 관점과 분리되기 시작했다는 점이다.[274] 이는 러일전쟁 개전까지는 비록 종족보존의 논리가 표출되기는 하나 이것이 인종경쟁의 논리 속에서 동양주의적 사고와 병존했던 방식과는 달리 새로운 양상을 보여준다. 국가 멸망의 위기감 속에서 본토 주민 종족의 멸망을 인식함

269)『황성신문』1904. 3. 1 논설「論韓日協商條約」
270)『황성신문』1904. 10. 3 논설「又警告」
271)『황성신문』 1904. 3. 10 논설「再告 政府」
272)『황성신문』1904. 6. 23 논설「辨巷說之謬」
273)『황성신문』1904. 5. 6 논설「亞寰先生問答」
274) 백동현, 앞의 논문, 2001, pp. 538-539.

으로써 종족과 국가의 상호관계에 대한 인식이 분명해지고 있었던 것이다.[275]

이처럼 러일전쟁 이후 일제의 침략성을 목도하면서 이제는 동양인종 보존과 종족의 보존이 분명하게 분리되면서 종족보존과 민족경쟁시대라는 인식이 나타나기 시작하였다. 계몽운동이 전개되고 있던 이 시기는 일부 세력의 경우 '국가주의'[276]와 민족주의[277]를 주창하면서 동양공영론에 대한 비판을 가하기도 한다. 1905년『황성신문』의 한 논설에서는 인종경쟁이라는 용어 대신 '민족경쟁'을 시대적 본질로 파악하여 '민족경쟁시대'라고 파악하고 있다.[278] 이와 관련하여 주목되는 것이 1907~1908년을 거치면서 나타나기 시작하는 국혼에 대한 강조[279]나 국수보존론의 대두이다.[280]

을사조약이 임박하였을 무렵『황성신문』은 일본에의 한국외교권 양도설에 대하여 '외교단절은 무국의 날'[281]이라고 하여 각 국과의 외교단절이나 일본에의 외교권 양도를 망국으로 간주하고 동양평화와 황인종을 위한 일본의 소위 의전론의 허구성을 깨닫게 되었다. 그러므로『황성신문』은 을사조약이 체결되자 시일야방성대곡이란 사설을 통하여 이토와 정부 대신들을 통박했다가 3개월 간 정간을 당하였다.『황성신

---

275)『황성신문』1905. 8. 30 논설「論日俄議辨中韓國問題」續

276)『황성신문』1907. 5. 6-10 논설「保國論」

277)『황성신문』1907. 6. 10-11 논설「民族主義」

278)『황성신문』1905. 10. 21 논설「對日俄媾和條約第二條警告當局者公」

279)『황성신문』1907. 7. 31 논설「大呼國魂」

280) 1904년에서 1907년에 이르면 러일전쟁에 대한 인식에서도 인종경쟁적 성격보다는 공동운명체로서의 한반도 주민집단의 생존 위기로 이해됨으로써 종족 보존의 논리가 등장한다. 이제 한반도에 거주하는 공동운명체 집단의 보존이라는 관점이 보다 분명하게 표출되고 있다, 이러한 인식을 반영하는 것이 바로 1904년 러일전쟁 이후 동양인종과 다른 한반도 주민집단을 의미하는 개념으로 쓰인 '민족'용어의 사용이다.(백동현, <러일전쟁 전후 민족용어의 등장과 민족의식>,『한국사학보』10, 2001)

281)『황성신문』1905. 10. 5 논설

문』은 을사조약 체결을 일본이 동양삼국의 정족 평화를 외면하여 동양삼국을 분열시키는 행위, 한국의 4천년 강토를 일본에 양도하는 행위로 인식하고 일제가 주장해 온 동양평화론을 논거로 하여 일본의 한국지배 야욕을 비판했다. 또한 이토의 통감 부임에 대하여 비판하여 일본의 한국 독립보장 약속에 대한 강한 불신감을 표명했다[282]

한편 『황성신문』은 동양의 최강국인 일본이 문명국으로서 신의와 공리에 어긋나지 않게 이웃나라를 문명으로 계도할 것을 권고했다[283] 또한 과거 10년 동안 일본은 한국 독립 보증과 한국 강토보존을 약속해 온 사실을 상기시키고 일본의 한국에 대한 지배야욕의 자제를 권고하고 한일화협을 통한 동양의 안보를 강조하기도 하였다[284]

『황성신문』은 헤이그 밀사사건에 대하여 그 근본원인이 한국에 대한 일본의 포악한 행위에 있음을 지적하여 일본의 반성을 촉구하고,[285] 밀사사건으로 인한 고종의 강제퇴위를 치욕으로 생각하며 독립정신으로 실력양성에 힘쓸 것을 강조했다.[286]

그러나 이것도 일본의 침략 실체에 대해 비난하는 것보다는 황실을 모욕하는데 대한 분노가 더 중요하게 작용했다고 볼 수 있다. 왜냐하면 그동안에도 황실을 모욕한 데 대해서는 민감하게 반응해왔기 때문이다.[287] 또한 이런 일들로 양국의 감정이 악화되고 동양의 평화가 깨어지는 것을 우려하면서 이후에도 동양평화라든가 일본에 개혁을 기대하고 있는 것으로 볼 때 그렇다.

---

282) 『황성신문』 1906. 9. 19 논설 「告統監伊藤侯閣下」
283) 『황성신문』 1906. 10. 25-26 논설 「警告全國吏民」
284) 『황성신문』 1907. 4. 15 논설 「辨風說無據」
285) 『황성신문』 1907. 7. 18 논설 「辨海牙問題之惑點」
286) 『황성신문』 1907. 7. 23 논설 「告我同胞」
287) 『황성신문』 1907. 4. 17 논설 「敦隣之誼난 在於禮義」

그리고 정미조약에 의한 일인 차관 임용에 대하여 일본의 실책이라고 비판했다.[288] 또한 일본인들의 한국병탄 주장에 대하여 일본인이 한국을 병합코자 하면 예상되는 한국민의 강한 저항과 열강의 간섭을 내세워 그것이 초래 할 한일 양국 공멸의 위험을 지적하고 한일 공존의 기초 위에서 양국의 평화 행복을 영구히 계획하는 것이 득책이라고 주장했다.[289]

나아가『황성신문』은 일본인의 한국이주 증가와 경제침탈에 많은 한국인들은 종족이 멸망할까 우려한다고 전제하고 당초 한일조약은 상호동등을 인정한 것인데 일본이 병력의 강대함만 믿고 강제로 5개조의 신조약(을사보호조약)과 7개조의 최신조약(정미 7조약)을 맺어 한국을 병탄하는 근본을 마련했다고 하였다. 그러나 동양의 형세로 보아 일본의 한국병탄은 기우이며 한국병탄론자가 일본의 국론을 제압하지도 못할 것으로 전망했다.[290] 또한 이 신문은 당시를 한일 양국의 보차순치적 관계를 공동 보유하는 시대라고 전제하고 일본 당국자가 광명정식의 주의로써 한일 양국간의 의심을 해소시키는 것이 한일 양국과 동아대국의 영원한 평화 행복을 위하는 길이라고 주장했다.[291]

이렇듯『황성신문』은 조약의 부당한 측면에 대해서는 지적하고 있다. 그러나 대응하는 방법적인 측면에서는 한계를 보이고 있다. 즉 군대해산에 대한 비판에서 그로 인해 의병의 소동이 일어났다는 등 너무 급하게 하였다는 점에만 비판의 초점을 맞추었던 것이다.[292] 또 해산된 군인에게도 의병의 소란을 일으키지 말라고 하는 충고도 하고 있다. 이러

---

288)『황성신문』1907. 9. 26 논설「警告日本當局諸公」
289)『황성신문』1907. 10. 3 논설「日萬朝報谷子爵論評」
290)『황성신문』1907. 10. 9 논설「有識者의 對日論衡」
291)『황성신문』1907. 11. 10 논설「國是團體의 可起할 時機」
292)『황성신문』1907. 11. 26 논설「警告當局諸公」

한 것으로 볼 때 일본의 노골적인 침탈에도 불구하고 무력적 대응은 완강히 거부하고 있는 것을 볼 수 있다.

이상으로 보면 『황성신문』은 융희 원년인 1907년에 가해진 일본의 침탈행위를 이미 일본의 언론통제하에 있었기 때문에 제대로 지적할 수도 없었겠지만 그 실상을 정확히 파악하지도 못한 듯하다. 즉 융희 원년의 역사에 대하여 5월 이후로는 정계의 풍조가 일대 변국을 이루었으며 한 일 간에 신협약이 체결되어 개혁의 시기가 도래하였다고 말한 것이다.[293] 그러나 무엇보다도 『황성신문』은 합법적인 한도 내에서만 비판을 하였기 때문에 일단 조약이 체결되고 난 뒤에는 그 부당한 조약을 받아들이고 그 안에서 자강을 모색하는 한계를 보여 주었다. 따라서 일본이 내건 조약의 문구 내에서 기대할 수 있는 것에는 다시 기대를 부여하고 조약에 위배되는 점에 대해서만 지적할 수밖에 없었던 것이다.

따라서 이후로 『황성신문』의 일본에 대한 비판 내용을 보면 첫째, 한일신협약의 목적대로 한국의 부강에 힘쓰지 않아 시정개선을 실행하지도 않고 생활에도 실효가 보이지 않는 점, 둘째 위압 탄압으로 반동만 불러일으키고 진심으로 신의 성실의 정치를 하지 않아 백성들을 마음에서 복종시키지 못하는 점에 대한 지적뿐이었다.[294] 특히 일본의 의병에 대한 토벌에 대하여 많은 비판을 가하였는데,[295] 그 내용은 일반 인심의 격앙을 배가시켜 폭도의 진압이 아니고 도리어 동란을 일으킨다는 것이었다.

그러나 1909년 기유각서를 통한 사법권의 박탈 또 경찰권의 박탈 등 일제의 노골적인 침략야욕이 드러나자 『황성신문』은 국권침탈의 현실

---

293) 『황성신문』 1908. 1. 7 논설 「讀隆熙元年十二月歷史」
294) 『황성신문』 1907. 9. 26 논설 「警告日本當局諸公」
295) 『황성신문』 1907. 10. 15 논설 「義徒勦討에 對하여 日本當事諸公에게 忠告함」

을 직시하고 대처방법을 모색하였다. 1909년 7월 1일부터 15일까지 실린 논설을 보면 일본이 내세운 독립과 영토보장의 허울 좋은 명목과 시정개선 등에 대한 믿음에서 벗어나 일제의 기만적인 침략실상과 세계정세를 정확히 지적하고 있다.[296] 우선 청일전쟁에서 일본이 승리함으로써 한국이 얻은 청에서의 독립이라는 것이 일본의 세력범위로 들어가는 것일 뿐 유명무실한 것으로 인식하였다. 또 일본에 대해서도 일본의 근본정책이 만주와 한국을 자국의 해외발전기지로 삼는 것이라고 간파하고 그래서 러일전쟁이 일어났다고 지적하였다. 따라서 일본이 승리한 러일전쟁 이후에는 한국은 일본에 복종할 수밖에 없는 지위로 전락하게 되었음을 인식하였던 것이다. 그러나 이러한 인식을 지녔음에도 불구하고 『황성신문』은 그 대처방법으로 내치와 외교 양 방면을 연구하라고 역설하고 있다.

즉, 『황성신문』은 약한 나라가 강한 나라의 사이에서 독립을 보존하는 2가지 요건으로 자주적 실력과 열강의 세력균형을 더욱 강조하였던 것이다. 우리 독립의 시기는 일본 청 러시아 3국이 세력균형을 이루어 동양에 정립하는 날이라고 주장하고, 내치로는 교육과 실업발달을 통한 실력의 양성, 외교로는 세계적 지식을 배워 대세에 변천 여하를 아는 것이라고 역설하였다. 특히 외교에 대하여 외교와 배외를 혼동하여서 소극적 태도만 취함은 옳지 않다고 하면서 시세를 방관하지 말고 이용하라고 환기시켰다.

『황성신문』은 1909년과 1910년 사이에 외교에 관한 글을 많이 쓰고 있다. 그 이유는 첫째 급박해져 가는 일본의 침략에 대한 위기감에서 외교적 대응 방법을 모색하려 한 것과, 둘째 중국에 대한 열강들의 예에서

---

296) 『황성신문』 1909. 7. 1 - 7.15 논설 「宇內大勢와 韓國」

보듯이 열강들의 세력균형에 지나친 의미를 부여했던 것이 그렇게 한 듯하다. 하지만 정치상 외교권을 빼앗긴 상황에서의 외교의 실효성 문제나 청일 러일 전쟁의 결과로 세력균형이 깨어지고 일본이 독점적 우월한 지위를 차지한 것 등으로 볼 때 『황성신문』은 자주적 실력 양성을 통한 국권의 회복이 최우선이라고 보았고 그것에 주력한 것이라고 하겠다. 따라서 일진회에 의한 합방 상소문이 거론되자 『황성신문』은 이를 강하게 비난하였다.[297)]

1909년에 들어 『황성신문』은 일본에 대하여 더욱 경계하는 논조를 보였다. 당시 이 신문은 세계정세와 한국에 대하여 다음과 같이 인식했다. 첫째로 당시의 열강은 모두 제국주의를 실행하여 해외에 자국의 세력을 부식하는데 급급하고 있었으며, 러시아는 피터대제 이래로 남정북벌하여 최대제국을 건설하였다.[298)] 둘째로 한국은 청일전쟁의 결과로 명의상 독립을 얻었으나 사실은 청의 세력범위에서 일본의 세력범위로 귀속했을 뿐이다.[299)] 셋째로 일본의 국시는 러시아 이상의 제국주의이며 러일전젱 이후 독일황제와 황화론이 나올 정도로 열강은 일본을 공포의 대상으로 여긴다.[300)] 넷째로 일・러・청 삼국의 외교상 경제상의 변천은 한국의 독립과 밀접한 관계가 있으며 한국의 독립 시기는 삼국의 세력 균형이 이루어 질 때일 것이다.[301)] 이처럼 『황성신문』은 당시를 열강이 해외진출에 혈안이 된 제국주의 시대로 파악하고 일본을 구미열강이 두려워 할 정도의 제국주의 국가로 인식했으며 일 러 청 삼국의 세력균형이 한국 독립의 요건이 되리라고 보았다.

---

297) 『황성신문』 1909. 12. 5 논설 「一進會의 肺腑」
298) 『황성신문』 1909. 7. 1 논설 「宇內大勢와 韓國」
299) 『황성신문』 1909. 7. 4 논설 「宇內大勢와 韓國」 續
300) 『황성신문』 1909. 7. 7 논설 「宇內大勢와 韓國」 續
301) 『황성신문』 1909. 7. 15 논설 「宇內大勢와 韓國」 續

그러면 당시 『황성신문』은 일본이 한국을 위해 시정개선을 하고 한국 독립을 보장한다는 약속을 믿었을까? 『황성신문』은 한일간의 보차순치 관계를 강조하고 일본의 한국 병탄을 기우라고 하며 양국의 협력을 강조했으나, 당시를 제국주의 시대로 인식하고 일본을 러시아 이상의 제국주의 국가라고 인식했다. 그러므로 이 신문은 일본의 한국을 위한 시정개선과 독립보장의 약속을 믿지 않았을 것이며, 다만 그렇게 되도록 스스로 노력하고 일본에 촉구하려 했다고 판단된다.

1909년 9월부터 2개월간 일본군에 의한 의병토벌작전이 이루어졌다. 당시의 대표적인 계몽단체였던 대한협회는 일진회와의 제휴를 모색하기도 하였다. 또 일본의 한국합병 정책이 급진전하는 가운데 한일관계는 새로운 국면에 접어들었다.

『황성신문』은 일진회의 합방선언에 대하여 일진회가 국민에 대한 성명에서 '정합방이요 합방은 아니라'하고 통감부에 보낸 장서에서는 '창립 일한합방시대'라 했으며 황제에 올린 상소에서도 '일한합방신조일대제국'이라고 한 기만성을 공박하고 일본의 가쓰라 수상과 무네 통감도 한국에 대하여 현상유지정책을 표방한 사실을 상기시키고 일진회는 일본의 평화주의를 배반하고 한국의 기초를 동요시키며 한일양국의 화의를 손상시키는 악마당이라고 매도했다.[302] 또한 『황성신문』은 세계열강들의 세력이 사방에서 뻗어오는 시기에 한일 양국이 전면적 평화를 유지하기 위해서는 양국의 공동 이익에 힘써야 한다는 한일공동이익론을 제기하고 일진회의 합방성명은 동양평화를 교란시키고 동양의 불화를 도발하는 행위이므로 일진회를 진압하고 합방론을 일소할 것을 주장했다.[303]

---

302) 『황성신문』 1909. 12. 7 논설 「噫嘻痛矣」

국민이 모두 힘을 모아 자강으로 나아가 국권의 회복을 도모해야 하는 때에 합방을 청원하는 일진회에 대한 비난은 클 수밖에 없었다. 합방설로 일본의 평화주의를 배반하였다는 등 매국노들이 구걸하였다는 등으로 비난하였다. 하지만 이 비난에서 『황성신문』은 다시 한계를 드러내었는데 즉 동양평화론과 일본에 대한 기대를 마지막까지 버리지 못하였던 것이다. 즉 일본에 대해서는 "일본민족은 충군애국의 특성이 있다. 어찌 매국을 수용하겠는가. 가쓰라 수상이 대한정책은 현상을 유지하기로 확언하였다"고 한 것이다.[304] 또한 서세동점의 위기가 격렬하고 인종경쟁이 극렬하다[305]고 하면서 동양이 결렬의 위기이면 열강이 방관하지 않을 것이니 동양의 보장을 맡은 일본은 한국과 청의 문명을 증진하고 이익을 도우라고 하였다. 즉 『황성신문』은 일본에게 동양 평화를 위해 야심적 사상을 버리고 덕과 의로 평화와 복리를 향유하자는 등 아직도 동양평화론에 의거하여 일본에게 호의를 기대하려는 태도를 보여주었던 것이다.[306]

이러한 견해는 『황성신문』이 1910년경에 이르러서도 여전히 인종론에 입각한 '동종상보론'을 주장하고 있는 점에서도 확인된다. 즉 "현 세계는 일체 인류의 경쟁이 비상히 격렬하여 작게는 국제경쟁과 크게는 인종경쟁의 문제가 겹쳐서 발생하는 때"라 하고, 따라서 "그 나라를 보전하고자 하면 그 동종을 사랑"해야만 한다는 것이다. 그런데 동양인은 서양인에 비해 세력도 미치지 못하면서 말로만 동종 동교의 나라이니 보거순치니 하나 실제로는 동종상애의 관념이 전혀 없어 필경 고립되고

303) 『황성신문』 1909. 12. 25 논설 「時局의 現狀」
304) 『황성신문』 1909. 12. 19 논설 「警告國民同胞」
305) 『황성신문』 1910. 1. 9. 논설 「時局에 對하여 猛省한이 可함」, 1. 15 논설 「人種의 關係」
306) 『황성신문』 1910. 1. 9 논설 「時局에 對하여 猛省함이 可함」

위기에 빠지게 될 것이다고 주장하였다. 반면에 서양 각국은 균형의 세가 이루어져 서로 전쟁을 할 수 없는 처지에 놓여 있고, 동양에 세력을 떨쳐오면서 황인종과 경쟁하는 문제에 있어서는 반드시 인종적인 입장에서 황인종과 대적하려 한다는 것이다. 따라서 이러한 상황에서 우리 동양인도 '사리적 야심'을 버리고 '동종상보'하는 방향으로 나아가야 한다는 것이다.[307] 즉 그들은 아직 '순수한 의미에서의 동양삼국제휴론'에 대한 미련을 버리지 못하고 있었던 것이다. 이것은 『황성신문』 계열의 인사들이 일본이 이미 서양 제국주의 국가들과 같은 제국주의 국가가 되어 동아시아에 대한 침략을 국가적 과제로 설정하고 있었던 당시의 현실을 충분히 인식하지 못하고 있었음을 보여주는 것이었다. 한편으로는 일본의 대한국정책 자체에 현혹됨도 있었다. 일본의 대한국정책의 사상적 분식은 종래의 한국의 형식적 국교였던 유교를 파괴하지 않으면서 신지식을 일반에게 개발하는 방법,[308] 일본의 개화를 한국에 보편화 시키는 것이었고, 이것이 한국의 개화사상이 일본에 대응하는 대응자세를 흐려놓는 데 크게 역할 하였다는 것이다.[309]

위에서 살펴본 바, 『황성신문』이 발간되던 시기의 한국사회는 국내적으로는 봉건제의 모순을 해결하기 위한 제 개혁운동이 실패로 돌아갔고, 국외적으로는 열강의 이권양여요구와 러일전쟁 등으로 국권이 심각하게 도전받았으며 이런 현상은 한일의정서 등 일련의 조약강제로 일본의 독점적 위치가 확립, 강화되어가던 시기였다. 이러한 상황하에서 유학적 학문배경을 지닌 인물들이 유학적 바탕위에 신학문, 신사상을 수

307) 『황성신문』 1910. 1. 15 논설 「人種의 關係」
308) 『日本外交文書』 38권 1책, pp. 864 ~ 865.
309) 정창렬, 앞의 논문. p.229.

용하여 개화자강을 이루겠다는 취지하에 신문을 통한 계몽, 자강운동에 노력하였다.

자강운동의 필요성을 인식하게 된 기본적인 요인은 당시의 시대상황에 대한 인식이나 그들이 수용하였던 학문의 전파경로와도 상당히 관련이 깊다고 본다. 제국주의 열강의 침략을 합리화하는 이론인 사회진화론을 받아들임으로써 약육강식의 시대 나아가 강자의 약자지배를 현실적으로 인정하게 되었다. 동양보다 서구가 우세한 요인을 기후, 인종의 차이라는 자연적 요인과 그것에서 파생된 정치, 제도적인 요인에서 찾아내었고, 동양이 지배당하는 상태에서 벗어나기 위한 방안은 결국 각국의 민력개발과 근대화를 추구 실시함과 동시에 개화된 일본을 선행으로 한 동양 삼국의 연대에 의한 삼국공영이 불가결한 인식을 지니게 되었다.

이러한 면은 제국주의의 침략을 근대화로 인식하고, 제국주의 침략을 영토적인 침략에만 국한시킴으로써 러시아의 남하에 대해서는 상당히 민감한 반응을 보인 반면에 같은 황인종 국가인 일본에 대해서는 서구침략을 막아주는 또는 동양문화를 선도하는 국가로서 인식하고 있다. 이는 일본 내에서의 '일한동맹론', '삼국공영론'이 일본맹주론을 동반하고 있으며 나아가 맹주의 문명지도를 빙자한 침략까지도 긍정하는 이론임을 알지 못하고 있었음을 보여주는 것으로 『황성신문』의 필진을 비롯하여 당시 우리나라의 개화자강사상가들이 서구학문의 직접적인 도입보다는 일본이나 중국을 통한 간접도입의 경로를 취함으로서 논리적인 모순을 안고 있음과 동시에 시대적인 한계성을 극복하지 못한 연유도 크다고 생각한다.

Ⅳ. 근대정치제도에 대한 인식과 개혁론

1. 근대정치제도에 관한 인식

대한제국 시기의 일반적인 계몽운동가들은 서양의 기술문명은 물론 서양의 정치사상까지 도입하고자 하였다. 이는 당시 지식인들의 공통적 과제라고 할 수 있는 국권회복과 강대국으로의 성장은 근대적인 국가체제로의 변혁으로 비로소 달성될 수 있다는 생각에서였다. 이 정치론의 도입은 결국 국가의 체제변혁을 구상하고 있음을 뜻하는 것이었다. 당시에 도입되고 소개된 서양의 정치이론은 논자의 문제의식이나 해결방향에 따라 여러 계통의 학설이 망라된 것이었지만, 『황성신문』의 경우 그들의 현실인식과 종래의 정치론이었던 유교와의 조화 위에서 거론되고 있었다.

『황성신문』은 조선사회의 내적 외적 모순을 극복하기 위한 타개책으로 새로운 권력 구상을 모색하였다. 『황성신문』의 권력구상은 공화제보다는 군주제를 기반으로 입헌군주제를 지향하고 있다. 이는 그 시기 개화사상가 간에 일반적이라고 보이는 정치체제였다. 『황성신문』은 세계 각 나라들이 국가이익과 국민 복지를 위하여 법에 근거한 상하원을 설립하고 있으며, 의회제도가 완비된 나라만이 문명부강을 향유하기 때문에 의회제도를 도입해야 한다는 당위성을 설명하였다.[310)]

국민이 몽매하고 지식이 발달하지 않았던 고대에는 전제정치의 효력이 있었으나 현재 민지가 개발되고 부국강병을 추구하는 시대에서 전제정치를 묵수(墨守)하는 것은 뒤떨어진 것이라고 보았다.[311] 그러한 이유는 전제국가에서는 국민의 사상이 몽매하여 국민이 없는 것과 같으므로 도저히 문화발달을 바랄 수 없다고 하여 전제정치를 하는 한 국가의 발달, 민지의 발달은 기대할 수 없다는 것이었다.[312] 이들은 인권이나 국가의 독립이 전제정치 하에서는 불가능하다는 판단에서 입헌의 필요성을 거론하고 정치체제의 변혁을 구상하였다.

또한 전제정치에서 입헌정치로 국가체제를 바꾼 터키가 국력진보가 왕성하다는 사례를 거론하면서 입헌정치가 우월하다고 주장하였다.[313] 그래서 중추원은 상원의 성격을 갖거나 구래의 성격에서 벗어나야 한다고 주장하기도 하였다.[314]

국가의 국체나 정부의 정체는 주권의 소재 , 주권행사의 형식에 따라 일본과 러시아는 동일한 군주국이면서도 입헌과 전제의 차이가 있고, 일본과 프랑스는 같은 입헌정체이면서도 국체에서 군주제와 공화제의 차이가 있다고 이해하고 있었다. 이들은 갑신정변과 같은 급격한 행동보다는 군주제를 존속시키며 그 권한을 점진적으로 제한하여 나아가는 방법을 모색하면서 대체로 일본이나 프로이센의 입헌군주제에 주목하고 있다.[315] 독립과 국권강화를 위해서 입헌의 필요성을 강조하면서 일본을 예로 들고 있다. 일본이 서구의 입헌제도를 모방하여 나라를 통치

310) 『황성신문』 1899. 2. 22 논설
311) 『황성신문』 1904. 8. 19 기서
312) 『황성신문』 1905. 8. 4 논설 「自由及同情」
313) 『황성신문』 1900. 6. 12 외보
314) 『황성신문』 1898. 12. 5 논설
315) 최덕수, <독립협회의 정체론 및 외교론 연구>, 『민족문화연구』 13, 1978, p. 204.

한 지 20년에 국세와 민정이 크게 변하였고, 강대한 청나라와 러시아를 격퇴한 것은 바로 입헌통치를 함으로써 인민의 권리를 존중하고 자유를 보호한 결과 애국심이 생겼기 때문이라고 하여[316] 입헌정치의 효력을 지적하였다. 따라서『황성신문』은 입헌군주제를 바람직한 권력구상으로 채택하였음을 알 수 있다. 특히『황성신문』 논설진이 기본적으로 개신유학자나 온건개화파라는 점을 감안하면 급진적인 권력구상을 하긴 어려웠다고 본다. 물론 당시 시대적 조건에서는 입헌군주제 역시 진보적인 권력구상임은 분명하다. 다만 의회에 어느 정도 권력을 배분하느냐는 점에서 진정한 근대 민주주의를 지향하느냐를 가늠할 수 있다.

그런데 일본이나 프로이센의 입헌제는 군주의 절대권이 부정되지 않는 이른바 외견적 입헌제였다. 이 외견적 입헌제는 이미 독립협회의 운동에서 보인 바 있는 개화파의 핵심적인 정치론 이었다.[317] 개인의 권리보다는 국가나 군주의 권리와 이익을 앞세우는 논리는 이것을 단적으로 나타내는 것이었다.

입헌군주제를 목표로 하는 근대국가체제로의 변혁은 정체나 국체를 다루는 국가론을 중심으로 이를 보완하는 다른 정치이론도 도입되면서 마련되고 있었다. 당시의 국가론에서는 입헌의 필요성은 제기하였지만 통감지배라는 정치현실에서 그 가능성은 전적으로 차단되고 있었다. 이에 현실적으로 실현 가능한 정치이론이 부분적으로 제기되었던 것이다. 법치론, 정당론, 지방자치론 등이 그런 것들이다.

그리고 인민과 정부를 동등하게 파악하는 근대적인 주권재민의 이념을 보여주었다. 다만 상하관계를 기본 축으로 하는 지배 질서를 전제하

316)『황성신문』 1904. 8. 19 기서
317) 최덕수, 앞의 논문, p. 204.

였다는 점에서 인민주권론이 아니라 군주주권론에 가까웠다. 인민주권에 대해서 국민의 평등권, 자유권이 있음을 밝혔다. 구체적으로 신체와 재산의 자유는 모든 자유의 기본이 되는 천생권이므로 이 권리가 보장되어야 하며,[318] 평등권은 하늘이 균등하게 주고 사람이 공득하기 때문에 정부도 국민의 권리를 동등하게 보호해야 한다고 보았다.[319] 민권이란 군주가 세계의 각 나라와 어깨를 맞대고 통치력을 행사하는 데 필요하지 국가의 정체를 변화하는 데 선결요인이 아니라는 점을 분명히 하였다.[320] 국가의 당면과제로 문명개화와 부국강병을 인식한 『황성신문』은 인민의 정치참여보다 애국심 배양을 통한 국가 구성원의 결속을 더욱 공고히 하고자 하였다. 당시 각 지역에서 번지고 있던 농민 봉기의 근본적인 이유는 봉건 정부와 지방 관료들의 가혹한 정치 때문이라고 보고 탐관오리로 인한 폐단을 지적하였다.[321] 그래서 농민봉기를 무력으로 진압하려 하면 반감만 초래하게 된다고 하면서 유교적인 인의로 설복하여 국가적 단결을 공고히 해야 한다고 주장하였다.[322] 『황성신문』은 근대적인 민주주의의 근간인 의회제도를 언급하기는 하지만 급격한 변혁이나 혁명을 추구한 것은 아니었다. 개인보다는 국가와 군주를 앞 세웠기에 인민은 국가를 위한 존재였고, 인민을 위하기보다 봉건체계(형식적으로는 입헌군주제)를 보위하고자 하였다. 그래서 농민봉기에 대하여 근거 없는 참언과 말세론으로 민란을 촉발시켜 국가적 위해를 낳고 있으므로 인민은 인내하라고 주장하였다.[323]

318) 『황성신문』 1900. 5. 8 논설「挾雜必自公頌始」
319) 『황성신문』 1900. 1. 19 논설「國民의 平等權利」
320) 『황성신문』 1898. 10. 1 논설, 10. 21 논설, 1898. 12. 15 논설
321) 『황성신문』 1899. 6. 5 논설, 6. 25 논설
322) 『황성신문』 1900. 3. 9 논설
323) 『황성신문』 1899. 8. 14 논설

이처럼 『황성신문』은 근대화된 국가를 지향하고 의회제도와 입헌군주제를 골자로 하는 정치체제를 확립하기 위하여 정치제도를 개혁하고자 하였음을 알 수 있다.

본 장에서는 『황성신문』의 논설 분석하여 국권확립과 민권 증진을 위하여 수용하고자 한 정치론은 어떤 것이며, 어떠한 제도개혁을 추구하였는지를 살펴보기로 한다.

1) 법치론

개화지식인들의 서구법수용에 관한 논의를 보면, 『한성순보』와 『한성주보』는 서양으로부터 직접수용하기 보다는 주로 일본의 절충주의적 수용방식인 명치법문화를 통한 간접수용에 치중하였다.[324] 그러나 1896년 『독립신문』이 창간되면서 영미법 특히 미국법 문화의 직접 수용이 두드러지게 되었으며, 관심영역도 재판제도 등 현실적인 문제로 옮아갔다. 『독립신문』은 재판제도의 수용을 강조하면서 특히 적법절차주의 · 증거재판주의 · 공개주의 · 인도주의 등을 중시하였다.[325] 아울러 법의 안정성을 강조하면서 백성들에게 준법사상을 주입하기 위해 노력하였다. 『황성신문』의 경우도 대략 『독립신문』의 논조와 비슷하게 법치론을 전개하였다. 당시의 법치론은 절대군주의 자의적인 지배를 막고 의회에 의한 입법, 법률에 의한 재판, 법률에 의한 행정을 추구하자는 것이었다. 특히 개인의 권리는 모두 법에 의해서만이 보장된다고 생각한 것이 일반적이었다. 또한 권리와 의무의 관념은 법률에 의거한 후 획

---

324) 김민환, 『개화기 민족지의 사회사상』 나남, 1989, p.164.

325) 이에 대한 논설로는 『독립신문』 1898년 8월 4일, 20일 논설, 1896년 6월 23일, 7월 14일, 9월 29일, 1897년 11월 6일, 12월 11일 논설이 있다.; 신용하, 『독립협회 연구』, 일조각, 1976, pp. 179-181.

득되는 것으로서 법률의 관념이 없으면 문명도 바랄 수 없다고 보았다.

『황성신문』은 법률은 '재민(在民)의 대전(大典)'[326]이며 '보민(保民)의 정로(正路)'[327]이라고 하고, 또 법률이 국가존립과 국민생활에 근간을 이룸과 동시에 금수·야만을 규정짓는 요인이라고 하였다.[328] 그러나 법률이란 행한 지 오래되면 자연히 해이해지는 것이므로 시대의 변화에 대응하기 위해 서양의 법치주의를 수용하여 국내의 법체계를 개혁해야 한다고 주장하였다. 기존의 법체계가 봉건시대의 가혹한 제도로서 고루하며, 법령을 자주 바꾸어서 일관성이나 지속성이 없으며, 기왕에 있는 법이나마 준행하지 않아 유명무실함으로 기존의 법규 가운데 좋은 것은 그대로 두되 서양의 법치주의를 수용하여 법체계를 근대화해야 한다고 하였다.

『황성신문』은 동양의 두 나라인 일본과 중국을 비교하여, 일본은 서법을 수용하여 발전한 데 비해 청국은 가혹한 제도와 완고에 젖음으로 인해 서양을 금수다 이적이라고 멸시하고 구습을 숭상하다가 국가가 사분오열 당하고 이웃까지 위태롭게 하였다고 하였다. 국가의 보전을 위해서는 서양의 법을 수용하여 법률을 개정하는 것이 바람직하다고 강조하였다.[329] 또, 전제정치에서 입헌정치로 국가체제를 바꾼 터키가 국력진보가 왕성하다는 사례[330]를 거론하면서 서구법 수용의 필요성을 제기하였다.

이러한 입헌의 논리는 국가의 국체나 정부의 정체는 주권의 소재 , 주권행사의 형식에 따라 차이가 있다고 이해하고 있었다. 독립과 국권

326) 『황성신문』 1899. 3. 31 논설
327) 위와 같음
328) 『황성신문』 1907. 6. 6 논설「法律講習所」
329) 『황성신문』 1898. 9. 12 논설
330) 『황성신문』 1900. 6. 12 외보

강화를 위해서 입헌의 필요성을 강조하면서 일본이 서구의 입헌제도를 모방하여 입헌통치를 함으로써[331] 국력이 크게 증강하였으며, 그 이유는 입법개혁을 통해 인민의 권리를 존중하고 자유를 보호한 결과 애국심이 생겼기 때문이라고 하였다. 이는 황성신문의 서구법 수용과 법 개혁의 목적이 드러나는 것임을 알 수 있다.

다음 이들은 입헌정치의 실현을 위해 여론정치와 정당정치를 주장하였다. 헌법을 제정하여 독립의 기초를 마련하고 참정권과 선거권에 의해 지방자치제와 전국적인 대의제를 실시하는 것이 필요하다고 하였다. 정부의 폐단을 억제하고 민요(民擾)를 진정하고 사회질서를 확립하기 위해서도 입헌체제의 수립이 필요하다고 보았다. 정치의 운용은 통치자의 대리기관인 관직에 일임하되 그 운용의 선악은 국민의 이해와 관계가 있기 때문에 인민의 대표자로 하여금 정치에 참여토록 하여 감시하는 권리가 있다고 했다. 이런 권리를 위해서 입헌대의정치를 시행해야 한다는 것이다.[332] 법치를 위해선 의회설립이 필요하고 의회정치를 정착시키기 위해 무엇보다도 서양의 근대적인 정당정치를 본받아야 한다고 강조하였다. 우리나라에서는 공견(公見)에 입각하지 않는 사당이나 붕당만 발호하여 국정이 당쟁의 혼란에 휘말린 예가 많았음을 지적하면서 '사당(私黨)은 사당(邪黨)이요 소당(小黨)은 일시에 불과한 당(一時之黨)'[333]이기 때문에 사당은 반드시 지양하고 공당이 되어야 한다고 강조하였다. 당시 이들은 수많은 단체를 정당으로 여겼던 듯하다. 그와 같은 단체를 통해 민심규합, 계몽활동, 국민권리옹호, 국권회복을 추구할 수 있다는 것이었다.

---

331) 『황성신문』 1904. 8. 19 기서
332) 『황성신문』 1906. 11. 20 잡보 「大韓自强會演說」
333) 『황성신문』 1907. 5. 31 논설 「公黨私黨의 分界」 續

『황성신문』은 1898년 12월 16일에 재개정된 중추원이 개원되고 여기서 하의원 설치를 건의한다는 소식을 접하고 적극 환영하였다.334) 세계 각 국이 국리민복을 위해 법률상 상·하 양원을 개설하고 의회제도가 잘 된 국가만이 문명부강을 누리고 있다고 하여 그 예로서 영국과 터키를 들고 있다.335) 당연한 결과로서 우리나라에서도 의회제도를 실시해야 한다고 주장하였다.

그러나 『황성신문』의 경우 서양의 의회가 행정부로부터 철저히 분리독립되어 운용된다는 것을 알고 있으면서도 우리나라에서는 대체로 군권의 통어(統禦)를 받으면서 군주를 보좌하는 자문기관의 성격에 한정시키고자 하였다. 서양의 의회에 해당하는 것이 우리의 중추원이며 그 연원도 중국의 당·송까지 올라 가는 것으로,336) '위로는 정부의 미달한 일을 보총하고 아래로는 인민의 소통하지 못한 바를 소활케 하는'337) 것이 중추원의 할 일이라고 하였다. 이들이 이른바 보총(補總)의 기능을 강조한 것은 의회가 군권이나 행정권으로부터 분리 독립하여 그들을 견제하기보다는 의회가 군권의 통제 하에서 행정부와 조화, 보완하도록 한다는 입장을 반영한 것으로 민중의 참정권 확대와는 일정한 거리를 두었다고 볼 수 있다. 이들이 정당정치와 의회설립을 주장하였지만 그것이 서양의 의회제도를 수용하자는 것이면서도 그대로 들여오기보다는 군권을 인정하고 보완하는 바탕 위에서 변형하여 도입하고자 하였음을 알 수 있다.

『황성신문』의 경우 중추원의 운영에 관심을 기울이면서 운영상의 오

334) 『황성신문』 1899. 2. 22 논설
335) 『황성신문』 1900. 6. 22 외보 「土耳其開化黨」
336) 『황성신문』 1904. 10. 14 논설 「中樞院官制沿革及改善實施」
337) 『황성신문』 1899. 1. 31 논설

류들을 비판하는데 주력하였지만 의회정치에 대한 관심은 비교적 낮았다고 보인다.

이러한 법치론에는 다음과 같은 문제를 안고 있었다. 그 하나는 그들이 선호하였던 입헌군주론에서 법의 위치이다. 국부자강 실현을 위하여 군주의 절대권을 배격하지 않으며, 대체로 통치권 자체를 주권으로 간주하고 있었고 신민의 그 통치권에의 절대복종을 강요하고 있었던 것이다. 또한 관리에 대해서도 종래의 관존민비를 비판하였지만, "관직은 국가의 공기(公器)라 국법을 집행하는 기관이니 일반국민은 그 관리와 기관을 존경하고 복종해야 한다"는 주장을 한 것은 이러한 법치행정의 분위기가 비치고 있는 것이다.

이런 태도는 민권론에서도 나타나듯이 당시 민중세력의 능력에 대한 부정적 평가가 바탕이 되어 민중의 정치참여는 배제한 체 집권세력과 신흥지식계층을 중심으로 한 정치개혁·개화자강을 추구하려 했던 것으로, 또한 봉건유생층의 계몽을 목적으로 하였던 만큼 민선의 의회를 설립하는 것이 오히려 보수세력의 반동을 유발할 우려가 있었다는 점에서 비교적 관심이 낮았던 것은 아닌가 생각된다.

2) 국가론

서구법의 수용과 국가체제의 개혁은 개화 초기부터 나타나고 있다. 갑신정변을 주도한 박영효는 <건백서>에서 왕권의 제한과 민권의 신장이 나라가 문명개화하는 과정에서 결코 배치되는 개념이 아니라는 것을 강조하고 있다.[338]

『한성순보』와 『한성주보』의 경우 왕권 중심주의를 바탕으로 하여 정

338) 최덕수, <독립협회의 정체론 및 외교론 연구>, 『민족문화연구』 13, 고려대, 1978, p. 201.

치적 개혁을 추진하고자 하였으면서도 국민주권론을 중심으로 한 진보적인 민권신장론을 소개하였다. 그러나 신문이 발행된 지 6~7개월이 지난 후에는 민권신장에 관한 관심이 거의 사라지고 대신 왕권의 재강화를 도모하면서 평등권을 실현하기 위한 구체적인 사항을 제시하는 선으로 후퇴하였다. 이어 발행된 『한성주보』는 민권신장문제에는 별로 관심을 보이지 않았다.[339] 이것은 '기'의 수용이 봉건체제의 강화나 유지에 유익한 반면 '도'의 수용은 체제유지나 강화에 유해하다는 '동도서기'식의 반응양식에 연유한다.

갑오개혁을 주도했던 유길준의 경우 정치개혁에 앞서 인민의 교육이 선행되어야 한다는 점진적인 입장을 취하고 있다. 그는 입헌정체가 가장 좋은 정체이기는 하나 인민의 지식이 부족한 나라에서는 그 인민에게 국정참여의 권리를 주는 것이 옳지 않다고 주장하였다.[340] 즉, 정치개혁 이전에 인민 교육의 선행이라는 문화적 개혁을 앞세우고 있다.

독립협회의 의회구상, 즉 의회개설에 의한 입헌군주제의 정치체제는 군주권의 절대성과 실질적 강화를 전제로 하는 프로이센형 입헌군주제에 가까운 것으로 인민은 명목상 헌법과 법에 의하여 통치되나 군주는 실제로 인민 위에 군림하여 통치하는 정치체제였다.[341] 『독립신문』의 논설을 살펴보면 군주와 국가를 동일시하고 있다. 즉, 군주국에서는 군권이 있어야 하며,[342] 어느 나라든지 '임군은 곧 백성의 부모요 백성은 곧 임금의 자녀이기 때문에',[343] '신민이 모두 황상 폐하의 지위와 권리를 높게 하는 것이 곧 대외적으로 나라를 높게 하는 것'이 된다는 것

339) 김민환, <한성순보의 내용분석>, 『언론문화연구』 1집, 전남대. pp. 150～151.
340) 유길준, 『西遊見聞』 제 5편 <政府의 治制>
341) 최덕수, 앞의 논문, p. 204.
342) 『독립신문』 1896. 9. 8. 논설
343) 『독립신문』 1899. 11. 24 논설

이다.[344)]

『대한매일신보』의 경우 군권을 정면으로 부정하지는 않았지만 국민주권론에 바탕을 둔 새로운 애국론을 제시하였다.

> 무릇 천하민족에 각각 주권이 있나니 군주의 나라에는 군주국의 주권이 있고 민주의 나라에는 민주국의 주권이 있어서 각각 그 단합된 힘을 인하여 갖지 아니한 것이 있도다. 우리 한국은 원래로 군주가 주권을 장악하던 나라이라. 인민은 정부 명령아래 있어서 수화 가운데로 몰아넣든지 구학 가운데로 몰아넣든지 감히 항거치 못하고 울고 웃기도 자유로 못하여서……… 정부는 인민을 압제하여 인민이 이산을 하든지 토지가 침몰되던지 조금도 관념치 아니하고 주고 빼앗는 것을 마음대로 하여……… 국권이 이로 인하여 미약하고 민권이 이를 인하여 타락이 되여 주권이 안에 있지 아니하고 밖에 있어서……… 활동할 힘이 어대서 나리오.[345)]

한국이 원래 군주주권국이라서 인민에게 압제를 행하므로 국권이 미약하고 민권이 타락 되었다고 하여 군주의 압제권(壓制權)에 대한 시정이 필요하다고 보았다. 이러한 군주주권론 단계는 국가발달 3단계이고 제 4단계에 들어서면 곧 백성이 나라이며, 오직 백성이 담임하는 국가주의가 발달되기에 이른다고 하여 국가를 중시하였다.[346)]

우리나라 개화론자들의 국가인식이 군주주권을 중시하고, 입헌군주제를 지향하되 민권은 일정하게 제약하고 있음을 알 수 있다. 『황성신문』에 나타난 국가관도 이와 크게 다르지는 않다고 본다.

먼저 『황성신문』의 국가에 대한 인식을 살펴보면 '인민이 정부를 위

344) 『독립신문』 1899. 4. 5 논설
345) 『대한매일신보』 1910. 6. 19 논설
346) 『대한매일신보』 1909. 7. 16 논설

하여 된 것이 아니라 할 만하나 정부는 인민을 위하여 설립'되었다고 하고 있다.[347] 『황성신문』 논자들이 인식한 국가는 국민이 자신의 생명과 재산을 보호하기 위하여 설립한 국가인 것이다.

당시의 일본이나 프로이센의 입헌제를 추구하였던 정치론은 국가의 본질에 대한 그들의 이해와도 밀접하게 연결되어 있다. 당시 『황성신문』에는 자연법적 국가론에 대해 많은 예를 들고 있다. 이는 서구 계몽시대 보댕・홉스・로크・몽테스키외・루소 등의 국가론을 바탕으로 시민혁명의 논리적 배경이 되었던 자연법사상・천부인권설・사회계약설에 의해 국가를 인간의 자유의사에 의해 형성된 것으로 보는 논리이다.

인간은 국가나 정부의 통제가 없을 때 약육강식의 폐단이 발생하여 하루라도 안도할 날이 없으므로 인해 단결하게 되었고, 이것이 수천년 내려오면서 완전한 국가조직을 이루었다[348]는 것이다. 그러므로 국가는 일정한 토지와 인민을 기초로 하여 유일의 독립주권으로 통치하는 대 단체[349]라고 하여 국가의 성립요건을 토지・인민・주권에 두었다. 또한 국가의 성립목적도 인류의 천부권인 자유의 목적과 생활・복리를 달성하기 위해 법리적 관계를 바탕으로 성립된 것이므로 인민의 생활복지를 보호 발달케 할 의무가 있다고 보았다.[350]

만약 국가가 이런 의무를 이행하지 못 할 경우 국민이 부담하는 의무(재무・병역의무)를 이행치 아니하여 자유와 인격의 권리를 회복 할 수 있기도 하다고 하였다. 그러나 이것은 민지가 개발되고 천연의 자유를 지각한 문명국민의 경우에는 정치상 직접 의지, 행동할 수 있지만 그 나

---

347) 『황성신문』 1898. 10. 21 논설

348) 『황성신문』 1905. 5. 26 논설 「國民之罪甚於政府之責」

349) 『황성신문』 1905. 2. 16 논설 「國家思想論」

350) 『황성신문』 1905. 8. 4 논설 「自由及同情」

라 인민의 사상이 몽매하여 천부(天賦)·자유의 권한을 알지 못할 때는 오직 그 국가에 복종하는 의무만 있고 털끝만치도 감히 그 정치에 대한 전능이 없다고 하였다.[351] 즉, 문명이 발달하지 않은 개명되지 않은 국민은 소극적인 저항도 할 수 없는 것이다.

국가가 조직되고 공동단체의 복리를 경영하고자 위로는 주권자를 존경하고 받들어서 명령과 법도에 복종하는 의무가 생겼고, 주권의 직접 기관을 보필하는 정부의 책임을 신뢰하여 치자·피치자의 구분이 생겼다고 하였다. 그리고 국가를 조직한 것은 국민의 고유한 자유 권능을 어느 정도 자제하여 공동의 생활을 완전하게 하고자 함이라고 하였다.[352] 이 글에서 주권의 주체를 국가로 간주하고 공동체의 이익을 위해서 국민의 자유권 자제가 필요함과 동시에 군주에 복종할 의무가 있다고 보았다.

서구의 자연법사상이나 천부인권설에 바탕을 둔 국가론이 개인의 권리나 자유를 국권보다 강조하는 데 비해 당시 우리나라에서는 자연법적인 국가론의 입장에 있더라도 주권론의 경우에 있어서는 자연권을 군주에게 양도하고 그 절대권을 인정하는 홉스의 정치론이 각광을 받고 있었다고 하겠다.[353] 즉, 입헌을 주장하면서도 그 헌법에서는 국가나 군주의 절대권을 인정하는 것이 당시의 분위기였다.

『황성신문』에서 규정하는 국권을 살펴보면,[354] 국권은 나라와 나라가 서로 대치하는 권제(權制)로서 안으로는 정치와 밖으로는 교섭에 있어 독립자주권을 유지하며, 강토·생명·재산을 자강자보하며 외국에

---

351)『황성신문』1905. 5. 26 논설「國民之罪甚於政府之責」
352)『황성신문』1905. 5. 26 논설「國民之罪甚於政府之責」
353) 김도형, <한말계몽운동의 정치론 연구>,『한국사연구』54, 1986. p. 115.
354)『황성신문』1900. 8. 15 논설「國權固不可失」

이권을 할양하지도 않고 털끝만한 수치도 타인에게 매이지 않는 것이라 하였다. 즉 일정한 토지 인민을 기초로 하고 그 위에 일정한 주권을 가진 것을 국권으로 본 것이었다. 그러면 국가와 개인의 관계는 어떤가. 한 국가를 나누면 기천만 개인이 되고, 기천만 개인을 합하면 한 국가가 이루어진다고 하였다. 국가는 법률과 무비(武備)가 없으면 국가가 아니듯 개인도 지식과 직업이 없으면 국민의 자격이 없다고 하였으며, 국가를 구성하는 개개인이 자격을 지녀야 국가도 올바른 자격을 지닌다고 하여 국가의 구성원으로서의 개인의 중요성을 이야기하고 있다.[355] 여기서 말하는 개인의 자격은 단순한 학문만이 아니라 입국의 정신을 지녀야 만이 인격을 지닌 존재로서 국가의 발전을 도모할 수 있는 자격을 가지게 된다.

국가의 구성원인 개인에게 정부가 해 주어야할 의무는 무엇이고 개인이 국가에 대해서 해야 할 의무는 무엇인가에 대해서 이들은 국가의 국민에 대한 의무보다 국민의 국가에 대한 의무를 중요시하고 강조하였다. 국가는 국민을 다스리는 의무에서 국민의 권리를 균일하게 보호하는 데 있으며, 국민의 국권 복종하는 의무는 국가의 보호를 평등하게 받는데 있다고 하였다.[356] 즉 국가는 국민의 평등권을 보장해주는 의무를 가지지만 국민은 국권에 복종해야 하는 의무를 지녔다는 것이다.

정부와 국민의 관계는 정부는 주권의 직접기관으로 국민의 상위에 있어서 법률상 명령의 권한이 있으며, 그 국민에 대한 법령, 법도가 적의치 못할 경우에는 국민된 자가 직간접으로 개선 방략을 도모할 권한이 있다고 하였다.[357] 단 이 경우에도 국가 성립 때 국민의 권한을 제한

---

355)『황성신문』1907. 6. 13 논설「人格이 急於學問」

356)『황성신문』1900. 1. 19 논설「國民의 平等權利」

357)『황성신문』1905. 5. 26 논설「國民之罪甚於政府之責」

하여 국가에 봉헌(奉獻)한 까닭에 책임은 정부와 국민 모두에게 있으며, 정부의 잘못된 정치에도 정부의 책임을 맡은 자의 책임도 있지만, 국가에 권한을 넘긴 국민의 책임이 보다 크다고 하였다. 또한 당시 국세가 약하게 된 이유도 "국민의 기품이 어리석고 우둔하며 학식이 천박하고 공공사상이 모자라서 각자의 권리와 책무를 분변 못한 탓"에 있으므로 이의 시정을 위한 책임도 국민 각자에게 있다는 것이다.

국민의 의무를 강조하다보니 국가존망의 책임이 국민에게 보다 많이 있었다. 정부에만 국가흥망의 책임이 있는 것이 아니라 정부와 마찬가지로 인민도 국가흥망에 대한 일반 의무를 가진다는 것이다. 그렇기 때문에 국민은 정부의 잘못을 권고하거나 슬며시 돌려서 간쟁할 의무를 가지며, 정부의 잘못을 시정하지 못하는 것은 국민의 의무를 다하지 못하는 것으로 간주하였다.[358)]

여기에서 국민이라는 것은 보다 광범위한 의미를 지니고 있다. 사·농·공·상의 사민뿐만 아니라 군주도 또한 국가 사민 중의 하나라고 보았다. 군주는 국민을 위하여 직분을 지키고 그 책임을 다하는 것이 의무이며, 또한 국민 각자가 당연히 해야 할 국민의 의무인 것이다. 이런 면에서 볼 때 비록 군주를 치자로서 국민보다 상위에 두었지만 모든 것이 임금의 신하이고, 임금의 재산이라는 봉건적 개념과는 다르다는 것을 알 수 있다.

다음으로 국가와 정부 국민과의 관계에서 국민이 지녀야 할 의무의 하나가 애국심 함양이었다. 특히 자주독립을 위한 민족정신과 애국심 함양을 위해선 반드시 헌법과 헌정기관의 정비, 정치사상의 배양이 필요하다고 보았다. 당시의 정치체제와 국제관계를 설명하면서, 개혁의지

---

358) 『황성신문』 1904. 11. 24 논설「誓告同胞」

가 없는 민족은 반드시 식민지가 되고, 강대국에 동화될 수밖에 없다고 지적하고 민족정신에 입각한 애국심만이 독립된 나라를 이룰 수 있는 요소로 생각하였다. 애국심은 '비록 천부(天賦)로 갖추어진 것이나 반드시 학식의 배양으로 말미암은 것'[359]으로 남녀노소 · 양상귀천을 가리지 않고 마음을 합하여 한마음으로 나아가면 부강을 이룰 수 있다[360]고 보았다. 여기서 국민이 한마음 되도록 하는 요건은 신분의 타파, 폭정과 군주의 전단(專斷)을 없애고 교육을 실시하는 데 있다.[361] 애국심을 독립된 국가를 이룰 수 있는 요소로서 강조한 것은 개인의 자유나 권리보다는 국가나 군주의 이익을 앞세우는 점이 강하기 때문이라고 본다.

『황성신문』에 의하면 국가는 내가 거처하는 큰 가옥이고 몸이란 것은 내가 소유하는 작은 구각(軀殼)이므로 나라를 사랑하는 것은 곧 자기를 사랑하는 것이다.[362] 나라에 애국지인이 있은 연후에 그 나라의 나라 됨이 가능하며, 그 나라의 나라 됨이 있은 연후에 그 사람의 사람됨이 가능하기 때문이다.[363] 따라서 민과 나라는 곧 하나이면서 둘이요, 둘이면서도 하나이다.[364] 나라를 사랑하는 것이 가장 지고의 사랑이며, 그것이야말로 곧 자기를 사랑하는 것이 되기 때문에 정부는 그 백성을 사랑하여 백성으로 하여금 충성되고 의리 있는 마음이 나도록 하기 위해선 정치가 애민심을 주장하고 인민은 애국심을 분기[365]해야 한다는 것이다. 즉, "국민은 모름지기 애국하고 국가는 모름지기 국민을 보호하

359) 『황성신문』 1905. 4. 14 논설「論李君寄書有感」
360) 『황성신문』 1901. 2. 16 논설「迎送之誠勤心宜推諸愛國」
361) 『황성신문』 1899. 3. 18 논설「愛國論」續
362) 『황성신문』 1906. 8. 9 논설「愛國이 卽愛己」
363) 『황성신문』 1907. 8. 16 논설「愛說」
364) 『황성신문』 1899. 3. 17 논설「愛國論」
365) 『황성신문』 1900. 2. 12 논설「上下相愛獨立不倚」

는 것"[366]이 자주독립의 기초를 확립한다는 것이었다.

이러한 논리에 따르면 인민은 오직 국가를 위해서만 존재하는 것이 된다. 이것은 『황성신문』의 신학수용론이 유교에 대한 근본적인 부정을 수반하지 않았다는 점과 서양의 공화제나 입헌제를 중국의 요임금과 삼대의 제도와 동일한 것으로 이해하였던 점에서 연유한다고 볼 수 있다. 유교명분론이나 통치원리가 가부장권에 기반을 두고 있음으로서 가부장권의 원리인 효나 이를 국가적으로 실현한 충을 부정하지 않고 긍정한다면 자연스럽게 국가를 절대적으로 간주하는 국가유기체설이나 군주 주권론과 결합할 수밖에 없을 것이다.[367]

다음으로는 당시 지식인에게 풍미하던 사회진화론과의 결합이었다. 사회진화론은 기본적으로는 개인주의에 기인하는 것이지만 사회유기체설이나 국가유기체설과 결합되면서 개인이 전체에 봉사하는 관념으로 전환된다. 즉 항상 강자의 입장을 합리화 시켜주는 이론으로 군주를 중심으로 하는 지배권을 인정하게 된다는 것이다. 특히 당시는 국가나 민족 간의 경쟁이 치열하던 시기였다는 인식이 공통적이었으므로 이 경쟁의 주체는 국가였고, 혹은 그 국가의 체현으로서의 군주였다. 이 경쟁에서 살아남을 수 있는 방법은 그 주체가 강성해질 수밖에 없다는 것이었다.

또 당시에 큰 영향을 미쳤던 일본이나 중국학계의 경향이 그러하였다. 당시 지식인층에게 가장 영향을 끼친 사람은 아마도 양계초임이 틀림이 없다. 양계초의 정치론에서 변함없이 내세운 것은 사회진화론이었다. 그가 구상한 입헌 군주제는 대체로 이 시기의 사회진화론·국가유

366) 『황성신문』 1901. 2. 5 논설 「損而有孚元吉无咎」
367) 김도형, <한말계몽운동의 정치론연구>, 『한국사연구』 54, 1986, pp. 116-117.

기체설・국가법인설을 채용한 것이었다. 사회진화론에 의해 국가의 강화가 필수적이었고, 이를 위해선 새로운 국민・신민의 창출이 필요하였다. 천부인권론은 이런 의미에서 채용되지만 개인주의가 철저한 것이 아니었다. 따라서 그의 입헌군주론은 주권은 국가에, 통치권도 군주가 갖는 형태를 취하게 되었던 것이다.368) 이와 같은 요소들이 당시 계몽운동가들 나아가 『황성신문』의 논지에도 나타나는 것과 같이 국가론의 형성에 영향을 주었다고 볼 수 있다.

3) 민권론

『황성신문』에서는 새로운 상황에 대응하여 개화 자강하기 위해선 서구의 자유주의사상을 적극 수용하여 민권을 신장시켜 나가야 한다고 주장하였다. 주권의 경우 주권을 바로 통치권으로 이해하고 있으므로 인해 『황성신문』의 민권론은 상당히 제한적 요소를 지니고 있다고 볼 수 있다. 『황성신문』은 천부의 권리는 사람이 태어남과 더불어 고유한 것이라는 천부인권설을 받아 들였으면서도 이것은 무한정한 것이 아니라 인민천부의 권리 즉, 민권은 '타인의 권익을 해치지 않고 공익을 방해하거나 장애가 되지 않는 범위 내에서만 누릴 수 있는 권한'369)으로 주거권, 행위권, 영업권, 신앙(종교)권이 인민의 자유에 해당한다고 하였다. 국가의 부강 여부가 이 자유권의 보장에 달려 있으며, 시세의 변화에 대응하기 위해서는 무엇보다도 인민의 자유권을 보장해야 되기 때문에 법률로서 그 권리를 보장해야 된다고 했다. 왜냐하면 법률로 국가와 국민

---

368) 민두기, <양계초사상의 구조적 이해 - 근년의 제 연구를 중심으로->, 『역사학보』 28, 1965, p. 80.

369) 『황성신문』 1906. 11. 20 잡보 「大韓自强會演說」

간의 약속을 규정하고, 인민과 인민의 관계를 규정한 것이므로 법률에 의해 권리가 보장되고 국권과 민권이 명확하게 실현되는 것이 바람직하기 때문이다. 또한 인민은 이 권리를 향유하기 위해서는 법률 범위나 문명궤도에 벗어나지 않는 것이 좋으며, 국가로서는 이런 민권을 신장하여 국가적 사상을 함양하고 악정을 배제하여 관권과 민권을 명확히 구분하는 것이 당시의 급무였다.[370] 그러므로 민권의 법률상 규정과 신장은 반드시 필요한 것이었다. 이 자유권이라는 권리의 개념자체가 영어의 Right을 한문으로 번역한 것[371]이라 했듯이 구미의 자유주의를 수용하여 주장하였음을 알 수 있다. 이들은 권리를 다시 천생권(하늘로부터 부여 받은 권리)과 인제권(人制權)의 두 가지로 나누었다.[372] 인제권은 정부 각 부서가 지닌 권리로서 외국이 침범할 경우 방어하고 안으로는 정치를 잘하여 국권을 스스로 지키는 권리라고 하였다. 이들이 중요시한 권리는 천생권(天生權)으로써 모든 자유의 기본이 되는 신체와 재산의 자유였다. 인민이 자기의 학식과 기력으로 생명・재산을 스스로 지킴으로 인해 정부의 세력 있는 자가 인민의 고유권을 억압하고 탈취하는 폐단이 점차 많아짐으로 이를 막기 위해 구미각국 인민이 지혜를 모으고, 힘을 합하여 압제 속박을 받지 않고, 생명・재산을 보수하게 되었다고 설명함으로써 이 천생권이 보장되어야 한다고 역설하였다.

또한 권리 중에서도 생명・재산・신체・명예・자유의 권리가 제일 중요하며 하루라도 이것이 없이는 안 되는 바이기 때문에 문명국에선 헌법, 법률로서 충분히 보장하고 있으며 이에 따라 그 국가가 융성, 발전한다고 하였다.[373]

---

370) 위와 같음.
371) 『황성신문』 1909. 5. 7 논설 「解權利說」
372) 『황성신문』 1909. 5. 7 논설 「解權利說」

이러한 생명과 재산의 자유를 제도적으로 보장하기 위해서는 민주적인 관료체계를 확립하고 서구의 법사상에 바탕을 둔 법률제도의 적극적인 수용이 필요하다고 보았다. 왜냐하면 국가 성립에서도 나왔듯이 인민들이 국가를 조직할 때 그 자유가 비록 천부의 고유한 권리로서 국가 조직 이전에 존재했으며[374], 또 '사람이 태어날 때부터 각기 자기 몸의 자유권이 고유'[375]하지만 이미 자유의 일부를 국가에 양도했다는 것이다. 그 때문에 국가와 국민의 관계는 법률에 의하여 관계가 규정되었으므로 '국가는 통치하는 권리를 신민은 복종하는 의무'를 지니게 되었고, 국민은 입법권을 국가는 법이 정하는 범위 내에서 국민의 보호책임이 있으며, 개인도 자신이 지닌 자유권을 국법이 정하는 범위 내에서 행사해야 한다는 것이었다. 국민에 대한 통치권을 가진 정부로서는 강력한 폭력적인 수단을 사용하는 억압 기제로 인민의 자유를 말살할 수도 있으나 그것은 일시에 불과할 뿐이며,[376] 또 '국민을 억압할 수 없는 것'이다.[377] 정부는 인민의 자유사상을 분기케 해야 하며, 한 나라의 권리와 사상은 일개인으로부터 시작하므로 개인이 스스로 자기의 권리를 굳게 하고 보호해야지 그렇지 못하고 천부의 권리를 다른 사람에게 양도하게 되면 천(天)을 망하게 하는 것이므로 권리양도를 해서는 안 되는 것이라고 경고하였다.[378]

『황성신문』의 논설에서는 인민과 정부를 동등하게 파악하는 근대적인 주권재민의 이념을 보여주었다. 다만 상하관계를 기본 축으로 하는

373) 『황성신문』 1903. 4. 9 寄說「國民不可不知法律」
374) 『황성신문』 1905. 2. 14 논설「人民의 自由와 法律上關係」
375) 『황성신문』 1905. 8. 22 논설「演蓮華說法」
376) 『황성신문』 1908. 6. 2 논설「壓制手段의 拙巧」
377) 『황성신문』 1900. 7. 23 논설「民不可壓」
378) 『황성신문』 1899. 2. 27 논설「爾雅續箋四則」 續

지배 질서를 전제하였다는 점에서 인민주권론이 아니라 군주주권론에 가까웠다. 앞에서도 설명하였듯이 민권이란 군주가 세계의 각 나라와 어깨를 맞대고 통치력을 행사하는 데 필요하지 국가의 정체를 변화시킬려고 앞세우는 것이 아니라는 점을 분명히 하였다.[379] 또, 신체와 재산의 자유는 모든 자유의 기본이 되는 천생권이므로 이 권리가 보장되고,[380] 평등권은 하늘이 균등하게 주고 사람이 공득하기 때문에 정부도 국민의 권리를 동등하게 보호해야 한다고 보았다.[381]

이러한 논리에 따르면 천부의 권리도 중요하지만 이 권리를 보장하고 어떻게 활용하는가를 규정한 법률이 더 중요하며 나아가 이 법률을 따르고 지켜야 할 국민의 지혜가 강조된다고 할 것이다. 이러한 면은 국민의 지혜가 발달하면 나라를 빼앗겼더라도 우리의 자유권을 빼앗지 못하므로 국권을 회복할 수 있다는 말에서 잘 나타난다.[382] 그러므로 법률로 자유권을 규정했다 하더라도 국민을 교육시켜야만 되지 법률이 있더라도 국민이 모르면 아무 소용이 없으므로[383] 무엇보다도 국민교육과 계몽이 필요하다고 보았다.

『황성신문』은 당시 우리나라에 권리사상이 결핍된 요인을 허례의식에서 찾았다. [384] 예절을 중히 여겨 상・하, 귀・천의 구별을 엄정히 함으로써 순종, 비굴의 폐풍을 길렀고, 이 예절을 과용하여 상급자의 명령이 비리, 불법이라도 하급자가 듣지 않을 수 없게 됨으로써 권리사상이 없어졌다는 것이다. 이런 폐단을 제거하기 위해선 법률을 연구하여 권

379)『황성신문』 1898. 10. 1, 10. 21. 1898 12. 15 논설
380)『황성신문』 1900. 5. 7 논설
381)『황성신문』 1900. 1. 19 논설「國民의 平等權利」
382)『황성신문』 1905. 8. 23 논설「演連華說法」續
383)『황성신문』 1901. 8. 1 논설「法律不可不學」
384)『황성신문』 1903. 4. 9 寄說「國民不可不知法律」

리사상을 양성하고 자유 평등을 법적으로 보장하여야 한다고 주장하였다. 나아가 자유권 그 자체를 '하늘이 균등하게 부여하고 사람이 모두 가진 것'이기 때문에 국민의 평등권을 보장해야 하며 특히 문벌에 따른 계제(階第), 관인과 인민의 계제, 사농공상의 계제, 남녀의 계제, 노주(奴主)의 계제를 철폐해야 한다고 보았다. 즉, 문벌, 관인, 적서, 사농공상, 남녀, 노예제의 차별 철폐를 주장하였다.

『황성신문』에 의하면 만인은 평등하며 이를 보장하는 것이야말로 시대의 변천하는 바였다.[385] 천하에 나면서부터 귀한 자는 없는 것이며 나면서부터 천한 자도 없으며, 평등주의를 행하는 나라는 반드시 흥하였으므로 평등권의 보장은 중요하다고 보았다. 문벌의 차별이 철폐되어 능력에 따른 인재등용이 이루어지고, 사농공상의 신분차별이 없어지므로 직업적 차별의식도 사라지게 되면 의식의 개혁에 따라 산업진흥도 이루어지고 행정개혁도 이룰 수 있다는 인식을 지녔다. 나아가 인구의 절반을 차지하는 여자를 차별하는 것은 국민의 절반을 포기하는 것과 같고 그만큼 국가의 손실을 초래하므로 남녀평등권을 제도적으로 보장하는 것이 중요하다는 인식을 지녔었다. 이런 차별주의가 철폐되지 않으면 국가는 쇠망을 면치 못할 것이므로 이것이 보장되는 법제와 장정의 개정이 촉구되었다.

다음으로 이들은 자유권론과 평등권론을 바탕으로 국민주권론을 전개하였다. 이들이 주장하는 국민주권론은 사회계약설에 의거해 국가 그 자체가 인민이 모여서 이루어진 것으로 인민의 권리를 보호하기 위해서 국가가 창조되었다. 편의상 인민의 권리를 한 사람에게 모아 한 나라의 통치자가 되는 것이니 이것이 바로 국왕을 공거(公擧)하게 된 기원이며,

385)『황성신문』 1900.1. 19 논설「國民의 平等權利」

관원 역시 그런 예에서 나온 것이다. 나라를 다스리는 주권이 인민에게 있고 모든 권력이 궁극적으로 인민으로부터 나온 것이므로 인민이 주권을 청하는 것은 당연하다는 것이다. 그리고 주권이 군주에게 전유(專有)되고 있는 전제군주제도가 자칫하면 나라를 망치게 할 우려가 있으므로 국권의 강화를 위해서라도 인민에게 주권을 주어야 한다는 것이었다. 그러나 이들은 군권제를 정면으로 부정하려 들지 않았고 오히려 왕실에 대한 존숭이나 왕권의 강화를 강조하였으며, 인민 각자가 나라의 주인임을 깨달아 주권을 지키고 키워나감으로써 국권, 즉 군권을 확립하자는 것이었다. 즉, 군국일체론에 바탕을 두어 '유중(由中)하는 실심으로 군주를 섬기는 것이야말로 진정한 충성'[386]으로 여겼다.

당시는 사민이 평등하고 권리가 동일한 시대로 인민은 참정권을 가지고 투표와 공천으로 사람을 선출하여 사용함으로써 인민이 국사를 보는 것과 같아진다고 하여[387] 국민주권론에서 한 걸음 더 나아가 국민참정론을 주장하였다.

인민이 권리를 보호하기 위하여 국가를 창조하였고, 권리를 보호하는 기관을 두기 위하여 정부를 설치하였기 때문에, 정부에 대하여 정치행동에 참여하는 것은 인민의 당연한 권리였다. 국민이 주인의식을 가지고 국정을 감독하고 정치 행위에 대하여 언론 집회 등을 통해 적극적으로 여론을 창출하도록 하며, 지방관의 민선제도를 도입 선거를 통해 민의가 수렴되어야 한다고 주장하였다. 그러나 의병운동 등 집단행동을 통해 실정법을 어기어가면서 까지 정치에 참여하는 것은 적극 반대하고 있다.

---

386) 『황성신문』 1899. 2. 1 논설

387) 『황성신문』 1906. 11. 21 잡보 「大韓自强會 演說」 續

국민이 바로 나라의 주인이기 때문에 정부가 애국애민하는 정부인지 아닌지 감독해야 하며, 나아가 국정을 감시하는 데서 그칠 것이 아니라 정부의 잘못을 비판하고 이를 여론화해야 하며, 이를 위해선 언권의 자유가 보장되어야 한다고 하였다. 여론 순환을 힘쓰는 자는 흥하고 그렇지 않는 자는 망하므로[388] 말 길(言路)을 열어야 하는 것을 정부는 명심해야 한다고 주장하였다. 이외에도 국민의 선거제도에 대해 우리나라는 이미 신라시대부터 있어 왔는데[389] 이런 좋은 제도를 되찾아 시행하지 않는데 비해 일본은 서양의 제도를 모방하여 개화에 성공하였음을 지적하고 제 1의 급무가 바로 지방 관리를 민선으로 선출하여 국민이 바라는 일을 구하는 것[390]이라고 강조하였다.

그러나 이들은 가장 중요한 선거를 통한 국민의 정치참여인 의회제도, 특히 하원 개설에 대해서는 민의 수준이 아직 미달이라는 이유로 국한함으로써 스스로의 한계를 드러내었다. 또 이들이 국정참여를 주장했으나 폭정이나 압정에 대항하는 수단으로서의 민중궐기에 대해서는 부정적 견해였다. 『황성신문』에서는 당시의 의병봉기에 관한 기사를 잡보를 통하여 보도하고 있다. 대한협회의 정운복이 <지방의 현상>이란 연설에서 "향중의 무뢰배는 정부를 협잡하는 습관으로 왕왕 의병에 들어가 불쌍한 인민의 재산을 탈취하여 그 배를 채운다"라고 하여 민중층을 무뢰배로 지적한[391] 기사를 싣고 있다. 또한 의병의 구성과 활동에 대해서는 "망되게 스스로 의를 빙자한 것이니 일개 토비 화적의 무리에 불과"하고,[392] "동쪽에 갑자기 나타나 의도라 칭하고, 서쪽에 나타나서

388) 『황성신문』 1898. 10. 28 논설
389) 『황성신문』 1902. 12. 3 별보 「議政附奏」
390) 『황성신문』 1905. 5. 4 논설
391) 『황성신문』 1908. 2. 13 잡보 「韓會演說」 續
392) 『황성신문』 1906. 5. 29 논설 「警告義兵之愚昧」

는 화적 강도가 되어 관아를 습격하고 장리를 납치하는"[393] 의를 빙자한 무리(假義之徒)로 표현하고 있다. 이런 점에서 의병의 소식을 자세하게 전하면서도 1905년 이른바 보호조약이 체결된 이후의 의병에 대해서까지 "근일의 소위 의병의 무리는 모두 국가에 화를 입히는 요얼이요, 백성을 해롭게 하는 독소"라고 규정하거나[394] "요망이 심한무리"[395]라는 극언을 서슴치 않았다. 이것은 바로 의병의 주체가 그들이 무지몽매, 우매한 존재로서 계몽의 동반자가 아닌 계몽되고 교육되어야 할 대상이라는 점에서 기인하는 것이었다.

다음으로 그들은 의병을 일으키는 것은 왕명이나 실정법을 무시한 행위라고 규정지었을 뿐만 아니라 외세에 대항코자 한 의병에 대해서도 창의의 부당함을 역설하였다.[396] 그 부당함을 열거하면 다음과 같다. 첫째, 인명의 손실이다. 의병이 일어난 연유가 민국을 위해서라고 하더라도 의병으로 인해 무고한 생령이 분탕의 화를 당해 전국이 도탄이오 세상이 위험하게 되기 때문에 창의를 해서는 안 된다고 하였다. 둘째, 경제적 손실이다. 의병이 경과한 곳에는 일체 소탕의 재난을 입게 되며 일체 수학을 상실하는 아픔을 만나 무죄한 인민의 가업을 파기하고 재산을 쓸어버리게 만들기 때문에 창의를 해서는 안 된다고 하였다. 셋째, 명분상의 문제이다. 의병으로 창기하는 자는 본래 국가사상으로 위주하는 것인데 그렇지 아니하고 허명을 거짓되이 사용하여 거리낌 없이 행함으로써 그 태독(貽毒)이 심하여 의병의 본래 면목을 오손케 하기 때문에 반대한다고 하였다. 넷째, 지속성의 문제이다. 국민의 열혈로 의병에

393) 『황성신문』 1906. 12. 15 논설 「警告假義之徒」 續
394) 『황성신문』 1906. 5. 29 논설 「警告義兵之愚昧」
395) 『황성신문』 1904. 7. 29 논설 「戒東學之徒」
396) 『황성신문』 1907. 10. 22 논설 「再警告義兵」

투신했다 하더라도 그것은 일시로 혈분에서 나온 것이요, 결코 애국지사의 실제 국가를 위하는 주의는 아니기 때문에 창의에 동의할 수 없다는 것이었다.

이것은 일본과 우리나라의 국력, 군사력의 차이로 그 싸움에서는 반드시 패배할 것이라는 패배주의적인 발상으로 바로 당시의 지식층에 광범하게 유행하던 사회진화론의 논리구조이기도 하였다.[397] 의병활동에 대해서 "지금 맨손으로(空拳) 날카로운 칼과 충돌하고자 하며 맨몸으로 탄환을 막으면서 우리는 장차 배외한다고 주장하며 구하는 바가 있겠는가"[398]라고 반문하고 있다.

의병들의 배외의식에 대한 비판적 태도는 『대한매일신보』에도 나타나고 있다. 폭동을 문명적인 것과 야만적인 것으로 나누고,[399] 중국의 의화단이 외국인의 압제를 이기지 못해 무력항쟁을 하였으나 오히려 청국의 멸망을 초래할 뻔한 사실만 보더라도 "소위 배외운동은 국가의 생명을 위망케 하는 최명부"라 규정하였다.[400]

이러한 인식은 개항이후 임오군란, 갑신정변, 동학농민혁명 등이 번번이 청이나 일본의 손에 의해 진압되었고 그때마다 배상금지불과 불평등약관이 삽입된 조약체결이 따랐다는 사실과, 서구사상의 도입과 문명화를 추구하고 실력양성과 외교 우선적 방침을 펼쳤던 그들의 논리로 볼 때 의병의 배외인식은 비판의 대상이 되었다고 생각한다.

그리하여 이들은 의병에게 무력항쟁을 포기할 것을 종용하였다. 의병의 의라고 하는 것은 바로 사의와 시의에 적합한 것이므로 국민이 각

---

397) 김도형, <한말계몽운동의 정치론연구>, 『한국사연구』 54, pp.92-93.
398) 『황성신문』 1907. 8. 13 논설 「警告各地方假義嘯聚之徒」
399) 『대한매일신보』 1908. 4. 11 논설 「淸國立憲問題에 대한 所感」
400) 『대한매일신보』 1905. 9. 10 잡보 「義兵所息」

자 죄과를 참회하고 우매를 각성하는 것이 필요하다고 하였다.[401] 또 의병의 행동이 충성심과 의분에서 나왔지만 시기를 헤아리지 않는 망동이라 지적하고 공덕심으로 덕과 의를 보존하라고 경고하기도 하였다.[402] 혹은 “무기란 것은 흉기이므로 성인이 부득이 사용하는 것이고 도덕에서 허용되지 않는 것”이라 전제하고 폭동을 일으키고 의를 주장하는 것은 프랑스나 미국, 이태리의 혁명당 독립당처럼 피차의 형세와 덕과 힘을 헤아린 후에야 가능하다고 보았다. 따라서 의병은 각자의 고향으로 돌아가 식산흥업과 교육장려를 통하여 민지와 민력을 발달시키라고 권유하였던 것이다.[403]

의병운동과 같이 실정법이나 왕명을 거역한 집단운동에는 이렇듯 단호한 반대 태도를 보인 이들은 의병진압을 정부에 건의하였다. 또 그 진압의 책임을 지고 있는 선유사(宣諭使)에게도 “백성을 도탄에서 구하며 하루아침에 큰 화를 평정하여 각지의 우민이 봉도(鋒刃)의 무리에 참여하지 못하도록”하라고 건의하였다.[404] 또 치안의 책임이 있는 경무사에게 “잘 살펴서 인민을 애호하여 폭동을 선동하고 일으키는 일이 없도록” 힘쓰기를 경고하기도 하였다.[405]

이들의 건의는 여기에 그치지 않고 당시의 실질적인 치안담당자였던 통감부에 대해서도 행하였다. 의병을 진압하는 일본군대의 만행에 대해 지적하였다. 일본군이나 그들의 향도역할을 하던 보조원 통역 정탐꾼의 만행은 당시 신문에도 자주 나타난다.[406] 이 행위는 폭도를 진정하고자

401) 『황성신문』 1906. 5. 29 논설 「警告義兵之愚昧」
402) 『황성신문』 1908. 1. 12 논설 「警告義兵同胞」
403) 『황성신문』 1907. 9. 10 논설 「請質義兵者」
404) 『황성신문』 1907. 8. 28 논설 「送宣諭使書」
405) 『황성신문』 1907. 7. 24 논설 「警告新任警務使」
406) 『대한매일신보』 1907. 9. 1 논설 「韓國內 戰役」, 9. 5 논설 「地方의 爭鬪」, 9. 18 논설 「地方困難」

하는 수단이 아니요 오히려 소란을 더욱 불러일으키는 것이고 이렇게 소란이 계속된다면 한국인의 참화는 물론이고 일본의 명예나 정치・경제・실업계에 손해가 많을 것이라고 경고하였다.[407)]

또한 의병에 투신한 사람들에게는 "군주폐하의 명령을 좇아 집에 돌아가 직무를 행하고 조용하고도 안온하게 할 일을 힘쓸 것"을 당부하면서 다른 한편으로 정부에 대해 '그 말을 고사하고 그 본을 선치'[408)]하여 탐관오리를 물리치고 정적을 청정히 할 것을 촉구하였다. 『황성신문』의 의병에 대한 이와 같은 태도는 『독립신문』의 태도와는 맥락을 같이 하지만 『대한매일신보』의 의병에 대한 시각과는 확연한 질적 차이를 보여주고 있다. 『독립신문』의 경우 의병을 창기하는 등 집단행동을 통해 의사를 관철하고자 하는 것에는 반대하였다. 동학이나 의병의 항쟁에 관해서도 무뢰지배의 가의(假義)[409)]로 평가하면서 불필요한 창의가 오히려 나라를 위태롭게 하고 있다고 주장하였다.

> 만일 정부에서 무리한 법률을 만들든지 인민을 사랑하지 않는 간인이 있으면 그것을 세계의 이치에 따라 설명하면 정부에서도 순한 인민의 말을 더욱 두렵게 여길터니 편하고 순한 길을 버리고 난을 일으킨다든지 정부를 협박하여 하는 것은 일도 아니 되고 자기의 몸도 망하고 나라도 망하는 행실이라.[410)]

나아가 조선에 와있는 외세는 모두 손님이라 인식 하에 외세에 대항하고자한 의병에 대해서도 "주인이 손님대접을 박대하는 것은 야만인

407) 『황성신문』 1907. 10. 23 논설 「再警告日本當事諸公」, 10. 15 논설 「義徒掃討에 對하야 日本當事諸公에 忠告함」
408) 『황성신문』 1900. 3. 9 논설 「欲淸萎民先汰虐民」
409) 『독립신문』 1897. 8. 12 논설
410) 『독립신문』 1896. 4. 11 논설

의 일이요 조선전국에 해를 끼치는 일"이라고 규정하여 창의의 부당함뿐만 아니라 '창기망국론'까지 전개하였다. 나아가 외국군대에 의한 무력 진압을 지지하는데 까지 이르고 있었다.[411]

1905년 보호조약이 체결된 이후의 『대한매일신보』의 경우 의병이 일어나는 것은 일본의 침략에 원인이 있다고 주장하며[412], 의병장 민긍호의 '창의불가피의 변'을 게재하기도 하였다.[413] 또한 정부에 대하여 정치행동에 참여하는 것은 인민의 당연한 권리라는 인식하에 정치참여권의 보장을 주장하였고, 입헌정치의 수용을 위해서는 폭동이나 혁명도 상당히 타당성이 있다고 간주하였다.

> 청국이 전일 소위 폭동이니 혁명이니 하던 것은 야만적 행동에 지나지 않는 까닭에 값이 없는 피와 눈물을 흘릴 따름이다. 근일에 소이 폭동이니 혁명이니 하는 것은 차차 문명력 정도에 나아가는 까닭에 흘린 피와 눈물이 값이 있다. ..(중략)... 문명이란 것은 피와 눈물로써 사들이고 또한 반드시 피와 눈물로써 유지할 수 있는 것이니 무릇 문명정도가 높은 나라에도 그 나라 인민의 피와 눈물이 적으면 그 문명을 보전하지 못하거늘 하물며 청국과 같은 나라는 지금 겨우 시작할 뿐인 즉[414]

라고 하여 중국에서의 입헌정치운동을 예의 주시하면서 문명적 폭동은 가치가 있다고 시사하였다. 이로 볼 때 『대한매일신보』의 경우 의병운동의 불가피성은 인정하지만 적극적으로 동의한 것은 아니라고 보았다.

당시 계몽운동가들이 의병의 무력행사에 대한 태도는 윤효정(尹孝

---

411) 『독립신문』 1898. 4. 18 논설
412) 『대한매일신보』 1907. 9. 5 논설
413) 『대한매일신보』 1907. 11. 28 논설
414) 『대한매일신보』 1908. 4. 18 논설

定)의 글을 통해서 알 수 있다. "시국과 국세를 살피지 않고 무력을 감행하는 우리나라의 의병과 청국의 단비(의화단)는 스스로 망하기 족하고 결코 자강할 수 없다"[415]고 하여 의병에 대한 반대의견을 내세웠다. 또 대한협회에 글을 기고하여 "의병의 기치를 들어 혹 폭도를 교사하여 양민으로 하여금 도탄에 빠지게 하고, 비록 정신은 우국의 정에서 나왔다고 하나 우리는 이것을 취하지 않는다. 왜냐하면 그러한 행동으로는 결코 국가의 전도를 구제하기 불가능하고 오히려 국가의 진보하는 대도를 참단하는 것이다"고 하였다.[416] 이러한 계몽운동의 의병에 대한 부정적 인식은 대체로 다음과 같은 점으로 지적될 수 있다.

첫째, 한국의 자강은 점진적으로 장기적 노력을 통해서 실현될 수 있다는 논리에서 급진적 폭력주의를 배격하였다.[417] 둘째, 약육강식 열국경쟁의 시대에 러일전쟁에서 승리한 막강한 일본군을 의병의 힘으로는 도저히 격퇴할 수 없으므로, 의병투쟁에 의한 국권 회복은 실현 가능성이 없다는 것이다. 셋째, 의병투쟁은 일본의 대한강경책을 유발시키고 일본군에게 점령지확대의 구실만 주어 현상의 악화를 초래하게 된다는 것이다. 넷째, 의병의 투쟁은 시세와 국세를 헤아리지 않은 무모한 행동이며 실력의 격차가 현저한 상황에서의 의병투쟁은 결국 민족의 실력소모만을 초래하게 된다는 것이다.[418]

이로 볼 때 『황성신문』과 거의 동 시기의 다른 신문과 단체들도 자국의 독립을 자력에 의한 자주적 독립이여야 한다고 강조하였다. 그러나 서구나 일본과 비교해서 민의 실력의 격차가 현저한 상황에서는 의병투

415) 『대한자강회월보』 1, 윤효정, 「本會의 趣旨와 特性」, p.20
416) 『대한협회회보』 2, 윤효정, 「時局의 急務」, pp.62- 63.
417) 『대한자강회월보』 2, 장지연」, 「自强會問答」, p.6.및 같은 책 3, 「자강주의」, p.6.
418) 『대한자강회월보』 1, 윤효정, 「本會의 趣旨와 特性」, p. 20; 『대한협회회보』 1, 「大韓協會의 本領」, p. 47; 『대한매일신보』 1906. 5. 30 논설 「義兵」

쟁과 같은 무력투쟁의 방법을 지양하고 점진적 실력양성에 의한 자주적 독립을 추구하여야 한다는 인식을 지녔다.419)

당시 의병에 대한 시각이 다 부정적이었던 것만은 아니다. 미약하지만 일부에서는 의병에 대해서 긍정적 입장을 보이는 경우도 있었다. 이 경우 의병의 항쟁이 일본군의 토색과 만행으로 격화되고 있다는 점과 나아가 제국주의의 이권침탈이나 내장원의 정책으로 의병전쟁이 발생된다는 점을 거론하여 일차적 책임이 정부의 실정과 열강의 침략에 있음을 강조하였다.420)

지금까지 살펴본 바에 의하면 이들은 자유권, 평등권, 국민주권 및 참정권에 대해 언급하면서 서구 국가들의 발전의 주요 원인을 서구 시민사상에 바탕을 둔 정치제도에서 찾고자 하였고 자유주의 사상의 수용에 능동적 태도를 보여주었다. 또한 서구의 자유주의 사상을 민권사상의 기본 틀로 하고 있으면서도 군권과의 마찰을 가능한 한 회피하는 선에서 수용하고 있다는 점이다. 서구의 시민사상이 군주의 절대권을 부정하는 것으로부터 출발하였던 데 비해 이들은 군권을 전면적으로 부정하려 들지 않았고, 군주·백성, 정부·국민의 관계를 전통적인 가부장적 관계로 파악하고 있었다. 민권사상에 의해 국정참여를 주장했지만 의회구성이나 선거에 국민들이 참여하는 것은 반대하였다. 더욱이 의병운동이나 동학운동과 같이 힘에 의한 적극적 방법의 정치참여는 철저히 반대하였고, 오직 법에 의한 민의전달, 준법을 강조함으로써 통감부 치하의 일본의 통치법을 인정하는 오류를 범하고 있다.

---

419) 『황성신문』 1904. 3. 1 논설 「論韓日協商條約」에서는 민중에 의한 變革運動을 外國軍隊를 利用하여 彈壓하는 것은 완강히 반대하였다.
420) 『서북학회월보』 17, 憂時子 「田舍의 歎」, pp.46-47.

2. 정치제도개혁

『황성신문』은 입헌정치가 이루어지기 위해선 그것이 올바로 실현될 수 있도록 하기 위한 근대적 제도의 확립이 무엇보다 필요하다고 여겼다. 이런 제도개혁을 위해선 관리의 자질문제, 법률 장정, 인사행정의 합리화나 지방행정의 실질적 업무를 맡고 있는 서리들에 대한 가치관의 변화와 아울러 이도(吏道)확립이 필요하다는 인식을 지녔다.

『황성신문』은 일본의 국권침탈로 인한 국권의 위기에 직면하게 되면서 정부 관료들에 대한 비난을 가속화해 나갔다. 위기의 현실에 대처하지도 못하고 심지어 부패하기까지 하여 국권의 타락을 가져왔고 위기에 처하게 만들었다는 인식을 지녔다. 당시 나라의 현실을 생각할 때 정부 관리들의 자신의 지위에 대한 책임의식의 결여는 큰 문제점이었으므로[421] 정부 관료들의 책임의식의 부재를 지적하였다.[422] 『황성신문』은 정부의 책임으로 첫째, 정치의 부패를 바로잡고 외교권을 회복하는 문제, 둘째, 백성들을 피폐함에서 벗어나게 하는 문제, 셋째, 교육이 부진한 문제, 넷째, 재정의 문제, 다섯째, 농공산업의 진흥에 관한 문제, 그리고 마지막으로 법률과 경찰의 정예화를 들었다.[423]

따라서 『황성신문』의 정부에 대한 첫 번째 비판은 우선 정부 관리들의 무능에 대한 것이었다. 정치 즉 밖으로는 외세 침탈에 대해 적절한 대응을 하지 못하는 것과 안으로 백성을 다스리는 일에 무능한 점에 대한 비판이었던 것이다. 국권의 상실이라는 위기의 현실을 인식하지 못하고 고루한 사상으로 침탈을 한탄만 하는 점, 나라와 백성을 보호하지

421) 『황성신문』1907. 3. 15-18 논설「警告當局諸公」
422) 『황성신문』1905. 4. 27- 4.29 논설「國務大臣의 責任」
423) 『황성신문』1907. 1. 19 논설「責任政府」

도 못하면서 자기의 몸과 자리에만 연연하는 점을 비판하였다.424)

외세의 침탈에 대한 무능에 대해서는 첫째, 통감정치 하에서 정치상 내정에 직접 간섭할 권한이 없는 통감에게 모든 것을 물어서 하는 것,425) 둘째, 일본군이 의병을 진압하는 것,426) 셋째, 군항을 조차해 주고 그 침략의 실상을 깨닫지 못하여 되찾을 생각도 없는 것을 들었다. 즉 이런 것들이 정부가 스스로 권리를 버리고 나라를 망하게 하는 처사라고 격분하였던 것이다. 넷째, 외교 즉 우리의 대외사상에 대한 인식에서 우리가 수백년 이래로 외교에 실패했다는 자책이었다.427) 의뢰심으로 스스로 자강할 것은 생각하지 않고 강한 남에게만 의지하여 국가의 위신과 명예를 보전하지 못하였고, 외교에 대한 지식이 없어 외교상에 무지하여 외국의 책략이나 목적을 간파하지 못하고 우리의 운명을 위태롭게 하였다고 비판하였던 것이다.

백성을 다스리는 데 대한 무능으로 『황성신문』이 지적하였던 것은 재산의 보호는 커녕 외국의 노예로 만드는 것, 백성으로 하여금 의를 가칭케 하는 것,428) 의병의 소란에 대해 진압하지 못해 백성에게 더 큰 피해를 주는 것을 들었다.429) 나라를 강하게 하는 것이 안민에 있다고 본 『황성신문』은 백성을 돌보지 못하는 정부에 대한 비판 역시 강하였던 것이다.430) 지방관의 학정에 대한 비판도 많이 보이는 데 세정과 경찰 업무를 바로잡고 지방관의 인사채용을 공정하고 바르게 할 것을 촉구하였다.431)

---

424) 『황성신문』 1905. 1. 23 논설 「論××有感」
425) 『황성신문』 1906. 3.24 논설 「又一警告政府」
426) 『황성신문』 1906. 5. 31 논설 「日兵討義兵」
427) 『황성신문』 1909. 8. 8 논설 「韓國民族의 外交를 論함」
428) 『황성신문』 1906. 12. 14 논설 「警告假義之徒」
429) 『황성신문』 1906. 5. 22 논설
430) 『황성신문』 1906. 6. 7 논설 「上政府當局諸公 內部大臣」

정부에 대한 두 번째 비판은 부패한 정치현실에 대한 것이었다. 정부 관료들이 개인적인 권리만 찾고 부귀를 탐하여 매국하였다고 비판하였다.[432] 러일전쟁으로 인한 보호국화도 정부 관료들이 매국하고 포기·의뢰함으로써 보호를 자초한 것이며,[433] 을사보호조약 역시 정부 관료들이 자신들의 사욕만을 위해 행하였다고 매국 대신에 대한 통탄이 절절하였다.[434] 이권침탈에 대해서도 국가사상과 국민사상이 없이 눈앞의 작은 이익만을 위해 후일의 환란은 생각하지 못한다고 정부 관료들에게 비판을 가하였던 것이다.[435] 다음은 고루한 습관으로 진취 기력이 없이 부패에 안주하는 점에 대한 비판이었다. 인재를 등용함에 있어서 매관매직하고[436] 사적인 감정으로 하고, 일단 임명한 뒤에는 책임을 완수하지도 못하게 자주 바꾼다고 비판하면서 올바른 인사채용을 촉구하였다.[437]

세 번째로 정치에 있어서 문명개화하지 못함을 비판하였다. 이것은 문명개화한 근대국가를 지향하였던 『황성신문』의 모습을 잘 보여준다. 국가를 통치하는 권한은 법률의 범위 내에서이며, 함부로 개인의 자유를 침해할 수 없으며, 먼저 국민의 지적 능력이 어느 정도인지 민지의 추이가 어떤지 알아야 한다고 지적하였다. 즉 이제는 백성을 억압하는 정치가 아니라 법률에 의한 정치가 되어야 하며 또 국가에 대한 의무를 인식하게 하는 문명개화된 정치가 이루어져야 한다고 계도하였다.

---

431) 『황성신문』 1906. 9. 17 논설, 1907. 3. 25 논설 「稅政을 可刷新」, 4. 1 논설 「新任地方局長」, 4.18 논설 「警告各地方警官巡檢」, 1908. 10. 3 논설 「地方郡守」

432) 『황성신문』 1907. 1. 10-11 논설 「以私滅公이면 家國이 危矣」

433) 『황성신문』 1905. 10. 21 논설 「對日俄講和條約第二條警告當局諸公」

434) 『황성신문』 1905. 11. 20 논설 「警告同胞」

435) 『황성신문』 1906. 8. 22 논설 「軍港의 租借」

436) 『황성신문』 1906. 4. 12 논설 「姑息政府」

437) 『황성신문』 1907. 4. 20-22 논설 「用人은 如有德色」

마지막으로 『황성신문』은 자강을 위하여 실력양성에 힘쓰지 않는 것을 비판하였다. 교육과 식산에 힘쓰지 않는 것을 지적한 것이다. 나라의 흥망이나 안위가 정부에 있다고 생각하였던 『황성신문』으로서는 국권의 침탈이 가중되어 가는 위기의 현실에서 그 비판이 정부로 모여지는 것은 당연하다고 하겠다.[438] 따라서 정부의 개조 즉 정부관리의 부패한 인물을 신진 인사로 바꿀 것을 촉구하였다.[439] 이상으로 볼 때 『황성신문』은 당시의 정부로는 국권침탈이 가중되는 위기의 현실을 타개할 수 없다고 인식하였다고 볼 수 있다.

그렇다면 국권을 회복하고 문명개화된 정치를 하기 위해서는 어떠한 제도가 실시되고, 어떤 점을 우선적으로 고쳐나가는 것이 바람직 한가이다. 『황성신문』에서는 문명된 정치, 법치가 이루어지기 위해선 지방자치제가 실시되어야 한다고 보았다. 지방자치는 '유신 중에 제일 급한 일'[440]로서 지방자치를 실시하면 몇 가지 이점이 있다고 하였다.[441] 첫째 인민으로 하여금 행정에 참여케 하여 자유권을 확고히 하며, 둘째 법률의 범위 내에서 지방의 인정・풍속과 경제・지리에 따라 지방 실정에 맞는 처치를 할 수 있고, 셋째 관리와 지방 유지들이 지방행정을 함께 책임짐으로써 상하의 정이 상달하게 되며, 넷째 인민으로 하여금 정치를 체험하고 살피게 함으로써 지식을 개발할 수 있다는 것이었다. 다섯째, 지방자치를 함으로써 중앙정부도 공고해지고 국가기초도 공고해지며 여섯째, 각기의 재정이 있으므로 학교의 설립과 강제 교육(의무교육)의 의무를 위임하여 실시할 수 있다는 것이다. 이러한 이점이 있는

---

438) 『황성신문』 1907. 1. 19 논설 「責任政府」
439) 『황성신문』 1905. 5. 29- 31 논설 「政府改造의 時期切迫」
440) 『황성신문』 1906. 11. 2 논설 「地方自治制度」
441) 『황성신문』 1907. 12. 22 ~ 12. 23 논설 「地方自治制」

자치제도를 실시함에 있어 구주 각국의 제도는 이미 실시된 지 수 백년이고, 그 나라 풍토 습관이 우리와 다르므로 구주의 법을 참작 시행하고 있는 일본의 제도를 채용하는 것이 바람직하다고 보았다.442)

또한 지방자치를 위해선 지방관리의 양성이 필요하다고 인식하였다. 지방관리 양성소를 특설하여 지방행정의 요령을 가르친 후 지방관직을 주는 것이 보민·보국의 길이라고 하였다.443)

이 외에 관리들의 역할이나 직무 태도에 관한 개혁을 많이 거론하였다. 『황성신문』은 관리들의 개혁을 위해 행정의 일관성 유지, 법률과 장정의 준행, 공정한 인사행정444) 특히 탐학, 잡세징수, 부정부패의 지양을 강조하였다. 첫째, 행정의 실효를 거두기 위해서는 행정에 있어서 일관성을 유지하는 것이 중요하며, 법이나 명령을 조변석개하거나 관리의 교체를 너무 자주하여서 인민이 불신하게 되면 백령이 없는 것과 같다고 보았다.445) 둘째, 법치주의에 의한 행정을 실시할 것을 주장하였다. 이들은 이미 공포된 장정을 준행하여야 하며, 무엇보다 정부가 솔선수범하여 추호의 차질도 없어야 한다고 하였다.446) 정부가 조례를 잘 지켜 인민의 모범이 되면 인민도 범법하지 않으므로 정부가 압제할 수 없다고 하여 압정을 피할 수 있는 방법으로도 법의 준수가 필요하다고 보았다. 셋째, 인사행정의 공정성 확보를 위해서는 문벌이나 인연, 지연, 재물보다는 능력을 중시하여 인재를 가려 써야 하며, 재덕을 갖추었으되 덕이 앞선 사람을 뽑아야 하고, 일단 관리로 택용하면 법률을 어기지 않는 한 그 사람을 바꾸지 않고 소신대로 행정을 펼 수 있게 하며, 매관

442) 위와 같음
443) 『황성신문』 1906. 4. 12 논설 「姑息政府」
444) 『황성신문』 1906. 4. 12 논설 「姑息政府」
445) 『황성신문』 1907. 9. 21 논설 「新聞購覽의 本旨」
446) 『황성신문』 1898. 12. 13 논설

매직을 엄금할 것을 주장하였다. 관리채용에 대해서는 과거제를 복설하자는 논의에 대해서 이를 반대하면서 그보다는 학교를 세워 정치, 법률, 격물, 철학 등 근대적인 학문을 가르쳐 관리로 양성할 것을 주장하였다.[447]

넷째, 이들이 중요하게 생각한 것은 이도확립이었다.[448] 직급별로 관리에게 필요한 자세를 내세웠다. 최고관리자들에게는 사사로움보다는 공을 앞세우고 소신대로 직간하며 덕으로 다스리되 반드시 국법과 군령을 준수할 것을 강조하였다. 중간관리자나 하급관리자에게는 위로부터 장정이나 명령을 성실히 준행하고 아래로는 민정을 살펴 군민간에 교제가 잘 되게 해야 한다고 하였다. 또한 관리들이 무엇보다 탐학 등 부정부패를 일체 삼가야 한다고 강조하였다. 그 중에도 탐학의 청산이 시급하다고 보았다. 탐학과 잡세의 일소 이외에도 매관매직, 뇌물수수 등을 지양하며 행정을 공개적으로 행할 것을 촉구하였다. 이런 제반 부정부패를 일소하여 이도를 확립하기 위해서는 고급관리들이 우선 솔선을 보여야 하며 특히 극언직간, 갈충직간(竭忠直諫), 직간병공(直諫秉公) 등 직간을 촉구하였다. 그러나 이들이 제일 관심을 기울인 것은 중간 및 하급 관리층 중에서도 특히 지방의 행정관리들을 훈계의 주 대상으로 삼았다. 여기에서 제도개혁의 초점이 주로 지방행정에 맞추어지고, 관리계층별로 볼 때 최고 관리층보다는 중간 또는 하급 관리층 특히 지방 관리층을 주 대상으로 하였다는 점이 한계점이라 할 수 있다.

이처럼 관리의 부정과 탐학에 대한 시정, 지방자치의 실시, 지방 관리의 기강 확립 등을 내세웠지만 정치개혁의 선제조건으로 사회 전반적인

---

447) 『황성신문』 1908. 3. 9. 논설 「論科擧復設己論」; 1900. 1. 24 논설 「科擧不如教育」
448) 『황성신문』 1902. 6. 17 논설 「牧民之職」; 동년 7. 21 논설 「告官吏與人民」; 1903. 1. 13 논설 「牧民之弊官吏養成」; 1906. 7. 31 논설 「無實無信이 必乃亡國」

구습의 개혁을 주장하였다.

근대적인 문명국가를 지향하였던 『황성신문』은 고루하고 부패한 사회에 대해 비판하고 계몽하는데 힘썼다. 개국이후 사회의 제도와 문물이 달라진 것이 있다고 하였다. 이를 살펴보면 진보의 방향에서 추진되어 왔으나 한 가지 병폐를 없애려다 오히려 백가지 폐단을 만들어 내는 꼴이니 이는 안으로 정치를 잘못하고 밖으로 신용을 얻지 못하기 때문이라고 하였다. 그동안 추진된 사항은 국시를 정한 것, 전부와 호포를 정하고 잡세를 없앤 것, 학교를 세운 것, 개항을 한 것, 전화선을 개통한 것, 우사(우편국)를 설치한 것, 병제를 강구한 것, 경무(경찰업무)를 행한 것, 철도를 가설한 것, 신문사를 인가한 것[449] 등 새로운 문물과 제도가 실시되고 있으나 관리들이 이러한 사회의 여러 제도를 제대로 이해하지 못하고 있을 뿐만 아니라 제대로 운영하지도 못하여 국가의 부강과 백성의 평안을 어렵게 한다는 것이었다.

당시의 우리나라가 개화를 받아들이고 제대로 이루어지지 못한 원인을 피력하였다.

첫째, 『황성신문』은 국가사상이 빈약함을 비판하였다. 경쟁의 현실에서 자강을 계도하였던 『황성신문』으로서는 국가사상을 견지하고 애국하는 것이 자강으로 나가는 첫걸음이라고 인식하였기 때문이다. 따라서 경쟁에 대한 사상이 없어 세계정세를 모르고 애국심이 없으며 그런 상황에서는 국가와 종족을 보존할 수 없는 현실에 대한 비판이 우선적으로 제기되었다고 하겠다. 둘째 황성신문은 사회에 진취성이 없으며 고루하고 부패한데 대하여 비판하였다. 경쟁의 시대를 맞아서도 진취의 사상이 없이 게으르고 의뢰하고 우유부단하며 부패에 안주하는 점을 지

449) 『황성신문』 1899. 5. 25-26 논설「開國五百三年以後情形」

적하였다.[450] 나태, 사치, 허황됨을 비판하고 근면 검약 진실로 하여야 민족의 생명도 살고 국가의 원기도 회복한다고 지적하였다. 눈앞의 이익만을 위하여 미래를 생각하지 않는다고 비판하였다[451]

셋째, 『황성신문』은 단합하지 못하는 것에 대하여 통렬히 비판하였다. 사리만을 도모해 사회단체를 이루지 못함을 비판한 것이다. 『황성신문』이 사회의 악습으로 지적한 것이 바로 단합심이 전혀 결핍된 시기심, 괴누심, 교활심으로 이것이 서로 결려하게 만드는 것이었다. 특히 왕양명이 오색 호화 호명의 3독을 통론한 것을 인용하여 호명의 독을 지적하였다.[452] 이름을 좋아하는 것은 겉으로 드러나지는 않지만 민심을 현혹케 하고 사회를 결렬하게 한다는 것이었다. 사회에 정신적 단합이 없고 명예만을 탐하는 것이 공공사업을 파괴하고 단체를 이루지 못하게 하고 자강을 위한 실제 사업이 미진한 이유라고 지적하였다.

『황성신문』에 나타난 정치제도 개혁을 살펴보면 기구나 제도의 직접적인 변혁보다는 그것을 운용하는 원칙의 확립과 정치를 담당하는 자의 의식확립에 보다 많은 비중을 두었음을 알 수 있다.

---

450) 『황성신문』 1907. 2. 11- 12 논설 「姑息의 時計」, 1908. 5. 30 논설 「挾雜輩의 手段」, 1908. 7. 7 논설 「我韓의 腐敗한 原因」

451) 『황성신문』 1909. 5. 15 논설 「有理한 才談」

452) 『황성신문』 1909. 5. 1 논설 「好名之毒이 甚於好色好貨」

V. 경제개혁론

19세기를 흔히 민란의 시대라고 부를 정도로 봉건왕조의 구조적 모순에 대항하여 농민층의 항쟁이 잇달았고 중엽 이후는 더욱 극심하여졌다. 더욱이 개항으로 인해 서구상품의 유입과 미곡반출 등으로 농민에 대한 수탈과 농촌경제의 파탄으로 농민층의 항쟁이 조직적으로 전국적으로 확산되어가자 이를 진압하고 체제유지의 방편으로 개혁을 시도하였다. 갑오개혁도 근본적인 모순을 해결하는 개혁이 아니라 부국강병책이라는 명목아래 지주자본을 이용 근대화 및 자본주의화를 추구하기 위하여 지주제강화를 주장하였다.[453)]

고종은 1897년 대한제국으로 국호를 바꾸고 칭제건원 하였다. 그러나 당시의 국내외 정세는 한국이 자주독립국임을 재천명하는 이 선포가 실질적인 내용을 갖추는 것을 어렵게 하고 있었다. 따라서 그것을 위해서는 우선 대내외적으로 황제권의 안정과 위엄을 보장해 줄 수 있는 개혁이 수행되지 않으면 안 되었다. 광무정권은 황실 수입원의 확보와 지주경영의 강화, 식산흥업정책의 실시로 각 종 회사 공장의 설립을 장려하는 등의 정책을 펼쳤다.[454)] 이 시기의 일련의 정책인 광무개혁도 그 성격에 관한 논란이 있지만[455)] 종래의 봉건지주제를 근대적인 자본가

453) 김용섭, 「한국근대농업사연구」, 일조각, 1975, p. 317.
454) 김영호, <한말 서양기술의 수용>, 「아세아연구」 31, 1968, pp.330-331.

적 지주제로 전환시켜 근대국가를 지향하였다고 평가되고 있다.[456)]

이러한 시대 변화와 연관시켜 이 시기에 『황성신문』이 갖고 있는 경제개혁 논의를 구체적으로 살펴보는 것도 의미가 있으리라 생각된다.

우리나라 최초의 신문인 『한성순보』는 발간사에서 "민의 견문을 넓히고 대중의 의혹을 풀어주며 상역(商易)의 이익에도 도움"을 주고자 한다고 그 목적을 밝히고 있다.[457)] 그러기 위하여서 세계 속의 방위, 정령, 법도, 부고(府庫), 기기, 빈부, 기양(飢穰), 인품선악, 물가고저 등의 전반에 걸쳐 사실 그대로 정확하게 게재시켜 밝게 알 수 있게 하는 동시에 그 사이사이에서 포폄 권징의 의미도 포함시켰던 것이다. 뒤를 이은 『한성주보』 역시 국가의 교섭과 관리의 임용과 퇴출에서 부터 개항의 요속, 농상사무 및 상업세, 시가의 고저에 이르기 까지 빠짐없이 기재함을 그의 서(序)에서 밝히고 있다.[458)] 이와 같은 국민계몽의 성격을 띠고 서구에 대한 소개는 이후의 신문에서도 나타나는 현상이다.

대한제국의 국운이 기울어져감에 따라 자주독립의 내실을 기하기 위한 여러 가지 방법론의 하나로 경제진흥을 통한 부국강병의 달성을 내세웠다. 이 당시에 발간된 수많은 간행물들을 보면, 그 대부분이 자주독립을 갈망하여 국권회복을 주장하고 자유민권신장, 교육 산업 발달 등을 위한 계몽적 구국적 논설이 상당히 많았다. 국권회복의 방법으로 의

---

455) 신용하, <광무개혁론의 문제점>, 「창작과 비평」, 1978년 여름호; 강만길, <대한제국의 성격>, 『창작과 비평』 48, 1978; ____, <대한제국시기 상공업문제>, 『아세아연구』 50, 1973; 김용섭, <광무연간의 양전 · 지계사업>, 『한국근대농업사연구』, 일조각, 1976; 송병기, 「광무개혁연구 −그 성격을 중심으로>, 『사학지』 10, 1978; 이민원, <대한제국의 개혁과 그 실태−정부와 독립협회의 황권인식과 관련하여>, 『한국민족운동사연구』 9, 1994.

456) 김용섭, 위의 책, pp.575-576.

457) 「한성순보」 1883. 10. 31제1호 旬報辭

458) 「한성주보」 1886. 1. 25 제1호 周報辭

식계몽과 식산흥업을 내세우고 있는 것은 공통의 현상이다.

본장에서는 『황성신문』 논설을 분석하여 당시 대한제국의 경제정책과 신문에서 내세웠던 경제개혁논의를 살펴봄으로서 국부자강의 실현을 위해 그 시대의 경제적 모순을 어떻게 인식하고 개혁하고자 하였는지를 살펴보고자 한다.

1. 산업 진흥론

1) 산업진흥의 필요성

『황성신문』의 경제상황에 관한 인식은 위기의식을 그 바탕에 깔고 있다. 이 위기의식은 대외적으로는 제국주의의 침탈과 압박이 가중되고 있는데 반해 대내적으로 봉건적 경제체계가 산업발전을 저해하고 있다는 인식에 근거하고 있다. 즉 세계 각국이 경쟁에 극열[459]하며 선박의 왕래와 화물의 출입에 조그마한 일이라도 통상에 장애가 되는 것이 있으면 사람을 죽이고 죽을힘을 다해 쟁취하는[460] 살벌한 국제환경에 대한 위기의식이 첫 번째로 작용하고 있다. 이러한 세계사의 전개과정을 볼 때 당시는 "생업경쟁이 철혈경쟁보다 더욱 극심한 전장이라 소영업이 대영업의 농락을 받고 소자본이 대자본의 병탄을 당하여 인류 생활계에 참혹한 대 활극인 제국주의가 실행"[461]되는 시대였다.

또한 안으로는 악한 정치의 폐단과 검박한 풍속의 방해[462]로 요순의

---

459) 『황성신문』 1907. 11. 24 논설 「實業의 必究」

460) 『황성신문』 1906. 7. 28 논설 「商業擴張의 現今急務」

461) 『황성신문』 1909. 2. 27 논설 「感謝大垣君高義」

462) 『대한매일신보』, 1910. 5. 5 논설

치, 은주의 예, 공맹의 책, 송명의 학[463]에만 전념하여 실사를 구하지 않음으로써 산업이 극도로 낙후되었다는 인식이 위기의식의 또 하나의 축을 이루고 있다. 따라서 일보라도 낙후하면 생존을 얻을 수 없기 때문에 급급히 강구할 것은 실업뿐이라는[464] 의식을 지녔다. 이런 위기의식을 바탕으로 경제적 자강을 역설하면서 봉건경제체제에서 자본주의 체제로의 발전을 그 궁극적인 지향적으로 제시하였다.

이들이 강조한 산업의 진흥은 선진자본주의 국가인 유럽과 미국의 신학문 중에 식산실업을 연구하기를 바라고 있었다.[465] 특히 구미를 모방하여 산업을 진흥함으로써 열강의 대열에 낀 일본과 구습을 숭상하여 열강의 침략아래 맥없이 무력화 된 중국을 비교하면서 한국이 나갈 길은 국부증진을 위한 산업진흥을 도모하는 것이라는 사실을 강조하고 있다.

"나라를 다스리는 방법으로 먼저 국부가 있은 연후에야 병력도 강하여 진다"[466]라 하여 국부 증진을 우선에 두었다. 서구가 동양을 침범함도 그 나라들이 부강한 탓이니 급무는 부강을 증진하는 것이라 하였다. 또 개인이 빈궁한 즉 지기를 발전치 못해서 사회공익 사업은 고사하고 부모처자식 공양도 못하며, 나라가 가난하면 세계상 자유교제는 고사하고 국내 정부와 인민간의 정령실시도 할 수 없으며, 심지어는 국가흥망의 대 관건이 되는 교육도 실행할 수 없게 되므로 부흥책을 강구하는 것이 필요하다고 보았다.[467]

국부를 증진시키는 이원(利源)으로 농업, 상업, 공업 세 가지로 꼽았다. 이를 다시 분리(分利, 교역의 이익)인 상업과 생리(생산과 제조의 이

---

463) 『황성신문』 1898. 11. 19 논설
464) 『황성신문』 1907. 11. 24 논설 「實業의 必究」
465) 「대한매일신보」 1907. 12. 4 기서 「실업으로 부강함을 권고함」
466) 『황성신문』 1900. 2. 22 논설 「兵强不如國富」
467) 『황성신문』 1906. 11. 17 논설 「富興說」

익)인 농업과 공업으로 나누었고, 농공의 생리가 없으면 상업도 발달할 수 없으며, 생리 중에서도 공업의 생리가 무궁무진하므로 공업의 진흥이 필요하다고 주장하였다.[468] 이들이 말한 생리에는 수렵 목축 어업 농업 각종 공장의 제조와 격치지학을 익히고 치예지학을 궁구함과 의서를 읽어 질병을 치료하는 것, 율문을 읽어 송리(訟理)를 고르게 함과 나라를 경영하며 화민성속하는 것이 모두 포함된다.[469] 결국 생리는 인간 활동과 생업에 필요한 것 '개물성무 화민성속(=개화)'하는 기술과 물품을 의미한다.[470]

『황성신문』은 산업을 진흥시키는 것이 당면한 과제라는 인식아래 우선 산업진흥이 이루어지지 않은 연유부터 논의하고 산업진흥의 방법들을 제시하고 있다. 산업이 진흥되지 않은 이유 중의 하나가 정부의 일관된 정책추진 결여와 장기적인 안목이 부족한 점이다. 산업을 진흥하는 데는 여러 가지 어려움이 따르기 때문에 장기적인 안목에서 끈기 있게 추진해 가야 함에도 불구하고 당장의 이익에만 급급하여 성취하는 것이 없다고 비판하고 있다. 정부가 경영해 온 사업은 많지만 시작은 있어도 끝은 없고, 한 건도 성취하는 것이 없는 것은 식산흥업정책의 일관성이나 목적의식이 없는 연유라는 것이다. 대한제국 정부가 10년 동안 시작한 사업이 많지만 한 건도 성취한 것이 없다고 비판하고 실패한 예를 들었다. 잠업 직조국 전기시설 제약소 설치에 많은 돈을 허비하였지만 성과는 하나도 없고, 심지어 기기국 근처를 지나려면 기계 썩는 냄새에 사람이 지나 다닐 수 없는 지경으로 '어떤 사업이든지 시작하는 게 곧 폐기한 일'이라고 국민들이 얘기할 지경일 정도로 일관성이 없음을 비판

468) 『황성신문』 1906. 11. 7 논설 「富興說」
469) 『황성신문』 1899. 6. 19 논설
470) 『황성신문』 1899. 6. 3 논설 「大韓人의 智巧가 擴張치 못한 原因」

하였다.[471] 즉 처음에는 거금을 투자하여서 맹렬히 시작한 일을 앞으로 발달할 수 있음은 헤아리지 않고 당장에 이익이 없음을 한탄하여 폐지함으로써 웃음거리만 남길 뿐이므로 구미인의 '십년의 계획으로 백년을 경영하여 기어이 그 끝머리에 번창함을 보고서야 그치는'[472] 성질을 배워야 한다는 것이었다.

두번째로, 관리들의 가렴주구와 수탈을 꼽고 있다. 이미 부강한 열강들도 토산품에 주의를 기울여 손해보조금을 특별히 베풀어 민력을 보호하고 자본가들도 합자하여 사업 확장도 하고, 신문에 광고를 게재하고, 상품수출을 행하여 부를 증진시키며, 또한 화학 물리학 기계학 등에 새로 발명할 것이 있으면 전매권을 주기도 하여 사람마다 증기기관 전기 등을 깊이 연구하여 인간에게 편리하도록 하여 국부를 더욱 증진시켜 나간다고 하였다. 그에 비해 우리나라의 경우는 토산물이 적은 것도 아니고 제조하는 기술이 부실한 것도 아닌데 국부가 왕성치 못하고 막힘이 많은 것은 다름 아니라 관찰군수가 토산을 주구하여 출렴함으로써 민정(民情)이 그를 호랑이처럼 두려워하여 물산이 자연히 날로 위축되고, 제조가 유명한 군읍에서는 공작을 엄독하여 품삯은 십분의 일을 받으며 노동을 십 배로 하니 지금 종사하는 자는 도망하고 후진은 배우기를 싫어해서 제조가 날로 격감한다는 것이다.[473]

그러므로 관리들의 주구토색(誅求討索)하는 학정을 시정하면 제조가 다시 부흥한다는 것이다. 이러한 관리들의 가렴주구 때문에 백성들이 아무리 노력해도 일 년 동안 일한 대가가 반년의 납세를 감당할 수 없고, 십년 동안 익힌 기술이 단 하루의 사용도 하지 못하게 되므로 인해 백성들

---

471) 『황성신문』 1899. 5. 5 논설
472) 위와 같음.
473) 『황성신문』 1899. 11. 14 논설

이 한 마음 한 뜻의 근면함을 버리고 나태로 돌아서게 되었다는 것이다.

당시 산업진흥을 위한 방법론의 하나가 검약, 사치배제, 근로정신의 고취였다. 이것은 재원이 부족한 상황에서 직접적인 시설투자가 아닌 그때까지 내려온 봉건적 유습을 개혁함으로서 달성할 수 있는 것이었고 무엇보다 시급한 일이라고 보았다. 반드시 고쳐야 할 봉건적 유습의 하나가 나태함인데 그것이 관리들의 부정과 과다한 징세에서 비롯되는 면이 크다고 보고 국민성 나태요인이 된 관리들의 학정을 시정하는 것이 무엇보다 필요하다고 하였다[474].

셋째, 산업구조의 전근대성을 낙후 요인으로 여겼다. 광산 기술이 정밀하지 못하고 항해 수단이 미숙하고 기계에 대한 지식이 어두움으로써 오로지 농사에만 의존하여 생산과 자산 취득을 기도함에 있다.[475]

넷째, 예전에 발달된 기술 전수가 이루어지지 않은 연유라고 하였다. 그처럼 된 이유는 정부에서 기술자를 우대하고, 이익을 꾀할 수 있도록 하지 않고 오히려 관리들의 주구가 끊이지 않아 그것에 맞추기도 어려우므로 생업에 종사할 여가도 없는 점과 재능을 가진 자가 자기 기술을 다른 사람에게 전수하지 않으므로 기술 발달이 이루어지지 않았다고 하였다.[476] 기술이 낙후하게 된 것은 정부의 수탈, 장인 천시, 장인 상호간의 배타성이 작용하였음을 주장하였다.

다섯째, 근로천시의 국민의식에 그 요인이 있다고 보았다. 동아의 속풍이 농상공을 천역으로 알고[477] 산업개발에 소홀히 하였는데, 그 결과 당시대에 이르러 경제적 위기에 직면하게 되었다고 보았다. 즉 농사는

---

474) 『황성신문』 1899. 11. 19 논설
475) 『황성신문』 1903. 4. 8 기설 「惠民說」
476) 『황성신문』 1899. 6. 3 논설 「大韓人의 智巧가 擴張치 못한 原因」
477) 『황성신문』 1899. 10. 5 논설

짓지 않으면서 먹으려고 하고, 길쌈은 하지 않으면서 입으려하는 생각으로 근로를 싫어하고 회피하는 폐습이 근면히 일하려는 마음을 감소시키고 나태와 게으름을 증장시켰다는 것이다.[478]

낙후된 산업을 진흥시키기 위해 우리가 먼저 해야 할 급무는 인민을 교육하여 게으름과 의존성을 각성케 하고, 농업을 권장하여 배고픔을 없애며, 상업에 힘써서 재화가 왕성히 일어나게 하며, 공장과 기술이 발달하여 제조장이 가득차서 외국에 수출이 많고 은칭의 수입이 증대되도록 하는 것[479]이라 하였다.

또한 식산흥업은 단지 산업만 진흥하는 것만이 아니고 일반 국민의 고유한 재산권에 대한 보호 방법도 연구하여야 한다고 주장하였다.[480] 이는 식산흥업이 국권 회복과도 관련이 있음을 의미한다. 무릇 식산흥업은 물산제품이 많은 나라에 수출하는 원동력으로써 국부를 증진하는 근원을 삼는 것이므로 그를 위한 방법으로 우선 농업법의 개량, 공업법의 장려, 어업의 발달을 통해 청국에 수출할 방법을 강구하고 황무지 개간과 광산채굴을 통해 땅 속에 숨은 큰 이익을 일으켜야 한다고 여겼다.

인민 교육에 있어서는 실학인 농상공 학교 설립[481]과 기계사용이 노동력의 10분지1의 감소를 가져 오므로 이에 대한 기술 도입 교육[482]을 실시하되 목전의 작은 이익을 취하고자 장래의 큰 효능을 보지 못하는 태도를 버리고[483] 반드시 합력 합자하여 기계·학문·공예를 습득하여야 한다는 것이다.[484]

---

478) 『황성신문』 1903. 4. 8 기설 「惠民說」
479) 『황성신문』 1900. 2. 22 논설 「兵强不如國富」
480) 『황성신문』 1906. 4. 30 잡보 「大韓自强會演說」, 張志淵, 「殖産問題」
481) 『황성신문』 1904. 7. 15 논설 「農商工學校之實施」
482) 『황성신문』 1899. 8. 16 논설
483) 『황성신문』 1901. 4. 5 논설 「如織機一工何不進就」
484) 『황성신문』 1901. 4. 11 논설 「海客捕鯨辨」

광무정권이 식산흥업정책을 추진하는 현실 속에서 민이 빈궁에서 벗어나지 못하는 까닭은 외국상품의 수입으로 국내 소생산자의 수공업이 몰락하였기 때문이라고 보았다. 이에 대하여 『황성신문』은 기술개발을 추진해야 나라와 민이 부를 축적할 수 있다고 보았다.[485] 그 구체적인 실현방안으로 상업진흥을 제시하였다.[486] 또한 민간자본과의 합작을 통하여 산업자본, 상업 자본화를 지향하고자 하였다.[487] 여기서 세계 각국의 문명부강이 모두 기계 발명과 제조발달에 기인하므로 국가경제와 민족생존에 제일 필요하고 시급한 것은 공업장려라고 하였다.[488]

시장을 개방하면 상업이 흥하게 되는 등 우리에게 유리하기 때문에 외국과의 무역에 힘써야 한다면서 국제교역을 주장하였다.[489] 또한 『황성신문』은 조세제도의 개혁을 언급하였다. 조세의 부과와 징수가 지방 관료의 책임으로 이루어지는 현 조세제도를 정비하여 중앙정부로 임무를 이전해야 한다고 보았다. 이를 통해 무명잡세의 폐해로 야기되는 민폐를 막고 조세제도를 공정하게 하고 세출의 내역을 밝혀야 한다고 주장하였다[490] 또한 화폐가 병이 들면 재정이 문란해져서 나라를 다스릴 수가 없어 당장 위태로와짐으로 이를 막기 위한 화폐제도의 시정을 내세웠다.[491] 그리고 국가경제구조의 변화를 위하여 재정구조를 개편, 화폐제도의 개혁을 주장하였고, 장기적인 화폐제도 구축을 지향하여 보조화인 백동화 주조로 인한 물가 앙등, 민중생활 피폐, 무역침체 등을 비판하면서 화폐교정책을 제시하였다.[492] 왜냐하면 백동화는 요

485) 『황성신문』 1899. 10. 4 논설
486) 『황성신문』 1899. 3. 14 논설
487) 『황성신문』 1899. 9. 26 논설
488) 『황성신문』 1909. 3. 6 논설 「工業界의 新光線」
489) 『황성신문』 1903. 7. 13 논설 「論義州 開市利益」
490) 『황성신문』 1901. 2. 5 논설 「損而有孚元旨无咎」
491) 『황성신문』 1903. 11. 17 논설 「論貨幣矯抹之術」

금만 납부하면 주조가 허가되어 위조사례가 많아서 화폐제도가 문란해졌기 때문이다. 그래서 타개책으로 중앙은행을 설비하고 금본위제를 실시하라고 하였다.[493] 그리고 예산을 확정하는 절차에 대해서 먼저 예산안을 정부에서 만든 후 가부를 결정한다고 하여[494] 국가 재정의 효율적인 운영을 주장하였다.

2) 산업진흥의 방법

이처럼 한국경제의 장래를 걱정하여 산업을 어떤 방향으로 이끌어 갈 것인가에 관하여 이론보다는 실제문제의 소재를 밝히고, 실천적 방법을 주장하였던 것이다. 이 당시 강조한 산업의 진흥이란 구체적으로 '농상공 3건의 실업에 주력'[495]함을 의미하는 것이었다. 농공상이 국가 재산의 근본[496]이기 때문에 농업 상업 공업을 진흥해야 한다는 것이다. 농상공에 대하여 『황성신문』은 다음과 같이 정의하였다.

토지 광산 산림 어업 등은 다 농업의 재원이며, 철로 선박 우편 제철 기기 방직 기예 제조물품은 다 공업의 재원이며, 농업과 공업에서 생산된 물품을 무역하여 자본을 축적하고 유통과 운수로 자국의 산업을 발달시키는 것이 상업의 재원이라고 보았다. 그리고 이 세 가지 실업이 국가 재산의 큰 근본이라고 여겼다. [497] 즉 산업의 유형에 따라 그들 나름대로 산업입국주의를 주장하였던 것이다. 그러한 주의 주장을 산업의

---

492) 『황성신문』 1899. 5. 4 논설

493) 『황성신문』 1903. 11. 17-20 논설「論貨幣矯抹之術」, 24-25 논설「論貨幣永造整理之術」

494) 『황성신문』 1902. 11. 27 논설「先究安民然後加結無弊」

495) 『황성신문』 1900. 10. 18 논설「天人之成無異於穀之成」, 7. 2-7. 10 논설「解下民資嗟」, 12. 18 ;1907. 11. 24 논설「實業의 必究」

496) 『황성신문』 1906. 6. 14 논설

497) 『황성신문』 1906. 6. 14 논설「上政府當局諸公 農商工部大臣」

유형에 따라 집약하여 나누어 본다면 농공상병진론, 농본주의, 공상주의의 세 가지로 생각할 수 있다.

농본주의는 '농자천하지대본'을 그대로 받아들인 농업제일주의라고 할 수 있다. 농공상병진론은 일국이 자급자족 경제를 달성하기 위하여 비교적 낙후된 상공업을 촉진 육성하여 비교적 진보된 농업과의 균형을 유지하자는 주의이며, 여기서 말하는 상업은 주로 국내 상업을 지칭하고 있는 것이다. 농공상병진론은 원칙적으로 일국의 자급자족주의를 내세웠다고 볼 수 있다. 그렇다고 하여서 완전무결한 쇄국주의를 채택하였다고는 볼 수 없다. 우리나라에 있어서 농공상병진론의 특징은 사민공상의 사민주의 사상으로 부터 크게 영향을 받았다는 점이다. 특히 한말의 각 신문의 논설을 통하여 볼 때 농공상(실업)의 병진을 주장한 논조는 대개 그러한 관점에서 전개되었다고 볼 수 있다.

공상주의는 일부 상업무역론으로서도 주장되었으나, 여기에서 말하는 상업은 다 같이 외국무역을 주로 지칭하고 있는 점에서 농공상병진론에서의 상업과 다르다. 공상주의는 국제주의를 전제하고 있기 때문에 대외무역을 성대하게 할 것을 필요조건으로 하고 있다. 그러기 위해서는 국내공업 특히 내수공업을 진흥시켜야 하고 또한 그 결과로 외수공업이 자극받아 성대하게 될 수밖에 없다는 것이다. 이 주의 주장에는 농업의 희생을 불가피하게 보는 것과 농업의 희생을 원치 않는 것의 2종이 있다. 그러나 다 같이 농본주의 또는 농업입국주의와는 그 방향을 달리하는 것은 물론이다.

당시대에 대한 위기의식은 봉건체제에서 자본주의체제로의 전환을 추구하는 경제정책을 전개시켜 나갈 것을 강력히 주장하게 되었다. 이들의 경제정책은 위기에 처한 한국경제를 살리기 위해서는 서구 열강과 같이 공업을 진흥하여야 한다는 것이었다. 공업진흥에는 막대한 자본이 들기 때문에 그 자본의 축적을 위하여서 당분간 작은 자본으로 많은 이익을 남길 수 있는 상업을 진흥하여 상업 발전과 무역 활성을 통해서 부국강병을 달성하고, 공업을 진작하면서 근대국가를 수립하려는 것이었다.

여기에서의 제기되는 문제점은 상업은 무엇으로 발전시키느냐와 우리의 상품의 질과 대외경쟁력이다. 상업의 발전은 농업이나 공업 등 산업의 발전이 전제되지 않으면 아니 되는 것이다. 이런 의미에서 공업이 발달하지 않았던 당시로서는 농업 진흥의 문제가 중요한 의미를 지니게 되었다. 즉, 상업이 발달할 수 있는 근거의 마련이 무엇보다 필요한 것인데 이를 위해선 물산의 증식과 인공(人工)의 흥기가 무엇보다 필요한 것이었다. 물산의 증식과 인공의 흥기는 전체적인 국민의 생활안정과도 깊은 관련을 갖고 있는 사항이며, 전 인구의 대다수를 차지하고 있는 농업 문제을 떠나서는 상업 진흥도 공업진흥을 통한 근대국가의 수립도 기대하기 어려운 상황이었다고 볼 수 있다.

또한 현실적으로는 봉건체제하에서 질곡에 빠진 농민들의 생활안정이라는 문제에 대한 근본적인 해결책이 무엇보다도 시급한 일이었다. 여기에 그들이 대책으로서 제기하고 있는 것이 농업 진흥을 통한 생산력의 발전, 농가 소득의 향상, 그 결과로서의 농가생활의 윤택이었다. 결국 농업 진흥의 궁극적인 목적은 그들이 추구하고 있는 경제정책의 실현을 위한 과도기적인 방법으로서의 추구였으며, 나아가 상업형 농업을 추진하는 점에 있었다고 하겠다. 이런 점에서 개화파들이 토지제도의 개혁, 지주제의 혁파 문제에 냉담하였던 연유가 어느 정도 밝혀진다고 할 수 있다.

이들의 한국경제에 대한 진단은 경제체제의 개편을 위한 것이었고 이들이 지향하는 경제체제는 자본주의 경제체제였음은 밝혀진 바이다. 대체로 자본주의는 서구의 신흥 계급층이 봉건사회의 붕괴과정에서 전기적 자본에 대항하여 그것을 쇠퇴시키면서 특수 근대적인 산업자본가층을 형성하였다고 할 수 있다. 그러나 우리나라에는 중간자적인 신흥계급층의 형성이 되지 않았기 때문에 결국 자본주의체제로의 전환은 정부주도하의 전환이라는 과정을 기대하고 있다고 할 것이다. 다음으로 이들은 자본주의체제로의 전환에서 자본 축적의 방법으로 자유무역주의 원칙을 그 바탕에 깔고 있다. 즉 밖으로 선진 자본주의국가들에 문호를 개방한 가운데 자유무역을 통해 자본주의를 배우고 발전시키고자 한 것이다. 이러한 예는 독립신문에서 특히 잘 들어나고 있다.[498] 독립신문은 당시 선진국의 자유무역주의 이론을 그대로 수용하여 개항-자유무역을 통해 개명 진보할 수 있다고 여겼다. 이러한 독립신문의 태도는 제국주의 상품이 가격 면에서 저렴하므로 소비자들에게는 이익이며, 그 때문에 국내 수공업자들이 몰락한다 하여도 그 보다 많은 숫자의 소비자가 이익을 얻으므로 국가 전체적으로는 오히려 이익이라는 주장을 하고 있다.[499] 또한 자본의 수입까지도 개방해야 한다는 논리를 펴고 있다. 제국주의의 자본이 한국의 낙후된 산업에 침투하여 그것을 몰락시키고 독점적인 이윤을 획득하게 되더라도 한국의 소비자들은 값싸고 품질 좋은 제품을 사용할 수 있으므로 그것은 곧 한국인의 이익이라고 주장하였다.[500] 이처럼 한국의 경제를 위해서는 보호무역주의가 필요하다는 인식을 하지 못하였던 것은 그들이 본질적으로 자유무역주의자들

498)『독립신문』 1898. 6. 9 논설
499)『독립신문』 1898. 6. 9 논설
500)『The Independent』 1897. 5. 20「Editorial Notes」

이었기 때문이며, 이 점에서 그들의 산업진흥론은 이율배반적인 모순을 지닌다고 할 것이다.[501]

3) 경제적 침략에 대한 인식

개항 이후 일본과 청의 침략, 청일전쟁 이후 일본과 러시아 간의 각축이 조선을 둘러싸고 지속되었고 이 중에서도 일본의 침략은 근대화의 추동력을 절단하고 지주세력을 예속하여 한국을 자본사회가 아니라 반봉건식민지로 고정시켜 놓았다. 개항과 동시에 일본인의 사설은행이 설립되고 국내에 강제로 통용된 일본화폐는 생산과 소비, 수출과 수입의 순환관계를 파괴해 놓았다.[502] 또한 일본은 일부의 궁장토와 대부분의 둔토 및 역토를 국유소작지인 역둔토로 통합하고 매매문기로 자유롭게 이동되던 토지소유권과 문기에 명기하여 보장되던 토지경작권을 지주납세의 '지세조정부(地稅調定簿(1908))'에 의하여 소멸시켰다. 이 과정에서 농민의 성장은 저지되었으며, 농민의 분해는 자작농에서 소작농으로 나아가 더욱 열악한 소작농으로 분해 대치되었던 것이다.[503]

이러한 국내 상황에서 개화지식인들은 그들 나름으로 최대의 대책방안을 강구하기 이르렀고, 국권회복과 민권신장의 기초를 닦고 교육과 산업을 진흥한다는 취지가 당시의 일반적인 추세였다고 볼 수 있다. 교육을 강조하더라도 그 중에서도 산업에 연관된 부분을 일으킴으로써 국권을 회복하고자하는 것은 당시 지식인들이 지녔던 공통된 생각이었다. 광무개혁기에도 상공업 진흥정책에 따라 실업교육이 강조되었으니 외

501) 주진오, <독립협회의 경제체제개혁 구상과 그 성격>, 「한국민족주의론」 3, 창비신서, 1985, pp. 95-96.

502) 조기준, <개화기 일제의 경제침략>, 역사학회 편『일본의 침략정책사연구』, 1981, pp.5-12.

503) 정창렬, <한말에 있어서의 역둔토문제>, 서울대학원 학위청구논문, 1968. pp.87~88.

국에 유학생을 파견하여 근대산업기술을 습득하게 하였고, 상인과 기술자 양성에 힘을 기울여 기예학교 상공학교 광무학교 등의 실업학교와 의학교 외국어학교 그리고 모범양잠소 공업전습소 등을 설립하였다. 이러한 정부의 시책은 일반민간에게 확대되었다.

1894년 이후 한국내의 각종 이권을 둘러싼 열강간의 투쟁이 치열하게 전개되면서 이들은 각종 이권을 빼앗아갔다.504) 일반적으로 독립협회는 열강의 이권침탈에 대해서 반대운동을 전개하였다고 하여 반제국주의 운동의 주체로서 평가되고 있다.505) 그러나 독립신문의 논설에 나타난 바에 의하면 이권양여반대론이 일관성 있게 전개된 것은 아니었다. 이권반대를 한 경우를 보면 프랑스가 경의철도 부설권을 따낸 후 한국정부에게 약속한 광산허가를 이행하라고 통보하였을 때 "각 광산은 우리 땅이니 우리나라 사람이 채굴하여 스스로 부강지책을 기할 것이지 어찌 남에게 허가할 수 있겠느냐"506)고 하여 광산이권양도를 반대하였으나 이러한 입장도 일관되지 않고 조금 후에 있었던 영국과 독일의 금광이권침탈에 대해서는 다른 태도를 보이고 있다.507) 이 때 독립협회가 반응을 보인 것은 독일영사의 외부대신 구타문제인데 그것마저도 『독립신문』에서는 독일영사를 두둔하는 인상을 주는 논설을 통해 회원들을 무마시키고 있으며508) 이러한 불상사가 생긴 원인에 대해 한국 외교관리들이 신의가 없기 때문이라고 하였다.509) 또 외부가 이들에게 허락한 금광이권을 환수하려고 하자 오히려 한국정부를 비난하였다.510)

---

504) 김영호, <한말 서양기술의 수용>, 『아세아연구』 11-3, 1968. p. 329
505) 신용하, 『독립협회연구』, p.232.
506) 정교, 『대한계년사』 上, pp.192 ~ 193.
507) 이배용, <구한말 영국의 금광이권획득에 관한 제문제>, 『역사학보』 96, 1982; ____, <구한말 독일의 광산 이권과 당현금광>, 『이화사학연구』 11, 12합집, 1981.
508) 『독립신문』 1898. 7. 2 논설
509) 『독립신문』 1898. 7. 8 논설

당시 조직적인 계몽운동의 장을 열었던 독립협회에서는 제국주의의 이권 침탈을 자원개발 = 문명화로 인식하여 긍정적 평가를 내리고 있다.[511] 그것은 아무리 자원이 풍부하더라도 적절히 개발하지 못할 경우 제국주의 국가들이 그것을 빼앗아 개발하는 것은 "하나님의 뜻"이라고 생각하였다.[512] 즉 하늘이 준 것을 능력이 없어서 쓰지 못하고 뺏기는 것은 정당한 일이라고 말할 정도였다. 러시아에 대한 두만강변의 벌목허가가 한국에도 도움이 된다고 주장하였는가 하면[513] 철도부설권양여에 대해서도 하나쯤 양여해도 무방하다는 논리를 전개하였다.

> 만일 대한기구로 놓기를 바라다가난 몇 백 년 후에나 될는지 모르겠고 철로가 생기면 필경 인민의 이목을 대단히 개명하야 진보할 마음이 날지니 여러 곳에 철로 권리를 남에게 주는 일은 우리도 불가라 하거니와 이미 시작한 철로나 외국 사람이 맡아서 속히 성공하는 것을 좋게 여기노라[514]

또한 "광산과 철도를 외국에 주었다고 시비하나 그것 때문에 나라가 망 할리 없다"고 주장하면서 외국인을 미워하거나 격노하게 하는 일이 없을 것을 당부하고 있다.[515] 이것은 이권양여에 따른 국권 침해라는 면은 고려하지 않고 오히려 경인철도부설권이 미국에게 침탈당한 데 대해 환영의 뜻을 보이면서 철도건설은 서양문명의 실체를 보여줄 수 있는 좋은 기회이며 개화의 실상을 보여줄 수 있는 학교가 될 것이라고 전

---

510)『독립신문』 1898. 8. 24 논설

511) 주진오, <독립협회의 대외문제에 대한 인식과 대응>, 연세대 석사학위논문, 1984.; 정창렬, <한말의 역사인식>,『한국사학사의 연구』, 1985.

512)『독립신문』 1898. 8. 31 논설

513)『독립신문』 1896. 11. 5 사설

514)『독립신문』 1898. 6. 2 논설

515)『독립신문』 1898. 9. 15 논설

망하고 있다.[516] 그리고 일본이 침탈한 경부철도부설권에 대해서도 전혀 반대운동을 하지 않았다. 그들이 철도건설에 부수되는 이익으로 강조했던 고용기회의 확대와 토지가격의 상승은 실현되지 않고 오히려 노동자의 임금저하, 미곡수출에 따른 곡가앙등현상만 지속될 뿐이었다. 그럼에도 불구하고 수요·공급의 원칙만 내세워 변호하고 있다.[517]

이렇게 외세의 개발이권 침탈이 본격화되어 감에 따라 개발이권 양여문제는 자주 독립의 문제와 관련되었고 자연히 많은 관심의 대상이 되었다. 앞서의 『독립신문』과는 달리 『황성신문』의 논설에는 이권 양도에 대해서 부정적 견해를 지녔다. 이들도 낙후된 경제의 발전을 위한 방법을 주창하였지만 개발이권을 특정 국가에 양여할 경우 다른 나라가 동등한 이권의 양여를 요구하게 되어 국제분쟁이 일어나게 된다는 점에서 반대의 입장을 지녔다.[518] 또 개발이권을 여러 나라에 양여하게 되면 국토가 사실상 외세에 의해 분할 점령되는 셈이 되어 결과적으로 국토가 사분오열이 된다고 하였다. 그 예로 청국이 각종 개발이권을 외세에 양도함으로써 결국은 국권을 상실할 위기에 처해 있는 사실을 상기시키고 아울러 당시 한국의 이권 양여 상황을 얘기하였다. 한국은 영토와 물산이 중국의 10분지 1도 되지 않는 국가인데 경인철도 부설권과 운산 금광채굴권은 미국에, 경의철도 부설권은 프랑스에, 경부철도 부설권은 일본에 허락하고, 금성 당현 금광 채굴권은 독일에, 함경도 산림 채벌권은 러시아에 양여하였을 뿐 아니라 연해의 어업과 다른 곳의 매장된 광산도 요구하는 일이 있으니 한국의 이권양여 상황이 청국과 다를 바 없다는 것이다.[519]

---

516) 『독립신문』 1896. 7. 2 논설
517) 『독립신문』 1898. 6. 16 논설
518) 『황성신문』 1899. 3. 1 논설

이처럼 개발 이권을 외국인에게 양여해주면 한국인이 부원을 개발코자 하더라도 장차 착수할 곳이 없게 되므로[520] 이를 반대한다는 입장이었다. 또한 정부가 세계 열국의 요구에 따라 부득불 문호를 개방하고 약관을 정해 통상이나 개발 이권을 양도하고 있으나 우리 정부가 약장을 들어 금제할 수 있는 능력을 상실하여 '약장무용'[521]의 상태에 놓이게 된 상황이므로 이권양도를 막아야 한다고 주장하였다.

개발 이권 반대에 관한 부분을 보면, 우선 당시 열강들이 요구하고 있던 조차문제에 관해 반대하였으며, 기왕에 허가한 조차사항은 조약내용에 따라서 충실히 이행되도록 하되 더 이상의 조차는 허용되지 않아야 한다고 하였다.[522] 다음은 광산의 개발이권을 외세에 양도해서는 안 된다고 강조하였다. 광산개발을 외세에 의존하는 것은 이익은 적고 해만 많다고 하였다. 이들이 열거한 광산개발의 해로는 양전미답을 황폐하게 하며, 분묘 등을 훼손하고, 세금을 납부하지 않고 이익의 절반 이상을 개인이 가져가며, 광부의 행악이 심하고, 촌민이 경작에 힘쓰지 않고 부랑하는 사례가 많다는 점[523] 등이다. 그 다음으로는 어업개발에 대한 이권으로 어업권의 양도는 "무한이익을 남의 손에 양여하여 국민을 빈한하게 하고 국가를 약하게 하는 장기정책"[524]에 지나지 않으므로 외세에 양여해서는 안 된다고 주장하였다.

또 다른 하나로 『황성신문』은 외국인의 상권 침탈에 대해 단호히 반대하고 나섰다. 개항 이후 외국 상인 특히 일본 상인과 중국 상인의 내

---

519) 『황성신문』 1899. 3. 1 논설
520) 『황성신문』 1904. 6. 2 논설 「讀大東報閣議設」
521) 『황성신문』 1903. 5. 11 논설 「約章無用」
522) 『황성신문』 1903. 9. 8 논설 「龍岩浦租借」
523) 『황성신문』 1901. 5. 24 논설 「我國採鑛利小害多」
524) 『황성신문』 1900. 9. 20 논설 「畿海准漁韓之害源」

지상업이 국내경제를 위협하고 심각한 경지에 이르고 있었으며, 이미 동학농민군의 폐정개혁안에도 이에 대한 금지가 요구 되고 있으므로 이들의 이와 같은 태도는 당연한 것이라 볼 수 있다. 이들도 외국상인의 상권 침탈은 국내 상인이 몰락하여 노예상태에 이르게 만들므로 이를 반대한다는 입장이었다.[525] 더욱이 1900년대에 들어와 외국인의 내지 상업이 확대 발전되어 가고 특히 일본인의 자유도한이 적극 추진되면서 상권 침탈은 일본 제국주의 침탈의 본격화를 의미하게 되었다. 이에 이르자 『황성신문』은 일본인의 자유 도한(渡韓)을 '식민의 배태'[526]로 규정하면서 자구책을 강구할 것을 강조하였다.

당시 『황성신문』에는 일본의 이권 침탈에 관한 자성이 상당하였다. 일본이 한국 침투를 본격화하고 개발 이권을 마구 빼앗아가자 "아한의 흥망성쇠가 실로 일본에 달려 있다"[527]고 지적하면서 일본을 비난하였다. 세계열강들이 타국과 협상 모임을 하기위해 오는 뜻은 어느 나라를 막론하고 외국과 통상관계를 맺고자 함인데 일본도 명목상으로는 각 외국의 협회와 비슷하되, 그 실정주의는 같지 않다고 하였다. 그 협회의 표면을 보면 선린의 교의를 온전히 하고 평화보장을 굳건히 한다고 내세우나 본뜻은 일본의 이익을 증진하기 위해서라는 것이다. 이런 일본이 우리나라를 도와주는 척하고 노리는 궁극적인 목적은 자국인의 식량공급, 조선의 재원약탈, 상공업상의 이익 도모에 있고, 이것을 원활하게 하기 위한 철도 부설과 금융회사를 설립하여 그 이주민을 보호・편의케 하려는 의도였다는 것이다.[528] 일본의 대한 경영의 목적은, 첫째 한국

525) 『황성신문』 1898. 9. 16 논설
526) 『황성신문』 1901. 10. 7 논설 「卞自由渡韓」
527) 『황성신문』 1904. 6. 2 논설 「讀大東報閣議設」
528) 『황성신문』 1902. 3. 28 논설 「論日本人朝鮮協會主義」

토에 농상이익, 둘째 한국광상에 전강매탄 이권, 셋째 잠곶택 어염 이익, 넷째 한국 산림에 종예 이익, 기타 조업 무역업 운수업 등 제반 이익을 일체 발취 흡수하여 저들의 부고를 충비할 계획이므로 일본인이 한국의 이익을 일으킨다 함은 실로 기망의 소리[529]로써 거류민과 일본인의 자유도한 문제는 일본인의 상권 침탈을 가속 시킬 뿐이라는 것이다. 경부선 철도 개설에서 매 정거장마다 20만평을 사용하자는 것은 다 일본인의 식민지 계획인 것이 명약관화하므로 설혹 철도 부설로 농상 제조 등의 물산과 정치상 사업이 반드시 진보하여 다소 확장된다고 하더라도 일본의 식민에 대한 욕구는 이에 따라 더 간절해 질 것이니 이를 경계해야 될 것[530]이라는 것이다. 그러나 약장마저 무시하고 일인의 상권 침탈과 토지 강점 등이 심화되어 정부마저 무능금제[531]의 지경에 이르자 통분하고 한탄하였다.[532]

이를 제어하기 위한 구체적인 방법 제시도 어려운 상황에서 일본의 반성을 촉구하기도 하였다. 일본이 이처럼 한국 침탈을 본격화하여 개발이권을 빼앗아가는 행위는 동양의 평화를 해치는 행위이므로 양국의 행복을 보호하고 동양의 전국을 유지하기 위해서는 모든 개발이권과 강점한 토지를 돌려주어야 한다고 강조하였다.[533]

한편으로 그들은 부국강병은 국가가 권리를 잃지 않고 인민들이 직업에 근면한데 있다고 하였다. 즉 정부에서 권리를 지키지 않고 백성들이 직업을 열심히 하지 않아서 스스로 가진 물화를 타인에게 다 양보하

---

529) 『황성신문』 1903. 4. 11 논설 「辨朝鮮新報外人恐怖時代之說」 續
530) 『황성신문』 1901. 10. 7 논설 「卞自由渡韓」
531) 『황성신문』 1901. 10. 7 논설, 1901. 10. 14 논설 「再卞日本人自由渡韓」, 1903. 5. 11 논설 「約章無用」
532) 『황성신문』 1903. 5. 11 논설 「約章無用」
533) 『황성신문』 1906. 9. 20 논설 「告統監伊藤侯閣下」 續

고 오히려 의복과 기명을 그 사람들에게서 높은 가격으로 사들이는 것은 내외의 이익을 타인에게 모두 빼앗기는 것인데 이처럼 된 것에 대해 정부에서는 세력이 없는 탓이라고 하고, 국민은 자본이 없는 탓이라고 하나, 타국인도 언제 금은이 비처럼 내려서 강대한 세력에 이르고 부족한 자본을 얻었던 것이 아니고 열심히 일하여서 이룬 것인즉 우리나라도 정부와 인민이 한 마음으로 근면하고 스스로 지닌 권리를 고수하며 우리가 가진 물산을 다 걷어들어서 타인의 이익을 우리가 다 누려야 된다고 강조했다.[534]

우리나라가 이권을 양도하게 된 것은 정부와 인민의 실화가 깊은 탓도 있지만 금일의 상황으로 볼 때는 우선 정부의 잘못이 크다고 보고 정부의 각성을 촉구하였다. 정부가 정부의 임무를 잘 수행하여 인민을 정돈하여야지 인민이 그 업무를 잘하여 정부를 조직할 리는 없는데 정부가 정부의 직무를 추호도 하지 못하면서 인민을 꾸짖는 것은 잘못된 일이라는 시각을 가졌다.[535] 한편으로는 이러한 경제적 침입에 대응하기 위해서 정부와 인민이 한 마음으로 근면하고 스스로 지닌 권리를 고수하여 부국강병을 이룩할 것을 촉구하였다.[536]

『황성신문』에서는 상당 부분에서 식산과 흥업을 강조하고 있다. 이는 통감부가 설치되면서 교육과 산업으로 국권을 회복하자는 주장이 드세게 나타나면서 외국인의 보호를 받게 된 원인을 인민의 우매와 국력의 쇠퇴에서 찾고, 스스로 굳세지기 위한 방법으로 인민을 개화하고 국력을 양성하기 위한 교육과 산업진흥을 모색한 당시의 분위기와도 어느 정도 상통하고 있다고 볼 수 있을 것이며, 일면으로는 독립신문류의 개

534)『황성신문』 1899. 7. 6 논설
535)『황성신문』 1908. 12. 24 논설「民窮財竭」
536)『황성신문』 1899. 7. 6 논설

화운동에 대한 반성이라고도 볼 수 있을 것이다. 『황성신문』은 1906년 초 "금일에 이르러 분발하여야 할 급무는 오로지 교육 식산의 업을 제일의 주지로 삼아 진작시키는 데 있다."537)라 하여 교육과 식산흥업만이 국권을 회복할 수 있는 길이라고 주장하였다.

2. 경제개혁 구상

1) 농업진흥론

농본주의 또는 농업입국주의는 말 그대로 농업이 백업의 근본이 되고 국가부강의 업이 되며, 또한 인류행복의 원인이 된다고 주장하는 것이다. 이 같은 주의는 원천적으로 "농자천하지대본"이라는 예부터 전하여 내려오는 중농사상에 있다고 볼 수 있으나, 한편으로는 한말의 국민경제가 퇴폐하여가는 현실 속에서 무자본 무기술 상태의 현실을 해결하려는 현실적인 해결수단으로서 농업발달을 제일수단으로 내세웠던 것이라고 볼 수 있다.

그들의 주의 주장에는 농업정책의 전개과정에서 농본주의를 부르짖은 것도 있고, 극단적인 것으로는 '각종의 직업으로 농업과 같은 것이 없다'식으로 농업입국주의를 부르짖은 것도 있다.

독립신문의 경우 우리나라는 땅이 기름지고 많으며 땅값이 싸고 농사하는데 자본이 많이 들지 않고 제조하는 학문보다 배우기가 쉽기 때문에538) '나라가 부강하게 되려면 농사를 잘하여야 한다'539)고 하여 농

---

537) 『황성신문』 1906. 2. 27 논설 「感謝大垣君高義」

538) 『독립신문』 1897. 6. 1 논설

업진흥을 주장하였다. 이런 태도는 대개 농업을 한국의 자연 조건과 부합되는 고유의 산업으로 보고 육성 발전시켜야 하다는 입장이다. 『황성신문』도 농업진흥의 필요성에 대해 대체로 몇 가지 사실을 그 이유로 지적하였다.

첫째는 '세계 각국의 진보한 역사를 증거하건데 각기 고유한 산업을 증식한 효과'[540]인 바, 농업을 우리나라의 고유한 산업으로 육성발전시켜야 한다는 것이다. 우리나라는 농업국으로 생계일용이 농업에서만 나오므로 농업이 되지 않으면 전국이 실업하는 날(생산에 종사하는 날)이 없으므로 농업발달이 아주 급선무라고 하였다.[541]

둘째로 세계역사가 렵원(수렵)시대- 유목시대 - 상업시대 -공업시대의 단계를 거쳐 왔지만 우리나라는 아직 농업마저 유치한 단계를 면치 못하고 있는 바[542] 경제발전을 위해 속히 농업의 진흥을 기해야 한다고 하였다. 이럼에도 불구하고 우리나라의 농업이 쇠퇴한 이유는 수령방백의 탐학, 학업에 종사하는 자들이 공허한 심성이나 얘기하고 한계풍월이나 읊조리며 실학에 힘쓰지 않는 탓이라 하였다.[543]

셋째는 상업적 농업이 국부증진의 수단이라는 인식이다. 우리나라의 부원은 오직 농업에 있으므로 농업에 힘써서 농산물과 외국의 공산물을 교환하여 국부와 민업을 증진할 수 있다는 논리를 전개하고 있다.[544] 이들은 농업이라도 잘 진흥시키면 자유무역을 통해 국부를 축적할 수 있다고 주장하였다. 이것은 농산물과 공산물의 생산과 가격경쟁에서 농

539) 『독립신문』 1896. 7. 25 논설
540) 『황성신문』 1909. 5. 5 논설 「農業振興의 注意」
541) 『황성신문』 1906. 7. 27 논설 「農業發達이 富國之源」
542) 『황성신문』 1904. 4. 11 논설 「農業改良策」
543) 위와 같음.
544) 『황성신문』 1906. 10. 19 논설 「監囚를 宜改良」

산물이 극히 불리하다는 인식을 가지지 못하고 단순히 국가 간의 교역 증진과 자유무역주의의 환상을 바탕에 깔고 있다고 볼 수 있다. 더욱이 이 논설을 쓴 시기가 일본이 러일전쟁에서 승리하여 한국에 대한 일본의 경제적 침략을 본격화하기 위한 시기였다는 사실을 감안하면 이 시점에 이르기 까지도 문호개방과 아울러 선진 자본주의 국가 간의 자유로운 교역에 따른 피해에 대한 인식이 부족하였다는 것을 보여준다고 하겠다.

이처럼 농업 진흥의 필요성을 역설하면서 아울러 구체적인 진흥 방안을 제시하였다. 당시 독립신문에서도 농지개간의 필요성을 강조하였으며, 목축업의 발달도 제안하였다.[545] 그리고 미곡단일 경작의 불리함과 폐단이 지적되어 농업의 다각화 및 상품작물의 재배가 권장되었다.[546] 이 밖에 시범농장을 설치할 것을 주장하였으며, 구미로 부터 농업이민을 받아들여 그들로 부터 근대적 농법을 배우고자 하였다.[547] 또한 당시의 농업이 장기간 구습만 답습하여 품종이 퇴화하고 농기구가 불편하여 농업기술도 낙후되었다고 비판하면서 품종 개량, 농기구 개량, 선진 농업기술의 도입 및 농업 기술 연구의 시행과 보급 등을 주장하였다.[548]

『황성신문』의 경우도 독립신문과 주장이 유사하다. 농업진흥을 위해서 전국 13도의 각 주군에 농업학교를 병설, 일본과 구주 등 농업이 발달한 국가에 유학생을 파견하여 교육시켜서 이들이 실제에 임하도록 하며, 농공 은행을 설립하여서 황무지 개간, 신기계 발명에 자본 융자할

545) 신용하, 위의 책, pp. 233-234
546) 『독립신문』 1897. 6. 1 논설
547) 「The Independent」 1897. 12. 2 「Editorial Notes」
548) 『독립신문』 1896. 7. 24 논설

것[549] 등을 제시하였다. 이외에도 『황성신문』은 12회에 걸쳐서 연재한 논설에서 농업 진흥에 대한 다섯 가지 사항을 주장하였다. 첫째는 노는 땅을 개간하며, 둘째는 재해에 대비하여 제방을 수축해야 하고, 셋째 농기구를 개량해야 하며, 넷째 농학을 교육하고, 다섯째 자본을 모집해야 한다는 것이었다.[550]

특히 농학 교육과 관련하여 농학교와 권농장(모범 농장)의 설립을 주장하는가 하면 일본 농학과의 교과과정 및 실험과정을 소개하였다. 자본의 모집과 관련해서는 개간, 제방수축, 농기구 개량, 농학교육을 위해서는 반드시 자본이 필요하기 때문에 국가에서 관국이나 회사를 설립하여 국채나 자본을 모집하고 혹은 지주에게 전유하여 그 사업을 실시하게 해야 한다고 주장하였으며,[551] 이 외에도 다각 영농의 필요성을 강조하였다. 또한 농업진흥과 관련하여 한결같이 식목 또는 임업의 중요성을 강조하였으며[552], 잠업의 장려[553], 담배재배[554], 포경업 등 원양어업의 시도를 제의하기도 하였다.[555] 이들은 이외에도 농회와 농업협회[556]의 중요성을 주장하였다. 독립신문과 『황성신문』에서 이처럼 농업 진흥의 필요성을 역설한 것은 지주들의 자본축적을 가능케 하기 위해서였다.

농업문제와 관련하여 시급하였던 토지제도에 관한 견해가 어떠한지

549) 위와 같음.
550) 『황성신문』 1904. 4. 11 - 23 논설 「農業發達이 富國之源」
551) 『황성신문』 1904. 4. 20 논설 「農業改良策」
552) 『황성신문』 1904. 4. 8 논설 「林木禁令」
553) 『황성신문』 1900. 12. 12 논설 「蠶業試驗宜完實效」, 1904. 4. 11 雜報, 1904. 11. 16 기서 「社會之精神」
554) 『황성신문』 1899. 12. 16 논설 「勸烟草興業」
555) 『황성신문』 1901. 4. 11 논설 「海客捕鯨辨」
556) 『황성신문』 1906. 3. 30 잡보

를 살펴보기로 하겠다. 지금까지의 연구결과로 갑신정변과 갑오개혁의 주역들은 지주제의 타파를 고려하지 않았다. 오히려 이들은 지주제의 유지 강화를 통해서 상업적 농업을 발달시켜 부국강병을 이룬다는 논리를 가지고 정책을 펼쳤다. 이점에서는 독립협회나 광무개혁의 주역들도 마찬가지 입장이었다.[557] 또한 이들이 지주제의 즉각적인 완전폐지를 주장하지 못하였으나 '봉건적 지주제도'의 '근대적 지주제도'로의 개혁을 주장하였으므로 그들의 사상은 근대시민사회의 확립을 위한 변혁사상으로서의 내용을 충분히 갖추고 있다고 주장된다. 최근의 연구 성과는 모두 대한제국 정부와 일제의 권력기구가 시행한 토지조사 사업들이 반봉건적 토지소유관계를 확립하기 위함이었다는 것으로 집약되고 있다.[558] 이런 면으로 볼 때 독립협회의 토지제도도 엄밀히 말해서 반봉건적 지주제도를 유지하려는 것이었다.[559]

『황성신문』 역시 기존 토지제도가 갖는 구조적인 모순을 인식하였지만 기본적으로는 지주제 유지 내지는 강화라는 입장이었다. 부자가 옥토를 광점하여 빈농은 채전이 어려워 박토를 일구지만 농사가 어려워 재화창출이 어렵고,[560] 3-5두락을 빌려서 농사짓는 궁핍한 현실을 인식하였지만[561] 토지제도의 전면적 개혁이나 소작제도의 폐지를 위한 것이 아니라 국부실현을 위한 전제로서 민부의 증대를 고려한 것이었다.

557) 김용섭, 위의 책, pp.152-153.
신용하, 「독립협회연구」, 일조각, 1976, pp.141-142.

558) 배영순, <한말 역둔토조사에 있어서 소유권 분쟁>, 「한국사연구」 15, 1979; 박찬승, <한말 역토 둔토에서의 지주경영의 강화와 항조>, 「한국사론」 9, 1983; 신용하, <일제하 토지조사사업에 대한 일고찰>, 「한국사연구」 15, 1979; 김용섭, <한말 일제하의 지주제>, 「한국사연구」 8, 1972.

559) 주진오, 앞의 논문, p.89.

560) 『황성신문』 1899. 4. 4 논설

561) 『황성신문』 1899. 12. 8 논설

『황성신문』의 지주제 지향에 대한 구체적 표현은 지주경영에 의한 상업적 농업을 강화시켜 외화획득을 해야 한다는 당위성을 설명하는 데서 명확해진다.[562)]

국내 공업생산기반이 거의 제로에 가까운 상황에서 수출이란 미곡과 광물자원에 지나지 않았던 것이 당시의 현실이었다. 많은 공산품을 수입하면서도 수출은 빈약하여 거액의 국내 은화가 해외로 유출되었는데 『황성신문』은 농산물 수출증대를 통해 국내화폐를 보존시키려 하였다.[563)] 여기서 농산물 수출의 강조는 지주제를 기반으로 하는 상업적 농업을 의미하는 것으로 지주제의 장려를 말한다.

문호개방이후 일본에서의 값싼 쌀 수요가 증가하면서 한국의 상업적 농업은 번성하였으며, 농업생산력 향상과 지대의 현물징수로 지주경영도 크게 성장하였다.[564)] 『황성신문』은 지주경영을 장려하기 위해 새로운 농법과 개량된 농기구 등을 소개하는 등[565)] 농업생산성 제고를 위한 다각적 방안을 제시하였다. 농업생산력 증대와 관련하여 서구의 기계적 농업의 이점을 말하면서 지주경영에서 더 발전시켜 자본가의 기업농업 참여를 권유하였다.[566)] 자본가에 대한 농업투자 유도는 상업자본가에게 국내무곡을 통한 작은 이익에만 연연하지 말고 안남미를 수입하여 큰 이익을 얻고 국내 기근 해결에도 기여할 것을 촉구하는 데서도 나타난다.[567)]

그러나 미곡수출에 따른 외화획득도 중요하지만 이로 인한 곡가앙등

562) 『황성신문』 1899. 7. 28 논설

563) 『황성신문』 1899. 3. 7 잡보 「進浮於出」; 1899. 11. 28 잡보 <金貨40萬元의 輸出>

564) 김용섭, <한말일제하의 지주제 일사례 1>, 「東亞文化」11, 1968.

565) 『황성신문』 1899. 3. 4 논설 「歐州農政新法節略」, 1902. 8. 24-25 논설 「日本 形稻圾器新發明說」, 「農業宜改良說」

566) 『황성신문』 1899. 7. 25 논설

567) 『황성신문』 1901. 8. 5 논설 「安南米低價」

과 민생의 어려움이 상당히 많았던 것이 당시의 현실이었다. 이에 관해 독립신문의 경우 곡가앙등의 책임을 지방수령들의 불법행위에만 돌리고,[568] 미곡수출의 당위성을 강조하고 있다.[569] 민중의 생활난을 가중시키는 곡가앙등 현상에 대해 '당장에는 몇 사람에게 어려운 일이지만 전국적으로 볼 때 오히려 크게 다행한 일'[570]이라는 인식에서 견해를 밝혔다.

> 곡가가 올랐다 하더라도 다른 물가도 올랐을 것이다. 즉, 노동임금과 관료들의 월급도 올랐을 것이다. 어려운 사람은 항산없는 유의유식하는 사람들뿐이다.......따라서 물가고등한 것이 실상은 재앙이 아니라 국가의 복이다.[571]

여기서 말하는 유의유식계층은 몰락 농민, 도시빈민층이라고 할 수 있으며, 전국적으로 다행한 일은 바로 미곡수출을 통해서 지주제가 확대되는 현상을 가리키는 것이라 할 수 있다. 그렇다면 독립신문은 미곡수출의 확대를 통해서 지주제가 더욱 발전하기를 희망하였던 것이다. 따라서 그것을 통한 민중의 몰락에 대해서는 타개하려는 움직임을 보이지 않고 있다.

『황성신문』은 지주제경영에 의한 상업적 농업의 발달이 국가의 부강을 가져온다는 입장을 취하면서도 한편으로는 국내에서 계속되는 곡가앙등에도 깊은 우려를 나타내었다.[572] 『황성신문』이 소농민 보호에 관심을 기울인 것은 이들을 보호해야만 기존의 경제체제가 유지 강화될

568) 『독립신문』 1897. 12. 2 논설
569) 『독립신문』 1898. 4. 18 논설
570) 『독립신문』 1898. 4. 16 논설
571) 『독립신문』 1898. 8. 20 「물가고등이 무방」
572) 『황성신문』 1901. 11. 6 논설 「在無憂而有有憂」

수 있다는 인식의 결과였다. 소농민 보호는 그들이 토지에서 유리되는 것을 방지해야만 되고, 지주경영도 원활할 수 있다는 것이다. 흉년으로 인한 빈곤과 관리의 탐학을 견디지 못하여 민이 토지에서 유리되어 민심이 이탈하면[573] 결국 정부가 위기에 빠지게 되고 나아가 체제유지가 곤란하다는 것이다.

한영조약으로 전국적인 현상이 되고 있는 외국인의 토지광점 현상, 특히 일본인의 토지광점현상에 대해서 경계하였다. 이러한 현상에 대해서 머지않아 삼남의 옥토마저 일인의 손에 들어가고 말 것이라 하여 소농민 보호와 외국인 토지소유제도 확립의 필요성을 역설하였다.[574] 『황성신문』은 '사민이 이처럼 가난하여서야 국가가 어찌 부유하리오'[575] 라고 하여 민이 빈한한 상태에서는 국부실현은 불가능하다고 인식하였다. 그렇지만 국부실현을 위한 첩경은 본원적으로 지주층의 축적자본을 기업적 농업에 투자해야 한다는 것이었다.[576] 이처럼 『황성신문』이 기존의 지주제를 전제로 하는 상업적 농업화와 나아가 기업적인 자본가적 경영을 지향한 것은 갑오개혁기 정부의 관허농상회사장(官許農桑會社章)을 기초로 하는 근대적 농지개발회사의 설립방향과 맥을 같이하는 것이었다.[577] 이처럼 국부증진을 위해 상업적 농업과 지주경영을 강조함으로써 소농민 보호를 통한 민족자본의 형성은 불가능한 것이 되었으며, 19세기 이래 또한 갑오농민전쟁에서 꾸준히 요구되었던 토지제도의 개혁은 추구되지 않은 것이다.

『황성신문』과 시기적으로 함께 진행된 광무개혁은 기존의 봉건적인

573) 『황성신문』 1901. 8. 3 논설「民之解髮可慴可憂」
574) 『황성신문』 1903. 1. 8 논설「我韓古今貨幣沿革考」
575) 『황성신문』 1899. 1. 18 논설
576) 『황성신문』 1900. 4. 3 잡보「人工蠶社의 資金」
577) 김용섭, 앞의 책, pp.349-356.

지주제를 근대적인 자본제적 지주제로 전환시키려는 토지구상을 갖고 있었다. 물론 이러한 토지구상은 봉건적 지주 토지소유제의 제한점을 인식하였음이 분명하다. 『황성신문』 역시 봉건적인 토지제도의 한계를 인식하고 있었지만 광무개혁의 기본방향과 마찬가지로 지주제의 온존 강화라는 구상을 갖고 있었다.

『황성신문』의 토지소유구상은 지주경영을 통한 상업농을 강화시켜서 외화획득을 해야 한다면서 미곡수출에 의한 외화획득의 중요성을 주장하였으며[578] 서구의 기계농업을 언급하면서 자본가의 기업농업 참여를 권유하였다.[579] 그래서 지주 경영을 장려하고자 새 농법과 농기구 개량 등을 소개하는 등 농업생산성을 제고하기 위한 다각적인 방도를 제시하였다.[580] 그리고 상업적 지주층의 발전을 도모하는 동시에 국가의 부를 형성하기 위하여 인민이 경제적인 열악 상태에서 벗어나도록 민산의 육성에 관심을 기우려야 한다고 주장하였다.[581]

이와 같이 지주제 온존 강화를 주장한 『황성신문』은 당시 개혁의 한계를 넘지 못하였음을 보여주며, 소농민 소생산자, 소경영자의 이익을 사회모순의 완화를 위하여 옹호하였다.

2) 상업진흥론

당시 상업진흥을 위해 제기되고 있던 과제는 외국상인으로 부터 국내 상권을 보호하는 일과 자유상업체제의 발전이었다. 대체로 개화파는 상업에 대한 정부의 지나친 간섭에는 반대하고 상업 질서의 유지와 도

578) 『황성신문』 1899. 7. 28 논설
579) 『황성신문』 1899. 7. 25 논설
580) 위와 같음
581) 『황성신문』 1899. 1. 18 논설

로의 개량, 그리고 상인의 도고행위 금지 등에 그쳐야한다는 입장이었다. 이들은 공통적으로 종래의 특권적인 상업체계를 혁파하고 자유로운 상업발전을 주장하고 있다. 따라서 갑오개혁은 종래의 특권적인 도고상업체계를 혁파하고 근대적인 자본주의적 상업체계를 수립하고자 하였다. 독립신문의 경우 이들은 상업의 발전과 무역의 흥왕을 통해 부국강병을 이루어 근대국가를 수립할 것을 과제로 생각하고 있었다. 그런데 종래의 특권상인체제로는 자유로운 상행위를 보장할 수 없기 때문에 그것을 붕괴시키지 않으면 안 되었다. 이 시기의 도고상업체제는 상업의 자유로운 발전을 저해하는 것이었으며, 당연히 폐지되어야 할 것이었다. 그러나 대한제국이 성립된 이후 궁내부는 다시 특권상인으로부터 세금을 받아 도고권을 허락하고 있었다.

대한제국은 구본신참의 사상적 기반위에서 일련의 광무개혁을 추진하였다. 그것은 근대적 외형을 갖추는 일련의 조치와 황실 권력의 강화와 황실 재정의 충실화를 위한 국가주의가 시종 답습되고 있었다.[582] 그 통상정책도 갑오개혁 때의 통상진흥정책을 답습하면서 교역의 확장과 식산흥업을 꾀하고 있지만 그 추진 주체는 개화관료였고 이들의 계급적 성격이 지주층이었다는 점과 관련하여 관료자본 내지는 특권상인을 오히려 비호하는 경향을 나타내었다. 이 틈을 타서 일부 상인에 의한 도고체계가 부활되기도 하였으며,[583] 그들은 자유상인들로부터 무명잡세의 성격을 띤 영업세를 착취하였다.[584] 또한 보부상의 모임을 상무사라 칭하고 일정한 액수를 행상들로부터 수취할 수 있는 권한을 요구하였으며,[585] 결국 독립협회가 해산된 이후 목적을 달성하였다.

---

582) 김경태, <일본제국주의의 형성과 대한제국>, 「한국근대사회와 제국주의」, 삼지원, 1985.
583) 강만길, 「조선시대상공업사연구」, 한길사, 1984, pp.272-273.
584) 『황성신문』 1899 6. 12 논설

그런데 특권상인들이 특권상업체제로의 복귀를 주장하면서 내세우는 것은 외국상인들의 상권침탈에 의해 국내의 상권이 몰락할 위기에 놓여 있다는 상황이었다. 개항 이후 일본과 청국을 중심으로 하는 외국상인들이 한국에 들어오면서 가장 먼저 해체시키려고 노력했던 것은 특권상업체제였다. 특권상인들은 외국상인들이 국내 상품을 국외로 반출하는데 저해작용을 하였으며, 거꾸로 자국 상품을 한국에 반입 판매하는데도 도고권을 내세워 여러 가지 제약을 주고 있기 때문이다. 제국주의 국가들은 통상조약 위반이라고 하며 도고권의 철폐를 개항 초기부터 요구하고 있었다. 결국 갑오개혁으로 도고권이 폐지되었다. 도고권이 폐지됨으로써 외국상인들의 이익은 급속히 확대되었고 국내 상인들의 상업 활동이 크게 위축되고 말았으며,[586] 보부상들도 일본인의 내지행상 때문에 상권을 침탈 받고 있었다.[587]

광무연간의 개항 개시장의 증가에 대해서 대한제국 정부는 '통상을 확장하여 민국 이익을 발달케 함에 있다'[588]고 하고 있으나 당시의 조건으로는 국내 산업 발달과는 모순 관계에 있었다. 이 시기 청국상인의 국내 상권침해와 불법 활동[589]뿐만 아니라 일본 상인의 무장폭력에 의한 내륙 상권침해 책동[590]과 각 개항 개시장에서의 무역에 의한 상권침해를 비롯하여 한국의 은본위 및 금본위 화폐개혁의 틈을 이용한 금융침투를 통한 상권 침해와 해운 및 철도 등 운수 교통수단을 통한 상권침해, 그리고 각 종 이권에 의한 일상 지원을 통한 상권 침해가 자행되고

---

585) 신용하, 앞의 책, p.441.
586) 강만길, 위의 책, pp. 144-146.
587) 신용하, 위의 책, pp. 545-550.
588) 「東萊港報牒」, 第 8冊, 광무 2년 5월 29일 훈령 12호.
589) 『독립신문』 1898. 3. 7, 「청국조계」; 1898. 9. 23 「분한 일」; 1907. 9. 12 논설
590) 「日本外交文書」 30卷, 「鷄林奬業團に補助金下賜の件」

있었다.[591)]

독립신문이 지적하고 있듯이 이미 한성개시로 서울 도성안의 남촌은 모두 일본사람 천지요, 정동은 서양사람 거류지요, 남대문 큰 길 좌우에 일본인과 청인의 가옥이 즐비하여 수표다리 근처에는 청인이 날마다 성하였다.[592)] 즉 정부의 일관성 없는 통상정책은 결국 한국 상인 보호 결여와 외국 상인의 국내 상권침해를 용인하는 것이 되고 있었다.

『황성신문』도 정부의 상민보호를 강조하면서 한국 상인은 외상이 차지하고 남은 것을 가지고 겨우 유지되고 있다고 지적하고,[593)] 이대로 가다가는 대한 상민이 부지키 곤란할 뿐더러 장차 사방으로 유리하여 타인의 노예 처지에 이르게 될 것이라고 개탄하고 있다. 이와 관련하여 『황성신문』은 조계지 외에 거류하는 외국인을 통상 항구로 이송하고, 청상의 불법적 토지소유를 금지시켜 줄 것을 요구하고 있다.[594)] 이 같은 언론의 주장과 황국중앙총상회 및 독립협회 등이 정부에 대해서 조약을 위반한 외국상인의 불법적인 내륙 정주의 금지 조치를 요청하자 대한제국 정부는 이 주장을 정책으로 채택하였다.[595)] 이것은 대내적으로는 자유상업체제를 저해하고 특권적상업체제로의 복귀를 꾀하였다는 점에서 부정적인 측면을 갖지만, 대외적으로는 외세의 국내 상권침해에 저항하고 상권자주성 보호를 위한 조처였다고 할 수도 있다. 그런데 독립협회가 생각하는 상업의 발달을 가능하게 할 수 있는 방법론은 그런 것이 아니었다. 그들은 한국의 상업이 발달하기 위해서는 자유상

591) 한국사연구회 편, 『한국근대사회와 제국주의』, 삼지원, 1985; 김경태, 「대한제국기의 상권자주성 회복운동」, 「한민족독립운동사」 1, 국사편찬위원회, 1987.
592) 『독립신문』 1898. 7. 18 논설 「위급한 일」
593) 『황성신문』 1898. 9. 16 논설
594) 『황성신문』 1898. 10. 19 잡보
595) 신용하, 앞의 책, pp. 566-567.

인으로 하여금 '임편(任便)' '자편(自便)'하게 해야 한다고 주장하고[596] 보부상의 상무소 설치, 황국중앙총상회의 인지 발행 독점에 대해서 맹렬한 비난을 퍼부었다. 독립협회의 이러한 태도는 보부상들로 하여금 만민공동회를 공격하게 한 하나의 이유가 되었다.[597]

이렇게 국내 상업이 발전할 수 있는 방법론에 대해서 독립신문과 특권상인들 사이에는 이견이 있었다. 특권상인들은 외국상인들에게 상권을 침탈당하지 않기 위해서는 도고상업체제로의 복귀가 선행되어야 한다고 생각하였다. 반면에 독립신문은 자유로운 상행위를 발전시켜야 상업의 발달을 이룰 수 있다는 것을 주장하였다.

그런데 이들 신문에는 그 보다 먼저 선행되어야 할 외국상인의 침투를 막는 방법에 있어서 적절한 대안을 제시하지 못하고 있다. 당시 가장 선행되어야 할 것이 조약개정을 통해 외국상인들을 견제하는 것이었음에도 불구하고 다만 통상조약 이외의 불법 상행위에 대해서만 문제를 제기하고 있다. 더구나 독립협회는 개항장이 증가하는 데 대해서도 찬성하고 있다. 그들은 개항장의 증가가 한국에게 상업적으로 더 큰 이익을 줄 것이라고 주장하였다.[598] 그러나 조약개정이 선행되지 않은 상태에서의 개항장의 증가는 상권침탈의 확대를 의미할 뿐인 것이다.

국부와 그 원천이 되는 민부실현을 위한 가장 실천적 방안으로『황성신문』은 상업진흥책을 제시하였다. "무릇 상무란 일국의 대정이다. 만일 정부에서 그 편리함을 임편케 못하면 상업이 날로 쇠미하여 민이 능히 연치 못하고 나라가 따라 빈한하니....."[599]라고 하여『황성신문』역

596)『독립신문』1898. 4. 4 논설
597) 주진오, 앞의 논문, p.99.
598)『The Independent』1897년 7월 8일「Editorial」
599)『황성신문』1899. 3. 14 논설

시 국가정책이자 개화사상가들의 공통적 주장인 상업입국을 지향하였다. 또한 천산(天産)에 의한 산업구조를 제조업 중심으로 바꿀 것과[600] 산업분야에 대한 투자를 적극 유도하였다.[601] 산업분야에 대한 투자를 위해서는 경향의 민간자본을 합자하여 산업자본 및 상업자본화할 것을 제시하고, 이래야만 인민의 복지와 국가부강이 실현된다고 확신하였다.[602] 이렇게 되면 자본가는 자본축적이 이루어지고 인민은 일자리를 얻게 되므로[603] 국부형성의 첩경이 된다는 것이다. 이러한 논리는 국부 실현을 위한 협조자로서 신흥 부르주아지의 성장에 당위성을 부여한 것이며,[604] 갑오개혁 이후 민족자본가에 의한 근대기업이 상당수 설립되었던 시대적 상황과 깊은 연관성을 갖는다.

『황성신문』에서는 상업의 진흥이야말로 세계 대세의 추세에 비추어 조속히 서둘러야 한다고 하였다. 당 시대는 경제적 측면에서 위기상황이 심화되고 있음에 따라 세계 각국의 경쟁이 더욱 격렬해져서 통상 때문에 싸움이 일어나는 시대였다. 더욱이 당시대는 비교 경쟁의 시대이기 때문에 상업의 확장이 제일의 요점이며,[605] 상업전쟁의 준비를 통해 권리를 능히 얻게 되면 모든 권리를 회복할 수 있는 형편이 되기 때문에 상업전쟁 준비 방법을 착착 해야 한다고 하였다.[606] 또 당시 세계진화의 징조와 보애(普愛)의 도가 두루 상업에 전재되지 않음이 없으며 우체 전신의 통신과 화차 증기선의 왕래가 모두 거대한 상업이라는 것이었다.[607] 또 상업 흥왕은 국고의 수입 증대를 가져와 학교를 많이 설립하

600) 『황성신문』 1900. 9. 3 논설 「恕開化說」
601) 『황성신문』 1899. 10. 2 논설
602) 『황성신문』 1899. 9. 26 논설
603) 『황성신문』 1899. 1. 11 논설, 1900. 2. 6 논설 「爲國先於食貨」
604) 『황성신문』 1899. 12. 13 논설
605) 위와 같음.
606) 『황성신문』 1910. 2. 5 논설 「商業經濟의 準備를 注意함이 最要함」

여 인민교육을 실시할 수 있게 하고, 군대를 확장하여 적의 침략을 방어할 수 있고, 공업을 부치(敷置)하여 이익을 거둘 수 있게 하는 것이었다. 이 때문에 동서양 각국이 자국의 이익을 위하여 항구를 열어 교역을 행하는 것이라 하였다.[608]

『황성신문』이 주장한 상업 진흥은 국내에서 유통 뿐 만 아니라 국제간의 무역까지도 포함하는 것이었다. 시대가 시장·무역장·통상항구 등을 개방한 시대이며,[609] 시장을 개방함으로써 상업을 흥왕하게 되는 등 우리나라에 유리하기 때문에 외국과의 무역에도 힘써야 한다는 것이었다.[610] 그러나 외국과의 무역에 있어서 무엇보다 시급한 대외경쟁력 확보와 자국 시장보호를 위한 보호무역제도나 불리한 조약개정이 선행되지 않은 상태에서의 개항장의 증가는 상권침탈의 확대와 국내 상업자본 축적의 저해요인이고 수공업 몰락의 요인이라는 인식까지는 미치지 못하고 있다.

이들이 내세운 상업 진흥을 위한 구체적인 방안은 상업학교의 개설 , 은행의 설립, 상업회사의 설립, 상업 단체의 활성화 등이다.

첫째, 상무가 위급함으로 상무를 진흥하려면 상무전문의 학을 가르칠 상업학교을 개설해야 한다는 것이다.[611] 그 방법으로 부상(負商)을 모집하여 속성 학과에 넣어 교육시킬 것을 내세웠다.

둘째, 상업 진흥을 위해서는 상업을 전문으로 하는 회사가 설립되어야 한다고 주장하였다. 이들은 여러 사람이 자본을 투자하여 회사를 설립함으로써 더 많은 이윤을 창출하고 경영의 합리화를 기할 수 있다고 하였

---

607) 『황성신문』 1905. 7. 30 논설 「再論商業擴張」
608) 『황성신문』 1899. 6. 12 논설
609) 『황성신문』 1901. 2. 11 논설 「神農之市變而爲今日之商岸」
610) 『황성신문』 1903. 7. 13 논설 「論義州開市利益」
611) 『황성신문』 1899. 10. 3 논설, 1900. 3. 7 논설 「富强之本在敎育農商工」, 1906. 4. 18 잡보

다. 주식회사를 시급히 설립하여 공동영업을 추진하는 것이 바람직하다고 여겼다. 각 제조업체가 설립되면 자본가는 자본투자의 이윤을, 빈민자는 노동의 기회를 부여 받음으로서 전국 인민의 생활을 도모할 수 있다는 것이다.[612] 아마 당시 자본이 부족한 우리나라의 형편에 맞추어서 여러 소액자본을 모아서 설립할 수 있는 주식회사에 많은 관심을 가졌던 것이 아닐까 생각된다.

셋째, 상공업의 진흥을 위해서는 상업에 종사하는 상인들이 단결하여 업권을 수호 발전시키고 상업계의 폐단을 쇄신하며, 외인 상판의 독점이익을 분배하여 내외 무역의 균점을 기해야 한다고 역설하였다.

『황성신문』에서는 이를 위해 총상회(總商會) 또는 상업회의소 결성 등에 많은 관심을 보이면서 이들 단체를 지원코자 하였다. 상공업의 발전과 쇠퇴는 개인뿐만 아니라 국가의 흥망에도 관계가 있기 때문에 상공업회의소의 존망은 상업계 전체의 흥망과 관련되는 일이므로 20세기 경쟁의 장에서 승리를 도모하려면 회의소 유지가 당연한 의무라 여겼다.[613] 상업회의소를 설립함으로써 전국 상업계의 폐단과 악습을 쇄신하고, 외국상판(商販)의 독점 이익을 분배하여 내외 무역의 균점 형세를 함께 누리도록 해야 한다고 하여 상인 단체의 결성을 주장하였다.[614] 이러한 것은 당시 외국상인의 상권침해로부터 한국 상인의 상권 자주성을 회복하기 위한 인식의 필요에서 나왔다고 할 수 있다.

이외에도 광고의 활성화를 주장하기도 하였으며,[615] 상인에 대한 무명잡세의 근절을 주장하기도 하였다.[616] 한편 1905년 보호조약이 체결

612) 『황성신문』 1908. 12. 29 논설 「會社가 發達되어야 生活을 得함」
613) 『황성신문』 1910. 1. 16 논설 「漢城內 實業界 諸君에게 警告함」
614) 『황성신문』 1905. 8. 7 논설 「論商業會議所의 創立」
615) 『황성신문』 1899. 7. 8 논설
616) 『황성신문』 1899. 6. 12 논설

된 이후에는 일인들의 상권 침탈에 많은 관심을 보이면서 특히 척식회사의 설립과 운영을 감시하고 비판하고자 하였으며, 일본상품의 배척을 역설하기도 하였다. 또한 상업천시관 타파, 신분 차별 타파도 주장하였다.[617]

3) 공업진흥론

공업진흥론은 외국물품의 수입이 성행되어 국민이 외국벽에 사로잡혀 가는 것을 한탄하고 나아가서는 부강한 나라가 공업발전에 연유되어 온 역사를 알게 되고, 또한 일본의 공업화 과정의 시동에 경탄하여 국내의 시급한 공업발달을 통한 수출입의 균형내지 출초를 목표로 삼고 논의를 전개하였던 것이다. 공업발달을 기하여 부강한 한국으로 세계시장에 진출하여야한다는 논설의 시초는 1897년 1월의 「대조선독립협회회보」 제7호의 '공예설'에서 찾아 볼 수 있는 데, 여기에서 공업의 필요성을 주장하였지만 외국무역촉진을 위하여 공업을 발달시켜야 한다는 수준까지 이르지 못하고 단순히 농업과 대조시켜서 국부를 위하여서는 공업의 필요가 절대적인 것이라고 전개하였던 것이다. 그리고 국가의 부강을 위한 절대적인 수단으로서 공업발달을 강조하고 있다. 차차 외국무역촉진의 필요성과 결부시킨다든지 또는 외국무역의 일반조건과 결부시켜 국내공업의 진흥을 논의한 설이 1906년 이후에 각 신문과 잡지들을 통하여 나오기 시작하였다.[618]

독립협회는 공장과 회사 설립을 통한 산업진흥론을 주장하였다. 그들은 증기기관과 기계를 사용하는 공장제공업, 특히 방직공업의 육성에

617) 『황성신문』 1905. 5. 19 잡보
618) 이기준, 『한말 서구경제학 도입사연구』, 일조각, 1985, p.169.

주목하고 그 이익을 역설하고 있다.[619] 독립협회 주도 세력들은 스스로 대조선저마회사를 설립하여 이러한 견해를 실천에 옮기기도 하였다.[620]

『황성신문』의 경우도 초기 논조와는 달리 일본의 침략이 노골화되어 감에 따라 침략의 성격분석과 아울러 공업발달의 논의가 나타나고 있다. 『황성신문』은 실업진흥과 관련하여 공업의 진흥이 매우 중요함을 역설하였다. 전 세계에 철도가 놓이지 않은 곳을 찾아보기 어렵고, 학술이 크게 발전하여 사람의 지혜와 사람이 만든 것(기계)이 하늘이 만든 것을 대신하였다 할 정도며, 부강한 나라의 평범한 국민들도 다 아는 지식을 우리는 신술이니 귀공이니 놀라는 것은 안목이 좁고 공업이 발달하지 않아서 라는 것이다.[621] 그러므로 우리도 공업을 발달시켜야 한다고 주장하였다. 또 세계 각국의 문명부강이 기계발명과 제조발달에 말미암은 것이므로 국가 경제와 민족 생존에 제일 필요하고 시급한 것이 곧 공업을 장려하는 것이다.[622] 그런데 당시 우리나라는 공업에 대해 완전히 몽매하여 인민의 일용 만물을 외국으로부터 수입하지 않는 것이 없는 데 이것은 무궁한 인조물을 유한한 농업의 자연산물로 저당하고자 하는 것으로서 이는 한 표주박의 물로서 만곡수(萬斛水)를 구하는 것과 같으므로[623] 이의 타개를 위해서도 공업에 전심전력해야 한다는 것이었다. 국부의 보호를 위해서라도 공업 발달이 필요하다는 시각이다.

우리나라가 개항을 하였음에도 불구하고 크게 부강하지 않은 이유는 공업이 부진하여 수입물산에 의존하여 빈곤이 점증한 탓이며, 이것은

619) 신용하, 앞의 책, p. 235.
620),『독립신문』 1897. 6. 12 논설
621) 『황성신문』 1900. 4. 23 논설「神異之工在乎推廣智力」
622) 『황성신문』 1909. 3. 6 논설「工業界의 新光線」
623) 『황성신문』 1906. 11. 7 논설「興國說」

국민의 지식이 미개한 탓으로 재원을 모색할 줄 모르는 탓이었다. 그러므로 공업을 발달시키고 기기의 이익을 고무하면 국민이 이익을 추구하는 것이 물이 아래로 흐르는 것과 같이 되어 날로 성장하여 국가가 부강하게 된다고 하였다.[624]

우리나라에도 일찍이 도기, 자기, 활자, 철함 등의 제조가 다른 나라보다 발달하는 등 공업이 결코 낙후하지 않았으나 당시에 와서 우리나라 공업이 부진한 원인은 첫째, 관리들의 토색질과 권문세가의 횡포 때문이다.[625] 둘째, 기술자 천시이다. 몇백년 동안 이치와 문장 벼슬을 중시하는 사람(이학가(理學家) 사장가(詞章家) 사환가(仕宦家))들이 높은 지위를 차지하고서 기술자를 낮은 직업으로 대우하고 곡예와 음교(淫巧)로 배척하여서 각종 실업이 추락되었다.[626] 공업의 추락이 곧 국세의 추락의 가장 중요한 원인이라고 지적하였다.

이처럼 추락한 공업을 진흥하기 위한 방안으로 다음과 같은 주장을 하였다. 공업을 통해서 얻을 수 있는 이익은 봄에 씨를 뿌리는 것과 같으므로 공업진흥을 위해서는 부호 장자들의 투자가 필요하다고 보았다.[627] 공업투자를 위해서는 대부장자들의 참여를 유도하여 각종 시설(방직, 황무지 개간, 전화와 전선 가설, 철도 부설) 등을 해야 한다는 것이다. 즉 자산가층을 중심으로 한 자본주의 경제체제 설립을 의미한 것이다. 공업진흥을 위한 구체적인 방안으로써 특히 회사의 설립과 이에 대한 투자, 공업교육의 확장, 사회 유지 및 공업인의 단결. 국민 근로의식의 함양 등을 강조하였다.

---

624) 『황성신문』 1899. 5. 26 논설 「開國五百三年以後情形」
625) 『황성신문』 1906. 7. 25 논설 「工業을 不可不 汲汲獎勵」
626) 『황성신문』 1900. 4. 25 논설 「工藝可勉發達」, 1909. 9. 11 논설 「工業會」
627) 『황성신문』 1899. 10. 2 논설

첫째, 방직 제사 제지 자기 직염 등을 위한 회사의 설립을 소개하여[628] 제조회사 설립의 중요성을 강조하였으며 제조회사에 대한 적극적인 투자를 권유하였다.[629]

둘째, 공업진흥을 위해서는 공업에 대한 교육이 확장되어야 한다고 강조하였다. 이를 위해서는 우선 학교를 설립하되 공업을 전문하도록 하여 국내의 청년들을 교육하며, 해외 유학생 중에도 몇 명씩 지정하여 공업을 전공하도록 하여 졸업자를 불러들여 채용하고 국내의 장인들도 수시로 교육시켜야 한다고 하였다.[630] 바로 그것이 국력을 신장하고 국권을 회복하는 제일 중요하고 제일 필요한 사항이라는 것이었다.

셋째, 이들은 공업인과 사회 유지의 단합을 강조하였다. 공업인들은 공업을 진흥하는 주체로써 의당 단합하여 공동의 이익을 추구하고 나아가 국력의 확장을 도모해야 하며, 사회 유지들은 그들 나름으로 단합하여 열심열력으로 제조업의 진흥을 지원해야 한다는 것이었다. 그러나 사회 유지의 단합력으로 문명 산업을 확장해야 함에도 불구하고 우리나라의 습관은 공동 단합의 성질이 대단히 결핍되어 타인이 사업을 창기하면 냉정한 눈길로 간과하는 자가 많고 혹은 몰래 시기하여 오로지 훼척만을 일삼는 자도 있다고 개탄하였다.[631]

넷째, 공업의 진흥을 위해서는 국민의 근로의식이 재고되어야 한다고 강조하였다. 공장(工匠)을 천대하거나 일하는 것을 천시하고서는 산업의 진흥을 기약할 수 없으므로 유의유식하는 사람이 없이 누구나 근면하게 근로에 힘써야 한다는 것이었다. 즉 실업의 흥왕은 사람의 근면

628) 『황성신문』 1900. 1. 15 논설
629) 『황성신문』 1899. 9. 26 논설
630) 『황성신문』 1906. 7. 25 논설 「工業을 不可不汲汲奬勵」
631) 『황성신문』 1908. 11. 11 논설 「我韓의 工業大家出現」

과 나태와 관련된 것이므로 근로에 힘쓸 것을 강조하였다.[632)]

기계개량과 기사 초빙을 주장하였고,[633)] 관리의 불법적인 가렴주구가 공업발전을 막는 장애 요소이므로 이들의 불법수탈이 근절되고 개인재산의 자유가 보장되어야 한다고 강조되기도 하였다.

나아가 산업진흥의 재원을 확보하기 위해서 광산 개발에 우선적으로 힘써야한다고 주장하였다. 광산 개발을 위해서는 외국인 광산개발 기술자의 고빙은 물론이요, 외국인에게 광산개발 이권 자체를 양여하는 것까지도 불가피하다고 하였다. 비록 외세에 개발의 이권을 양여하여 광산을 개발한다고 하더라도 그 결과로 자본을 얻게 되고 노동자들이 취업하여 돈을 벌게 되며, 아울러 기술도 습득하게 되므로 걱정할 것이 못된다는 것이었다. 그러나 차차 어떤 나라에 이권을 줄 경우 다른 나라가 동등한 이권을 주장하여 국제분쟁의 요인이 될 뿐만 아니라 소기의 소득(자본과 기술 습득)을 얻기도 어렵고 결국은 개발권 모두를 외세에 침탈당할 여지가 많다는 것을 자각하면서 이들은 개발이권을 외세에 양여하는데 반대하게 되었다. 1905년 이른바 보호조약이 체결된 이후에 들어와서 이들은 광산개발을 일인에게 허여하는데 특히 많은 관심을 보이면서 이를 비판하였다.

이들의 공업진흥론은 공업화를 위해 필요한 여러 문제들을 적절하게 지적하였다고 할 수 있다. 그러나 공업의 진흥을 위하여 선결되어야 할 과제인 관세장벽의 설치에 대해서는 착안하지 못하고 있다. 앞 절에서 얘기했듯이 개항장의 수가 증가되어가는 것이 한국 국내 수공업의 몰락을 촉진시키고 상권침해와 밀접한 관련이 있다는 인식이 부족한 것처럼

632) 『황성신문』 1909. 5. 25 논설 「對製造家하여 更申勸勉」
633) 『황성신문』 1901. 5. 2 논설 「龍山製紙辨」

제국주의 상품의 범람과 공업화의 저해에 대해서 관련을 짓지 못하고 있다. 공업진흥을 주장하면서도 그것이 성취되기 위해서는 보호무역주의가 필요하다는 인식을 하지 못하고 있다.

지금까지 살펴본 바에 의하면 『황성신문』은 한국 산업이 낙후된 원인을 전통적인 봉건체제에서 찾고자 하였으며, 산업발전을 위한 구체적인 방안으로 자본주의 방식의 회사 설립을 특히 강조하였다는 점 등을 그 특성으로 볼 수 있다. 이들은 상공업의 진흥과 관련하여 여러 차례 실질보다 허식을 중시하는 봉건적 사고체제를 산업 발전의 주된 저해요인으로 지적하였다. 그러나 이들은 봉건적 사고체계의 문제점을 지적하면서도 봉건적 경제 체제 그 자체의 문제점을 정확히 인식하지 못하고 있다. 이들은 농민이 가난을 면치 못하고 있는 것이 봉건체제 특히 봉건적 토지소유제도와 수탈 때문이라는 사실을 간과하고, 주로 농민의 무지의 소산으로 돌리고 말았다. 또한 봉건적 가치체계의 지양을 강조하면서도 토지소유 등 핵심적인 봉건적 경제체제의 개편에 관해서는 거의 관심을 보이지 않았다. 이들은 기본적 생산 수단의 배분관계 즉 여러 가지 생산수단이 누구에 의해서 그리고 어떤 방법으로 소유되어야 하며, 아울러 개인적 소비 자료가 어떤 방법으로 배분되어야 하는가에 대해 새로운 제안을 하지 않았다.

4) 재정, 세재개혁론

수취체제의 문란으로 야기된 농민봉기와 집권체제의 이완, 파탄상태의 국가재정을 소생시켜야 하는 것은 당시 정권의 당면 과제였다. 특히 광무정권은 정책수행에 필요한 재정확보는 고사하고 관인들의 봉급조차 지불할 수 없는 형편이었다. 당시 언론은 이러한 현실적 모순을 극복하기 위한 방략으로 조세제도와 재정, 화폐제도의 개혁에 많은 관심을 가지고 그 방안을 제시하고 있다.

초기 신문인 『한성순보』와 『한성주보』에서 많은 관심을 가지고 소개한 분야가 재정, 화폐, 세제개혁에 관한 부분이었다. 경제개혁의 기반확립과 관련하여 외국의 사례를 예시하면서 기초조사실시, 근대적 재정, 전정재도의 확립 등을 강조하였다. 국세의 정확한 파악을 위해 기초조사를 실시해야 하며 이를 전담할 정부기구로서 통계연표국을 신설할 것을 제의하거나,[634] 통계를 바탕으로 예산을 수립 집행하는 근대적인 재정제도를 확립해야 하며, 재원의 합리적인 수납을 위해 서구에서의 세정제도를 본받아 세정의 혁신을 기해야 한다고 주장하였다. 서양에서의 세제에 대해 국세, 지방세, 특세로 세분하고, 수세의 방법으로 직세, 간세가 있으며, 일반세목으로 지세 소득세 등이 있음을 상세히 열거하였다. 이런 일련의 소개를 통해 우리나라에도 근대적 세정 확립이 필요함을 강조하였다.[635]

『독립신문』이나 『황성신문』의 조세제도의 개혁은 민에게 가해지는 각종 잡세를 폐지한다는 조세법정주의의 입장을 취하였다.[636] 수취한 세금을 정상적으로 국가에 충원시켜 재정 상태를 튼튼히 하여 부국강병을 위한 사업에 투자할 수 있도록 하는 것이었다. 『황성신문』은 조세제도를 국가의 큰 정치로서 인민생활과 밀접한 관계를 가지는 것이며,[637] 근대화를 이루기 위한 방략으로 그 개혁의 필요성을 제기하였다.[638]

---

634) 『한성주보』 1886. 9. 6 사의

635) 『한성순보』 1884. 3. 27 「各國近事-歐美租制」, 『한성주보』, 1886. 2. 8 「集錄-證印稅」, 『한성주보』 1886. 2. 22 「集錄-消費稅」, 『한성주보』 1886. 2. 15 「英國酒稅」

636) 신용하, 앞의 책, p.183.

637) 『황성신문』 1899. 4. 11 논설

638) 『황성신문』 1899 5. 25 논설 「開國五百三年以後情形」

당시 조세제도의 문란상에 대해서는 세금은 무겁고 국고로 들어오는 것은 적어 민의 생산이 흥하지 못하고 있다고 하여 심각하게 받아들였다.[639] 특히 수세담당기관이 있음에도 불구하고 국가기관마다 세금을 따로 징수하여 민중이 이중 삼중으로 겪는 고통을 폭로하였다.[640] 아울러 민생보호차원에서 조세제도 문란의 심각성을 제기하였다.[641]

그러나 민을 보호하기 위한 『황성신문』의 조세부담 경감구상은 국가의 재정수입 감소를 희생으로 하는 것이 아니라 중간수취체제의 농간을 배제시키는 방향에서 강구되었다. 조세부담 경감보다는 조세징수 과정에서의 합리화와 국가의 재정확보, 효율적인 재정체계의 정비에 보다 많은 관심을 지녔다.

『황성신문』이 지주제 유지를 경제체제의 기본 골격으로 인식하면서도 조세제도 문란을 심각하게 받아들인 것은 현 체제를 뒤흔들지도 모를 위협요소로 생각하였기 때문이었다.[642] 거의 전국적이었던 무명잡세의 폐해[643]때문에 야기되는 민요(民擾)를 크게 걱정하였다.[644] 조세의 부과와 징수가 지방관의 책임 하에 이루어지고 있는 현행 조세제도를 정비, 중앙정부 중심의 징세제도로 확립시켜야 한다는 것이었다. 이렇게 하면 무명잡세가 혁파되고 합법적으로 수세하면 세수도 증가하며 민요의 불안도 사라질 것이라는 것이다.

열강의 경우 과세 징수가 번거롭고 우리보다 부담도 많지만 민이 세부담 때문에 고통 받지 않는 것은 민의 생산기반까지 침식하지는 않기

---

639) 『황성신문』 1900. 7. 24 기서(一蒼生)
640) 『황성신문』 1899. 10. 12 잡보「宮府派員」
641) 『황성신문』 1899. 3. 24 잡보「鹽稅加稅」
642) 『황성신문』 1898. 9. 19 논설
643) 『황성신문』 1899. 10. 2 잡보「無名雜稅」
644) 『황성신문』 1899. 5. 29 잡보「南郡民擾」

때문이라 파악하였다.645) 따라서 조세제도 자체보다는 무명잡세의 폐단을 시정하는 운영상 합리화에 초점을 맞추었다.646) 민에 대한 세 부담보다는 국가 조세제도를 공평하게 수립하고 세출의 결산내역을 밝히는 부세제도의 공신력회복을 주장하였다.647) 세정개혁을 위해서는 불법과세나 무명잡세의 혁파와648) 아울러 수세의 과정을 명확히 수립하여 수납하는 수효가 털끝만큼도 틀림이 없도록 하여야한다고 주장하고 있다.649) 또한 평등과세의 원칙,650) 세리들의 공복의식을 강조하고 있다.651)

이러한 『황성신문』의 재정구조 개혁에 대한 기본인식은 민중에게 세 부담을 경감시키려는 것이 아니라 합법적으로 세원을 확장하여 조세수입을 증가시켜 국가재정난을 해소하고 국가발전을 위한 재원을 확보하는 것이 우선이었다. 아울러 『황성신문』은 재정구조 개혁을 위한 소극적인 방법으로써 세입의 즉각적인 국고상납화를 제시하였다. 조세탈루를 막기 위하여 청렴한 관리를 파견하고 은결을 찾아내어 징세대장을 중앙정부와 지방의 것을 동일하게 해야 한다.652) 또한 지방관들이 공금을 무곡행위에 이용함으로써 야기되는 이포 상포(商逋)의 문제를 우선적으로 해결해야 된다고 하였다.653) 그 방법으로서 징납자는 관장 소리를 막론하고 엄격하게 중벌로 다스리면 생명보존을 위해서도 연체하지

---

645) 『황성신문』 1902. 5. 6 논설 「會不誠告 不誠西×謔」
646) 강만생, <황성신문의 현실개혁구상 연구>, 「學林」 제9집, 연세대, 1987, pp.105-106.
647) 『황성신문』 1901. 2. 5 논설 「損而有孚元旨无咎」
648) 『독립신문』 1898. 4. 19 논설, 「대한매일신보」 1910. 1. 25 논설
649) 『황성신문』 1899. 4. 11 논설
650) 『독립신문』 1898. 7. 4 「유지각한 친구의 편지」
651) 『황성신문』 1906. 10. 8 논설 「稅務刷新」
652) 『황성신문』 1899. 4. 11 논설
653) 『황성신문』 1899. 3. 1 잡보 「公錢貿穀」

않게 된다고 하였다.[654]

다음으로 이들은 근대적인 화폐제도를 확립해야한다고 강조하고 있다. 화폐제도의 도입에 대해서 『한성주보』는 '화폐는 교역의 매개요 시가의 표준이다'고 주장하면서[655] 근대적인 전정을 확립하기 위해서는 금화와 은화를 본위화폐로 하되 동이나 백동화 등을 보조화폐로 사용하는 복본위제도를 도입해야 한다고 주장하였다.[656] 이러한 주장들은 그 뒤를 이어 발간된 『독립신문』이나 『황성신문』에도 일관되게 나타나는 주장이다.

『황성신문』은 국가경제를 호전시키기 위한 또 하나의 재정구조 건전화 방안으로 화폐제도 개혁을 주장하였다. 당시 재정이 궁핍한 한국정부가 보조화인 백동화를 대량 주조하게 되면서 본위화인 은화가 자취를 감추었고 국내에서 백동화가 위조되는 사례가 많았다. 이들은 화폐의 소재가치와 액면가치가 일치해야 한다고 주장하였는데, 『황성신문』의 경우 백동화의 소재가치가 액면가치보다 훨씬 낮아 백동화폐가 '백동화폐(白銅禍弊)'[657]로 전락하자 이를 여러 차례에 걸쳐 비난하고 보조화폐의 남발을 중지하고 은화를 주성할 것을 주장하였다. 『황성신문』은 백동화폐의 폐해에 대해 망국의 원흉이라고 까지 하였다.[658] 또한 백동화는 관인 상인 자본가 농민 소생산자 모두에게 커다란 피해를 입히고 있음에도 이를 시정하지 않으면,[659] 결국 외세의 내정간섭을 초래한다[660]고 하여 국권수호 차원에서 시정책을 시급히 마련해야 할 것임

---

654) 『황성신문』 1899. 3. 9 논설

655) 『한성주보』 1886. 2. 22 사의 「論貨幣 第1」

656) 『한성주보』 1886. 3. 1 사의 「論貨幣 第2」

657) 『황성신문』 1903. 7. 14 논설 「又論開市關係」

658) 『황성신문』 1899. 11. 15 잡보 「錢弊可矯」, 1899. 9. 18 雜報 「白銅害商」

659) 『황성신문』 1902. 3. 7 논설 「白銅禍弊」

660) 『황성신문』 1902. 2. 20 논설 「虛文之債烈於水火兵刃」

을 정부에 강력히 경고하였다.[661] 백동화의 남발 등으로 야기된 화폐제도의 문란을 극복하기 위해서는 중앙은행을 설립하고 금본위의 금화태환제도를 실시할 것을 주장하였다.[662] 『황성신문』은 정부가 눈앞의 이익 때문에 보조화만 주조하여 무역을 위축시키고 물가앙등을 가져와 민의 생활을 어렵게 하는데 대해 비판하면서[663] 본위화의 대량주조로 폐단을 시정해야 한다고 하였다. 백동화의 대량주조는 작은 이익은 있지만 뒤따르는 폐단이 매우 심각하기 때문에 세계 각국에서 시행하고 있는 금은본위제를 시행하고 지폐를 발행해야한다는 방안을 제시하였다. 그래야만 상업의 곤란을 극복할 수 있으며 민업이 기우는 것을 막고 국가경제를 안정시켜 나갈 수 있다고 하였다.[664]

『황성신문』의 화폐제도 개혁구상은 국내 화폐제도가 확립되어 외화가 국내에서 유통되는 폐해가 사라져야 국가재정이 건전해지고 국부도 실현된다는 논리였다. 또한 상업자본 및 산업자본 형성을 위해서는 국내화폐의 체제를 확립시켜야 한다고 주장하였다.

『황성신문』은 국가경제구조의 변화를 위하여 재정구조를 개편, 화폐제도의 개혁을 주장하였고, 예산을 확정하는 절차에 대해서 먼저 예산안을 정부에서 만든 후 가부를 결정한다고 하여[665] 국가 재정의 효율적인 운영을 주장하였다.

앞에서 살펴본바 『황성신문』의 한국경제에 대한 진단은 경제체제의

661) 『황성신문』 1902. 2. 19 논설 「日英協商全文」 續

662) 『황성신문』 1903. 11. 17-20 논설 「論貨幣矯抹之術」, 1903. 11. 24-25 논설 「論貨幣永造整理之術」

663) 『황성신문』 1902. 11. 5 논설 「白銅貨之弊」

664) 『황성신문』 1899. 9. 15-16 논설

665) 『황성신문』 1900. 6. 2 논설 「亟宜整理財政」, 1902. 11. 27 논설 「生究安民然後加結無獘」

개편을 위한 것이었고 이들이 지향하는 경제체제는 자본주의 경제체제였음은 밝혀진 바이다. 대한제국기 당시대에 대한 위기의식은 봉건체제에서 자본주의체제로의 전환을 추구하는 경제정책을 전개시켜 나갈 것을 강력히 주장하게 되었다. 이들의 경제정책은 위기에 처한 한국경제를 살리기 위해서는 서구 열강과 같이 공업을 진흥하여야 한다는 것이었다. 공업진흥에는 막대한 자본이 들기 때문에 그 자본의 축적을 위하여서 당분간 작은 자본으로 많은 이익을 남길 수 있는 상업을 진흥하여 상업의 발전 무역의 성왕을 통해서 부국강병을 달성하고, 공업을 진작하면서 근대국가를 수립하려는 것이었다. 상업의 발전은 농업이나 공업 등 산업의 발전이 전제되지 않으면 안 되는 것이었다. 이런 의미에서 공업이 발달하지 않았던 당시로서는 농업 진흥의 문제가 중요한 의미를 지니게 되었다. 즉, 전 인구의 대다수를 차지하고 있는 농업 문제를 떠나서는 상업 진흥도 공업진흥을 통한 근대국가의 수립도 기대하기 어려운 상황이었다고 볼 수 있다.

『황성신문』과 시기적으로 함께 진행된 광무개혁은 기존의 봉건적인 지주제를 근대적인 자본제적 지주제로 전환시키려는 토지구상을 갖고 있었다. 물론 이러한 토지구상은 봉건적 지주 토지소유제의 제한점을 인식하였음이 분명하다. 『황성신문』 역시 봉건적인 토지제도의 한계를 인식하고 있었지만 광무개혁의 기본방향과 마찬가지로 지주제의 온존 강화라는 구상을 갖고 있었다. 『황성신문』의 토지소유구상은 지주경영을 통한 상업농을 강화시켜서 외화획득을 해야 한다면서 미곡수출에 의한 외화획득의 중요성을 주장하였으며, 서구의 기계농업을 언급하면서 자본가의 기업농업 참여를 권유하였다. 그래서 지주 경영을 장려하고자 새 농법과 농기구 개량 등을 소개하는 등 농업생산성을 제고하기 위한 다각적인 방도를 제시하였다.

또한 현실적으로는 봉건체제하에서 질곡에 빠진 농민들의 생활안정이라는 문제에 대한 근본적인 해결책이 무엇보다도 시급한 일이었다. 여기에 그들이 대책으로서 제기하고 있는 것이 농업 진흥을 통한 생산력의 발전, 농가 소득의 향상, 그 결과로서의 농가생활의 윤택이었다. 결국 농업 진흥의 궁극적인 목적은 그들이 추구하고 있는 경제정책의 실현을 위한 과도기적인 방법으로서의 추구였으며, 나아가 상업형 농업을 추진하는 점에 있었다고 하겠다. 이런 점에서 개화파들이 토지제도의 개혁, 지주제의 혁파 문제에 냉담하였던 연유가 어느 정도 밝혀진다고 할 수 있다.

다음으로 이들의 자본주의체제로의 전환에서 자본 축적의 방법으로 자유무역주의 원칙을 그 바탕에 깔고 있다. 즉 밖으로 선진 자본주의국가들에 문호를 개방한 가운데 자유무역을 통해 자본주의를 배우고 발전시키고자 한 것이다. 자유주의 무역이 갖고 있는 문제점을 인식하지 못하였고 당시의 한국의 경제를 위해서는 보호무역주의가 필요하다는 인식을 하지 못하였던 점에서 그들의 산업진흥론은 이율배반적인 모순을 지닌다고 할 것이다.

당시 상업 진흥을 위해 제기되고 있던 과제는 외국상인으로 부터 국내 상권을 보호하는 일과 자유상업체제의 발전이었다. 대체로 개화파는 상업에 대한 정부의 지나친 간섭에는 반대하고 상업 질서의 유지와 도로의 개량, 그리고 상인의 도고행위 금지 등에 그쳐야한다는 입장이었다. 이들은 공통적으로 종래의 특권적인 상업체계를 혁파하고 자유로운 상업발전을 주장하고 있다. 『황성신문』은 상업의 발전과 무역의 흥왕을 통해 부국강병을 이루어 근대국가를 수립할 것을 과제로 생각하고 있었다.

『황성신문』이 주장한 상업 진흥은 국내에서 유통 뿐 만 아니라 국제간의 무역까지도 포함하는 것이었다. 시대가 시장 무역장 통상항구 등을 개방한 시대이며, 시장을 개방함으로써 상업을 흥왕하게 되는 등 우리나라에 유리하기 때문에 외국과의 무역에도 힘써야 한다는 것이었다. 그러나 외국과의 무역에 있어서 무엇보다 시급한 대외경쟁력 확보와 자국 시장보호를 위한 보호무역제도나 불리한 조약개정이 선행되지 않은 상태에서의 개항장의 증가는 상권침탈의 확대와 국내 상업자본 축적의 저해요인이고 수공업 몰락의 요인이라는 인식까지는 미치지 못하고 있다.

이들의 공업 진흥론은 공업화를 위해 필요한 여러 문제들을 적절하게 지적하였다고 할 수 있다. 그러나 공업의 진흥을 위하여 선결되어야 할 과제인 관세장벽의 설치에 대해서는 착안하지 못하고 있다. 앞 절에서 애기했듯이 개항장의 수가 증가되어가는 것이 한국 국내 수공업의 몰락 촉진과 상권침해와 밀접한 관련이 있다는 인식이 부족한 것처럼 제국주의 상품의 범람과 공업화의 저해에 대해서 관련을 짓지 못하고 있다. 이렇게 공업진흥을 주장하면서도 그것이 성취되기 위해서는 보호무역주의가 필요하다는 인식을 하지 못하고 있다.

수취체제의 문란으로 야기된 농민봉기와 집권체제의 이완, 파탄상태의 국가재정을 소생시켜야 하는 것은 당시 정권의 당면 과제였다. 특히 광무정권은 정책수행에 필요한 재정확보는 고사하고 관인들의 봉급조차 지불할 수 없는 형편이었다. 당시 언론은 이러한 현실적 모순을 극복하기 위한 방략으로 조세제도와 재정, 화폐제도의 개혁에 많은 관심을 가지고 그 방안을 제시하고 있다. 이러한 재정구조 개혁에 대한 기본인식은 민중에게 세부담을 경감시키려는 것이 아니라 합법적으로 세원을 확장하여 조세수입을 증가시켜 국가재정난을 해소하고 국가발전을 위한 재원을 확보하는 것이 우선이었다.

또한 화폐제도 개혁구상은 국내 화폐제도가 확립되어 외화가 국내에서 유통되는 폐해가 사라져야 국가재정이 건전해지고 국부도 실현된다는 논리였다. 이것은 또한 상업자본 및 산업자본 형성을 위해서는 국내 화폐의 체제를 확립시켜야 한다는 시대적 요청에 기인하는 것이기도 하였다.

지금까지 살펴본 바에 의하면 황성신문은 한국 산업이 낙후된 원인을 전통적인 봉건체제에서 찾고자 하였으며, 산업발전을 위한 구체적인 방안으로 자본주의 방식의 회사 설립을 특히 강조하였다는 점 등을 그 특성으로 볼 수 있다. 이들은 상공업의 진흥과 관련하여 여러 차례 실질보다 허식을 중시하는 봉건적 사고체제를 산업 발전의 주된 저해요인으로 지적하였다. 그러나 이들은 봉건적 사고체계의 문제점을 지적하면서도 봉건적 경제 체제 그 자체의 문제점을 정확히 인식하지 못하고 있다. 이들은 농민이 가난을 면치 못하고 있는 것이 봉건체제 특히 봉건적 토지소유제도와 수탈 때문이라는 사실을 간과하고, 주로 농민의 무지의 소산으로 돌리고 말았다. 또한 봉건적 가치체계의 지양을 강조하면서도 토지소유 등 핵심적인 봉건적 경제체제의 개편에 관해서는 거의 관심을 보이지 않았다. 이들은 자본주의 체제를 지향하면서 민족자본의 형성과 제국주의의 침략의 상호 모순관계를 인식하지 못하고 오히려 그들의 침략을 발전으로 잘못 인식하고 있는 면도 나타나고 있다.

VI. 유교개혁론

봉건제의 모순을 해결하지도 못한 상태에서 외세의 침입을 받아 국권조차 유지하기 어려웠던 구한말, 당시 우리민족의 가장 큰 과제는 국권회복이었다. 그 방안 중의 하나가 애국계몽운동이었다. 개화의 물결이 높아지는 속에서 한국사회의 후진성을 인식하게 되고, 세계 진운의 대세에 접하면서 형성된 위기의식과 관련되어서 선진외국기술을 수용하여 나라를 부강케 하자는 개화와 자강운동의 흐름 속에서 이루어졌던 것이다.[666]

당시 개화자강을 주장하는 지식층들은 조선왕조의 국권을 빼앗은 일본의 힘과, 국권을 빼앗긴 우리 민족의 힘의 차이를 인식하고 있었다. 이 격차로 인해 장기화할 수밖에 없는 국권회복운동에서 승리를 얻기 위해서는 국민의 힘, 곧 실력을 양성하여 민력을 사회의 기층에서부터 증강시켜야 된다고 생각하였다. 그 결과 국권회복을 위한 민족의 실력을 양성하기 위해서는 특수한 지배계층이나 지식층만이 아니라 모든 국민, 민중을 신국민으로 만들어 민지를 계발하고 민력을 양성하여야 한다는 주장이 지식층을 중심으로 광범위하게 대두되었다.[667] 구체적으로 이 운동은 언론·출판·집회·결사 등의 활동을 통하여 민족의식을 고

---

666) 이광린, 『한국개화사연구』, 일조각, 1969, p.23.
667) 신용하, <한말 애국계몽사상과 운동>, 『한국사학』 1, 1980, p.272.

취하고, 국어와 국사연구를 통하여 전통문화의 보존과 계승을 기하고, 교육의 보급을 통하여 경제발전과 민족역량의 배양을 목적으로 하고 있었다. 이것을 위한 작업으로서 다른 한편으로는 지금까지의 개화운동에 관한 자성의 태도로서 유교에 대한 재인식이 제기되었다. 유교를 바탕으로 한 개화의 실현이라는 태도는 종래의 유교에 대한 전면적인 부정에서 벗어나 유교내적인 전통의 성찰과 재인식의 작업으로, 외적으로는 근대 서구문물의 수용과 섭취의 작업이라는 측면에서 전통 유학이 지닌 결함과 문제점을 성찰함으로써 위기를 극복할 수 있는 적응력과 변혁의지를 확대하자는 것이었다.[668)]

본 장에서는 민족지로서 애국계몽운동의 일익을 담당하였던 『황성신문』을 중심으로 하여 당시 유교개혁에 관한 논의들을 살펴보고자 한다. 『황성신문』은 독립신문과 달리 국한문혼용이고 독자층도 뚜렷이 구별하여 만들어진 신문으로서[669)] 『황성신문』의 필진들이 대부분 유교적 소양을 갖춘 이른바 개신유학파로 이루어졌기 때문에 이 신문의 논설을 살펴보면 당시의 유교개혁과 사회개혁론의 일부를 구명할 수 있으며, 아울러 국내의 위기상황을 타개하기 위한 자기보존의식의 일면을 살펴 볼 수 있다고 생각한다.

---

668) 금장태, <근대유교개혁사상의 유형과 사상사적전개>, 『국사관논총』 제2집, 1989, pp.198-200.
669) 김기주, <『황성신문』에 관한 고찰>, 『호남대논문집』 8집, 1987.
이광린, <『황성신문』 연구>, 『동방학지』 53, 1986.

1. 신·구학에 관한 논의

조선시대의 정치 이데올로기였던 주자학은 조선 후기에 들어서는 철저한 교조주의적인 경향을 띠고 있었다. 그렇기 때문에 우리나라의 근대화는 바로 이 중세적인 유교를 어떠한 방향으로든지 처리하지 않으면 불가능한 것이었다. 당시의 개화사상가들은 유교 문제에 대한 나름대로의 인식 위에서 근대적인 서양사상의 수용을 추구하였다. 그리고 그 수용의 방법과 범위를 둘러싼 논의는 신학과 구학이라는 형태로 제기되고 있었다.[670)]

당시 계몽운동에서 신학을 수용하자는 것은 공통적인 인식이었다. 신학 수용의 논의에는 유교를 전면적으로 부정하고 서양의 새로운 학문을 수용하자는 논의도 있었지만 대체로 유교를 기반으로 하여 신학을 수용하자는 논의가 일반적이었다. 중국에서 제기되던 중체서용론(中體西用論)과 거의 동일한 구조를 지닌 동도서기론(東道西器論) 혹은 구본신참(舊本新參), 신구참작(新舊參酌)의 형태였던 것이다. 그리고 그 논의도 서양의 기술문명을 수용해야 한다는 양무론적인 입장도 있었고, 혹은 서양의 근대적인 정치나 법률까지도 수용해야 한다는 변법적인 입장도 있었다. 어느 경우나 그 근본은 유교였으므로, 신학의 수용은 유교의 근본이념에 대한 철저한 인식이 전제되어야 한다는 주장도 있었고, 혹은 당시의 유교의 폐단을 인정하고 그 폐단을 제거한 위에서 신학수용을 거론하기도 하였으며, 혹은 구학과 신학은 동일한 것이므로 오히려 구학보다는 신학을 적극적으로 수용하자는 논의도 있었다.[671)]

670) 이광린, <구한말 신학과 구학과의 논쟁>, 『동방학지』 23·24, 1980.
671) 이러한 방법론에 대한 연구는 다음과 같은 것이 있다.
강만길, <동도서기론의 재음미>, 『한국민족운동사론』, 1985.

이는 유교사회를 다시 재건해야 한다는 보수적인 척사론에서 보이던 부정적인 신학 인식과는 그 논리적 수준을 달리하며, 우매하게 여기고 있던 민중과 더불어 유생층이 바로 계몽의 중요한 대상이 되고 있다. 계몽운동을 전개하던 지식인층은 개혁을 실시하기 위한 신지식인층의 확보가 필요하였던 만큼 그들의 동맹세력을 바로 이 보수적인 유생층에서 구할 수밖에 없었던 것이다.[672] 나아가 치열한 경쟁에서 살아남기 위한 '경쟁의 적응력'[673]을 확보하기 위해서는 허문만을 숭상하는 전통적 가치체계에서 벗어나 서구문화의 대폭수용이 필요하였다. 이에 따라 유림에 대한 계몽이 신문이나 잡지의 중요한 내용이 되고 있다.

앞 장에서 살펴보았듯이 『황성신문』의 발간 목적은 보수유생층을 계몽시켜서 이들을 계몽운동과 신교육운동으로 이끌자는 데 있었으므로 당시의 신문들처럼 문명개화를 주장하였으나 일정한 원칙을 두었다. 이들은 서구의 정치제도 사상 등에도 관심을 보였지만 그보다는 서구의 기술 수용에 더 많은 관심을 보였으며, 외국학문만 취하고 본국 학문을 버리는 것이 아닌 태도,[674] 즉 서구의 무조건 모방보다는 기단취장· 작고통금의 신중론을 강조하였고,[675] 일본의 명치유신을 높이 평가하면서도 아울러 중국의 변법운동 등에도 큰 관심을 보였다.

『황성신문』에서는 문명 개화를 지향하였지만 무조건적인 개화 찬양은 아니었다. 이들은 우선 당시 한국에서 올바른 개화가 되지 않은 것은 인폐와 사폐(事弊)라는 이대 폐원 탓이라 하였다. 인적인 것으로는 완고

김영호, <개항이후의 근대경제사상>, 『한국학입문』, 1983.
김용섭, <광무년간의 양전 지계사업>, 『한국근대농업사연구』, 1984.
민두기, <중체서용론고>, 『동방학지』 18, 1978.

672) 김도형, <한말 계몽운동의 정치론 연구>, 『한국사연구』 54, 1985. p.97
673) 『황성신문』 1908. 4. 8 논설 「天擇物競에 適者生存論」
674) 『황성신문』 1906. 11. 19 잡보 「新舊學文의 理解」.
675) 『황성신문』 1901. 12. 16 논설 「不覺時勢難免夏蟲井蛙」

파와 개화파의 대립, 사적인 것으로는 구식과 신식적인 것의 대립 탓에 사회질서가 문란해지고 인류생활이 위험하게 되었다는 것이다. 완고파가 주장하는 수구가 앞에서 잘못하고 그 뒤를 이어서 개화가 잘못하여 금일의 지경에 이른 것으로 수구가 공맹의 책만 독송하고 구태와 요순의 유제만 좋다고 말하면서 위로는 군주와 국민을 기만하고 세상을 속였다면, 개화는 스스로 시무에 숙련되었다 하여 정치를 행하고 사람을 등용함에 공공연히 뇌물을 주고받으며 사사로움을 영위함에 교묘한 짓거리가 백출하여서 나아가 임금을 섬긴 즉 전국에 폐독을 끼치고 물러나 선비가 된 즉 동포를 위태롭게 하였다는 것이다.[676]

수구와 개화 양자가 당시 한국 상황을 야기한 책임이 있는 자이므로 이를 타개하기 위한 노력을 기울여야 한다고 주장하였다. 개화를 둘러싼 갈등을 보수와 개진(개화 진보), 수구와 구신(求新)의 대립으로 여겼지만 궁극적으로는 이 양자가 차이가 없음을 주장하였다. 먼저 보수와 개진에 대해 양자에게 무엇을 보수하고 무엇을 개진할 것인가를 묻고 있다. 여기에 대한『황성신문』의 입장은 다음과 같은 것이었다.

> "국가의 면목을 보수하고자 한다면 부패정치를 쇄신하지 않으면 안 되고, 민족의 세력을 보수하고자 한다면 무너진 인심을 진작시켜야만 한다. 사회의 정신을 보수하자면 나쁜 관습을 개량하여야만 한다. 생계와 실업을 보수하고자 한다면 그 정교를 장려하여만 하니 이름은 개진이지만 실제는 보수라 할 수 있다."[677]

국가, 민족, 사회정신을 유지할려면 나쁜 것을 고쳐나가야 하므로 보

676)『황성신문』1906. 7. 6 논설「皮開化之弊」
677)『황성신문』1907. 4. 28 논설「保守와 改進」

수에는 개진이 필요하다는 것이다. 또한 개진하려는 목적도 국가, 민족, 사회정신을 유지하기 위해서 개진하는 것이므로 보수가 없으면 개진이 있을 수 없다고 하였다. 즉, 국가·민족·사회·실업을 보수하기 위해서는 정치·인심·관습·기술의 개량이 필요한 바 이는 말로는 개진이나 실제로는 보수이며, 역으로 정치·사회·민족·실업을 개진하려면 양법미규, 유풍선속, 보수정신, 보수능력이 필요함으로 이는 말로는 보수이지만 실제로는 개진에 해당되는 것이다. 그러므로 보수자라도 완고의 보수를 하지 않으면 가히 보수라고 말할 수 있으며, 개진자라도 경박스런 개진이 없으면 가히 개진이라고 말할 수 있는 것이다.[678)]

개화하려는 자는 사회의 개량함은 생각지 아니하고 다만 정치의 선미만 희망하며, 교육의 진취를 강구하지 않고 현능한 인재가 배출되지 아니함만 우려하고, 공작의 진흥을 장려치 않고 다만 기구만 정량코자 하는 것 등이 천도를 따르지 않고 인사에만 치중하는 폐단이 될 수 있다는 것을 염두에 두어서,[679)] 본을 중시하고 용(用)을 고쳐야 한다고 주장하였다. 그렇기 때문에 수구파와 개진파는 결국 부강을 달성코자 한다면 구식을 변화시켜 새롭게 하지 않을 수 없으므로 완고든지 개화든지, 구식이든지 신식이든지, 전부 천도 본연의 이치를 따라서 인사의 당연한 방법으로 변화하여 류니(鷚泥) 교격(矯激)한 폐단을 없애고 일치단결의 힘을 얻어야만 한다는 것이다. 즉, 보수와 개진은 대립이 아니라 각자의 주장은 다르지만 국가의 자주 자강을 위한 개혁과 민력을 양성하는 데 그 궁극적 목표를 두고 있으므로 상보의 관계에 있는 것이 된다.

이러한 점을 볼 때 『황성신문』은 무조건적인 신학의 수용이 아닌 전

678) 『황성신문』 1907. 4. 25 논설 「保守와 改進」
679) 『황성신문』 1906. 7. 5 잡보 「國民教育會演說」

통의 재긍정에 입각하여 좋은 것만 취하고 나쁜 것은 거부하려는 주체적인 수용을 강조한 것을 알 수 있다. 잡보에 실린 <국민교육회연설>을 보면,[680] 이치를 따라 법이 변화하는 것은 천도의 본연이고 인사에 당연한 것이다. 그러므로 구식은 신식의 근저가 되고 신식은 구식의 정화가 되는 것이므로 구학을 바탕으로 한 신학의 수용은 '온고이지신'의 태도를 지녀야 바람직하다는 것이었다. 새롭게 개혁하고자 할 때는 먼저 옛것을 익히고 진실로 옛것을 지키고자 할 때는 마땅히 새로운 것을 먼저 배워야 한다. 그러므로 진정한 수구와 개화는 '고금에 통달하면서 완고하지 않은 자이며, 허학을 버리고 실학에 힘써 쓸모없는 사람이 되지 않는 자'인 것이다.[681] 보수와 개진 두 세력이 대립하지 않고 단결하려면 심성 본원에 관한 것 외에는 다 변한다는 이치를 알면 된다는 것이다.[682] 즉 정치와 법률 같은 것은 모두 시대에 따라 변하는 것이며, 다만 도덕은 변하지 않은 것이다. 다시 도덕 안에서도 '절목사변(節目事變)'에 관한 것은 변할 수 있고 '심성본원'에 관한 것은 변할 수 없다는 것이다. 그리고 여기서 '절목사변'은 정부에 대해 국민이 복종하는 것이 도덕이 될 수 있고 저항하는 것이 도덕이 될 수도 있는 것이라든지, 말을 하는데 침묵을 지키는 것이 도덕이 될 수도 있고 웅변을 하는 것이 도덕이 될 수도 있는 것이라든지 하는 것을 가리킨다고 하였다.[683] 이렇게 된다면 도덕 가운데 인성에 관한 것 이외는 모든 것이 변화할 수 있다는 의미이므로 개혁의 폭이 상당히 넓어지게 된다.

그러나 그렇다고 하여 그들이 급격한 문명개화를 바란 것은 결코 아

680) 『황성신문』 1906. 7. 4 잡보 「國民教育會演說」
681) 『황성신문』 1906. 7. 6 논설 「皮開化之大弊」
682) 『황성신문』 1909. 4. 4 논설 「守舊와 求新者의 誤解」
683) 위와 같음

니었다. 어디까지나 점진적인 개화를 매우 강조하였다.『황성신문』은 일부 구신파(求新派)들이 개혁시대에는 부득불 '파양의 방법'으로 부패한 국가와 사회를 개혁할 수밖에 없다고 주장하는 데 대하여 부정적 견해를 나타내었다. 각국의 혁신사를 보아도 '파괴주의는 완전한 이익이 없고 보수주의로 진보함이 극히 아름답고 좋은 방침'이라 하면서 영국과 일본의 예를 들어서 이들 나라들이 모두 보수주의로써 진보할 수 있었음을 강조하였다. 더구나 우리의 현실은 수구파가 대부분이고 구신파는 소수에 지나지 않고 인민의 신용과 스스로의 능력도 수구파가 구신파보다 우세하기 때문에 '구신파들이 수구파들에게 충격을 가하지 않고 화협을 도모하면서 보수주의를 타파치 않고 점진주의를 취하여서 일반사업에 개량진보를 기도하는 것이 완전한 방침이라'고 하였다.[684] 수구파에게 충격을 주지 않으면서 점진적인 개량 진보할 것을 주장하고 있는 것이다.

『황성신문』에서 허문의 숭상을 비판하면서 실사를 강조했다고 해서 결코 학리(學理) 그 자체의 필요성을 부정한 것은 아니었으며 오히려 학리와 실사(실용)의 조화를 강조하였다. 동양 제국이 서양 각국보다 정치교화가 못 미치는 것은 학리와 실사가 이분된 연유에 있으므로,[685] 우리나라에서도 학리와 실사를 병행하는 목적에 도달할 수 있도록 십분 주의를 해야 한다는 것이었다.[686] 이는 곧 실사를 위해 학리를 추구해야 하며, 학리에 바탕을 두어 실사를 행하여야 한다는 것을 의미한다. 따라서 이들의 주장에 따르면 실사를 떠난 학리는 공담이며, 공담만을 오로지 숭상하면 곧 문약에 빠지게 되고, 문약에 치우치면 경쟁의 시대

684)『황성신문』 1909. 11. 17 논설「保守主義로 進步함이 佳良한 方針」
685)『황성신문』 1908. 2. 21 논설「學理와 實事의 併行」
686)『황성신문』 1908. 2. 21 논설

를 당하여 '스스로를 보존할 능력'[687]을 잃게 된다. 이런 면에서 이들은 실사와 조화를 이룬 고유한 학리로서 실학을 강조하면서 정약용, 유형원, 이익 등의 실학자와 그 사상 내용에 많은 관심을 가지고 소개하였다.

우리에게 부족한 실사를 어떻게 보완하느냐에 대해서 선진 서구의 가치관을 과감하게 수용하되 특히 실사를 중시하는 가치체계를 본받을 것을 주장하였다. 또한 서구라는 것을 수용하되 그 방법으로는 세 가지를 제시하였다.[688]

첫째는, 구학을 체로 삼고 신학을 용으로 삼아 서구의 장점으로 우리의 단점을 보완하는 방법이다(舊學爲體, 新學爲用). 둘째는, 종래의 완고한 사상과 부패한 학문은 모두 버리고 서구의 것을 수용하는 방법이다(舊學廢棄, 新學受用). 셋째는, 구학도 나름대로 장점이 있고 신학 역시 장점이 있으므로 손익을 참작하여 독자적으로 신규를 정하는 방법(新舊學特長受用)이다. 여기서 첫 번째의 방법은 동도서기파일 것이며, 신구학 특장수용파는 『황성신문』 자신의 입장으로 1898년 이후 『황성신문』이 제기한 '신구학 참작절충론'을 좀 더 발전시킨 것이라 할 것이다. 주목되는 점은 『황성신문』은 이 두 가지 경향을 구분하고 있다는 점이다. 동도서기파는 1880년대에 등장하여 과학기술의 측면에서만 서학을 수용하자는 것이고, 신구학참작절충파는 1890년대 말에 등장하여 정치체제, 정치사상의 측면에서도 서학을 수용할 수 있다는 것이었는데, 이제 이 사상은 자강운동기에 와서 사상 윤리 도덕 등 대상을 불문하고 구학이든 신학이든 특장이 있으면 취할 수 있다는 논리로 발전한 것이다. 이 중에서 『황성신문』은 세 번째 방법에 중점을 두어 신학과 구

687) 『황성신문』 1910. 6. 29 논설 「文勝의 弊害를 痛論함」 續
688) 『황성신문』 1907. 5. 15 논설 「舊學問과 新知識의 關係」

학에서 각각 단점은 버리고 장점은 취하여 신규를 만들어 내자는 태도를 지녔다.

『황성신문』의 필진들은 개신유학자로서 고루 보수한 인물은 아니었지만 무조건적인 서구화도 원치 않은 인물들이었다. 우리의 전통을 살리면서 서양의 좋은 법과 제도를 접목시켜야만 건전하게 발달할 수 있다고 보았던 것이다. <광문사신간목민심서>란 글을 통해서,[689] 한국인의 완고자, 즉 구학을 지키려는 자는 중국의 옛 제도만을 따르고자 하고, 개화자 즉 신학을 받드는 자는 서양의 문물만을 따르고자 함에 이를 배격하고 양자의 장점을 참작 절충을 시도하겠다고 하고 있음은 그것을 잘 설명해 주고 있다. 특히 이들은 서구의 것을 수용하되 자국의 것은 버리고 서구의 것이면 무엇이나 수용하려는 입장에 대해 매우 비판적이었다. 서구의 것만 숭상하는 것은 노예근성을 양성하는 것에 불과하지 올바른 국수(國粹)는 아니라는 것이었다.[690]

국가가 위기에 처하여 있었던 시기에 민족정신을 앙양하기 위한 정신교육은 당연히 매우 중요한 것으로 받아들여졌다. 허명개화를 지양하기 위해서도, 외국사상의 노예가 되지 않기 위해서도 정신교육은 필요한 것이다. 이러한 점은 『황성신문』에서 강하게 주장하고 있다.

수용적 학문만 긴요한 것이 아니고 정신적 학문을 필수로 하여 도(道)로써 국민을 교육시키고 지성으로 애국하여 개인마다 확실히 문명되어 정신을 충양하면 국가 진흥에 어려움이 없다는 것이다.[691] 우리 국민이 노예 상태에 빠져 무한한 모욕과 압박을 받지 않으려면 신지식·신학문을 배워서 연마해야 한다.[692] 신학문을 배워서 부국강병을 이루고자 하

689) 『황성신문』 1902. 5. 19 논설 「廣文社新刊牧民心書」
690) 『황성신문』 1909. 4. 11 논설 「先誓」
691) 『황성신문』 1906. 5. 24 잡보 「謹呈講習所諸公」

면서도 신학문은 외래의 것이므로 외국의존적 사상을 낳게 되거나,[693] 외국의 것만 숭상하고 우리 것을 멸시하는 노예성을 기르게 될 수도 있으므로 조심해야 한다고 보았다. 이런 노예성을 막기 위해서는 국문·국사 등 우리의 것을 소홀히 하지 않아야 한다고 주장하였다.[694] 그러므로 본국학과 외국학을 아울러 가르치고 실력을 쌓고 실천하게 해야 하며,[695] 외국어를 배우는 것도 좋지만 자국의 언어를 먼저 배워야 하고,[696] 타국의 역사를 배우더라도 먼저 본국역사를 가르쳐야 한다는 것이었다.[697] 이 신문은 이렇게 함으로써 학생들이 자국의 정신을 배양하게 되고 자국의 정신을 배양하여야 충애의 목적에 도달할 수 있다고 하였다. 이들은 신학을 공부한다고 하면서 내실을 기하지도 않고 전통적인 가치관을 부정하는 사례가 있다고 지적하면서 이를 개탄하였다.[698]

『황성신문』은 논설을 통해 교육이 급선무임을 계몽하면서 교육목표로 자주성 교육을 제시하여 애국심 앙양을 주장하고, 자주성 교육이라는 교육 목표를 달성하기 위한 방법으로 실상학문을 강조하고 있다.[699] 즉 『황성신문』의 태도가 '허명은 이를 버린다'고 하더라도, 역사상에 있어서 한국 민중의 애국적 전통과 학문적 유산을 모두 부정하는 것은 아니었다.

---

692) 『황성신문』 1905. 3. 9 논설 「國力振興在教育發達」 續
693) 『황성신문』 1907. 7. 11 논설 「全國人民의 雜心悖行을 宜亟抛痛革」
694) 『황성신문』 1908. 3. 20 논설 「朝鮮魂이 稍稍還來乎」
695) 『황성신문』 1899. 1. 9 논설
696) 『황성신문』 1899. 6. 27 논설
697) 『황성신문』 1899. 4. 22 논설
698) 『황성신문』 1909. 1. 28 논설 「新世界의 危機」
699) 독립협회의 구성원들이 창간한 신문이 『독립신문』과 『황성신문』이었으므로, 『황성신문』에 나타난 교육사상은 독립협회의 교육사상을 대변한 것이며 나아가 기본적으로는 갑오개혁의 교육사상을 계승한 것이고 심화한 것으로 보고 있다 (강재언, 『한국의 개화사상』, 비봉출판사, 1981, pp.314-318.

반면에, 『황성신문』은 유교에 집착하여 서양의 신학문을 해롭게 여기는 경향에 대해서도 비판하였다.[700] 한국에서 학문이 있다하는 자들이 우물 안 개구리로 경서와 역사책 이외에는 배울 것이 없다하고, 천문학, 지리학, 농학, 상학, 공학, 의학, 화학, 산학 같은 학문이 서인의 학이라 하여 무용한 것이라고 말하는 것은 동리 밖으로도 출입하지 않으면서 고향과 나라를 지킨다는 의견이라고 비판하였다. 그러면서 타국의 풍속과 교화와 민정을 익혀 우리 것과 비교하여 좋은 점은 취하고 단점은 버리는 것이 바람직하다고 한다. 즉 "자국의 예부터 내려오는 법규를 유지하거나 없애는 데 혹 외국에 신법이 있으면 지켜오던 법과 비교하여 투철한 효력을 헤아린 연후에 구법을 없애고 신법을 행하는 것이 좋다"[701]는 신중론을 전개하였다. 이는 『독립신문』이 유럽에서 궁구 탁마한 것이면 무조건 수용하면 된다[702]는 급진적 수용론을 편 것과는 다르다.

『황성신문』은 자칭 '수구를 심호하는 자'[703]로서 '동서고금을 참작절충'[704]하는 방향에서 문명개화를 주장하였다. 단점을 버리고 장점을 취하며, 옛 것을 버리고 새로운 것을 따르는 옳은 것을 가려서 지키는 방법에는 견지력과 내구성이 필요하며, 날마다 새롭게 하는 것이 필요함은 이미 성현의 가르침에 나타나 있으므로 그 가르침을 따르는 것이라는 입장을 취하였다. 신학에 관하여도 유교경전을 이용하여 설명하고 있다. 유교의 '수신제가치국평천하'와 '정심성의'가 격물치지에 관한 것으로, '격물(格物)'이란 새로운 것을 발명하여 로득(擄得)함을 말하는 것으로 경전에도 이미 나왔으므로[705] 신학을 수용하는 것이 유교 경전

700) 『황성신문』 1898. 9. 15 논설
701) 『황성신문』 1899. 6. 28 논설
702) 『독립신문』 1899. 4. 10 논설
703) 『황성신문』 1899. 6. 28 논설
704) 『황성신문』 1902. 5. 19 논설 「廣文社新刊 牧民心書」

에 어긋나지 않는 것이다. 또 기단취장하고 옛것을 버리고 새로운 것을 추구하는 것은 <시경> 대아편의 솔유구장(率由舊章)이란 말이나 맹자의 고유지고(高臾之固)와 같은 것으로 옛 성현들도 말한 바이므로 바람직한 태도라고 보았다.

나아가 『황성신문』은 우리나라는 갑오 이후로부터 변법하기를 생각한지 오래이되 지금까지 능히 변치 못함은 그 본이 바르지 못하고 그 근원이 맑지 못한 까닭이라고 하여 지방관 선임과 인재등용의 중요성을 거론하고 있다. 지방관으로는 진심으로 민의 일을 돌보는 자를 잘 선택해야 하며, 인재도 실학한 자들 가운데서 등용해야 한다고 주장하였다. 지방에 학교를 설립하여 우수한 수재를 뽑아 본국학과 외국학을 고루 가르친 후 다시 우등한 학생을 가려서 중앙의 경학교로 보내어 공예에 대한 실용적 인재를 양성하여 나라가 부강하도록 하여야 한다고 보았다.[706)]

여기서 말하는 '그 본을 바르게 하고 그 근본을 맑게 하는 것'이란 정치를 국민에게 접근시켜는 것을 의미하며, 또 가르쳐야 할 학문이란 무비 · 격치 · 제조 · 농상 · 의술과 광업 · 산술 등이다. 그러나 이것은 부국이 되기 위해 정부에 제언하는 정책인 것이다. 일반인이 부국을 위해 기울여야 하는 노력은 공장건설, 상업회의소 설치, 농법 개량 등 이었다. 『황성신문』은 상공학교를 설립할 것을 독촉한 국왕의 조칙을 지지하는 논설 속에서 '배워서 벼슬에 있는 자'로서의 사, '땅을 갈아 곡식을 심는 자'로서의 농, '기술에 의하여 기를 만드는 자'로서의 공, '재물을 유통

705) 『황성신문』 1899. 3. 3 논설. 修身齊家治國平天下하는 대사업이 正心誠意로부터 致知하는데 告하야 致知하는 것이 格物하기에 在하다 하였으니 物을 格한다 함은 新을 發明함을 이름이오 新을 擴得함을 이름이라 是故로 經에 日호되 大學之道난 明德을 明하난대 在하고 民을 新하난데 在하고 至善하난대 止하기에 在하다 하니라

706) 『황성신문』 1899. 1. 9 논설

시키고 물건을 파는 자'로서의 상이 다 같이 고루 흥하여야만 나라가 부강할 수 있다고 하면서 공상을 천시하는 종래의 폐풍을 시정하고 '백성으로 하여금 먼저 공상에 종사하게 하는 것이 급무'임을 강조하였다.[707] 이를 위해선 사농공상의 차별관을 타파하고 직업관의 변혁이 중요하다고 보았다.

이상에서 살펴본 바와 같이 당시 신·구학 절충론적인 분위기는 갑오개혁의 교육개혁 및 각종 개혁의 실패를 거울삼아 나타난 대응방식으로 재래의 학문을 바탕으로 신학을 받아들이자는 것이었고, 나아가 재래의 교육을 바탕으로 신교육을 수용하는 태도로서 정책으로 반영되었다. 따라서 국민정신과 사회기강을 확립하기 위해 유교정신이 교육의 기본으로 강조되는 가운데 부국강병과 이용후생을 위한 서구의 기예교육이 참작, 수용되었다. 이러한 주장은 유교에만 얽매일 것이 아니라 서구의 장점인 천문학·지리학·농학·상학·공학 등등의 학문 즉 실상학문을 취하여야 한다는 것이며, 본으로서의 유학에 대한 개혁의 필요를 강조하는 것이라고 본다.

2. 유교개혁의 필요성

『황성신문』이 신구학절충에 의거한 신학 수용을 하여 문명 진보를 달성하고자 하였지만 이들이 참작코자 하였던 구학은 종래의 폐단을 개량한 새로운 유학이였다. 그들이 필요로 하는 유학은 학리만 숭상하는 것이 아닌 실사도 겸비한 유학, 시세에 적절히 변화할 수 있는 유학이었다.

707) 『황성신문』 1898. 11. 19 논설

그러나 종래의 유학은 조선 중엽 이래로 육체(六體)에 치중함으로써 많은 폐단을 야기하였으며, 그 결과 유생들이 재주가 뛰어나고 문장이 신기하다고 하더라도 일을 당하여서는 아연할 뿐 실제에 응용할 수 없는 학문[708]이 되었기에 부적절하므로 이의 개혁이 시급하다고 보았다. 사회변혁에 대한 적응력과 변혁의지의 결핍, 민중적 기반의 결핍과 같은 유학이 지닌 학문적 한계성을 인식하고,[709] 유교를 개혁하여 근대적인 정치, 사회 전반에 걸친 개혁을 유교와의 관련 속에 진행하고자 하였다.

이들의 당시 사회 상황에 관한 인식 역시 대내외적 요인에 따른 위기의식을 바탕으로 하고 있다. 사회진화론의 영향을 받아 우승열패의 세계[710]에 처한 한국은 대외적으로는 적자만이 살아남을 수 있는 경쟁의 시대를 맞이하였으나 국내의 사회상황은 아직도 민지가 낮고 의식수준이 고루하여서 나라가 존망의 위기에 직면해 있다는 것이다. 당시 한국이 경쟁의 시대에서 살아남을 수 있는 경쟁력이 없는 상당히 위험스러운 상태이므로, 이런 상태를 벗어나기 위해선 경쟁력이 적당한 자를 키워야 한다는 것이다.[711] 즉, 병이 날마다 깊어 감으로 병의 근원을 찾아 근본적 개량[712]을 서둘러야 한다는 것이었다.

『황성신문』에서는 경쟁력을 양성하기 위해 근본적 개량이 필요한 사회의 각 모습을 조목조목 들고 있다. 첫째, 가치체계 전반을 혁신하는 것이었다.

---

708) 『황성신문』 1899. 3. 30 논설

709) 금장태, 앞의 논문, p.200.

710) 『황성신문』 1905. 3. 18 논설 「述客問」

711) 『황성신문』 1908. 4. 8 논설 「天擇物競에 適者生存論」

712) 『황성신문』 1908. 3. 12 논설 「根本的 改良」

> 국가의 강약과 흥폐는 국민의 지식과 능력에 오로지 달려있고 지식과 능력의 증감은 국민의 사상에 달려있는 것이오. 사상의 통색(通塞, 원활하고 폐쇄)은 국민의 습상에 달려있는 것인 까닭에 국가의 자립을 기도할진데 국민의 지식과 능력을 증진할 것이오. 지식과 능력을 증진히고자 하면 국민의 사상을 전이할 것이오. 사상을 전이힐려면 불가불 그 습상 (중략)……… 경신을 착수할 지라.[713]

에서 국가의 강약 흥망은 국민의 지식과 능력에 달려 있고 그것은 또한 국민의 사상, 습속에 달려 있음으로 국민의 습속과 사상을 개혁하는 데 착수해야 한다는 것이다. 개항 이후 상당한 노력을 기울여 개화코자 하였으나 그것이 잘 실현되지 않은 이유는 의식의 개혁이 이루어지지 못하였고, 올바른 개화가 되지 않아서였다고 보고 허명개화를 버리고, 실상개화에 힘써야 한다고 주장하였다. 관직명을 고치고 국제를 정하고 과거를 폐지하고 학교를 설립하는 등 개화를 표방한 지 수년이 지나도록 허례허식을 숭상하는 습관이 남아 관제개혁 이후에도 구습에 따라 허칭하는 명호를 쓰는 등의 허명개화를 숭상하는 태도[714]가 사라지지 않고 남아 있다는 것이다. 즉, 남의 것만 좇아 모방하는 것은 허명개화로서[715] 비록 나쁘긴 하지만, 자포자기하고 아무 것도 하지 않은 자보다 훨씬 나으므로 모든 일에 쉬지 않고 열심히 행할 것을 촉구하였다. 그러므로 이런 서구의 모방에 불과한 허명개화에서 벗어나기 위해선 개화의 의미를 서양에서만 구할 것이 아니고 일찍이 동양에도 있었으므로 그 전거를 찾아 개화의 의미를 살펴보아야 한다고 하였다. 동양에 예전부터 있었던 개화 중에서도 행실개화는 천하만국의 통상하는 규

713)『황성신문』 1909. 2. 13 논설「舊學改良이 是第一着手處」
714)『황성신문』 1899. 6. 21 논설
715)『황성신문』 1898. 9. 23 논설

모와 천만년 열력하여도 오랫동안 변하지 않지만, 정치 법률 등등의 제 개화는 시대를 따라서 변하기도 하고 지방을 따라서 차이도 있기 때문에 고금의 형세를 참작하고 피차의 사정을 비교해서 장점을 취하고 단점을 버리는 것이 개화의 대도라 하였다. 결국 만고불변의 진리로 이들이 중시했던 것은 삼강오륜, 인간의 도리를 가르치는 유학의 규범체제였음을 알 수 있다.716)

이들이 강조한 가치체제의 개혁은 허례허식 숭상의 태도를 버리는 것이었을 뿐, 개화를 위해서 서구의 문물제도를 받아들이더라도 우리 사회의 가치체제를 모두 부정하는 것은 아니었다. 오히려 서구의 모방에 불과한 허명개화에서 벗어나기 위해선 국가사상, 정신의 함양이 필요하다는 것이었다.

둘째, 우리에게 필요한 것은 자유사상의 발휘와 노예성의 조절이었다. 동양에서도 개화의 전거가 상당히 많았음에도 불구하고 현금에 이르러서 당시 서양이 동양보다 발달하게 된 요인은 혁신성에 있다고 보았다.717) 서양도 고대의 완습은 동양보다 심했고, 그 본래 문명은 동양보다 못하였으나 개혁에 용감하고 새로움을 구하는 것을 서둘렀으며, 압제가 극에 달했을 때 자유사상을 발출하여서 점점 문명의 진면목에 젖어 들었다고 하였다. 또한 종교개혁으로 사상계의 노예성을 제거하고 웅비함으로써 지구를 진감하게 이르렀다는 것이다. 즉 서양은 개혁에 힘쓰고 자유사상의 발휘와 사상에서의 노예성을 혁파하여 발전을 이룩하였음을 주장하였다. 이들은 우리가 개화발전을 이루려면 자유사상의 발휘와 혁신성, 사상에서의 노예성을 탈피하여야 된다는 의식개혁의 필

---

716) 『황성신문』 1898. 9. 23 논설

717) 『황성신문』 1906. 9. 26 논설 「警告全國同胞」

요성을 주장하였고, 그와 같은 것도 자국의 국가사상 및 정신이 없으면 되지 않음을 강조하였다고 하겠다.

셋째, 관습개혁이 이루어져야 한다고 보았다. 이들은 갑오개혁으로 법제적으로는 반상제도가 폐지되었지만 실질적으로는 잔재하고 있던 양반의식을 비판하면서 반상의식의 철저한 불식과 보학을 편파하는 태도를 뿌리뽑을 것을 강조하였다.[718] 그들은 당시 한국의 부패한 병세의 근본적 원인이 바로 양반의 완고한 고질이라고 하였다. 그 고질적 폐단으로 세 가지를 들었다.[719] 첫째, 과문육체(科文六體) 위주의 과거는 인재를 망치는 제일 기관이라는 것이다. 즉, 양반신분의 특권의식, 신분에 따른 직업차별, 인재등용의 불공평성이 나라의 인재를 절멸시켰다고 보았다. 이런 폐단을 막기 위해선 무관차별금지, 남행(음서)금지, 문벌타파, 중인차별금지를 통한 사회적인 평등과 능력에 따른 인재등용이 이루어져야 한다고 보았다.[720] 둘째, 양반의 수탈과 상공업 천시가 농상공업의 쇠퇴와 아울러 국력의 쇠퇴를 초래하였다는 것이다. 셋째로는, 수 백 년 동안의 과부수절제도가 인종을 축소시켰다고 보았다. 결국 양반의 권위의식이나 반상의식이 사회의 기능을 위축시켰으므로 이의 근절이 필요하다고 보았다.

넷째, 근로를 천시하는 관념의 혁신을 들고 있다. 상업・공업에 종사하여 생계를 유지하느니 차라리 굶어 죽을지언정 반골(班骨)을 보존하여 지하의 귀신에게 부끄럽지 않도록 하는 것이 자기분수에 맞는 일이라는 양반의 고질적인 병폐를 꼬집고 이를 고쳐야만 개화 부강할 수 있다고 하였다.[721] 신분적 차별의식을 고쳐야 할 뿐만 아니라 나아가 '양

---

718) 『황성신문』 1900. 1. 13 논설 「懷瑾握瑜者何人」
719) 『황성신문』 1906. 11. 28 기서 「警告全國兩班」
720) 『황성신문』 1900. 9. 3 논설 「怨開化說」, 1900. 9. 6 논설 「解開化怨」

반자제들이 인력거를 끌어야'[722] 부국강병이 된다고 하여 무엇보다도 양반의 근로의식이 고취되어야 함을 주장하였다. 양반들이 하는 일 없이 유의유식하는 것을 비난하였으며, 양반 이외에 일반적으로 국민들이 가진 의타심도 비판하였다. 빈부, 부자, 형제, 인민과 정부, 국제관계에서 사람들이 모두 남에게 의지하려고만 하면 자주독립할 마음이 생길 수 없기 때문에 의뢰의 폐습을 버려야 한다고 하였다. 이런 의뢰의 폐습은 게으름의 타성과 함께 국가의 자주독립을 해치는 것으로 보았다.[723]

우리 민족이 열강에 의해 국세가 열악한 것은 저들이 급변한 데 비해 우리는 게으른 때문이며,[724] 이는 안일과 고식의 습관과 함께 버려야 할 것 중에 하나였다. 또한 안일과 고식은 우리 동포의 뇌수 중에서 가장 독한 병균[725]으로 인류생활계에서 영구 안전한 행복을 누리고자 한다면 안일과 고식적인 태도를 버리고 모험용진의 지기(志氣)와 견인내구의 성질[726]을 가져야 한다고 주장하였다. 또한 이들은 놀고먹으면서도 풍류와 유희, 향락, 잡기에 몰두하는 폐습을 버릴 것과 세상을 등지고 은거하는 것을 비난하여[727] 근로를 강조하였다. 결국 이러한 악습타파는 일을 중요시하며, 근로를 강조하는 태도를 지니게 하였다. 이들은 일하는 것이야말로 천부의 직분이며, 국가사회의 최대 기초인 노동을 싫어하는 것이야말로 국가의 기초를 파괴하는 것이라고 주장하였다.[728] 그러므로 개인의 건강이나 생활 자본을 얻기 위해서, 국가의 부

721) 『황성신문』 1901. 3. 4 논설 「客言切當」
722) 『황성신문』 1901. 4. 6 논설 「余適出於南郊하야………」
723) 『황성신문』 1907. 6. 3 논설 「依賴於人者난 必傾覆於人」
724) 『황성신문』 1908. 5. 19 논설 「其民이 怠惰면 其種이 滅亡」
725) 『황성신문』 1908. 11. 24 논설 「我同胞腦髓中에 最毒한 病菌」
726) 위와 같음
727) 『황성신문』 1899. 12. 22 논설 「隱士不可獨善其身」
728) 『황성신문』 1909. 6. 27 논설 「勞動力作의 身範」

강을 위해서 국민 모두가 노동에 힘써야 한다는 것이다. 그리고 무엇보다 부지런히 해야 한다고 강조하고, 만사를 힘을 다 하여 열심히 하면[729] '몸도 근칙(謹飭)하고 집안도 수성하며 국가도 흥왕하고 천하도 또한 평안할 것'[730]이라고 하였다. 또한 '학식을 실행하지 않으며 준비를 하지 않는' 습성을 지양하여[731] 사전에 대비하는 사고와 주심[732] 정심[733] 긴심(緊心)[734] 또는 자신감[735]을 가지고 매사에 임하는 태도가 필요하다고 하였다.

이와 같은 사고방식과 노동중시 태도 외에도 당시 필요한 것은 각 아문의 각종 잡세, 부역금지, 육의전의 특권폐지, 공물금지, 자유로운 상업 활동 보장[736] 등 제도적 장치와 아울러 근대적인 국가·사회관을 바탕으로 하여 공사를 엄격히 구분할 줄 알아야 한다는 것이다. 국가나 사회가 구성된 목적은 군주의 전제를 위한 것이 아니라 사회성원의 안녕과 질서, 복지를 보장하기 위한 것이었다. 따라서 국가나 사회는 인민의 보호에 만전을 기해야 하며 인민은 국가나 사회가 추구하는 공동선을 위해 희생하거나 봉사해야 한다는 것이다.

> 우리가 자신의 권리를 유지하고 자신의 가격을 잃지 않을진대 사회단체로서 안신입명할 여지를 만드는 것이 가능하다. 오직 우리 일반인사는 이것을 통찰하고 이것을 염두에 두어 아무쪼록 사회에 입각하며 사회에 헌신하여 각자 능력대로 국가와 민족에 대한 사업을 협동하여

729) 『황성신문』 1908. 7. 23 논설 「萬事를 盡力爲之하면 必有成功之日이니 何用絕望하리오」
730) 『황성신문』 1899. 11. 22 논설
731) 『황성신문』 1901. 5. 20 논설 「思患豫防」
732) 『황성신문』 1898. 12. 27 논설
733) 『황성신문』 1900. 9. 27 논설 「心正則萬事正」
734) 『황성신문』 1899. 5. 11 논설 「說文拾遺」
735) 『황성신문』 1907. 5. 24 논설 「宜養自信力」 續
736) 『황성신문』 1900. 9. 6 논설 「解開化怨」

> 힘쓰기를 목적으로 삼아 자신의 편견으로 스스로 고결한 모양을 가장하여서 사회 이외의 단독 생활을 추구하지 말지어다.[737)]

이에 의하면 사회에 입각한 것은 공익에 해당하며, 일국의 편견은 사익에 해당된다. 당시 우리나라는 공익보다도 사익을 우선하는 자사병(自私病)[738)]에 걸려 있어 사회의 개혁이 이루어지지 않음으로 이의 시정이 필요하다고 하였다. 이와 관련해서 이들은 강유위의 대동학설을 소개하면서 일반 인사가 '편사의 완벽을 벽파하고 공공적 사상을 개발하여 공공적 사업을 힘쓸 것'[739)]을 촉구하기도 하였다.

위와 같은 국민의 습속, 사상의 개혁과 아울러 이들이 중요시 한 것은 허사허문을 숭상하는 가치체계의 개혁이었다. 이들은 한국의 국력이 쇠약하고 낙후하게 된 것은 300년 동안 사대부들이 공리공담을 숭상하고 일용하는 바가 실질적인 것은 적은 탓이라는 것이다.[740)] 실사를 추구하는 자는 만에 하나도 잃어버림이 없고 허사를 숭상하는 자는 만에 하나도 득이 없으므로 실사를 추구하는 것이 시급하다고 여겼다.[741)]

이러한 인식에 따라 유교의 숙폐를 혁거[742)]할 것을 주장하였다. 그를 위해선 유교가 지닌 공과 잘못에 대한 객관적 파악이 요구되었다. 국가의 체면을 유지하고 민족의 질서를 정돈하여 윤상의 교화가 협흡하고 충효의 의리가 유전하여 애친 경장의 절을 복행한 것[743)] 즉 도덕을 밝히고 풍화를 세운 것은 유교의 공이라고 보았다.

---

737) 『황성신문』 1909. 8. 24 논설 「社會와 吾身의 關係」
738) 『황성신문』 1908. 7. 7 논설 「我韓의 腐敗한 原因」
739) 『황성신문』 1909. 4. 16 논설 「大同學說의 問答」
740) 『황성신문』 1908. 6. 16 논설 「空談의 害」
741) 『황성신문』 1899. 6. 26 논설
742) 『황성신문』 1909. 10. 10 논설 「成均館歷史의 感念」
743) 『황성신문』 1909. 11. 9 논설 「李朝儒林의 功過」

당시 유학이 지닌 폐단에 대해서도 상세히 열거하고 비판을 가하였다. 우선 언론전제의 폐해로 새로운 학리의 개발과 수용을 거부하고, 실리불강(實利不講)의 폐로 실리를 가르치지 않아 실용사업의 발달을 이루지 않는 것, 분쟁의 폐단으로 당파 싸움이나 일삼는 것, 니체불통(泥滯不通)의 폐로 생각이 막혀 개화문물을 수용하지 않는 것, 결신고수(潔身固守)의 폐로 정강이 문란해지면 초야에 묻혀 결신 독선주의로 현실개선을 외면해버리고 만다는 점 등이다.[744] 이외에도 공담 허문만 숭상하고 실사는 버리는 것, 독선 저탁(잘못을 미루어 핑계함)하여 국민을 담담히 잊어버리며, 옛 전철을 묵수하여 시대에 적절한 제도를 연구하지 않는 것, 자중이 지나쳐서 문밖에 나가는 것을 허락하지 않고 세상일을 알지 못하는 것 등의 구습에 젖어 있다는 사실을 들었다.[745]

이와 같은 유교의 폐단을 고치기 위해선 무엇보다도 유림계의 개혁이 필요하다고 여겼다. 사림을 국가의 원기[746]로 인식하고 사림이 망하지 않으면 국가 또한 망하지 않는다는 인식 하에 당시 위기에 처한 상황을 극복하기 위해선 폐습에 젖은 유림의 혁신이 필요하였다. 이들의 생각은 국가의 원기인 사림들을 개화문명의 길로 끌어내어 그들로 하여금 '민지를 개화하고 실업을 일으키는' 역할을 담당하게 해야 한다는 것이다. 『황성신문』은 유생을 잃음은 문명 개진의 가장 많은 세력을 잃는 것이기 때문에 도덕을 종지로 시의에 적합한 법을 발명하여 유생들의 의견을 소통하게 하고, 선현의 '지행합일'을 제창하여 유생들이 실행에 노력하도록 하고자 한다고 말하고 있다.[747]

---

744) 『황성신문』 1909. 11. 9 논설 「李朝儒林의 功過」
745) 『황성신문』 1909. 11. 20 논설 「政治와 宗敎의 關係」
746) 『황성신문』 1908. 3. 28 논설 「我韓의 原基와 根本」
747) 『황성신문』 1909. 8. 25 논설 「催進文明的思想」

『황성신문』은 유림을 '잠재적인 문명개진의 최대의 힘'이라고 보고, 이들을 유교 내의 논리로써 설득하여 문명개진의 장으로 끌어내려 하였던 것이다. 이와 같은 점진적인 문명개화, 유림에 대한 계몽의 강조는 앞 장에서 얘기한 『황성신문』의 학문관과 밀접한 관련성을 갖고 있다고 볼 수 있다.

유림의 폐단은 상당히 누적되었고 그 쇠퇴의 조짐이 이미 심하다는 것은 일반적인 인식이었다. 『황성신문』을 통하여 박은식은 당시의 사회 폐습으로 7가지를 열거하였다.[748] 이 중 고루한 폐습은 유림의 폐해와 관련된 것이었다.[749] 여기서 유림의 학문이 말만 앞세우고 신의(新義)을 탐구하지 않으며 좁은 소견에 집착하여 시의를 전혀 알지 못하므로 권면하는 것이 공담이오, 실용의 학문은 마치 여름 벌레에게 겨울의 얼음을 이야기하는 것과 흡사하여 현대의 신학문과 신지식과 신사업은 유림들이 전혀 뜻을 기울이는 바가 아니라고 비판하였다. 박은식은 유림의 폐단으로 분열적 폐단, 수구적 폐단, 개인 고립적 폐단을 지적하면서 공동체의 통합과 신학수용의 혁신과 민족국가의 보존을 지향하자는 유학개혁론의 방향을 드러내고 있다.

유림에 대한 이러한 비판은 『황성신문』의 다른 논설에도 상당히 나타난다. 당시 유림은 진화 개명의 대세를 모르며 청명하고 기이한 지식도 없으며, 박학하지도 않고, 국가사상도 없으면서 찌꺼기처럼 소용없는 문자로 오랫동안 오만하고 자그만한 사리(事理)로써 업을 삼는가 하면,[750] 고루하여 죽은 법을 묵수하며 허문을 숭상함으로 덕을 잃었으며,

748) 박은식이 열거한 7가지 폐습은 挾雜之習, 固陋之習, 吝私之習, 欲速之習 無遠大知識, 無奮發之氣, 無忍耐之性이다. 신용하, 『박은식의 사회사상연구』, 서울대출판부, 1982, pp.174-180.

749) 『황성신문』 1906. 1. 17 논설 「務望興學」

750) 『황성신문』 1909. 11. 7 논설 「讀支那報嘆腐儒心事如出一轍」

선유의 설을 주수(株守)함으로써 당파의 대립을 양성하고 산문에 은둔함으로 대세와 시무에 적합하지 못하여,[751] 그 결과 국가와 민족이 이 지경에 떨어지도록 하였으면서도 벗어날 방법을 강구하는 데 조금도 도움이 되지 못한다는 것이었다.

그러나 유림계에 대한 비판은 유림들을 폐기 처분하자는 것이 아니라 이들이 지닌 폐단을 혁신하여 유교조직을 지탱하면서 이 조직을 바탕으로 하여 개혁을 추진하자는 의도였던 만큼 이러한 유림계의 폐해는 극복될 수 있다는 일말의 기대를 가졌다. 유림을 방기하는 것은 우리나라 최대세력을 버리는 것이며,[752] 또 유교는 우리 국민의 고유한 국성이므로 유림을 개선하여 도덕의 근본으로써 문명 사업에 주력하면 큰 효과를 볼 수 있다고 주장한 글을 통해서도[753] 문명을 주도할 수 있는 세력으로서 유림을 인정하고 그에 따른 현실 대응책을 강구하였다고 볼 수 있다. 중국의 독서인, 일본의 명치유신을 이룬 사람들이 후진을 계도하고 나라를 흥기시킨 것을 지적하면서 우리 유림에게도 이러한 역할의 수행을 기대하였다.[754] 『황성신문』은 유림을 백성을 교화시키고 개명으로 나아가게 하는 중추세력으로 확신하여 이를 위한 시무의 학과 실용의 학, 즉 신학의 필요성을 지적한 것이었다. 사대부들이 교육과 공익사업에 힘쓰지 않음을 비판하고, 우리에게 국민의 의무가 있어 공덕심으로 공익사업을 해야 한다고 하였다.

결국 『황성신문』의 유교개혁 논의는 종래의 개화정책이나 개화논의에 대한 비판 내지 반성이었으며, 나아가 유교 내적인 전통에 대한 자기

751) 『황성신문』 1909. 10. 12 논설 「勸告儒林社會」
752) 『황성신문』 1909. 8. 25 논설 「催進文明的思想」
753) 『황성신문』 1909. 11. 9 논설 「李朝儒林의 功過」
754) 『황성신문』 1909. 10. 12 논설 「勸告儒林社會」

성찰의 태도였다고 본다. 또한 적극적인 개화정책을 추진하는 데 무엇보다 장애요소인 유림들을 개화세력으로 이끌어 들임과 동시에 유림들의 가치의식이나 사회체제의 개혁이 선행되어야만 개혁이 실시될 수 있다는 인식 하에 유교개혁을 주장한 것이었다. 지엽적인 서구문물의 유입에 따른 우리 가치질서의 혼란을 막고 국내 위기상황을 극복하기 위한 전통적 가치의 보호와 민족정신의 배양을 추구하기 위한 현실적 방안의 하나로서 유교개혁론을 제기한 것이라고 생각한다.

3. 유교개혁 방안

당시 우리나라는 공익보다도 사익을 우선하는 자사병(自私病)[755]에 걸려 있어 사회의 개혁이 이루어지지 않음으로 이의 시정이 필요하다고 하였다. 이와 관련해서 이들은 강유위의 대동학설을 소개하면서 일반 인사가 '편사의 완벽을 벽파하고 공공적 사상을 개발하여 공공적 사업을 주거'[756]할 것을 촉구하기도 하였다. 유교 및 유림이 갖고 있는 폐단을 제거하기 위한 개혁 방안으로서 대개 이들은 세 가지 방안을 모색하였다. 우선 성리학 위주에서 벗어나 양명학을 수용하고 실학의 전통을 계승할 것, 유교의 종교화, 그리고 강유위의 대동사상을 수용하여 단결을 추구하는 점이다.

『황성신문』은 "전해 내려오는 구학에 대하여 개량 구신의 방법을 강행치 않으면 수천년 전래하던 유교 일맥은 장차 절멸하게 될 것"[757]이

755) 『황성신문』 1908. 7. 7 논설 「我韓의 腐敗한 原因」
756) 『황성신문』 1909. 4. 16 논설 「大同學說의 問答」
757) 『황성신문』 1909. 2. 13 논설 「舊學改良이 是第一着手處」

라고 주장하여 구학의 존속 여부에 강한 위기의식을 나타내고 있다. 구학의 위기를 극복하기 위한 유교 개량의 방법으로 양명학을 수용할 것을 제창하였는데,[758] 그 이유는 주자의 격물궁리의 공부보다는 왕 양명의 치양지가 더 적절한 학문태도이며, 지행합일의 사상이야말로 실천적 지식인을 요구하는 당대의 사회에 필요한 것이라고 보았기 때문이다.

박은식이 쓴 것으로 보이는 <구학개량의 의견>이라는 글에서는 구학개량의 길로서 주자학을 버리고 양명학을 수용할 것을 제창하면서 그 이유를 다음과 같이 설명했다. 즉 현대의 학문은 격물궁리의 공부인데 주자의 말과 같이 즉물궁리로 하면 한 평생 공부해도 이루기 어려운 일이므로, 왕양명의 말처럼 치양지(致良知)로 해야만 한다는 것이다.[759] 박은식은 현대의 학문을 하는 데는 '격물치지'에 대한 주자의 해석보다는 왕양명의 해석을 따르는 것이 적절한 학문의 태도라고 생각한 것이다. 또 양명학의 지행합일설을 들어[760] 일선을 알면 일선을 행한다는 지행합일의 사상이야말로 실천적 지식인을 요구하는 당대의 사회에 필요한 것이라고 강조하고 있다.

이들이 말하는 지행합일의 격물치지의 학은 실용학문이었다. 실용학문의 발달여부가 동·서양의 국력차이를 가져왔다고 보았다.

서양제국이 옛날에는 우리보다 뒤떨어져 있었는데 오늘날 우리보다 발달하게 된 연유는 격치지학[761] 즉 경학·역사학·병학·정치학·천문학·농학·의약학·공학·제조학·격치학·화학·상학·법률학·어학 등의 실학이 발달하였기 때문이라고 인식하였다.[762] 그에 비해서

---

758) 『황성신문』 1909. 2. 13, 논설「舊學改良이 是第一着手處」. 1910. 1. 30 기서
759) 『황성신문』 1910. 1. 30 논설「舊學改良의 意見」
760) 위와 같음.
761) 『황성신문』 1899. 4. 28 논설
762) 『황성신문』 1898. 9. 9 논설, 1898. 9. 15 논설

우리의 처지는 경학을 중시하여 농·상·공학을 천시하였고, 실학을 주창하였던 유형원 이익 정약용 같은 학자들을 이단으로 몰아 희생시켰기 때문에 실학이 사용되지 못하게 됨으로 국민은 가난해지고 나라는 쇠약해졌다는 것이었다.[763] 즉, 한국은 근세에 들어와 도학을 너무나 존숭함과 동시에 실생활과 밀접한 관계를 가진 실학을 무시해 버렸다는 것이었다. 그러므로 당시 우리에게 필요한 것은 경학위주의 학문 태도에서 벗어나 무엇보다 더 실학에 힘써야 된다고 하였다.

이들은 서양문물이 실학의 범주 속에 들어간다고 보고 이것을 받아들이려고 하고 있다. 즉 실학은 생소한 것이 아니고 이미 17, 8세기부터 우리의 문화유산 속에 있었던 것이며, 우리의 전통 속에 있었던 실학을 매개로 하지 않는 한 서구문물을 제대로 받아들일 수 없다고 하였다. 또한 우리의 실학자들은 한국의 중요문제를 이미 거론하였고, 훌륭한 연구업적을 남기고 있는데도 불구하고 후학들이 그 가치를 인식하지 못하고 있을 뿐더러 계승하지 못하고 있다고 판단하였다. 『황성신문』의 주필들은 실학자들의 저작물을 열심히 읽었고, 또 신문에 소개하는 데 주력하였다. 어떤 주필이 구제개혁의 필요성을 강조한 다산 정약용의 글을 소개한 다음에, "천고의 정치변화에 통달하고 일세의 경제에 관한 재주를 지녔으나 그러한 훌륭한 식견을 가졌던 사람들의 주장이 과거에 받아들여지지 못했을 뿐 아니라, 오늘날에는 잊혀지고 있으니 이를 애석히 여겨 기록한다"고 말하고[764] 있음을 보아도 실학자들에 대해 얼마나 큰 관심을 갖고 있었던가를 알 수 있다.

여기에서 이들이 말하는 실학이란 서구의 학문을 받아들이기 위한

---

763) 『황성신문』 1899. 5. 18 논설

764) 『황성신문』 1899. 4. 18 논설 「我國의 經濟學大學生 鄭若鏞씨의 所述한 바를 摘要하노라」

방편으로서 학문이나 단순한 실용적 기술만은 아니었다. 즉 '실학'이란 사물의 '실상'의 탐구로부터 '실용'의 기술을 찾아내려고 하는 것이다. 이와 관련해서 『황성신문』은 '격물'(물에 이르다)이라고 하는 유교적 논리를 내세워 격물이란 사물의 원리를 깨닫고 그 성질을 통달하며 그 쓰임을 배치하는 것인데 우리는 그것을 알지 못한다는 것이다. 그렇게 된 데는 지혜가 부족한 것이 아니라 게으르고 안일한 습성으로 학문연구에 힘쓰지 않은 탓이다.[765]

즉, 새로운 학문이란 유럽의 자연과학을 배워서 '물의 지리'를 연구하여 나라 안에 소재로서 존재하는 자원을 가공하여 기를 이루는 것, 바꾸어 말하면 학문을 발명과 생산에 결부시키는 것이었다. 이것은 종래의 한국 유교의 격물지치를 객관적인 궁리를 통하여 '물'을 가공하여 변경하는 발명의 도를 개척해 가려고 하는 논리였다. 아울러 이러한 논리는 지행합일을 강조하게 되었고 양명학의 수용으로 변화 발전하여 갔다.

종래 경사를 중심으로 하는 구교육은 기본적으로는 과거시험을 위한 것이었으므로 지행합일이 이루어지지 못한, 「실업」에 연결되지 않는 허학이었던 것이다. 종래의 구학에서 빠져 있던 새로운 분야로서 경제개화를 위해서, 나아가 국가가 빈곤에서 벗어나 부강하게 되기 위해서는 이와 같은 실상학문을 익히고 실업발달을 진작시키는 것이 무엇보다 필요하다고 인식하였다.

부국의 방법의 하나로서 백성들이 실직하지 않게 하는 것으로서는 세 가지 길이 있다고 하였다.[766] 양민(養民) 신민(新民) 교민(教民)이 그것이다. 백성으로 하여금 식물 생산을 배증케 하는 것이 양민의 도이며,

---

765) 『황성신문』 1899. 4. 3 논설
766) 『황성신문』 1899. 11. 25 논설

개화시켜서 일진우일진하도록 하는 것이 신민의 도이며, 세계의 양법과 식리를 도모하는 방책을 알게 하여 사농공상의 일에 종사할 때 최소의 비용으로 최대의 이익을 얻게 하는 것이 교민의 도라고 하였다. 그런데 우리나라가 날로 위축되는 것은 이 세 가지 방책이 부실한 탓이라는 것이다.

시급한 사무 즉 만국공법・법률・토지의 성질을 파악하고, 천조・인조를 구분하고, 시세에 따라 귀천을 예산잡아 출입 취산을 적절히 하고, 통상교역에 손해가 없이 이익이 남도록 하는 일 등과 기계를 광설하고, 기업을 박시(博施)하며, 철제・목조・직기 등을 더욱 정교하게 한 연후에야 농・상・공이라 할 수 있다고 하였다.[767] 경제적 개화와 개혁을 위하여는 과학기술상의 정체 극복, 기술개발, 직업에 대한 봉건적 귀천 관념 타파와 아울러 기간시설이 필요하다고 보았다. 이러한 논리를 통해 살펴볼 때 『황성신문』에서 실학을 계승 수용할 것, 양명학의 지행합일의 태도를 수용할 것을 역설한 것은 서구문물의 섭취와 수용이라는 작업을 위해서 종래 유학이 지닌 사회적 효율성의 결핍을 극복하려는 방안이었다고 생각된다.

『황성신문』에서는 당시의 신교육이 행해지는 현실이 지덕체 3육 가운데 덕육은 전무하다고 비판하면서, "금일 제군이 논어의 학과를 배워서 도덕의 근기를 세우고 제반 기술적 학과를 연습하였으면 타일 사회에서 고상 단결한 자격이 있을 것이오, 국가의 이익과 동포의 행복을 배태하기를 간절히 바라노라"하여 유교교육이 덕육의 차원에서 필요함을 역설하였다.[768] 이는 당시 『황성신문』에 실린 기고문의 내용에서 "동양

767) 『황성신문』 1899. 2. 20 논설 「採芝山人寄書」
768) 『황성신문』 1908. 8. 30 논설 「勸讀論語說」

의 구학은 인간의 도리와 윤리를 밝히는 것이고 서방의 신학은 물리의 오의를 헤아리는 것"이라고 하면서 속유가 구학만 자수하는 것과 신학문에 침혹한 자가 사서오경을 부패한 문구로만 보는 것을 모두 비판한 것과 통하는 것이다.769) 결국 이들의 생각은 '심성본원'에 대한 교육은 구학, 즉 유학을 통하여 해야 한다는 것이었다. 한편 이들은 유교를 점차 도덕에 관한 유용한 학문, 더 나아가서는 종교로 개혁되어야 할 학문으로 인식해 갔다.

근대화의 실현 문제에서 종교와의 상관성을 중시하는 것은 초기 개화사상가들에서부터 나타나고 있다. 정치와 종교에 관한 인식은 종교가 정치의 근본이라는 생각이 지배적이다. 이러한 경향은 갑신정변 뒤 일본에 망명한 박영효의 상소에 이미 나타난다. 종교는 국가의 흥망과 관계가 깊으며 한국의 경우 유불교가 쇠퇴하여 국력이 쇠퇴하였다고 이해하고 있다.770) 박영효는 서구 문명부강의 원천으로 기독교를 인식하였고, 그것을 받아들여 문명개화를 이루어야 한다고 생각하였다. 종교와 정치의 관련은 『독립신문』에도 나타난다.

> 나라를 다스림이 오직 나무를 심는 것과 같아 먼저 그 근본을 배양할지라 나무의 뿌리가 깊고 단단하면 그 가지와 잎사귀가 무성하고 실과가 누누히 맺힐 것이요 만일 뿌리가 깊지 못하면 ………나무는 곧 나라의 집이요 뿌리는 곧 나라 도학의 교화요 가지와 잎사귀는 나라의 법률과 기계요 풍우와 장마는 국가의 환란과 재앙이라 그런 즉 도학을 숭상

769) 『황성신문』 1907. 1. 8 기서 柳在南, 「新舊學會同說」

770) 『日本外交文書』 21卷, <朴泳孝建白書>, 6條 「教民才德文藝以治本」. 目宗教者 人民之所依 而教化之本야 故宗教衰則國衰 宗教盛則國盛………今天主耶蘇教之盛 歐美諸邦最强盛 我朝鮮儒佛教之教 曾有小盛之時 然至今日 儒佛俱廢 國勢浸弱 豈不寒心嘆息哉 嗚呼 使儒教復熾 以修文德則國勢亦因而之復盛 可期而待焉 然凡事時運 不可以力挽 故凡宗教者 任民自由信奉 而政府不可干涉者也

한 후에 나라의 마음이 발라지고 교화가 행해진 후에 나라의 형세가 울흥할지라[771)]

하여 국가를 나무에 비유하고 나무의 뿌리가 되는 것은 도학의 교화라 하고 종교를 튼튼히 해야 제도와 법률과 기계문명도 발달될 것이라 하였다. 이 같은 생각은 근대화의 바탕은 종교에 있기 때문에 국가의 종교가 발전되어야만 올바른 근대화가 가능하다는 논리이다. 종교를 국가 흥망의 열쇠라고 볼 때 대한제국이 열강의 각축장이 되고 국가의 주권이 침해되고 있는 상황에서 국가의 부국강병을 도모하기 위한 방법으로 종교에 관심을 가지고 종교의 발전을 도모한다는 것은 자연스러운 일이다. 또,

지금 대한국 정치와 풍속을 하난 교회난 이단이라 하야 근본 이치를 궁구하여 보지도 아니하고 다만 태서 각국의 병기와 전보선과 전어개와 전기차와 화륜선과 우체법과 각항 기계난 취하여 스고져 하니 이것은 그 근본을 버리고 끝만 취함이라 하기를 바라니 실로 우스운지라 이제 도학의 근본이 쇠패한 국세로 하나님의 전도를 숭상히는 나라와 비견코저 하니[772)]

에서 보이듯 나라의 근본이 될 수 있는 기독교를 신봉해야만 부국강병이 이루어질 수 있다고 하며 기독교를 믿을 것을 강조하고, 『대한매일신보』에서도 기독교에 관해 호의적인 태도를 보이고 기독교를 믿을 것을 역설하고 있다.

『황성신문』의 경우도 종교발전을 통한 국가의 강성과 근대화를 도모

771) 『독립신문』 1899. 9. 12 논설 「나라의 근본」
772) 『독립신문』 1899. 9. 12 논설

하면서 서양이 부강한 것은 기독교 때문이라고 강조하고 있다.773) 그러나 이 시기 민족지들의 종교관이 종교가 정치의 근본이라는 인식은 같을지라도, 또 서구부강의 근원을 그 정신적 기반인 종교에 두었지만 『독립신문』과 달리 『황성신문』은 우리나라의 종교적 기반은 유교의 종교화를 통해서 이룩하고자 하였다.774)

『황성신문』은 교화의 역할을 중시하였고 교화의 수단으로 종교를 인식하였다. 먼저 종교를 역사적으로 규명해서 단군이 나라를 세울 때에 오륜의 교를 시작한 이래 기자의 윤교, 그 후의 불교 유교로 교화의 역사가 있어 왔다고 하였다775) 특히 유교는 한민족 고유한 국성이 되었다고 인식하고776) 유교를 국학의 한 부분으로 끌어들였다. 그리고 당시 제대로 이루어지지 못하는 교화의 역할을 충실히 하기 위하여 유교의 개혁을 주장하였던 것이다. 유교를 구교로 보고 유림을 계몽대상으로 삼았던 『황성신문』으로서는 당시의 유교로는 현실을 대처하고 극복할 수 없다고 느꼈기 때문이었다.

『황성신문』의 논설을 보면 '우리나라 종교의 역사는 단군의 신교(神教), 기자의 윤교(倫教), 불교, 유교로 이어져 왔다'777)고 하여 국교의 발전을 고찰하면서 당시 시대를 유교의 시대라 하였다. 공자를 유교의 종조라고 함으로써 유교를 종교로 이해하고 공자를 종교의 교주로 보는 성격을 보여주고 있다. 『황성신문』 필진 중의 한사람이었던 장지연의 경우 우리 민족의 종교적 시조를 단군의 신교로 보고 기자를 한국 유교의 종조라고 하였다. 또한 우리의 종교사가 불교우세시대와 유교・불교

773) 『황성신문』 1906. 10. 6 잡보 崔炳憲, 「論教政關係」
774) 『황성신문』 1909. 11. 20 논설 「宗教와 政治의 關係」
775) 『황성신문』 1910. 3. 3 논설 「我韓의 宗教와 歷史」
776) 『황성신문』 1909. 11. 9 논설 「本朝儒林의 功過」
777) 『황성신문』 1910. 8. 9 논설 「我檀君子孫의 氏族과 疆土와 歷史」

의 병행시대, 유교의 우세시대로 변천되어 왔음을 제시하며 당시는 신앙의 자유와 종교의 다원화의 시대로서 민족 통일의 관념이 결핍된 것으로 지적하였다.[778)]

장지연과 함께 대동교를 창시한 박은식의 경우도 앞서 말한 바처럼 전통유교의 폐단에 대해 철저한 분석을 하였다. 그 폐단으로 유림의 분열적 폐단, 수구적 폐단, 개인고립적 폐단을 지적하면서 공동체의 통합과 신학수용적 혁신과 민족국가의 보존을 지양하는 유교개혁론을 주장하였다.[779)] 나아가 그 역시 우리나라의 종교를 공자의 도라고 함으로써 유교를 종교로 이해하고 있다. 유교의 종교적 쇠퇴가 국가적 쇠퇴와 상응하고 있으므로 국가적 쇠퇴를 막기 위해선 도덕의 학문인 종교와 일반과목의 학교를 병행시켜야 된다고 강조하면서 특히 종교의 유지가 더욱 시급한 것으로 강조하고 있다.[780)] 여기서 유교개혁론은 민족운동의 기본이며 유교의 종교적 각성을 통하여 민족정신의 강화를 추구하고 있는 것이다.[781)] 유교는 종교 전제(專制)에서 나타나는 구속 압제의 폐는 없지만 그 밖에 폐단이 있으므로 종교개혁을 한다고 주장하였다.[782)]

이들의 이와 같은 인식태도는 나아가 유교의 종교화 과정에서 강유위의 대동사상에 큰 영향을 받았으며[783)] 대동교를 창립하기에 이른다. 『황성신문』에는 강유위의 사상을 중시하였음이 자주 나타난다. 왕양명(수인) 증척생(국번) 강남해(유위) 3인의 학설을 애독하고 연구하면 경세의 뜻과 구국의 의리와 제물(濟物)의 인이 뇌수에 침투하여 전일의 의

---

778) 張志淵, 『朝鮮儒教淵源』 7권, p.1.

779) 박은식, 「舊習改良論」, 『박은식전서』 下, 단국대출판부, 1975, pp.8-11.

780) 박은식, 「學規新論 論維持宗教」 및 「宗教說」, 『위의 책』, pp.29-31 및 pp.414 -420.

781) 금장태, <근대 유교개혁사상의 유형과 사상사적 전개>, 『국사관논총』 2집, 1989. pp.248-249.

782) 『황성신문』 1909. 11. 20 논설 「宗教와 政治의 關係」

783) 김기승, <백암 박은식의 사상적 변천과정-대동사상을 중심으로->, 『역사학보』 114집, 1987; 신용하, 『앞의 책』 5장, pp.159-209.

견을 회개하고 유용한 학문을 강구하게 됨으로 국가와 국민의 복이 된다고 하며 이 2인의 글을 애독할 것을 권유하고 있다.[784)]

한말의 사상계에 사회진화론과 천부인권설 등이 큰 영향을 주었음에도 불구하고 이들이 대동사상을 주장한 이유에 대해서는 2가지를 밝히고 있다. 그 하나는 유교의 종조인 공자가 이미 대동주의를 얘기했지만 공자의 대동주의에 입각한 구세의 뜻을 후세의 유자들, 특히 우리나라의 유자들이 전혀 무시하고 수신에만 집착함으로써 국가 관념이나 세계주의는 없고 가족 관념만 남게 되었다는 것이다.[785)] 따라서 비록 대동학설을 금일에 실행하기는 어렵지만 일반인사가 이러한 이상을 갖고 있어야만 국가사상이 갖춰질 것이라고 주장하였다.

다음으로, 국가와 민족과 세계를 구제하기 위해서도 대동사상이 필요하다는 것이었다.[786)] 이들에 따르면 우리국민의 민지 정도가 국가주의와 개인권리주의도 깨우치지 못하였는데 그보다 나아간 대동주의를 어찌 논할 수 있겠느냐만 당시의 이상가와 학문가(애국계몽사상가)들의 구세 방침이 소승법에만 치중하고 있어서 원대한 공공 사상이 결여되어 있으므로 구세주의의 대승법인 대동학을 보급하여야 한다는 것이다. 우리 한국인사도 대동사상을 갖는 것이 국가주의와 개인권리주의를 계발하는 사상과 진취하는 정도에 도움이 되는 것이라고 여겼다. 나아가 경쟁의 시대가 가면 평화의 시대가 올 것이라고 주장하면서 세계평화, 동양평화의 기초는 이 대동사상을 통해서 정립될 것이라고 하였다. 세계평화의 최대 기초는 종교에 있으며 논어의 충서(忠恕), 중용의 중화위육(中和位育), 예운(禮運)의 대동이 다 평화의 본원이라고 하였다. 대

784) 『황성신문』 1909. 4. 25 논설 「學論의 變遷」
785) 『황성신문』 1909. 4. 16 논설 「大同學說의 問答」
786) 위와 같음.

동평화주의가 지금 경쟁의 시대에는 적합하지 않은듯하나 장차 평화의 시대가 오면 유교의 대동사상이 대 발달을 이룰 수 있다고 하였다.[787]

당시의 이러한 대동사상은 강유위의 그것보다 훨씬 더 현실적 이상주의이며, 본질적으로 유학적 배경을 가진 계몽운동가의 국권회복운동의 한 형태를 나타낸다.[788] 이렇게 볼 때 결국 이 대동사상은 국내적으로는 국가사상의 발흥, 국제적으로는 평화주의의 실현을 목적으로 하여 제창된 것이라 하겠다.

이상과 같은 대동사상을 기초로 해서 박은식 등은 하나의 민족종교로써 대동교(大同敎)를 창건하였다. 이것은 유교 본래의 원리를 완비하여 유교를 종교화하려는 것으로 박은식, 김원극, 장지연이 주도하여 1909년 9월에 창시하였다. 이용직 김윤식 등이 가담하였고 연원은 대동사상이었다. 종지는 '인을 회복하여 천하 사람과 태평의 복락을 공동으로 향유하자'는 것이었다. 대동교의 창건은 원대한 대동사상의 이상을 실천하는 데도 목적이 있었지만 그보다 더 급박한 것으로 유교계를 친일화하려는 일제의 정치공작에 대한 반항운동으로 전개된 것이다.[789] 대동교 초기의 포교활동은 큰 성공을 거두었다. 당시 일반사회의 대동교에 대한 태도는 "종교와 철학도 인간의 지각으로 만들어진 것이므로 인간의 지각이 시대에 따라 진화된 이상 공자의 유교도 대동교와 같이 진화될 것"이라 하여 찬양하였다.[790]

이들의 대동교운동은 양명학과 강유위의 대동사상을 우리사회의 시대적 현실 속에서 유교개혁사상을 독특한 모범으로 개발한 것이라 할

---

787) 『황성신문』 1909. 11. 16 논설 「儒教發達이 爲平和之最大基礎」

788) 신용하, 앞의 책, p.201.

789) 위와 같음.

790) 『황성신문』 1909. 10. 8 논설 「孔子誕辰休假한 報에 對하야 又一觀念」

수 있다. 양명학을 주창하면서도, 한편으로 주자학에 대한 신랄한 비판을 하면서도 동시에 그 긍정적 가치를 인정하고 그것이 지닌 전통적 가치를 적극적으로 수용하였으며, 또한 유교의 종교적 각성을 통해 대중적 확산과 세계종교로의 성장을 추구하고, 다음 시대에서 서양의 압도적 영향력을 극복하여 유교의 주도적 지위를 회복할 것이라는 신념을 나타내고 있다. 그러나 대동교는 통감부의 탄압으로 처음의 국가사상의 고취와 세계평화주의 달성이라는 포부대로 발전하지는 못하였지만 다수의 유림들을 당시의 국권회복운동으로 이끌어 들인 데는 기여하였다고 본다.

이상으로 볼 때 『황성신문』이 대동사상이나 양명학을 통한 유교의 개혁을 주장하고 대동교의 창립에 깊은 관심과 동조를 나타낸 것은 유림과 유교를 국권회복 운동에 동원하려는 데서 나온 것이라고 하겠다.

『황성신문』에 나타난 유교개혁론을 볼 때 대부분의 관련 논설이 1905년 이후에 집중적으로 게재되고 있다. 이것은 개항기 이래로 신학문이 들어오면서 성리학을 극복하고자한 노력이 실현되어 간 것이라고 할 수 있을 것이며, 또는 독립협회의 만민공동회운동이 실패로 돌아간 이후 모든 정치개혁운동과 정치운동이 금압된 상황, 그리고 통감부 하에서 실질적인 정치운동을 할 수 없었던 당시의 정치적 제약요소가 정치운동을 유교개혁으로 변모시킨 것이라고 볼 수도 있다.

4. 유생층의 신교육 참여

지방의 유생들은 재래의 학문과 교육을 허문의 학으로 규정한 1895

년 2월의 교육입국조서로 그들이 누려왔던 특권에 상당한 타격을 입었다. 이에 이들은 앞에서도 얘기한 바대로 성학수호를 외치며 봉기하기도 하고 지방사회에 대한 지배권 유지를 위해 향약의 재건운동을 전개하는[791] 한편 신학을 사학(邪學)・왜학(倭學)으로 규정하고 신식학교의 설립과 교원의 부임을 방해하거나 자제의 입학을 거부하고 교원을 축출하기도 하였다.[792] 이러한 현상은 교육개혁이 친일개화정권에 의해 추진되고 일본의 지원과 간섭 하에 진행되고 있다는 사실과 결부되어 오랫동안 지속되었다.[793] 그러나 친일 김홍집내각이 붕괴되고 신정권이 구본신참의 개혁을 표방하게 되자 신정권의 개혁조치에 순응하였다. 정부가 '보조공립소학교규칙'을 제정, 반포하여 지방유생들이 부교원으로 신교육에 참여할 수 있도록 조치하자 일부의 지방유생들은 기왕에 익힌 경학을 바탕으로 역사, 지지, 산술, 법률 등을 익히고 신교육에 임하였다. 더욱이 대한제국 정부가 경본예참(經本藝參)의 교육정책을 표방하게 되자 이에 명분을 찾게 된 지방의 유생들은 학교를 설립하고 신교육에 임하였다. 『황성신문』의 기사를 보면 당시의 일부 유생들이 그들의 지식을 바탕으로 학교를 설립하고 학도를 모집하는 것이 보도되고 있다. [794]

유생들의 사상적 전환도 있었겠지만 민중의 교육에 대한 욕구가 상당히 달라진 것도 작용한 듯하다. 민중은 재래의 시부(詩・賦)와 같은 사장교육이 아닌 현실생활에 필요한 교육을 요구하고 있음을 볼 수 있다. 장련에서는 장련군민들이 관리의 가학에 대항하기 위해 법률을 배

791) 『황성신문』 1900. 6. 16 잡보 「儒生斥西教爲蠻狄」
792) 『황성신문』 1905. 9. 29 기서 「亡國之罪官民一般」
793) 『황성신문』 1901. 2. 4 논설 「地方儒生勿自暴棄」
794) 『황성신문』 1899. 5. 6 별보

우고, 삼화부민들은 재래학문을 가르치던 학당을 폐지하고 실용적인 신교육을 배우기 위해 필요한 책을 구입하고자 상경하였다는 것으로 보아,[795] 유생들이 학당을 유지하기 위해선 교육내용을 변경하지 않을 수 없었다고 여겨진다. 이에 따라 유생들은 재래의 경서교육만으로는 시대적 · 사회적 욕구에 부응할 수 없음을 절감하고 민감하게 대응하고 있는 것이다. 당시 법학 교육이 필요한 이유를 설명하면서 한국의 학문은 경술을 본으로 삼고 법률을 부끄럽게 여겼으나 경술은 수기치인의 강령이고 법률은 수기치인의 조목으로 서로 표리관계를 이루고 있다고 하고, 정치 학문과 도덕 규칙에 맞지 않는 경우가 많아서 시무에 적절한 법을 강구하는 학교를 설립한다고 하였다.[796]

유생들은 이와 같이 기왕에 익힌 한문 · 경학을 바탕으로 새로운 시무교과를 학습하고 신교육에 임하였던 것이다. 이와 같은 점은 지방의 소학교 교육에 많이 반영되고 있었다. 그리하여 소학교 교육과정은 사실상 경전 · 역사 · 문장 · 산술이었고, 그에 따라 이미 한문과 경학교육을 받은 유생들이 신학을 학습하고 학교 설립에도 참여하여 학교장이 되기도 하고 교원, 부교원으로 활약하고 있는 것이다. 예를 들면 증산군수 김인식은 유생들의 여론을 모아 명륜당을 중수하고 덕망 있는 선비인 김익섭을 교장으로 삼았으며, 뒤이어 부임한 새 군수 이대직은 이를 공립학교로 발전시키자 이웃 군에서 이를 본받아 학교들을 설립하였다.[797] 또 괴산군수 이창익은 유생 조종호가 가숙을 창설하여 교육에 열심을 보이자 이를 공립학교로 인허하고 조종호를 교원으로 서임하라고 학부에 청원하고 있다.[798] 그리고 강릉에서는 부교원으로 다른 고장

795) 『황성신문』 1899. 4. 7 잡보 「去舊從新」
796) 『황성신문』 1899. 5. 6 별보.
797) 『황성신문』 1899. 3. 9 잡보 「講聞千里」

사람을 서용한데 대하여 그 지역의 유생 최동식 등이 이의 시정을 학부에 호소하고 있기도 하다.[799]

신교육의 전개에 있어서 정부 주도의 관공립학교보다 사립학교가 더욱 중요한 역할을 하였다. 사립학교는 대개 전·현직관리, 지방유지, 정치·사회단체들이 설립한 것이 많았다. 이 시기에 설립된 사립학교의 설립자들의 성분을 분석해 보면 설립자의 구체적 성분을 알 수 있는 학교는 모두 1,642개이고 이 중 50% 이상이 전직관리나 유지들이 건립한 학교(826/1,642)이며, 현직관리가 설립한 학교가 15% 이상(251/1,642)을 차지하고 있다.[800] 이는 구한말 사립학교의 대부분이 전·현직관리나 유지인사들에 의해 설립되었음을 나타내 준다.

이들 중의 대부분은 학문적인 성향으로 볼 때 유교적 기반을 지녔거나 신학문의 영향을 어느 정도 받았던 사람들이다. 특히 지방유지는 대부분이 유교적 배경을 지닌 양반 부호층이라고 보아도 무방할 것이다. 이로 본다면 사립학교 설립에 있어서 유생층의 신교육참여는 상당히 이루어졌다고 본다.

다음으로 이 시기에 설립된 학교 중에는 유림이 설립한 학교로 52개가 있다. 유림들은 자신들이 구학을 수학하였지만 개화의식이 확대되어 가던 사회상황에 영향을 받아 신교육을 통하여 개명과 민족의식의 고취를 위해 신학교를 설립하였다.[801] 그 대표적인 학교는 김창숙에 의한 성명학교를 들 수 있다. 유림에 의한 사립학교는 충북을 제외하고는 2 ~ 6개의 학교가 각 도별로 골고루 건립되고 있다.[802] 이러한 유림들의 신

798) 『황성신문』 1900. 1. 18 잡보 「報請設校」

799) 『황성신문』 1900. 10. 6 잡보 「江陵儒訴」

800) 김정해, <1895-1910 사립학교의 설립과 운영>, 『역사교육논집』 11, 1987, p.139의 표 6 참조.

801) 김상기, 앞의 논문, pp.76 ~ 77.

교육활동은 독립협회의 활동 이후 정부의 정책과 유생들의 의식전환의 결과라고 본다.

그런데 지방유생들의 신교육참여는 부작용을 낳기도 하였다. 공립학교의 경우 한성사범학교출신 교원의 빈번한 이동으로[803] 학교운영과 학생교육은 그 지방의 유생출신 부교원에 의해 전담되는 일이 허다하였다. 따라서 부교원의 임무는 중시되었고 교육에 열심인 부교원은 신망을 얻기도 하였다.[804] 그러나 이와는 달리 지방사회에서 교학자로서의 지도적 위치를 유지하고 관인신분과 명예를 유지하기 위한 방편으로 부교원이 되는 경우도 있었다.[805]

그리고 유생들의 신교육 참여는 학교운영을 둘러 싼 분쟁을 야기 시키기도 하였다. 학교재정 특히 재래의 교육재원인 교원토・제토・양사전 등을 둘러싸고 지방 수령과 유생 그리고 교원 간에 알력이 야기되는 일이 허다하였다. 사실상 유생들이 재래의 교육재원을 장악하기 위해 학교를 설립하는 경우도 허다하였다.[806]

유생층의 신교육참여는 교육과정 운영에도 문제를 야기하였다. 새로운 학문과 지식의 학습이 시대적 요구인데도 불구하고 신학보다는 구학에 밝은 부교원 중심으로 사실상 교과운영이 되면서 신식학교의 교과운영이 한문 중심이라는 지적을 낳게 하였다.[807]

조선후기이래 성리학의 전통이 강하였던 지역인 경북, 전남북, 충북 등의 지역에서는 성리학적인 영향과 한말의 위정척사사상의 영향, 의병

802) 김정해, 앞의 논문, p.141.
803) 『황성신문』 1901. 4. 12 논설 「三未知一可笑」
804) 『황성신문』 1903. 2. 20 잡보 「請遷遞員」
805) 『황성신문』 1900. 1. 9 잡보 「班不敎吏」
806) 『황성신문』 1899. 2. 21 잡보 「妖言毁敎」
807) 『황성신문』 1899. 7. 11 논설

항쟁의 중심지라는 점이 작용하여 신학에 대한 거부반응도 상당하였을 뿐 아니라 지역사회에서 지도급인사였던 유림, 서당 훈장 등이 신학문이 흥왕하면 구학문이 쇠퇴해진다고 하여 사립학교의 신설을 강력히 반대하였다.[808]

그럼에도 불구하고 경본예참 교육정책은 교육개혁에 많은 성과를 거두고 있었다. 이는 재래의 농촌 지식인인 유생들을 신교육에 참여시킴으로서 지방사회에 신교육이 활착할 기반을 구축했다는데 있다. 그리고 또 재래의 교육재원과 시설 등이 신교육에 활용될 수 있었다는 점이다.[809] 더욱 중요한 것은 한문 중심의 교과운영이 이루어지고 있었다는 지적에도 불구하고 당시의 학교교육은 허문교육인 시부(詩賦)학습 위주의 양반교육의 차원이 아닌 이용후생의 국민교육의 차원에서 이루어지고 있었다는 점이다. 더 나아가 지방사회에서의 신교육 확산이 후일의 교육구국운동의 원천이 되었다고 보아 무방할 것이다. 물론 일부 유생층의 신교육참여에도 불구하고 신교육에 거부반응을 보이며 성학(聖學) 고수를 주장하는 보수 유생세력 또한 강력하였다. 따라서 유생들의 교육활동은 일제 통감부 치하인 1908년의 사립학교령를 계기로 전기를 맞아 전통적 서당, 개량 서당, 사립학교라는 분별이 이루어지게 되었다.[810]

『황성신문』에서 유교개혁을 논의하게 된 것은 시대적으로는 대한제국의 경본예참정책의 추진에서 유학에 대한 인식이 달라지고 있다는 점도 있지만 개항 이후의 역사적 경험을 통하여 개화세력의 확대가 없이는 개혁정책의 추진이 어렵다는 인식, 동참세력의 확대를 위해선 민중의 계몽보다는 보수적 지식인을 계몽하는 것이 더 빠른 세력 확대를 가

808) 『대한매일신보』 1906. 12. 28 논설

809) 『황성신문』 1901. 5. 8 잡보 「請認中學」

810) 노영택, <서당교육>, 『일제하민중교육운동사』, 탐구당, 1980, pp.79 ~ 127.

져 올 수 있다는 인식이 작용하였다. 또한 개화정책 자체에 대한 비판에서 한국의 현실을 무시한 개화정책의 추진이 기존세력이 반발과 외세에 대한 종속적 태도를 불러들였을 뿐이라는 인식 하에 우리의 전통적 도덕, 인성함양에 관한 학문은 살려가면서 서학의 실천적 학문을 받아들이는 것이 바람직하다는 태도를 나타내게 되었다고 본다. 이러한 이들의 태도는 보수와 개진을 상호대립적인 관계가 아닌 상호보완적인 관계라고 규정한 것과 관련이 깊다. 전통의 재긍정이라는 것에 입각하여 우리의 실학을 발전 계승하면서 신학의 좋은 점은 취하고 나쁜 것은 거부하는 주체적인 수용태도를 강조하고 있다.

주체적인 수용을 위해서는 자주적인 국가사상, 애국심의 함양이 필요하므로 이를 위해서 종래 유학의 폐단시정과 아울러 유학적인 분위기에 따라 형성된 사회 전반의 잘못된 제도와 인식의 개혁이 필요하다는 논리를 전개 나갔다. 여기에 나타난 이들의 유교개혁론의 특징은 다음과 같이 요약할 수 있다.

첫째, 유교개혁론은 유교를 통한 근대화이론으로서 궁극적으로 정치·사회개혁이나 문명개화를 목표로 하고 있다.

둘째, 유교개혁론은 주로 유림들이 보수적 경향에서 벗어나서 신문명의 수용에 적극적으로 나설 것을 촉구하고 있다. 한편 유림세력의 각성과 유교 자체의 개량이 되었을 때 종래의 유학이 지닌 사회적 효율성의 결핍이 극복될 수 있으며 나아가 지행합일이 이루어진 이상적인 사회를 이룩할 수 있다고 보았다.

셋째, 조선사회의 정치이념인 유교를 하나의 종교적 조직으로 만들고자 한 것이다. 종교를 정치의 근본으로 보고, 근대화의 바탕은 종교에 있다고 인식하였다. 이러한 논리는 대한제국이 열강의 각축장이 되고 국가의 주권이 침해되고 있는 상황에서 국가의 부국강병을 도모하기 위한 자연스러운 방법으로 종교에 관심을 가지고 종교의 발전을 도모하였다. 즉, 종교발전을 통한 국가의 강성과 근대화를 도모하고 있다. 앞서의 개화 사상가들과는 달리 『황성신문』은 한국의 종교적 기반을 유교의 종교화를 통해서 이룩하고자 하였으며, 이를 통해 조선의 국성을 지키고 자주의식을 유지한다는 것이다.

대한제국의 정책은 구본신참 경본예참을 원칙으로 삼아 교육개혁을 추진하였다. 신학문을 수용하되 신민의 도덕 예절과 충효교육을 중요시하였다. 따라서 유교정신이 교육의 기본으로 강조되는 가운데 부국강병과 이용후생을 위한 서구의 기예교육이 참작 수용되었다. 이러한 것은 대한제국의 정책방향에서 허문의 학으로 규정되었던 유학에 대한 인식이 달라졌다는 점도 있지만 무엇보다도 개항 이후의 역사적 경험을 통해서 개화세력의 확대가 없이는 개혁정책의 추진이 어렵다는 인식, 동참세력의 확대를 위해선 민중계몽보다는 보수지식인을 계몽하는 것이 시간적 측면에서 세력 확대의 효과를 가질 수 있다는 인식이 작용하였다.

교육재원의 확보라는 측면과 한국의 현실을 무시한 개화정책이 기존세력의 반발을 가져왔던 점도 작용하였다고 본다. 또 개화세력의 확대라는 측면에서 더 이상 봉건 지식인들을 방치할 수 없다는 점이 부각된 연유는 외교원 박탈 등 국권침해와도 관련이 깊다고 본다. 『황성신문』에서는 국권회복을 위하여 국권 학교를 설립하고 신학문을 실시하라고 주장하였으며, 이를 위해 유생들의 인식전환을 촉구하고 있다. 이러한 분위기 형성은 순조롭지는 않았지만 유생층의 인식전환과 신교육 참여를 유도하였고 신학수용의 논리적 근거를 마련해 주었으며, 향교재산이나 서원재산이 신학교로 전환하는 데 많은 영향을 주었다고 생각된다.

Ⅶ. 교육개혁론

19세기말에서 20세기초에 이르는 시기에 대표적인 언론기관으로서 민중계몽과 자주·독립정신 앙양에 크게 활약한 신문으로 『독립신문』과 『황성신문』, 『대한매일신보』를 들 수 있다.

이 시기 그들에게 주어진 가장 큰 과제가 부국강병체제의 달성이었고, 나아가 러일전쟁 이후 노골화된 일본의 침략으로부터 국권을 회복하는 일이었다. 당시 개화자강을 주장하는 지식층들은 조선왕조의 국권을 빼앗은 일본의 힘과, 국권을 빼앗긴 우리 민족의 힘의 차이를 인식하고 있었다. 이 격차로 인해 장기화될 수밖에 없는 국권회복운동에서 승리를 얻기 위해서는 국민의 힘, 곧 실력을 양성하여 민력을 사회의 기층에서부터 증강시켜야 된다고 생각하였다. 그 결과 국권회복을 위한 민족의 실력을 양성하기 위해서는 특수한 지배계층이나 지식층만이 아니라 모든 국민, 민중을 신국민으로 만들어 민지를 계발하고 민력을 양성하여야 한다는 주장이 지식층을 중심으로 광범위하게 대두되었다.[811] 구체적으로 이 운동은 언론·출판·집회·결사 등의 활동을 통하여 민족의식을 고취하고, 국어와 국사연구를 통하여 전통문화의 보존과 계승을 기하고, 교육의 보급을 통하여 경제발전과 민족역량의 배양을 목적

811) 신용하, <한말 애국계몽사상과 운동>, 『한국사학』 1, 1980, p.272.

으로 하고 있었다. 황성신문도 역시 이와 관련하여 교육구국운동을 전개하였다. 봉건유생층의 계몽을 목적으로 하였던 황성신문의 주된 관심은 부국강병과 자유민권 같은 국가발전에서 국권회복으로 전환되었고, 의식계몽에 노력을 기우렸다.

본 장에서는 『황성신문』에 나타난 논설을 대상으로 하여 분석해 봄으로써 교육구국운동을 전개하였던 당시의 지식인들이 무엇을 강조하였고, 국권회복을 위한 자강교육으로 어떠한 논리를 전개하였나를 살펴보고자 한다.

1. 교육개혁론

1) 근대교육의 실시

우리나라에서의 근대교육은 갑오개혁으로 학무아문(1895년에 학부로 개편)이 설치되고, 이어 한성사범학교관제가 공포되면서부터 이다. 당시 개화정부는 개혁사업의 일환으로 교육개혁을 추진하였다. 1894년 7월 관제개혁에 따라 교육과 학무(學務) 등을 관장하는 학무아문이 설치되었고, 이어서 1895년 2월 국왕의 「교육입국조서」가 발표되었다.[812] 이 조서는 국민교육주의를 표방하였으며 구교육과 구학문을 '허문의 학'으로 규정하고 이용후생의 교육과 학문으로 신교육과 신학문을 내세워 정학화(正學化)하였다.[813]

---

812) 『官報』 1895. 2. 2

813) 박성수, <의병전쟁의 신분의식구조>, 『한국사학』 2, 한국정신문화연구원 사학연구실, 1980. p.21.

갑오개혁을 주도한 개화파의 개혁사상은 봉건적인 지주제를 자본가적인 지주제로 전환하고 농업증산과 상업발전을 통하여 제국주의 열강의 침략에 대응하고 독립을 지킬 수 있는 부강한 근대국가를 이루려는 것이었다.[814] 따라서 이러한 개혁사상을 성공적으로 이룩하기 위해서는 서구의 선진기술 및 지식의 수입과 국민에 대한 선진적 농업기술과 상업교육이 요구되었다. 그리고 그 기초교육으로서 국민 보통교육의 부과가 우선적으로 필요하였다.

그러나 당시의 모든 개혁사업은 우리나라의 현실을 충분히 고려할 사이도 없이 급격히 추진되었으며 일제의 간섭으로 왜곡되고 있었다. 개혁의 추진이 성급하게 진행되었으므로 이것은 결과적으로 일제의 방식과 제도를 모방하는데 급급하게 되어 파탄을 면치 못하게 되었다.[815]

그것은 교육제도에 있어서도 마찬가지였다. 고종 31년(1894) 6월 28일 군국기무처 회의에서 의결된 새로운 정부조직법상의 학무아문 관제를 살펴보면 그 부서로 성균관 및 상교(庠敎)서원 사무국을 두고 참의 1인과 주사 2인이 선성 ・선현 ・사묘 및 경적 사무만을 관장하도록 되어 있다.[816] 이어서 제정된 학부관제와 학부분과규정에도 성균관을 비롯한 재래의 제 교육기관에 대한 조항은 마련되지 않고 있음을 볼 수 있다.[817] 즉 재래 교육기관에 대한 아무런 경과조치도 없이 신학제가 마련되고 있는 것이다. 이 결과 지방의 유생들은 갑오개혁으로 인한 과거제도의 폐지와 교육개혁에 불만이었다. 유생들의 지방사회에서 관료후보생 및 교학자(教學者)로서의 위치가 정부로부터 박탈당하고 그들의

814) 김용섭, <갑신・갑오개혁기 개화파의 농업론>, 『한국근대농업사연구』, 일조각, 1975, pp.304-374.
815) 김용섭, <광무연간의 양전지계사업>, 앞의 책, pp.434-634.
816) 『高宗實錄』 고종31年 甲午 6月 28日 「관제학무아문」
817) 『官報』 제19호 개국504年 4月 21日 「학부분과규정」

학문은 허문의 학으로 그 가치가 부정되었다. 정부의 이러한 조치는 지방유생들의 지위와 자존심을 송두리째 앗아가는 것이었다. 이에 분개한 유생들은 을미사변의 비보와 단발령의 강제의 시행을 도화선으로 드디어 봉기하였다.[818)]

고종은 아관파천과 동시에 친일내각의 대신들을 역적으로 규정하여 포살령을 내리고 새 내각을 구성하였다. 이리하여 친러 내각의 신정권이 출범하게 되었다. 신정권은 의병해산을 종용하는 가운데 김홍집 내각이 추진했던 교육개혁에 보완조치를 취하였다. 건양 원년(1896) 2월 20일 선유대원 최익현이 파견되는 것과 때를 같이 하여 보조공립소학교규칙을 학부령 제 1호로 공포하여 지방 유생층이 교사로 활약할 수 있는 부교원제를 마련하였다.[819)]

이외에도 신정권은 성균관관제를 개정하여[820)] 성균관장의 교육적 책임을 재 강조하였으며, 의병장 김복한을 성균관장으로 기용하였다. 이것은 유생들이 재래의 전통적 위치와 교육이 부정되는 사태를 천지대변으로 인식하고 '거의토적(擧義討賊)'을 외치며 봉기하자 이들을 무마하기 위한 하나의 조치로 보고 있다.[821)] 이로서 새로운 교육제도상의 최고 교육기관으로 성균관 경학과를 서열 시키는 조치를 취하고 있다.[822)] 신・구가 갈등을 일으키고 있는 가운데 김홍집 내각의 실패를 거울삼아 구본신참(舊本新參)을 원칙으로 개혁을 추진했던 신정권의 개혁방향은[823)] 대한제국으로 이어지고 있다. 대한제국정부는 지방에 공립소

---

818) 변승웅, <대한제국정부의 경본예참정책과 유생층의 신교육 참여>, 『건대사학』 7, 1989, p.99.

819) 『高宗實錄』 建陽 元年 2月 20日 學部令 第 1號.

820) 『高宗實錄』 建陽 元年 6월 11일 勅令 第27號 「成均館官制改正」.

821) 변승웅, 앞의 논문, p.101.

822) 『官報』 第379號 建陽 元年 7월 16일 學部令 4號 「經學科規則改正」.

823) 김용섭, 앞의 논문, pp. 434-634

학교를 계속 설립하고 중학교 관제를 제정·공포하는 한편 성균관 관제를 계속해서 개정 강화하였다.[824]

황제권을 강화하고 사회기강을 세우려고 진력했던 대한제국정부는 신민의 도덕·예절과 충효교육을 중요시하였다. 그리하여 재래의 유교교육이 다시 강조되는 가운데 대한제국 학부대신 신기선은 각처 공립소학교에 훈령하여 교원은 한갓 문학·예술교육으로 능사를 삼지 말고 학동들에게 먼저 예절과 도덕교육을 실시하고 과정에 이르도록 하라고 지시하고 있다.[825] 또 13도 관찰부에 훈령하여 면강(面講)·면제(面製)를 통한 성균관 입학자의 선발과 훈장제·회강제(會講制)의 강화를 통한 지방에 있어서의 유교교육의 활성화를 지시하고 있다.[826] 이는 당시 신교육의 확충에 반발하는 지방 유생층을 무마하려는 하나의 조치이기도 하였다.

그러나 대한제국 사회는 이미 재래의 유학·경학교육만으로는 그 시대적 요구에 부응할 수 없을 만큼 달라지고 있었다. 당시의 사회사정은 새로운 장정(조약)들이 계속 마련되고 있었다. 대외교역이 증가하고 외국과의 접촉이 현저하게 확대되고 있었다. 뿐만 아니라 일본과 러시아의 세력 각축 속에 열강의 이권침탈이 자행되고 정치적 침략이 가중되고 있었다. 당시 지식인의 대다수를 점하고 있는 유생들이 성학(주자학)을 고양시킬 것을 외치고 있음에도 불구하고 시대적 요구는 그렇지가 못한 것이었다. 그리하여 학부대신 신기선은 성균관 유생이 제대로 수용되지 못함을 염려하면서 성균관 유생에게 "경사를 본으로 삼고 예술을 참작하여 먼저 근본을 세우고 시무에 통달한 연후에라야 '명체적용

---

824) 『高宗實錄』 광무 2년 5월 6일 및 광무 3년 3월 24일.
825) 『황성신문』 1899. 3. 13 잡보 「訓令各校」
826) 『황성신문』 1899. 2. 20 잡보 「學部訓令」

(明體適用)'의 학이라 할 수 있으므로 성균관 교육과정에 산술, 지리, 역사를 넣었으니 무시하지 말고 하루 학습의 4분지 1을 이 과목에 치중할 것"을 훈령하였다.[827] 재래의 교학체계에 있어서 선비는 경서공부가 기본이지만 대한제국정부가 이들에게 기술교육을 참작시킨 것은 실제 수요에 적응케 하고자 한 것이며, 이의 실천을 위해 학부대신 신기선은 성균관 유생의 일일 과정 중 4분지 1을 시무교과로 하여 수용될 수 있는 자질을 갖추도록 하라고 지시하고 있는 것이다. 이로 볼 때 성균관이 복설되었다 하더라도 성균관 경학과 교육은 경서위주의 교육이 아니라 재래의 경서교육을 본으로 하고 현실적으로 필요한 지지 산술 등 예술교육을 참(參)로 한 경본예참교육을 지향하였다고 하겠다.

근대교육제도의 마련과 더불어 한성사범학교관제가 공표되었는데, 이 때 교과과정에 '본국사'를 규정하여 교수하도록 한 것이 한국사교육의 시초였다. 근대사학의 출발점을 중국사의 부용적 위치에서 한국사를 독립시키는 것으로 본다면 근대사학은 실학에서 태동하였다고 할 수 있지만 자국사에 대한 관심과 교육은 1894년 갑오개혁과 더불어 시작된 것이라 할 수 있다.[828] 즉, 근대 역사교육은 학무아문 설치와 근대교육의 실시에서 비롯되었다. 고종 31년(1894) 6월에 의정부에서 편사국을 두어 '본국역사'를 담당할 장의 1명과 주사 4명을 두기로 한 군국기무처의 진의안(進議案)[829]을 보면 교과서 편찬을 위한 편사가 시도되고 있었음을 알 수 있다.

이듬해인 1895년에 정부는 <교육입국조서>를 발표하여 교육입국의

827)『황성신문』1899. 2. 1 잡보「學部訓令」
828) 조동걸, <민족사학과 민족주의 사학>,『한민족독립운동사』2, 국사편찬위원회, 1987; ______, <한말사서와 그의 계몽주의적 허실>,『한국독립운동사연구』, 1987.
829)『日省錄』甲午 6月 28日 癸酉條.

정책을 표명하였다.[830] 이 조서에서 교육이 국가발전의 기반이 됨을 밝히고 세계의 부강한 나라들이 교육을 통하여 이를 이룩하였으니 교육을 국가보존의 긴요한 방법이라고 설명하고 있다. 또 교육의 기본정신으로 실용적인 면을 강조하고, 교육의 삼대 강령으로 지양(智養) ·덕양(德養)· 체양(體養)을 제시하고 지·덕·체의 함양을 통해 충군 애국하는 신민과 국가의 부강을 도모하고자 한다고 하였다. 이와 같은 개혁내용은 내무아문의 각도에 대한 <훈시>에서도 잘 나타나 있다. 이 중 제10조에서 "인민을 먼저 본국사와 본국문을 가르칠 일"[831]이라고 하여 본국사교육을 강조하고 있다. 여기의 본국사 강조는 종래 중국사 중심의 교육에서 독립하려는 의도였고, 그와 함께 본국문을 강조한 것은 한문교육에서 독립하려는 문화적 자의식의 표현이었다.[832] 그것은 같은 <훈시> 제 86조에 "명과 청국을 존숭하지 말고 아조의 개국기원을 정하였으니 제반 명문과 계서 등에 청국 연호를 적지 않도록 할 것"으로 된 내용에서도 나타나 있다. <교육입국조서>와 <훈시>를 통해서 자국사교육의 근본목적이 충군애국하는 정신을 기르는 것에 있었음을 알 수 있으며, 이러한 교육목적과 관련하여 이 시기 역사교육의 이념이 성립되었다고 하겠다.

1895년부터 국사교육이 소학교[833]·한성사범학교[834]·성균관 경학과[835]에서 실시되면서 사서편찬에 눈을 돌리게 된 전기가 되었다.[836]

---

830) 『高宗實錄』 高宗 32년 2월 2일.
831) 『高宗實錄』 高宗 32년 3월 初10日.
832) 김흥수, 『한국근대역사교육연구』, 삼영사, 1990, p.64.
833) 『관보』 제119호, 개국504년 7월 22일 칙령 제145호 「소학교령」
834) 『관보』 제121호, 개국504년 7월 24일 학부령 제1호 「한성사범학교규칙」
835) 『관보』 제135호, 개국504년 8월 9일 학부령 제2호 「성균관경학원규칙」
836) 당시 소학교, 한성사범학교에서 실시된 교과목과 정도에 관해서는 김흥수, 『한국근대역사교육연구』, 삼영사, 1990, pp.65-83.

국사교육을 위해 교과서의 편찬에 착수하지 않으면 안 되게 되자 학부에서는 1895년『조선역사』『조선역대사략』『조선약사』를 출간하여 실학사서 이후의 역사서술의 공백을 풀게 되었다. 그러나 이 책들은 학자들의 연구가 아니고 실학자들의 사론을 여러 가지 모양으로 모방하여 편찬하였기에 실학자들의 각 사론이 교과서에 그대로 반영되었다.[837]

갑오개혁 이후 대한제국기에는 국민정신과 사회기강을 확립하기 위해 유교정신이 교육의 기본으로 강조되는 가운데 부국강병과 이용후생을 위한 서구의 기예교육이 참작, 수용되었다. 이 시기의 신·구학 절충론적인 분위기는 갑오개혁의 교육개혁 및 각종 개혁의 실패를 거울삼아 나타난 대응방식으로 재래의 학문을 바탕으로 신학을 받아들이자는 것이었고, 나아가 재래의 교육을 바탕으로 신교육을 수용하는 태도로서 정책으로 반영되었다. 이는 학부 관리의 인적구성과도 관련이 있다고 보아진다. 당시에 있어서 학부의 관리구성은 보수적이며 개신유학적 성향의 신기선, 이도재(李道宰) 등이 학부대신으로 기용되고 서재필 등의 영향을 강하게 받고 있던 독립협회 회원들이 중견관리층을 형성하고 있었다.[838] 독립협회의 주류는 서재필, 윤치호 등 서구사상의 영향을 크게 받은 흐름과 개신유학적 전통의 흐름으로 대별된다. 당시 교육에 관한 견해는 학교에서의 교과내용이 전부 허문의 적폐를 버리고 이용후생·부국강병·실사구시의 실상(實狀, 실용)학문을 가르쳐야 한다는 점에서는 일치하고 있다.[839] 그러나 전자와는 달리 후자가 교과목으로 사서까지의 동양경서를 내세우고 경학을 강조하고 있음을 볼 수 있다.『황성신문』에서는 '변기불연(辨其不然)'이란 제하에서 전임 학부대신

---

837) 조동걸, 앞의 책, p.146.
838) 신용하, <독립협회의 사회사상의 사회학적 해석>,『독립협회연구』, 1976, 일조각, p.647.
839) 신용하, <독립협회의 사회사상>, 앞의 책, pp.226-227.

이었던 이도재 씨와 담당 국장 간의 경전을 교과서로 간행하는 문제를 둘러싼 논란을 보도하고 있다.[840] 이 기사를 통해 근대 교육제도를 실시하지만 전통적 교육내용이 사라지지 않고 교과서 편찬에서 경전이 강조되고 있음을 알 수 있다. 이러한 분위기는 당시 교육정책을 주도했던 주요 인물인 신기선 · 이도재와 광무개혁 초기에 이론적 뒷받침을 하였던 김성규(金星圭) 등의 학문적 입장과도 관련이 깊은 것으로, 이들은 구학을 주체로 하고 또 바탕으로 하되 신구학을 절충하는 그러한 학문이 되어야 할 것으로 보고 구학을 강조하고 있는 것이다.[841]

당시 신 · 구학 절충론적인 분위기는 국민정신과 사회기강을 확립하기 위해 유교정신이 교육의 기본으로 강조되는 가운데 부국강병과 이용후생을 위한 서구의 기예교육이 참작, 수용되었다. 신문화수용의 논리도 서세동점 현상을 막기 위해서 교육이 필요하다는 논조를 펼치고 있다.[842] 우리나라에 대한 침략의 대상으로 일본보다는 서구를 더 우려하고 있다.

그러나 1905년 러.일 전쟁이 일본의 승리로 돌아가고 을사조약이 강제로 체결되어 국권의 침탈위기가 높아지면서 근대 교육의 수용은 문명개화에서 나아가 국권회복의 한 방법으로 강조되었다. 1905년에 일제는 대한제국의 내정을 간섭하기 위한 일환으로 지데하라 타이라(幣原坦)을 학정참여관으로 파견하여 식민지교육의 재편성에 들어갔다. 그는 1906년 4월 <한국교육개혁방안>을 상부에 제출하였는데 그 내용은 '우민화, 보통교육의 보급, 친일교육의 강화, 일본어 보급, 저급한 산업기술 교육의 강화'이었다. 일제는 교육의 목표를 우민화정책과 친일교

---

840) 『황성신문』 1898. 12. 16 잡보 「辨其不然」.
841) 김용섭, <광무개혁기의 양무감리 김성규의 사회경제론>, 앞의 책, pp. 375 ~ 432.
842) 『황성신문』 1899. 4. 12 논설

육을 달성하는 데 둔 것이었다. 그러므로 한국의 학제를 우선 그들의 침략계획에 맞게 재편하고, 교과서를 편찬·통제하였으며, 관·공립학교의 책임 있는 지위에 일본인 교원을 배치하여 교육침략에 앞장서게 하였다.[843)]

이렇듯 일제에 의한 교육침략이 가속화되자 교육운동은 민족운동의 일환으로 확대 발전하게 되었다. 이제는 단순한 신문화의 수용과 보급을 넘어 일제의 침략에 맞서 자주의식과 애국심을 계몽하는 교육구국운동으로서의 교육운동이 활발히 전개되어갔다. 한국사회의 후진성을 인식하게 되고 세계 진운의 대세에 접하면서 형성된 위기의식과 관련되어서 사립학교가 설립되었다.[844)] 이것은 아울러 선진외국기술을 수용하여 나라를 부강케 하자는 개화와 자강운동의 흐름 속에서 이루어졌던 것이다.[845)] 구체적으로 언론·출판·집회·결사 등의 활동을 통하여 민족의식을 고취하고, 국어와 국사연구를 통하여 전통문화의 보존과 계승을 기하고, 교육의 보급을 통하여 경제발전과 민족역량의 배양을 목적으로 하고 있었다.

2) 교육개혁론

대한제국기 계몽운동에 참여했던 사람들의 사상운동에 큰 영향을 미친 것은 양계초의 사회진화론이었다.[846)] 러일전쟁 이후 국운이 쇠퇴하고 열강의 침탈이 계속되고 있는 위기상황에서 계몽운동가들은 사회진화론을 현실을 인식하는 틀로 여겼다.[847)] 이들은 사회진화론의 핵심요

---

843) 정재철, 『일제의 대한국 식민지교육정책사』, 1988, 일지사, pp.210-218.
844) 한기언, 『일제의 문화침탈사』, 민중서관, 1970, p.29.
845) 이광린, 『한국개화사연구』, 일조각, 1969, p.23.
846) 이러한 사회진화론적인 인식이 확산된 것은 양계초의 『음빙실문집』이 1903년에 들어오면서부터이다. 조동걸, <독립운동의 이념과 방략>, 『한국사학』10, 정신문화연구원, 1989, pp.229-230.

소인 적자생존, 생존경쟁, 약육강식, 우승열패 등이 당시 한말 사회를 가장 잘 설명하고 있다고 보았다.[848] 양계초 등은 중국에서의 무술변법 운동이 실패한 뒤 일본으로 망명하여 『청의보(淸議報) 』, 『신민총보(新民叢報)』등을 발행하였는데 국내에도 그 판매소가 마련되었으며, 양계초의 사상이 담긴 청의보, 무술정변기, 음빙실문집, 이태리건국삼걸전 등이 국내에 번역되자 [849] 이를 읽고 사회진화론을 수용한 지식인들은 모든 사회현상을 진화론적인 시각에서 진화 발전한다는 긍정적인 입장을 지니고 있다. 『황성신문』에는 그곳에 실린 글들이 전재되기도 하였다. 대표적으로는 양계초의「애국론」이 있다.[850] 이 글을 보면 "애국이란 자기 나라가 강성해지는 것을 바라는 마음이다"는 정의를 내리고 애국심을 함양하기 위한 과정을 설명하고 있다. 즉, 국가의 부강함의 기초는 민지・민력에 있으므로 정부는 교육을 통해 국민이 실업능력과 새로운 국가 관념을 가지고 능동적으로 국사에 참여하도록 하여야 한다는 것이다. 그리고 국가 존망의 위기에서 국민의 참여가 요구되며, 이는 국민의 애국심이 있어야 하는 것인데 먼저 국가가 전제정치를 폐하고 민본주의 입장에서 민권을 옹호하고 민력을 육성함으로써 가능하다는 것이다. 민력양성의 전제조건으로 정치개혁이 필요하다고 여겼음을 알 수 있다. 양계초의 변법자강적 인식은 『황성신문』에서 "현금세계에 겉으로는 사뭇 신의가 있는 것 같지만 마음속으로는 탐횡이 가득차서 .... 강하면 먹고 약하면 먹힌다"[851]라거나, "민의 개화가 국가 번영의 시초

847) 유영렬, <대한자강회의 애국계몽운동>, 역사학회편, 『한국근대민족주의운동사연구』, 일조각, 1987; 주진오, <독립협회의 사회사상과 사회진화론>, 『손보기정년기념 한국사학논총』, 1988.

848) 졸고, <황성신문 논설에 나타난 시대인식에 관한 연구>, 『역사고고학지』 9, 1993.

849) 이광린, <구한말진화론의 수용과 그 방향>, 『한국개화사상연구』, 일조각, 1979, pp. 261-262.

850) 『황성신문』 1899. 3. 17-18일 논설「淸國志士의 愛國論」

",[852] "민이 어리석으면 나라가 망함"[853] 등에서 보이듯 부분적으로 흡수되고 있음을 확인할 수 있다. 이처럼 사회진화론에 심취해 있던 계몽운동가들은 자강 또는 실력양성을 통해서 우리나라도 근대 국가와 독립국가를 이룩할 수 있다고 보았다.[854]

『황성신문』의 개신유학자들도 진화론적인 시각에서 실력양성을 강조하였으며 특히 교육과 산업의 진흥을 통해서 우리 민족의 실력을 양성할 수 있다고 보았다.[855] 『황성신문』은 경쟁에서 강자만이 생존하는 사회진화론을 소개하고, 제국주의란 원래가 약육강식의 원리가 지배하는 사회임을 강조하였다.[856] 당시의 세계는 약소국과 강대국이 상호 연합하여 병존해 있으며, 국민들도 상호 적의가 없어 강대국과 약소국이 더불어 지내고 있다는 것이다.[857] 결국 『황성신문』은 당시의 세계는 약소국과 강대국이 더불어 지내는 제국주의 사회로 보았으며,[858] 또한 안정적인 세계질서를 이루고 있는 제국주의 사회로 보았다. 그리고 1906년 11월 16일과 17일자 논설을 통해 사회진화론을 소개하면서 동시에 이러한 사상에 근거하여 제국주의를 합리화하였다.[859] 이렇게 이들은 약육강식의 당시 국제정세를 진화론적인 시각에서 이를 당연한 현상으로 받아들이기까지 하였다. 따라서 우리나라도 역시 제국주의 열강의 대열에 속하기를 희망하였다.[860] 그리고 제국주의 사회에서 살아남기 위하여 무엇

---

851) 『황성신문』 1900. 8. 17 논설
852) 『황성신문』 1901. 4. 19 논설 「民志定則國必昌」
853) 『황성신문』 1901. 4. 24 논설 「讀史有感」
854) 박찬승, 『한국근대정치사상사연구』, 역사비평사, 1992, pp.17-20.
855) 『황성신문』 1906. 4. 2, 「대한자강회취지서」
856) 『황성신문』 1900. 1. 12 논설 「西勢東漸의 起因」
857) 『황성신문』 1901. 4. 24 논설 「讀史有感」
858) 『황성신문』 1903. 9. 3 논설 「世界各國領地及植民地」
859) 『황성신문』 1906. 11. 16-17 논설 「競爭時代」
860) 『황성신문』 1907. 6. 21 논설 「民族主義(續)」

보다도 실력양성을 강조하고,[861] 이를 통해 자강을 이루고자 하였다.

즉, 『황성신문』에서는 민족적 위기를 사회진화론에 기초하여 생존경쟁과 우승열패의 개념으로 이해하고 우자(優者)=문명부강(文明富强)으로 보았고, 이에 따라 국권회복의 주된 방향은 직접적인 저항과 투쟁보다는 교육・실업 방면의 자강을 주장한 것이다. 특히 러일전쟁 이후 일제의 침략과 더불어 국망의식이 고양됨으로써 사회개혁의 방향과 주체설정에 있어 새로운 인식이 싹트고, 민족의식이 고양되면서 교육 자강은 더욱 확산되어갔다.

이와 같이 『황성신문』은 사회진화론적인 현실인식과 함께 교육과 실업의 진흥을 중심으로 하는 자강운동론을 제기하였다. 그런데 교육과 실업의 진흥은 이미 개화사상가들이 제기한 것으로 광무개혁기에 이어 이 시기에도 계승되었다. 그런데 이 시기에 제기된 교육과 실업의 진흥은 그 담당주체면에서 달라진 면모를 보여주고 있다. 즉, 정부보다는 국민적 과제로 제기되고 있는 것이다.

『황성신문』에서는 약육강식의 국제질서에서 약자로서 자구(自救)를 위해 교육과 실업방면의 경쟁력 육성이라는 측면에서 자강을 주장하고 있다. 이들에 의하면 자강이라는 말은 스스로의 힘에 기초하면서 장기에 걸친 실력양성이라 할 수 있다. 스스로의 힘으로 부단히 정진할 수 있는 정신자세로서 자강지기를 국가의 본질로 파악하고 있다. 대한제국의 위기의 근원이 외세 문제라기보다는 국민들의 의뢰의 습성에 문제가 있다고 보고 국민들의 견인불발, 불굴의 자주정신을 확충해야 한다고 하였다.[862] 『황성신문』은 약육강식, 우승열패의 현실적 조건에서 경쟁

861) 『황성신문』 1904. 7. 19 논설 「告全國同胞」
862) 『황성신문』 1906. 9. 26 논설 「警告全國同胞」

에서의 승리를 위해 민지 민력의 강화가 중요하다고 보았고, 이를 위해서 교육·실업 분야에서의 외경력을 강화하고 또 민의 도덕적 자기혁신을 중요한 과제로 본 것이다.

『황성신문』은 신문발간 초기부터 학교의 설립과 교육의 확대를 강조하였으며 학교교육의 진흥이 국가 운명에 지극히 중요한 일이니 국가는 이를 위해 진력을 기울여야 한다고 강조하였다.[863] 또 갑오개혁 이후 근대 학교가 설립되었으나 실제 학교의 운영이 무질서하고 혼란을 겪고 있음을 개탄하면서 소학교, 중학교, 대학교로의 체제정비와 체계적인 운영을 요청하고 있다.[864] 교육진흥과 학교 보급에 관한 논설은 국권침탈기에 꾸준히 나타나고 있다. 『황성신문』에서는 우리와 같이 국권을 잃은 나라에서는 교육이 구국의 가장 중요한 사업이 됨을 다음과 같이 쓰고 있다.

> 본 기자의 소견에는 단 교육 하나만 흥왕하게 되면 정지된 국맥을 회통시킬 것이오 땅에 떨어진 국권을 극복할 수 있을 것이다. 한국인사로 하여금 타인의 노예로 만들어 국가사상이 없으면 이미 믿을 수 없지만 그 나라로 하여금 독립의 광영을 잃지 않고 그 국민으로 하여금 자주의 권리를 잃지 않으려면 오직 교육을 확대하여 민지를 발달하게 하는 것이 제일 중요한 의무이다. 크도다 교육의 공이여, 떨어진 국운을 만회하고 빈사한 인민을 소활하게 하는 자로다.…[865]

따라서 구국이라는 이념아래 문명개화와 부국강병을 위해서 어떻게 국민들을 교육시키느냐 하는 것에 교육의 초점이 모아졌다. 이들은 문

863) 『황성신문』 1899. 2. 28 논설
864) 『황성신문』 1898. 12. 23 논설
865) 『황성신문』 1906. 1. 16 논설 「務望興學」

명발달, 국운의 성쇠가 오로지 교화에 달려있다고 주장하였으며,[866] 나아가 정치의 부패, 국력의 약화,[867] 자주자립을 지키지 못하고 타국의 모멸과 침탈을 받는 것,[868] 민권신장과 정치발달 등이 교육과 관련되어 있다[869]고 하여 교육의 중요성을 역설하였다. 그렇기 때문에 국민이 교육을 받아 애국의 의무와 내치 외교의 방법을 알게 함으로써 국력을 발달시켜야 한다고 보았다.

또한 우리와 대비되는 서양이 부국강병하게 된 연유도 교육에서 찾고 있다.[870] 서양은 전문의 학문을 강구하여 보민(保民), 양민(養民), 친민(親民)의 술로서 서로 돕고 함께 하는 까닭에 민심이 열복하여 국력이 증진되고 있다는 것이다. 그러므로 교육은 부국강병만 아니라 그것을 추구해 나가기 위한 민심단합을 위해서도 중요하다고 여겼다.

교육의 확대를 강조하였던 『황성신문』 발행인들은 근대교육이 인민의 개명과 인재양성, 주권을 확립하는 첩경으로 보았다.[871] 그리고 실천적이고 전문적인 직업교육을 강조하는 데 국가 부강을 위해서는 사민이 모두 직업교육을 통하여 직업을 가져야 한다고 주장하였다.[872] 직업교육은 신분 계급구조의 타파를 전제로 하여 사대부나 부호는 농학, 공학, 상학 등 학문에 집중하여 산업발전에 기여하라고 권하였다. 근대교육의 강조는 자연히 신분적 제한 철폐와 교육기회의 균등으로 나타난다. 문벌과 계급에 구애되지 않고 재예에 따라서 인재를 등용해야만 내수를 견고하게 하여 외압에 대응할 수 있고, 양반계급의 타파를 통한 사

866) 『황성신문』 1908. 9. 17 논설 「勸告學部」, 1908. 3. 12 寄書 「國力振興이 在人材敎育」
867) 『황성신문』 1906. 3. 29 논설 「興學詔勅亟宜實行」
868) 『황성신문』 1899. 2. 28 논설
869) 『황성신문』 1905. 3. 8 논설 「國力振興在敎育發達」
870) 『황성신문』 1904. 4, 13 논설 「答栗坡山人寄書」
871) 『황성신문』 1898. 12. 6 논설
872) 『황성신문』 1900. 1. 22 논설 「民不失職不飢不從」

회적인 불평등을 어느 정도 제거하게 되리라는 입장을 밝혔다[873] 또한 신분구조를 타파하고 평등실현을 위한 남녀평등을 거론하며 여성교육을 주장하였다. 그래서 교육으로 여성의 사회적 역할이 지대해진다면서 여성의 사회적 역할을 강조하였다. 여성의 권리 신장과 여성의 사회적 진출이 남성과 평등한 외국 사례를 들어[874] 우리 사회에서도 여성의 교육이 제한적 관습에서 탈피해야 된다는 점을 강조하고 있었다.[875] 나아가 농맹아나 지체부자유자와 같은 장애인에 대한 교육기회 제공을 주장하고 있다.

이처럼 교육기회의 균등을 강조하고, 교과 내용이 실용적인 근대교육이어야 하지만, 인민을 교도하는데 중점을 두어야 하는 것은 애국성심을 실제로 발양시키는 것이라고 주장하였다. 인민이 국가에 대한 정성을 갖기 위해서는 국가의 정치는 물론 재정의 확립 그리고 사회의 빈부와 국가의 강약이 애국심으로 직결됨을 밝히고 있다.[876]

국가보존을 위해서 교육이 제일 급선무이고 청년들에게 있어서도 제일 급선무는 교육이었지만[877] 그것은 종래의 구교육은 아니었다. 국민들이 노예 상태에 빠져 무한한 모욕과 압박을 받지 않으려면 신지식 신학문을 배워서 연마해야 하였다.[878] 또, 신학문을 배워서 부국강병을 이루어야 하지만 신학문은 외래의 것이므로 외국의존적 사상을 낳게 되거나,[879] 외국의 것만 숭상하고 우리 것을 멸시하는 노예성을 기르게 될 수도 있으므로 조심해야 한다고 보았다. 이런 노예성을 막기 위해서

873) 『황성신문』 1898. 10. 6 논설
874) 『황성신문』 1900. 4. 9 논설 「女子亦宜教育事爲」
875) 『황성신문』 1899. 5. 12 논설
876) 『황성신문』 1901. 12. 17 논설 「教民必先愛國說」
877) 『황성신문』 1905. 3. 4 寄書 「青年의 自期」
878) 『황성신문』 1905. 3. 9 논설 「國力振興在教育發達」 續
879) 『황성신문』 1907. 7. 11 논설 「思想의 能力」

는 국문·국사 등 우리의 것을 소홀히 하지 않아야 한다고 주장하였다.

『황성신문』이 지향하는 교육에 대한 관심은 자주독립과 국권회복의 길로서 부국강병을 위한 인재양성, 근대적 교육기관 증설, 실업교육 강조, 선진적인 서구 기술문명 수용이었다. 그러나 신학문의 수용만이 우선 될 것이 아니라 그것보다 먼저 우리의 것을 전수하고, 그 바탕위에 신학문을 받아들이는 것이 필요하다고 주장하며 정신교육을 강조하였음을 알 수 있다.

3) 교육의 필요성

교육이념이란 시대상황에 따라 변화될 수 있고, 그 시대의 성격을 반영해 주고 있는데, 1905년 을사조약 이전의 사립학교 교육이념은 민지계발, 개명, 부강 등에 두고 있었으나 을사조약으로 국권을 빼앗긴 이후는 이들 교육이념도 중시되었지만, 그 보다는 애국정신과 민족의식의 고취를 통한 국권회복에 더욱 중점을 두고 있었다.[880]

당시의 교육의 목표는 힘을 길러 국권을 회복하는데 있다. 국권을 회복하기 위해서는 서양의 문물을 받아들여 문명을 개화하고 국가의 부강을 이룩하는 것이 시대적 과제였다. 독립협회는 조선에서 가장 긴급한 것은 교육이라 하며 자강을 위한 기초 작업으로 교육의 중요성을 역설하였다.[881] 또한 민권의 확립으로 국가의 자주 독립권을 확립하려는 사상적 기반 위에서 국가의 개화자강을 위해서는 국민이 교육을 통해서 선진과학기술과·신지식을 습득하고 세계의 변화를 인식할 필요가 있다고 생각했다.[882]

---

880) 김상기, <한국사립학교의 교육이념과 신교육구국운동>, 『淸溪史學』 1, 1984. p.70.

881) 『독립신문』 1897. 7. 27 논설「조선에 급선무는 인민교육」

『황성신문』의 경우도 국권의 회복을 위하여 학교를 설립하고 신학을 교육하라고 권면하였다.[883] 유생들의 신교육참여와 유생층의 계층에 노력을 기울였지만 전 국민의 교육을 통한 개명이 무시된 것은 아니었다. 『황성신문』은 국민들의 지식의 증장이 자강으로 나아가는 길임을 역설하고 우매한 인민의 비판도 자주 거론하였다. 『황성신문』은 근대교육이 인민의 개명과 인재양성, 주권을 확립하는 첩경으로 보았다.[884]

신문의 논설을 통하여, 우리와 같이 국권을 잃은 나라에서는 교육이 구국의 가장 중요한 사업이 됨을 강조하고,[885] 구국이라는 이념아래 문명개화와 부국강병을 위해서 어떻게 국민들을 교육시키느냐 하는 것에 교육의 초점이 모아졌다.

이들은 문명발달, 국운의 성쇠가 오로지 교화에 달려있다고 하였다. 인민이 지혜가 있어야 나라도 개화 자강할 수 있으며,교육이 없어 민지가 낡고 뒤떨어지면 여론이 공변되지 못해 나라가 어지러워질 수밖에 없기 때문에 국가의 번성과 번창을 위해서 인민 교육에 진력해야 한다는 것이었다.[886] 정치가 부패하고 국력이 약해서 외국인들로부터 수모를 당하는 이유 역시 교육이 진흥되지 못한 데 두고 있다.[887] 서구 열강이 부강하게 된 것도 교육과 연구에 힘쓴 결과이며, 만약 한 나라의 지식수준이 낮으면 타국의 모멸 침탈을 받을 뿐이므로 교육진흥이 중요하다고 하였다.[888] 국가를 부강하게 하고 자유 자립할 수 있게 하는 지식

882) 『독립신문』 1896. 4. 25, 5. 12, 5. 30, 10. 10, 1897. 4. 20, 1898. 11. 3 논설 등이 교육을 강조하고 있다.
883) 『황성신문』 1908. 1. 25 논설
884) 『황성신문』 1898. 12. 6 논설
885) 『황성신문』1906. 1. 16 논설「務望興學」
886) 『황성신문』1908. 9. 17 논설「勸告學部」 1908. 3. 12 寄書「國力振興이 在人材敎育」
887) 『황성신문』1906. 3. 29 논설「興學詔勅亟宜實行」
888) 『황성신문』1902. 12. 19 논설「告諸公」

수준은 바로 신학문이다. 신학문 수용과 국민 교화 여부는 그 나라의 흥망성쇠와 직결된다고 하여 신학문의 중요성을 강조하는 한편 교육은 산업위축과도 관련성이 깊다고 보았다.[889)]

학문의 유무가 국가에 치란과 관계가 있으므로 민이 국가의 대본이라고 한다면 학문은 민의 대도라는 것이다. 역서에 '부유지위대업(富有之爲大業)'이라 함은 학문이 성함을 뜻하는 것이라고 하였다. 그런데 우리나라는 학업이 발달하지 못하여 재정이 곤란하고, 공업을 포기하여 국민의 의복・군복・경찰복과 도구도 전부 외국의 수입에 의존하므로 백성이 빈곤하게 될 수밖에 없다는 것이다. 이런 상황을 타개하려면 학업을 이루어야 하고 국민들이 학업에 힘써야 한다는 것이다. 즉 학업은 '약한 것을 강하게 하고 가난한 자를 부유하게 하고 어두운 자를 명석하게' 만듦으로 학문을 진흥하는 것이 제일 중요하다고 주장하였다.

정치를 쇄신하고 이웃 강대국들의 침략을 막는 방법도 교육뿐이다. 정치와 외교에 무능하여 외국인의 손에 놀아나는 이유도 교육이 없는 탓이다. 우리나라가 민권신장과 정치발달이 이루어지지 않는 것, 또 백성이 압제를 받는 것은 교육이 없는 탓이라고 주장하였다.[890)] 우리 국민이 타인에게 압제를 받게 된 것은 외인의 죄가 아닌 우리 정치의 죄이며 더 나아가 교육이 없는 죄라는 것이다. 그렇기 때문에 국민이 교육을 받아 애국의 의무와 내치 외교의 방법을 알게 함으로써 국력을 발달시켜야 한다고 보았다.

우리와 대비되는 서양이 부국강병하게 된 연유도 교육에서 찾고 있다.[891)] 즉 서양은 전문의 학을 강구하여 보민, 양민, 친민의 위로서 서로

---

889) 『황성신문』1899. 2. 28 논설

890) 『황성신문』1905. 3. 8 논설「國力振興在 教育發達」

891) 『황성신문』1904. 4. 13 논설「答栗坡山人寄書」.

돕고 함께 하는 까닭에 민심이 열복하여 국력이 증진되고 있다는 것이다. 교육은 부국강병만 아니라 그것을 추구해 나가기 위한 민심단합을 위해서도 중요하다고 여겼다. 또한 서세동점 현상을 막기 위해서도 교육이 필요하다고 보았다. 서양을 막기 위해선 일본의 지도와 동양 삼국의 힘을 합함이 필요하며, 일조일석에 서양을 방어할 수 있는 것이 아니므로 인재를 교육하고 상무를 확장하여 국부민강(國富民强)한 연후에야 가능하다고 하였다.[892)]

『황성신문』은 국력의 빈약과 정치가 부패한 죄를 정부의 무능과 외국의 태도만으로는 볼 수 없다고 하였다. 『황성신문』은 무교육과 불학문을 지적하였다. 이것은 신학문이 연구되지 않는데 대한 비판이었다. 신학문을 통해서 현시대의 경쟁을 인식하고 발전을 이룬다고 본 『황성신문』으로서는 당시의 상황 즉 지식층인 유림으로부터 무지한 백성까지 모두 신학문에 힘쓰지 않는 것에 대한 비판은 당연하다고 하겠다. 그러므로 신학문에 대한 무지가 가장 큰 문제점으로 지적되었던 것이다. 따라서 『황성신문』은 정부의 쇄신과 일본의 침입을 막는 방법으로 교육의 중요성을 강조하고 계몽에 주력하였다.[893)]

앞에서도 언급하였지만 교육이 제일 급선무이고, 그렇더라도 구교육을 고집하고 학문과 기술을 익히지 않으면 장차 노예가 되어 모욕과 압박을 받을 것이라고 경고하고, 그렇게 되지 않으려면 실천적이고 전문적인 직업교육인 신지식 신학문을 배워서 연마해야 한다는 것을 강조하고 있다.[894)] 무엇보다 국가의 강약이 애국심으로 직결[895)] 됨을 밝히고,

---

892) 『황성신문』 1899. 4. 12 논설
893) 『황성신문』 1905. 3. 8 논설 「國力振興在教育發達」
894) 『황성신문』 1905. 3. 9 논설 「國力振興在教育發達」 續.
895) 『황성신문』 1901. 12. 17 논설 「教民必先愛國說」

신학문은 외래의 것이므로 외국의존적 사상을 낳게 되거나 [896] 외국의 것만 숭상하고 우리 것을 멸시하는 노예성을 기르게 될 수도 있으므로 국문·국사 등 우리의 것을 소홀히 하지 않아야 한다고 주장하였다.

이것은 '국사는 국혼'이라고 하면서 국사교육의 중요성을 강조한 『황성신문』의 논설에서 잘 나타나고 있다. 『황성신문』은 <조선혼이 초초환래호>라는 글에서 "국민의 뇌수 중에 국혼이 완전하게 견실하면 그 나라가 강하고 그 민족이 번성하는 것이요, 국혼이 점점 소멸하면 그 나라가 망하고 종족도 멸종한다"고 하여 국혼을 강조하였다. 그런데도 불구하고 우리는 우리 역사·지지·국문을 가르치지도 배우지도 않는다고 개탄하였다. 자강 자립 사상이 없고 타인에게 의지하는 습성만 남아 우리를 노예로 삼고 우리를 학대하는 자를 환영하여 수모를 당하는 데도 수치감과 분노가 없으니 국혼이 없는 탓이라는 것이다.[897] 교육계에서 국가 또는 민족의 혼인 국사와 함께 본국지지, 국문을 교육하고, 이의 교육을 통해 국혼을 길러 나라의 자강 자립의 기초를 혁고하게 하여야 한다고 주장하였다. 국혼을 살리기 위한 교육으로는 지·덕·체육 교육이 병행되어야 하며, 어린 아동기부터 교육을 실시하여야 된다고 주장하였다.[898]

『황성신문』의 제 논설에 나타난 교육이념은 자강과 독립을 위하여 민권의 확립과 민중계발의 지름길로 신교육을 실시하는 데 중점을 두었다.

그러면 국가보존의 관건인 교육은 어떻게 해야 진흥시킬 수 있는가 하는 것이 과제이다. 교육진흥을 위해서 근대식 학교설립을 권장하였으며, 교육내용으로는 자강정신교육(국문, 국사), 실업교육을 강조하였으

896) 『황성신문』 1907. 7. 11 논설 「思想의 能力」
897) 『황성신문』 1908. 3. 20 논설 「朝鮮魂이 稍稍還來乎」
898) 『황성신문』 1907. 2. 12 논설 「謹告少年同胞」

며 민력증진을 위하여 단체활동에 주목하였다. 이에 대해서는 다음절에서 상세히 알아보도록 하겠다.

2. 자강교육론

1) 자강교육의 필요성

국가가 위기에 처하여 있었던 시기에 민족정신을 앙양하기 위한 정신교육은 당연히 매우 중요한 것으로 받아들여졌다. 국민 각자가 애국심을 가지고 실력을 양성하는 것이 중요하다고 여기고 있다. 박은식의 경우도 『황성신문』 논설을 통해 "지금의 국가의 위기에 대해 이는 정부의 잘못에만 책임을 전가할 수 없고 국민 스스로의 책임도 막중한 것"이라고 하여 국권회복의 주체로서의 국민의 책임을 각성시키고자 하였다.[899] 이처럼 자강을 위해 정부보다는 국민적 과제를 제기한 것은 『황성신문』의 국가관과 관련이 있다고 본다.

『황성신문』은 국가를 인류의 특질로 법률적 제도에 의해 발달한 역사상의 산물이라고 보았다.[900] 즉 국가는 일정한 토지와 인민을 기초로 유일한 독립주권으로 통치하는 단체라고 규정하였다. 또 국가의 기원에 대해 인민의 생활과 복리 즉, 생존권을 위해 국가라는 공동체를 만들었고, 국가는 통치의 권리를 가지고 인민은 생존권과 함께 국가에 대한 의무를 지니게 되었다는 것이다.[901] 정부는 국민에 대해 통치권을 가지고

---

899) 『황성신문』 1904. 11. 24 논설 「警告同胞」
900) 『황성신문』 1905. 2. 16, 논설 「國家思想論」
901) 『황성신문』 1905. 5. 26 논설 「國民之謀於政府之策」

있으나 국가의 성립과정에서 국민의 자유권을 위임하여 형성되었기 때문에 국민 역시 정부에 대해 책임이 있다는 것이다.[902) 『황성신문』에서 국가사상의 새로운 인식은 국권회복의 주체로서 국민을 제기하고 그 책임을 강조하면서 대두한 것이었다. 즉, 국가가 존재하고 망하는 것은 개인과 직결된다고 하는 점을 깨우치려 하였다. 따라서 당시를 국가사상으로 단결하여 세계에 경쟁하는 때라고 인식하고 우리도 세계의 경쟁의 장에 나아가기 위해서는 먼저 국가사상으로 단결해야 한다고 하였다. 이러한 인식에서 『황성신문』은 당시의 단결하지 못함을 통렬히 비판하고 국가를 조직하기 위한 국민의 단합성의 필요성을 인식하고 국가사상과 더불어 단결성을 계몽하였다.

여기에 필요한 국가사상의 고취와 국민의 단합은 어떻게 이루어지는가? 인데 『황성신문』은 국학교육을 통해 의식계몽을 이루어서 달성할 수 있는 것이라고 보았다. 국민계몽을 통해 자국사에 대한 이해를 도모하고 나아가 민족 개념의 형성과 애국심 고취를 이룩할 수 있다는 것이다.

무엇보다도 『황성신문』이 강조했던 것은 조선의 혼, 정신, 민족의식을 기반으로 한 애국심 고취였다[903) 즉 국권이 상실되어 가는 위기에서 국학을 통하여 국혼을 견지하고 애국심을 불러 일으키는 것이 중요함을 인식한 것이다. 먼저 국혼의 배양을 위하여 국학 즉, 종교・지지・역사・문자를 들었다. [904)

허명개화를 지양하기 위해서도, 외국사상의 노예가 되지 않기 위해서도 정신교육은 필요한 것이다. 이러한 점은 『황성신문』에서 강하게 주장하고 있다. 수용적 학문(실무교육)만 긴요한 것이 아니고 정신적 학

---

902) 『황성신문』 1905. 8. 4 논설 「自由와 同情」
903) 『황성신문』 1907. 6. 20-21 논설 「民族主義」
904) 『황성신문』 1908. 3. 20 논설 「朝鮮魂이 稍稍還來乎」

문을 필수로 하여 도덕으로써 국민을 교육시켜 애국하는 마음을 길러야 한다는 것이다.[905] 물론 이것은 신구학문의 절충을 주장한 것이기도 하지만 애국심 함양을 염두에 두고 주장한 것이기도 하다. 그렇기 때문에 학부의 교육정책을 비판하여 자국정신을 강조하였다. 학부에서 학교를 어떻게 하면 진흥하고, 교과서류의 편찬을 어떻게 할 수 있는가는 살피지 않고 다만 학교 이름만 바꾸고 학교령 시행규칙을 종이 가득 반포할 뿐이라는 것이다. 또한 소학교 교과과정에 외국어 과목을 넣어서 깨닫지도 못하는 가운데 자국정신만 빼앗기게 하는 것은 올바른 시정개선이 아니라고 하였다.[906] 이는 학부에서 일본인을 고용하여 보통학교에서 일어교육을 시키도록 한 것에 대한 비판이라고 하겠다. 어린 아동들에게 일어를 가르침으로써 민족의식이 싹트지 못하게 하려는 일본 제국주의 정책의 일환으로 시행된 것인데 이러한 조치에 대해 비난하였다. 그러므로 『황성신문』은 본국학과 외국학을 고루 가르쳐서 실력을 쌓고 실천하도록 해야 한다고 주장하였다.[907] 외국어를 배우는 것도 좋지만 자국의 언어를 먼저 배워야 하며 [908] 다른 나라의 역사를 배우더라도 먼저 우리 역사를 가르쳐야 한다는 것이었다.[909] 이 신문은 이렇게 함으로써 학생들이 자국의 정신을 배양하게 되고 자국의 정신을 배양하여야 충애의 목적에 도달할 수 있다고 하였다. 이들은 신학을 공부한다고 하면서 내실을 기하지도 않고 전통적인 가치관을 부정하는 사례가 있다고 지적하면서 풍속개량과 인재양성, 민지개발, 애국정신과 문명사업을 발달시키는 데 실제적인 효력을 기대할 수 없다고 개탄하였다. [910]

---

905) 『황성신문』 1906. 5. 24 잡보 「謹呈講習所諸公」
906) 『황성신문』 1906. 9. 18 논설 「施政改善」
907) 『황성신문』 1899. 1. 9 논설
908) 『황성신문』 1899. 6. 27 논설
909) 『황성신문』 1899. 4. 22 논설

이처럼 『황성신문』은 사대정신에 젖어있는 양반 유생에게, 그리고 외국의 문물제도 혹은 사상의 유입으로 한국의 기존가치체계가 혼돈되어 있다고 보고 국민들에게 한국혼을 심어주기 위해 정신교육에 치중했다. 그러한 점은 다음 사설에 잘 나타나 있다.

> 우리 동포의 각성을 부르짖으며 우리 동포의 진기를 고려하여 완몽을 크게 깨우치고 신지가 개발되어 나날이 문화가 유신하고 나날이 사업이 증진함으로 우리 국본을 건강하게 하고 국력을 발달하게 함인 즉 본 법인이 관철한 정신이요, 우리 전국 동포가 다 이 정신을 흡수하고 이 정신을 관주하여 건전 활발한 지력으로 중대한 책임을 균담하고 원대한 목적을 달성하는 것이 또 본 법인의 무량 축원이니 그 진취 정도는 본지의 발달하는 정도로서 확증을 삼을지라.[911]

한국인의 각성과 진기를 고취시켜서 신지를 개발하고 문화를 유신하고, 사업을 증진시켜서 한국혼을 건강하게하고 국력을 발달케 하는 것이 『황성신문』의 일관된 정신이라는 것이다. 그래서 전국동포가 이 정신을 흡수하고 관주하여 국권회복의 책임을 나누어 가지고 원대한 목적을 달성함이 신문이 무한히 바라는 바라며 한국혼의 진작을 축원하였다.

이상의 자강정신교육에서 중요시 하는 것은 국어나 국사교육이었다. 이 교육이 어떻게 이루어지기를 바랐는가를 살펴보기로 하겠다.

2) 국문교육

최초로 한글로 된 『독립신문』을 발간한 독립협회의 경우 국민에게

---

910) 『황성신문』 1909. 1. 28 논설 「教育界의 危機」
911) 『황성신문』 1909. 2. 19 社說

우리글을 사랑하는 마음을 심어주는 것으로 애국심을 앙양하려 하였으며, 교과 내용으로 국문교육을 크게 부각시켰다. 독립협회는 국문의 사용이 민권신장을 가져오고 전 국민에게 지식을 넣어주는 방법이라고 생각하여 논설을 통하여[912] 국문 사용을 강력히 계몽하였다. 그리고 국민이 우리글을 사랑하는 마음을 갖도록 국문사용과 국문전용을 계몽하고 이 길만이 우리 민족의 자주・민권・자강을 가져오는 것이라고 거듭 강조하였다. 국문의 전용은 그들의 기관지인 『독립신문』을 순국문으로 발행함으로써 모든 사람들이 읽게 하려하였다. 이는 종래 한문만 숭상하여 모든 국민이 무식하게 되었으므로, 순한글신문을 통하여 지식을 보급하고 일반민들을 계몽 교화하겠다는 의도가 포함된 것이다.[913]

『독립신문』은 조선에서 그래도 생각 있고 학문다운 것은 국문이라고 전제한 다음, 조선 사람은 남의 것을 좋아하지 않고 자기의 것을 지키기를 좋아하나, 글에 있어서는 한문만을 배워서 글과 말이 다르고 공부한 사람은 한문만 공부하고 국문을 배우지 않았다. 모든 국문을 유식하게 하려면 한문책을 국문으로 번역하여 학문을 가르쳐야 한다. 그렇게 하기 위하여 첫째 국문으로 옥편을 만들고, 둘째는 국문을 쓸 때는 띄어쓰기를 하면 된다고 하고,[914] 마지막으로 학부에 대하여 조선 국문 옥편을 만들어 말 쓰는 규칙과 문법을 정하라고 촉구하고 있다.[915] 특히 국문전용을 강조하는 글로는 1897년 4월 24일이 독립신문에 실린 <주상호씨 국문론>을 들 수 있는데, 그 내용은 다음과 같다.

912) 『독립신문』 1897. 4. 24 「주상호씨 국문론」, 1897. 8. 5 논설
913) 『독립신문』 1896. 4. 7 논설
914) 『독립신문』 1897. 9. 25 「주상호씨 국문론」
915) 『독립신문』 1897. 9. 25 논설

> 우리나라 사람들이 종시 이것만 공부하고 다른 새 사업을 배우지 아니하면 우리나라가 어둡고 약함을 벗지 못하고……멀지 아니하여 자손들이 다 어느 나라 사람의 손에 들어가 밥이 될지 알지 못할 증거가 목하에 보이니 참 놀랍고 애탄할 곳이로다 어찌 조심치 아니할 때리오. 만일 우리로 하여금 그림글자를 공부하는 대신에 정치 속에 의회원 공부나 배무공부나 외무공부나 재정공부나 법률공부나 수륙군 공부나 항해공부나 위생상 경제학 공부나 장색공부나 장사공부나 농사공부나 또 그외의 각색 사업상 공부들을 하면 어찌 십여년 동안에 이 여러 가지 공부 속에서 아무 사람이라도 쓸 만한 직업의 한 가지는 잘 졸업할……지금 우리나라 잠깐 동안은 남의 나라 하루 동안보다 더 요긴하고 위급하오니 그림 한 가지 배우자고 이렇게 아깝고 급한 때를 허비하지 말고 우리를 위하여 사업하신 큰 성인께서 만드신 글자는 배우기가 쉽고 쓰기도 쉬우니 이 글자들로 모든 일을 기록하고 사람마다 젊었을 때에 여가를 얻어 실상사업에 유익한 학문을 익혀 각기 할 만한 직업을 지켜서 우리 나리 독립에 기둥과 주초가 되어……우리나라의 부강한 위엄과 문명한 명예가 세계에 빛나게 하는 것이 마땅하도다.

이 글이 말하는 바와 같이 독립협회는 국문애용과 국문전용이 문자를 공부하는 시간을 절약하게 하여 그 남는 나머지 시간을 실용있는 서구학문을 공부하는 데 사용할 수 있게 하여, 그렇게 하여 유익한 학문을 익히는 것이 나라의 자주독립과 진보를 가져오는 중요한 길이라 믿었다. 또한 독립신문은 종래 특권층을 중심으로 널리 사용되던 한자를 폐지하고 국문을 사용하는 것이 자주독립사상을 확립시키게 된다는 논조를 보여주고 있다.

이상에서 본 바와 같이 독립신문이 국문의 사용을 강조하는 것은 한국인이 한국적인 문화전통을 존중하면서 자주국가로의 발전을 위한 주체적인 민족의 활동을 이끌어내려는 의도와 함께 종래 한문 위주의 지식인 중심에서 상하의 계층적 구별이 없이 민중적인 문화 활동을 추구하는 혁신적인 변화를 추구하는 것이었다. 새로운 문물을 수용하여 다른 나라의 발전수준으로 국가를 발전시키기 위해 우선 필요한 것이 국민의 자주사상이요, 특정 계층을 중심으로 하지 않고 전 민족이 문화발전에 참여하는 계기를 국문의 사용에서 찾으려 한 것이다.

『황성신문』의 경우는 국문사용의 중요성을 인식한 면에서는 독립신문과 같다. 그렇지만 신문체제에 있어서 국한문 혼용체를 사용한 것은 독립신문과는 달리 계몽의 대상으로 중점을 둔 계층이 봉건유생층이라는 점 때문이다.

『황성신문』의 발간에 있어 문체는 비록 국한문혼용체를 사용하였지만 국어 국문 사용을 중시하고 국문에 대해서 정의를 내렸다. 국문이라고 하는 것은 세계 각국이 그 지역의 풍토와 말이 다름으로 인해 각자의 국음에 맞추어 사용하기 편리한 문자를 만들어서 그 국내에 사는 사람들이 행하는 것을 일컫는다고 하였다. 그러므로 중국에는 한문이 중국의 국문이고 그리스의 고문은 그리스의 국문이며, 한국의 경우 고대에는 중국한문을 빌려 써서 말과 글이 달랐으나 설총이 이두를 만들어 국내에서 사용하도록 하였고, 세종 28년에 글을 만들어서 훈민정음이라 하였으니 이것이 우리의 국문이다고 하였다. 이 국문을 만들 때 모음과 자음으로 이루어서 문자가 간편하고, 그 음도 오성을 국음에 비교하여 만들어서 정비되어 있기 때문에 비록 어리석은 사람이라도 쉽게 배울 수 있다고 보았다.916)

또한 우리 국문은 발음문자이기 때문에 배우기도 쉽고 제일 간략한 문자라고 하였다. 그런데도 불구하고 한문에 얽매이는 것은 몽매상태를

---

916)『황성신문』1902. 2. 14 논설「國文宜擴張」

고수하는 것과 같이 어리석은 것이라고 주장하였다.

한문을 귀히 여기고 발음문자인 한글을 아녀자나 상인이 배우는 천한 글로써 문자라 할 수 없다는 것은 부유의 편견에 사로잡힌 혹설이라는 것이다. 상형문자를 사용하는 국가(중국. 서양의 고대국가)는 어떻게 해서 몽매하고, 발음문자를 사용하는 국가가 개명한 까닭은 무엇인가 반문한 뒤 문자의 난이에 따라서 인민의 지식우열이 생기고 그에 따라 국세강약이 이루어진다는 것이다.[917] 이는 문명개화를 위해서도 발음문자인 한글을 교육시켜야 된다는 논리라고 하겠다.

그러나 한글은 오랜 세월 천대를 받아옴으로 인해 개량할 필요성이 있다고 하였다. 국어교육이 교육의 첩경이지만 청탁성음의 바뀜이 있어 비슷한 것끼리 유감이 없다고는 할 수 없으므로 한문에 종사하는 학사, 유생들은 해야 할 일이 있다고 하였다. 첫째 경서를 언해하며, 둘째 문법이 없으므로 문법정리. 개량하여 잘못된 글을 수정할 것, 셋째 중국에서도 그 문자의 간략화 작업을 실시하므로 우리도 한문 대신 국문을 사용해야 한다. 넷째, 국문학교를 설립하여 청탁 성음의 전변을 판별하여 고루하고 잘못된 것을 고쳐 문명화 시켜야 한다는 것이며, 이 모든 것이 국문학이 확장된 연후에야 완비될 수 있다고 주장하였다. [918]

이를 위해선 국문학교의 설립이 필요하다고 주장한 것이 자주 나타난다.[919] 아주 쉬운 국문을 천대하고 아주 어려운 한문만 숭상하는 것은 외국에 비웃음 거리일 뿐이라고 하였다. 당대에 문명의 기운이 일어나게 할려면 국문을 주된 글자로 정하고, 국문보급을 위해선 상소문에도 국문을 사용케 하여야 하며, 아문을 설치하여서 한문 · 일문 · 영

---

917) 『황성신문』 1898. 9. 28 논설 「國文漢文論」 上
918) 『황성신문』 1902. 2. 14 논설 「國文의 擴張」
919) 『황성신문』 1902. 2. 13 논설 「國文學校設立瑣聞」

문 · 프랑스 글을 가르쳐 외교 업무를 담당케 하고, 교수법을 강구하고, 물의 이름과 경서의 언해작업을 실시하여 책을 만들어 어린 학생들이 학교에서 배우도록 하여야 한다고 주장하였다.[920)]

이러한 국문사용론은 교육용어로서 국문을 중시하였으며, 특히 초등교육에서 국어교육을 강조하였다. 특히 유길준이 『황성신문』에 게재하였던 「소학교육에 대한 의견」[921)]을 보면 국민의 근본교육인 소학은 아동의 강습에 편리하고 쉬우며 동시에 자국의 정신을 키워줄 수 있는 국어로써 이루어져야 한다고 주장하였다. 그리고 그는 아동용교과서는 국문으로 만들 수 있음에도 불구하고 실제로 사용되고 있는 소학교과서는 한자에 한글을 부속시킨 국한문혼용문으로 쓰여 있어, 국문도 한문도 아닌 일종의 기이한 문장으로 인하여 아동은 교사가 말하는 대로 크게 따라하는 앵무새 교육만을 받고 있다고 신랄히 비판하였다. 이들의 주장에서 나타나는 초등교육에서의 국문사용에 대한 구체적인 지적도 근대교육의 원칙인 모국어주의가 한국의 학교교육에 있어서도 큰 흐름이 되었음을 의미한다.

3) 역사교육

19세기말 이후 자주적 근대국가로의 발전을 추구하는 움직임은 일부 개화파의 선구적인 역사인식과 현실파악에서 비롯되어 개화운동의 기본방향이 되어왔다. 그러한 움직임은 점차 일반인으로 확산되어 갔으며 이러한 과정에서 언론의 활동은 계몽적인 역할을 담당하며 국민의 계몽에 이바지한바 크다고 할 수 있다.

---

920) 『황성신문』 1898. 9. 28 논설 「國文漢文論」
921) 『황성신문』 1908. 6. 10 寄書 「小學教育에 對하난 意見」

『독립신문』과 『황성신문』의 논설이나 기사를 보면 당시 일부 지식인들을 중심으로 하여 국사를 알아야 한다는 필요성을 주장하면서 학교에서의 국사교육의 실시와 나아가서는 교과서의 편찬이 중요함을 강조하고 있다.

국가의 자주 독립권 수호를 갈망하는 독립협회는 자주성 교육을 위한 실천방안으로 국사교과를 중시하였다.[922] 독립협회는 국사학습의 목적에 대해 다음과 같은 논조를 전개하고 있다.

> ……전국 인민이 남의 나라 사기도 알려니와 자기 나라 사기들을 먼저 알아 언제는 나라가 흥하였고 언제는 나라가 못된 것을 밝히 알아 조상이 잘못한 것은 중계가 되여 그 부끄러움을 기어히 씻으려 하며 옳은 일은 본받아 그보다 더 낫게 할 도리를 생각들을 하며 나라라 하는 것은 자기 몸과 목숨보다 더 중한 것으로 생각하는 마음이 생기도록……[923]

어느 때 나라가 못 되었는지를 정확히 알아 조상이 잘못한 것을 거울삼아 치욕을 씻고 옳은 일을 본받아 그보다 더 나은 생활을 창조하기 위해 국사를 배워야 한다는 것이다. 또한 다음의 논설에서,

> ……대한인민들이 대한을 자기나라로 생각하는 생각이 적고 대한토지인민을 가지고 천하에 행세하여 동등국 대접을 받기가 어려운 줄로 생각하는 사람이 많이 있어 기어히 다른 나라에 의지하여 그 나라 결제를 받아야 지탱할 줄로 아는 것은 무슨 외국학문만 없어 그런 것이 아니라 본국 사기를 자세히들 모르는 고로 대한사람들이 본국 인종을 서로 업수히 여겨 대한사람 가지고는 중흥하는 사업을 못할 줄로 알아 그러하되 대한사기를 보면 대한 인종 속에도 영특하고 굉장한 인물들이 업

922) 『독립신문』 1898. 3. 8 논설
923) 『독립신문』 1896. 9. 22 논설

> 는 것이 아니라……이것을 대한사람들이 거울 같이 들여다보면서 종시 한 당 송 명 청이 그 까닭에 망한 학문을 종시 숭상하는 것은 꼭 지혜가 있는 일인지 알 수가 없고, 우리가 알 수가 없고, 우리가 바라기는 대한 인민들이 애한식 속에 유명한 충신열사들을 받을 터이라, 대한사기에 유명한 충신들은 충무공 이순신씨와 조중봉씨와 임경업씨의 사적들을 배와……대한시기에 참말 용맹있고 충심있는 장상들을 한나라 당나라 명나라 유명한 장상들 보다 더 공경하고 본받게 하는 것이 의리에 마땅하니라[924]

즉, 역사를 배우면 과거의 일만 알 뿐 아니라 미래의 일을 예견할 수 있는 지혜가 생긴다 하여 역사교육을 통하여 오늘의 변화를 직시하고 그에 맞추어 발전의 방도를 찾아야 한다고 하였다. 특히 한국 역사에서 이민족의 침략이 있을 때 이를 막아내어 나라를 구한 인물들에 대해 자세히 공부하기를 권하고 있다. 이것은 조선왕조의 유교적 문약을 비판하면서 외세의 침략에 대항하기 위해 강한 국방력이 필요함을 전제로 하여 한국의 역사 속에서 보이는 충신과 용장들의 행적에 대해 공부할 것을 강조하고 있다. 즉, 역사교육을 통하여 민족의 자부심과 자주국가의 국민 된 긍지를 갖고 국가 발전의 민족적 역량을 기를 것을 주장하였다.

이와 같은 국사교육의 강조는 자주국가로 발전하는데 있어 기본적인 요소인 자기 자신에 대한 올바를 인식을 강조함과 연결되고 있다. 그리하여 교육에 있어서 한국 본위의 교육을 중시하면서 국사와 함께 국어교육, 나아가서는 한국의 실정과 현실에 대한 정확한 이해를 주장하고 있는 것이다. 즉, 남의 것을 알기 전에 우리의 것을 먼저 알아야 되겠다

---

924) 『독립신문』 1898. 3. 8 논설

는 자기중심적 내지 주체적인 사상이 확대되고 종래 중국의 것을 숭상하고 중국의 것을 앞세우는 사대주의를 타파하여 자주독립의 민족국가를 지향하는 정신운동의 일면으로 전개되었다. 국사 또는 국어를 중심으로 하는 한국 본위의 교육이 강조되고 그 교재 작성을 위한 연구는 이 시대의 역사적 성격과 연결시켜 볼 때 중요한 의미가 있는 것이다[925]

순국문으로 간행된 독립신문과 달리 국한문을 혼용한 『황성신문』은 그 주 대상을 지식계급(군자)으로 하고 있다는 데서 남녀노소와 귀천을 가리지 않고 읽히기를 기대한 독립신문과는 근본적으로 차이점을 갖고 있기는 하지만 국가 민족의 자주자립을 위한 국민 계몽적 역할은 독립신문의 간행이 중지된 이후에 계속되어 일제의 침략에 항거하는 민족정신을 일깨우는데 커다란 공헌을 하고 있다.

『황성신문』은 역사를 중시하였다. 우리의 역사를 통한 민족의식의 고취를 꾀한 것이다.[926] 이는 『황성신문』이 국가와 민족에 있어서 역사의 중요성을 강조한 것에서 잘 나타난다. 『황성신문』에서도 국사교육의 필요성에 대하여 여러 차례 논설을 발표하고 있다.

황성신문이 중시하였던 것은 정신적 개혁이었다. 국가가 위기에 처하여 있었던 시기에 민족정신을 앙양하기 위한 정신교육은 당연히 매우 중요한 것으로 받아들여졌다. 황성신문에서는 허명개화를 지양하기 위해서, 또 외국사상의 노예가 되지 않기 위해서도 정신적 학문을 필수로 하여 도로써 국민을 교육시켜야[927] 한다며 정신교육을 강조하였다. 그

---

925) 강재언, 앞의 책, p. 318.

926) 최기영(<황성신문의 역사관련기사에대한 검토>, 한국 근현대사연구 2집, 1995)은 황성신문의 역사관련 기사를 크게 1904년과 1908년 전부를 경계로 전통문화에 대한 계몽(1898-1904), 외국사기소개와 국권회복의식의 고취(1904-1907), 한국사의 긍정적 이해와 유교개혁론(1908-1910)으로 나누어 신문의 역사인식과 주된 관심이 어떻게 변하였나를 연구하였다.

927) 『황성신문』 1906. 5. 24 雜報「謹呈講習所諸公」"需用的學問만 緊要함이 아니오 精神的

렇기 때문에 당시의 교육정책을 비판하여 자국정신을 강조하였다.

정부에서 학무하면 학교를 어떻게 하면 진흥하고, 교과서류의 편찬을 어떻게 할 수 있는가는 살피지 않고 다만 학교 이름만 바꾸고 '학교령시행규칙'을 종이 가득 반포할 뿐이라는 것이다. 또한 소학교 교과과정에 외국어 과목을 넣어서 부지불식중에 자국정신만 빼앗기게 하는 것은 올바른 시정개선이 아니라고 하였다.[928]

애국심을 발동하여 자강으로 나아가기 위한 정신적 개혁을 촉구한 것이다. 이를 위해 먼저 애국심을 강조하였다. 애국심을 기반으로 자강개혁도 가능하며 지식을 발달시키고 나라의 발전을 도모하여 국권의 회복에 이른다고 본 때문이었다. 그러기 위하여 먼저 황성신문이 계몽하려고 했던 것은 경쟁시대에 대한 인식이었다.[929] 즉 경쟁에 대한 사상을 깨닫고 경쟁의 현시대를 인식해야 국가사상이 생기고 애국심이 발동한다는 것이었다. 황성신문은 현시대를 '우승열패가 천연 공례'라고 하면서 사회진화론의 논리로 설명하였다.[930] 당시의 세계는 경쟁시대로 도덕이나 인의, 사람과 사람, 국가와 국가 사이는 경쟁한다는 것이다. 그러므로 경쟁은 무기를 들고 싸우지 않아도 가혹한 것으로 시세의 자연스러운 상태인데 우리만 이것을 알지 못하여 결국 비참한 지경에까지 이르렀다고 비판한 것이다.[931] 따라서 이러한 사회진화론적인 인식을 바탕으로 애국심을 불러 일으켜 자강을 위한 신사상(분발심, 자주심)의 계몽을 도모하려 했던 것이다.

學問을 必修하야 敎人以道하고 愛國以誠하야 個人마다 確實히 文明할새 精神을 充養하면 一擧而一事成하고 百進而百事能이라 於國之振興에 何難之有哉아"

928) 『황성신문』 1906. 9. 18 논설 「施政改善」

929) 『황성신문』 1908. 4. 8 논설 「天擇物競에 適者生存論」, 1908. 8. 19 논설 「競爭의 勝利를 得하는 要訣」

930) 『황성신문』 1906. 11. 16 논설 「競爭時代」

931) 『황성신문』 1907. 3. 11 논설 「生存之機在競爭」

이와 같이 애국심의 배양의 원천으로서 역사를 중시하는 관점은 양계초로부터도 영향을 받은 것이라 할 수 있다. 양계초의 역사에 관한 관심과 이해는 국민을 향한 애국심의 고취에 있었다. 그는 국민이 자국의 역사를 알지 못하면 애국이 무엇인지도 알지 못하며 애국심이 생겨나지도 않는다고 했다. 그가 본 과거의 중국은 국가가 곧 왕가였으며 그런 역사는 왕조사이거나 군사(郡史)에 지나지 않았다. 그런 역사는 타파되어야 한다고 믿었으며 동시에 국가와 국민을 지향하는 새로운 역사인식이 보편화되지 않으면 안된다고 하였다.[932]

『황성신문』의 논설이나 기사를 보면 당시 일부 지식인들을 중심으로 하여 국사를 알아야 한다는 필요성을 주장하면서 학교에서의 국사교육의 실시와 나아가서는 교과서의 편찬이 중요함을 강조하고 있다.

『황성신문』은 역사를 정치득실의 귀감, 곧 교훈이 되는 것으로 이해하고 있다. 즉, 역사를 배우면 과거의 일만 알 뿐 아니라 미래의 일을 예견할 수 있는 지혜가 생긴다 하여 역사교육을 통하여 오늘의 변화를 직시하고 그에 맞추어 발전의 방도를 찾아야 한다고 하였다. 특히 한국 역사에서 이민족의 침략이 있을 때 이를 막아내어 나라를 구한 인물들에 대해 자세히 공부하기를 권하고 있다. 이것은 조선왕조의 유교적 문약을 비판하면서 외세의 침략에 대항하기 위해 강한 국방력이 필요함을 전제로 하여 한국의 역사 속에서 보이는 충신과 용장들의 행적에 대해 공부할 것을 강조하고 있다. 즉, 역사교육을 통하여 민족의 자부심과 자주국가의 국민 된 긍지를 갖고 국가 발전의 민족적 역량을 기를 것을 주장하였다.

국학을 통한 민족의식의 고취는 『황성신문』이 가진 중요한 점으로 국권이 상실되어 가는 위기에서 민족의 주체성을 고양시키려 한 것이었

932) 허도학, <양계초 사상연구>, 성균관대 사학과 박사학위논문, 1997.

다. 그 방법은 우리의 역사, 문자, 종교, 지리를 재인식하고 높이 평가하는 것이었다.[933)]

국문교육과 함께 우리 역사교육을 통해서 우리민족의 정신을 배양하고자 하였다. 『황성신문』은 올바른 국사교육을 통하여 민족의 주체성을 함양하고 우리 역사에 대한 바른 인식을 널리 알리고자 하였다. 이는 『황성신문』이 당면한 현실문제에 대한 인식의 바탕에서 모순과 과제를 시정하려는 역사의식으로 보여진다. 또한 『황성신문』의 역사 인식의 주요한 핵심의 하나는 내수를 다져 독립을 유지한다는 시각인 것이다. 그래야만 이권도 빼앗기지 않으며 문명 부강을 달성해서 국권을 공고히 함으로써 우리나라를 세계의 일원으로 지위를 확보한다는 것이다.[934)] 이러한 맥락에서 『황성신문』은 역사를 정치 득실의 귀감으로 삼고자 하였다. 그러나 이러한 역사의 인식에도 불구하고 당시 전통교육과 학문에서는 중국사를 중시하고 있었는데 이를 비판하고 있다. 우리의 역사를 가르치지 않고 다른 나라의 역사를 먼저 가르치는 현실을 개탄하며 우리나라 사람 중에는 문식이 약간 있는 사람도 우리나라 역사는 전혀 모르면서 중국의 역사를 조잡스럽게 안다고 지적하고 있다. 이는 타국의 역사를 배우더라도 먼저 본국 역대를 가르쳐야 한다는 것이다,

『황성신문』은 창간 초기부터 중국사 우위의 역사관을 비판하고 자국사교육을 강조하였다.[935)] 신문에 역사관련 기사를 자주 연재한 것은 자국사에 대한 이해의 폭을 넓히고자 하는 시도였음을 짐작할 수 있다.[936)] 그러나 기존의 사서들에 대해서는 전반적으로 크게 신뢰하지 않았

---

933) 『황성신문』 1907. 4. 24 -26 논설 「保守와 改進」
934) 『황성신문』 1899. 3. 1, 7. 26 논설 1900. 8. 15 논설 「國稷周不可失」
935) 『황성신문』 1899. 4. 22 논설
936) 최기영, 「황성신문의 역사관련기사에 관한 검토」, 『한국근현대사연구』2. 1995, p.150.

다.[937] 한국사학의 병폐로서 자국사의 경시, 저술의 부전과 희귀, 사서의 산일을 들었던 것이나,[938] 국사 간행의 어려움을 공론부재, 오류의 계승, 당론추궁으로 지적하였던 것은 모두 국내사서에 대한 불신에서 비롯된 것이다.[939] 이처럼 국내사서의 문제점이 많지만 자국사를 먼저 가르쳐야 한다는 것은 많이 강조하고 있음을 볼 수 있다.

이제 여기서 강조되고 있는 것은 단순히 민족의 주체성을 드높이기 위해서 우리 역사를 알아야 한다는 것으로부터 한 걸음 더 나아가 국사 교육을 통해서 국난을 극복하여 민족과 국권의 자주독립을 확고히 하는 정신을 배양하려는 목적의식이 그 바탕에 깔려 있음을 알 수가 있는 것이다. 이렇게 함으로써 학생들이 자국의 정신을 배양하게 되고 자국의 정신을 배양해야 충애의 목적에 도달할 수 있다고 보았다. 이러한 맥락에서 황성신문은 국민의 정신교육과 우리의 주체의식을 앙양하기 위한 방법으로 우리 역사의 유학자들의 저술을 소개하였다. 또한 『황성신문』은 알려지지 않은 사서나 고문헌을 찾아내고 새롭게 역사 해석을 하여 그간 잘못 이해되거나 모르던 사실의 소개와 계몽에 진력하였다. 이러한 목적을 달성하기 위하여 국내의 문헌 수집과 정리가 시급함을 다음과 같이 주장하고 있다.

국내에 산재되어 있는 문헌들을 수집하여 우리 역사를 편찬해야 하며, 세계 각국의 역사와 지리 그리고 국민들에게 유익한 서적을 번역하여 아동들도 쉽게 이해할 수 있는 문자로 초등 학습의 교과서로 편찬해야 한다는 것이다. 그렇게 하면 후생들이 깨우치고 나아가는 방향에 편리하고 신속하여서 우리나라에 능사가 될 뿐만 아니라 외국인으로 하여

---

937) 『황성신문』 1899. 7. 22 논설 「我國史者난 搜羅가 不廣하고 考證이 不詳하나」
938) 『황성신문』 1902. 2. 27 논설 「本國史學陋習之弊」
939) 『황성신문』 1903. 11. 30 논설 「敍訖法氏所撰大東紀年」

금 우리 문풍이 많음을 알게 할 것이라는 것이다.[940] 그동안 역사서는 중국 역사를 기록한 것이지 우리의 사료를 정리한 것은 없었음을 지적하였다. 따라서 황성신문은 중국의 역사가 아닌 우리의 역사를 통한 역사 교육으로 우리 민족정신을 고양시키고자 하였다.

창간초기부터 『황성신문』은 본국학과 외국학을 고루 가르쳐 실력을 쌓고 실천토록 해야 한다고 주장하였다.[941] 외국어를 배우는 것도 좋지만 자국의 언어를 먼저 배워야 하며 [942] 타국의 역사를 배우더라도 먼저 본국역사를 가르쳐야 한다는 것이었다.[943] 이 신문은 이렇게 함으로써 학생들이 자국의 정신을 배양하게 되고 자국의 정신을 배양하여야 충애의 목적에 도달할 수 있다고 하였다.

한편 한국혼과 관련하여서 별도로 한국사 연구와 함께 그 저술의 필요성을 강조하고 종래 일반 지식인들의 한국사에 대한 관심이 부족하였던 앞 시대의 학문풍토에도 비판을 가하고 있다.

> 역사는 국민의 귀감이다. 세계의 정세와 시대 변천과 국가의 치란과 세도의 오륭과 개인의 선악과 사업의 흥차가 다 이것에 갖추어져 있다. 사람으로 하여금 모범과 징계로 할 수 있는 것으로 이보다 중요한 것이 없다. 그런 까닭에 인지를 증장하며 국성을 배양함은 사학에 있다고 할 수 있다. 세계 문명한 나라의 역사를 보면 사가의 종류가 많고 사필의 특권이 고유하여 세간 일체에 대하여 과거사와 현재사가 날마다 나와서 궁하지 않고 심지어 미래사의 저술까지 나타나거늘…(중략)… 국사의 필전을 발달하게 하지 못하면 국성을 배양할 수 없는 바요 인지를 증장할 수 없으니 그 관계가 과연 어떠하겠는가. 서인이 말하되 종교와 역사

---

940) 『황성신문』 1899. 5. 19 논설
941) 『황성신문』 1899. 1. 9 논설
942) 『황성신문』 1899. 6. 27 논설
943) 『황성신문』 1899. 4. 22 논설

가 망하지 않으면 그 나라가 망하지 않는다 하였다. 지금부터 문인 학사는 국사를 저술하는 데 착안하여 주의할지어다.[944]

즉, 역사를 통해 인지의 증장과 국민성의 배양을 이룰 수 있다고 하면서 국사가 불망(不亡)이면 나라가 불망이라고 규정하고 국사연구와 그 서술은 국가의 발전을 기하는 것이라고 그 중요성을 강조하고 있다. 이러한 논설은 당시 일제 통감부의 교육정책이 일어를 보급시키고, 한국의 국사교육을 축소시키면서 교과서편찬에도 이러한 의도를 반영하고 있는 것에 대한 반발로서, 지식인들이 앞장서서 국사를 연구하고 국사저술을 많이 하여 일반 국민에게 국사를 보급시킬 것을 주장하는 것이었다.

한국인의 각성과 진기를 고취시켜서 신지를 개발하고 문화를 유신하고, 사업을 증진시켜서 한국혼을 건강케 하고 국력을 발달케 하는 것이 『황성신문』의 일관된 정신이라는 것이다.[945] 그래서 전국동포가 이 정신을 흡수하고 관주하여 국권회복의 책임을 나누어 가지고 원대한 목적을 달성함이 신문이 무한히 바라는 바라며 한국혼의 진작을 축원하였다.

교육에 있어서 종래의 한문을 중심으로 한 내용이 공부하는 아동에게 그 이치를 스스로 깨닫지 못하도록 어렵게 짜여졌을 뿐 아니라 무조건 읽고 암기하는 방식을 취하였기 때문에 오늘날 여러 나라와 교섭이 이루어지면서 무식한 사람이나 마찬가지로 그 지식이 아무 쓸모도 없게 되었다고 보았다. 특히 역사에 있어서는 중국의 역사만을 배우게 하였음을 비판하고 자국사교육을 강조하였다.[946]

학문이 있다는 사람들이 우리의 역사에 대해서는 아는 바 없고 중국

---

944) 『황성신문』 1908. 6. 3 논설 「歷史著述이 今日必要」
945) 『황성신문』 1909. 2. 19 社說
946) 『황성신문』 1899. 4. 22 논설

역사에 대해서만 어느 정도 알고 있어 그를 흠모하고 의지하는 마음이 있으므로 우리나라 학생들이 쉽게 이해하고 배울 수 있도록 우리의 역사를 책으로 만들어 낼 것을 주장하고 있다.

또한 문명국에서는 모두 도서관을 만들어 많은 서적을 관리하고 특히 그 나라 역사책은 가장 긴요하게 편찬하고 각국의 역사와 각종 학문 연구를 위한 자료를 모아 연구하고 있다고 소개하면서 우리나라에서도 국사에 관한 자료를 모아서 이를 간행하고 아울러 세계 각국의 역사와 각종 서적을 간행하여 교육할 것을 강조하고 있다. 즉, 그동안 우리나라는 역사의 편집에 소홀하고 역사에 관한 자료가 정리되어 있지 않았으므로 이를 수집. 정리하여 학생들이 쉽게 이해할 수 있도록 책을 편찬해 내고, 역사뿐만 아니라 지지와 안국치민에 유익한 서적도 번역하여 간행할 것을 역설하였다.[947] 그것을 정부에서가 아니라 일반인에서 회사 즉, 출판사를 만들어 그러한 일을 맡아 추진할 것을 방법으로 제시하였다. 『황성신문』의 경우, 아시아나 유럽 등 세계 여러 나라의 강약이 같지 않은데 따르는 원인을 그 나라의 역사를 통하여 파악하고 이를 교훈 삼아 정치를 바르게 하고 나아가 국가를 부강하게 할 수 있을 것이라고 강조하고 있다. 또 우리나라의 역사집필이 일정한 학문적 축적 없이 때에 따라 사람에 따라 필요에 맞추어 저술되었으므로 그 내용이 일치하지 않으며, 더욱이 외국의 역사에 대해서는 아는 바가 없어 그 나라 사정을 이해할 수 없으므로 본국과 외국의 역사를 연구. 저술하여 나라가 발전하는데 도움을 받아야 한다고 주장하고 있다.[948]

역사를 공부하는 목적을 과거의 시비를 바로 알아서 이를 오늘의 교

947) 『황성신문』 1899. 5. 19 논설
948) 『황성신문』 1899. 7. 22 논설

훈으로 삼아야 할 것을 강조하고 역사책을 읽을 것을 권하고 있다.[949]

특히 『황성신문』에서는 지식계층에서의 역사지식의 필요성을 강조하고 있으며 그를 통해 올바른 정치가 행해지게 될 것이라고 역설하였다. 이처럼 역사지식의 필요성을 강조하고 있지만 한국 역사에 관한 구체적인 내용 제시는 없다. 역사를 정치득실의 귀감 곧 교훈이 되는 것으로 이해하고 있다. 이러한 이해는 창간 이래 계속된 것으로 보이는 데 실제 전통적인 유교사관의 영향이었다. 과거의 사실에 대한 이해로 현실행위의 기준으로 삼고자 한 이러한 역사인식은 예컨대 1903년 5월 5일자 논설에서

> 역사를 읽는 것은 고금치란의 기미를 널리 연구하고 성재 흥망의 제적을 상세히 채집하여 그 득실을 살피고 지견에 도움이 되어 여러 사업을 실시하고자 함이다.[950]

고 하여 과거의 사실이 현실정치에 도움을 줄 수 있다고 보았던 것이다.

이와 같은 국사교육의 강조는 자주국가로 발전하는데 있어 기본적인 요소인 자기 자신에 대한 올바를 인식을 강조함과 연결되고 있다. 그리하여 교육에 있어서 한국 본위의 교육을 중시하면서 국사와 함께 국어의 교육, 나아가서는 한국의 실정과 현실에 대한 정확한 이해를 주장하고 있는 것이다. 즉, 남의 것을 알기 전에 우리의 것을 먼저 알아야 되겠다는 자기중심적 내지 주체적인 사상이 확대되고 종래 중국의 것을 숭상하고 중국의 것을 앞세우는 사대주의를 타파하여 자주독립의 민족국가를 지향하는 정신운동의 일면으로 전개되었다. 국사 또는 국어를 중

949) 『황성신문』 1899. 7. 29 논설

950) 『황성신문』 1903. 5. 5 논설 「敍我韓疆域攷後說」

심으로 하는 한국 본위의 교육이 강조되고 그 교재 작성을 위한 연구는 이 시대의 역사적 성격과 연결시켜 볼 때 중요한 의미가 있는 것이다[951]

이것은 '국사는 국혼'이라고 하면서 국사교육의 중요성을 강조한『황성신문』의 논설에서 잘 나타나고 있다.『황성신문』은 1908년 3월 20일자 논설에서

> 세계역사에서 어느 나라를 물론하고 그 국민 뇌수중에 국혼이 완전견실하면 그 나라가 강하고 그 민족이 번성하는 것이요, 국혼이 점점 마멸하면 그 나라가 망하고 그 민족이 멸망하나니. 개인의 성명을 말하더라도 혼이 있고 없음으로 그 생사를 나눌 것이다…(중략)… 대개 자국의 종교와 자국의 지지와 자국의 역사와 자국의 문자가 다 그 국혼을 배양하는 자료인데 우리나라는 내려오는 잘못된 간습이 자국의 지지는 가르치지 않고 자국의 문자는 천시하고 다른 나라의 문자를 숭상하니 이것은 그 국민으로 하여금 타국이 있는 것만 알게 하고 자국이 있는 것도 알지 못하게 함이다. 세계 만국에 이와 같은 교육이 어찌 있으리오. 그런 까닭에 전국 민족이 자강자립의 사상은 전혀 없고 타인에게 의뢰하는 습관이 뿌리 박혀 나를 노예시하는 자에게 충순하며, 나를 학대하는 자를 환영하여 우마의 욕과 어육의 참을 당하대 수치스러움이 없고 분노를 나타내지 않으니 실로 국혼이 있는 민족이라 말할 수 없다. …(중략)… 교육계에 본국지지와 본국역사 과정이 있어 어린 자제에 먼저 배우게 하니 이는 국본이 다시 돌아오는 기틀이요, 국민신문과 국문학교가 점차 확장하니 이는 국혼이 발양하는 광선이다. 저술가 소설전기에 을지문학과 김유신전이 발행되니 이는 국본이 두루 관주하는 기관이다. 이것이 있어 우리 이천인 민족이 각각 그 국본을 완실하게 보유하면 타족을 숭배하는 나쁜 습관이 저절로 떨어지고 자강자립의 기초가 점차 혁고하게 되리니 국혼아 돌아오거라 국혼아 돌아오거라 국혼아 돌아오거라 우리 환호하며 환영하노라.[952]

---

951) 강재언, 앞의 책, P.318

국사와 함께 본국지지, 국문을 국가 또는 민족의 혼으로 보고 이의 교육을 통해 국혼을 길러 나라의 독립부강을 이룩할 수 있다고 하고 있다. 그를 위한 교육은 지・덕・체육교육이 병행되어야 한다고 보았다. 어린 아동기부터 교육을 실시하여야 된다고 주장하였다.[953] 황성신문의 제 논설에 나타난 교육이념은 자강과 독립을 위하여 민권의 확립과 민중계발의 지름길로 신교육을 실시하는 데 중점을 두었다.

이는 종래에 역사에 대한 지식이나 관심이 일부 소수의 지식인이나 위정자 중심으로 독점되어 온 데 대하여 국민적인 역사인식의 필요성을 요구하는 것으로써, 근대사회로의 전환기에 대처하여 국민의 정신적 기반을 자국의 역사에 대한 관심과 이를 통한 민족정신에 두고 있음을 의미하는 것이다.

『황성신문』에 우리나라 역사에 대한 연재물이 본격적으로 게재된 것은 1900년에 들어서이다. 창간이후 러일전쟁까지 『황성신문』이 집중적인 관심을 보인 역사문제는 대체로 세 가지였다. 즉 강역문제와 전통제도 그리고 실학이었다. 바꾸어 말하면 이는 바로 한국전통문화에 대한 관심이라고 할 수 있을 것이다. 『황성신문』도 다른 신문들과 마찬가지로 서양문물의 수용을 주장하였으나 이른바 개신유학자들에 의하여 운영되었으므로 이러한 관심은 오히려 당연한 일이었다고 하겠다. 더욱 중국문화와 중국사 중심의 전통교육을 받았던 유학자계층을 대상으로 하고 있던 『황성신문』이 한국의 전통문화를 강조하여 이 시기에 널리 고조되었던 자주독립의식을 강조하였던 것이다.[954]

---

952) 『황성신문』 1908. 3. 20 논설 「朝鮮魂이 稍稍還來乎」

953) 『황성신문』 1907. 2. 12 논설 「謹告少年同胞」

954) 최기영, 앞의 논문, pp.149-154. 『황성신문』에 나타난 역사관련기사와 논설은 다음과 같다. 실학자에 관해 1899. 4. 17- 4. 18 정약용 소개(논설) 1899. 8.3- 8.4 守令考績法(논설) 1902. 5. 19 廣文社新刊牧民心書(논설) 1903. 12. 2- 12. 16 雅言覺非小引, 제도; 1903.

우리 옛 역사에서 부강하고 뛰어난 기술의 유적으로 광개토왕, 고려청자, 거북선, 격몽요결, 반계수록, 동의보감 등의 예를 들고, 올바른 수구와 개화를 할려면 선인들의 업적을 올바로 인식하고 그 가치를 인정해야 된다는 것이었다.[955] 『황성신문』은 역사는 조상이 물려 준 강토를 보존하며, 국가의 발전을 도모하고, 민족의 계통을 유지하며 인민의 국성을 배양한다고 보았다.[956] 따라서 종교와 역사가 망하지 않으면 나라는 망하는 것이 아니라고 역설하면서 단군 이래의 역사를 기념 숭배하여 자존자립의 정신을 분발하도록 계몽하였다. 그 방편으로는 우리의 단군 시조와 웅대했던 역사 고대 영웅의 기개 · 유적 · 유물에 대하여 재인식하고 평가하였다.[957]

먼저 『황성신문』은 단군에 대한 의식을 고취시켰다. 『황성신문』은 4천년 역사와 2천만 민족에 대한 관념을 견지하고 있었는데 이를 토대로 단군을 우리의 건국시조로 또 민족의 조상으로 기념하였던 것이다. 갑오개혁 이후에 편찬된 역사서에도 단군조선 에서부터 우리 역사가 시작된 것으로 서술되어 있으므로 새삼스러운 것은 아니지만 국가의식의 고취와 더불어 민족의 시조로서 또 건국시조로 강조하고 있다.[958] 또 우

1.5-1. 13 我韓古今貨幣沿革考, 1903. 1. 24 選擧之法 1903. 6. 16-6. 19 田制結負考 1903. 12. 14- 12. 17 我韓衣服制度考, 영토; 1901. 3. 26 遼界沿革 1902. 6. 6. 西北沿界彊域居民 1902. 11. 19-11.21 我韓衣冠制度沿革考說 1903. 1. 12- 1. 15 北邊開拓始末 1903. 1. 16- 1. 23 西邊征服始末 1903. 4. 14- 5. 4 我韓彊域考(18회) 1903. 5. 5- 5. 8 敍我韓彊域考後說(4회) 1903. 6. 2- 6. 9 彊域總論(7회) 1903. 12. 10 鬱島沿革始末 1905. 10. 31 高句麗廣開土王碑銘敍記 1905. 11. 1-11.6 高句麗廣開土王碑銘附註解, 종교; 1902. 2. 28- 3. 1 天主敎流傳始末 1902. 8. 12- 8. 20 東西洋各國宗敎源流 1902. 8. 23 統論宗敎源流之說 고적, 인물 소개; 1899년 故事- 국조보감, 어우야담, 지봉유설 등의 내용을 인용 1906년 國朝故事 1909년 名所古蹟

955) 『황성신문』 1909. 2. 6 논설 「我國古代發達의 遺蹟」

956) 『황성신문』 1910. 4. 28 논설 「續渤海考」

957) 『황성신문』 1908. 3. 20, 4. 11 논설 「淸國婦人의 國恥會」

958) 『황성신문』 1909. 11. 29 논설

리 민족은 최초의 3천단 부족 즉 조선족부터 내려 온 씨족의 역사를 기념해야 한다고 하면서 우리 민족은 신성한 민족이며 중국의 당요 와 병립하였다고 민족의 우월성을 고취시켰다.[959] 황성신문은 4231년(1905) 4월 1일부터 광무 연호와 더불어 단기를 병기하였고, 그 해 8월 11일에는 대한매일신보도 단기를 사용하였다. 이로 볼 때 2천만 동포의 결속과 문화의 우수성, 민족의 우월성을 고취시키는[960] 방편으로 단군조선이 강조되었음을 알 수 있다.

한국의 역사와 아울러 지리에도 관심을 표명하였으니 그것은 지리가 우리선인들의 활동무대라고 보았기 때문이었다. 그 무대를 올바로 알리기 위해 우리 영토의 변화에 관한 서적을 소개하였다.[961]

이 외에도 위암 장지연이 고구려 시대의 5언시 2수를 발견한 사실과[962] 고구려 광개토왕비명에 대한 사료적 가치의 인정 등이 그것을 잘 보여준다.

그리고 『황성신문』은 발해를 재평가하였다. 우선 우리의 역사가 기자로 이어져 삼한-삼국-신라-고려-조선으로 내려왔다고 하였다. 즉 위만조선을 부인하고 실학파의 삼한정통론을 계승하였던 것이다. 특히 발해는 고구려 유족으로서 해동성국으로 이름을 떨쳤다고 소개하였다.[963] 1910년 4월 2일자 논설에서 발해는 고구려의 땅이었으니 의당 우리 조상의

959) 『황성신문』 1910. 8. 9 논설 「我檀君子孫의 氏族과 疆土와 敎化의 歷史」

960) 『황성신문』 1910. 8. 9 논설 「我檀君子孫의 氏族과 疆土와 敎化의 歷史」

961) 1903년 4월 14일 부터 30일까지 「我韓疆域考」, 5월 5일에서 8일까지 「敍我韓疆域攷後說」, 5월 1일에서 4일까지 「敍韓疆域西北沿革攷」를 소개하였다. 『황성신문』이 1903년 2월 16일에서 23일까지 「西邊征服始末」, 그리고 1905년 10월 31일에서 11월 6일까지 「高句麗廣開土王碑銘」, 또 1909년 1월 6일 「讀高句麗永樂大王墓碑謄本」을 논설로 소개한 것은 그런 취지에서 나온 것이었다.

962) 『황성신문』 1909. 6. 4 논설 「高句麗詩史」

963) 『황성신문』 1910. 4. 23 논설 「讀渤海考」

소유지였다고 말한 뒤 유득공의 『발해고』를 소개하고 발해고를 쓴 유득공을 높이 평가하였다. 반면 고려는 동족인 발해의 흥망성쇠를 돌보지 않고 타인의 강토로 주어 우리나라를 약하게 했다고 비난하였다.

1901년 3월 26일 요동지역이 우리 역사가 직결되어 있음을 지적한 「遼界沿革」을 게재한 이래로 주로 북방의 경계에 주목하여 강역의 변화를 설명하고 있다. 『황성신문』이 북방강역에 대한 관심을 실학자들에게서 비롯된 것이지만 19세기말 청국과 재연된 국경분쟁과 이 시기 한국인의 만주나 연해주 이주와 맞물려 주목된 것이다.[964)]

이에 더하여 황성신문은 영웅과 유물, 유적에 대한 올바른 인식과 그 가치에 대한 인정을 강조하였다, 세계에 문명하고 충애한 민족은 모두 그 조국의 우인을 숭배하고 선대의 고적을 기념한다고 지적하였던 것이다.[965)] 우선 위인을 숭배한다는 것은 영웅중심사관이라 할 수 있겠는데 단군 이래의 위인을 숭배함으로써 국가사상을 키워야 함을 지적하였다. 하지만 현실의 위기에 처해서 한 두명의 영웅이나 애국자를 기대한 것은 아니고 애국심이 충만한 다수의 무명영웅이 출현하기를 기대하였다.[966)] 즉 국성의 배양을 애국지사의 숭배에 있다고 보아 국성을 배양하기 위한 영웅의 강조였던 것이다.[967)] 유물 유적에 대한 황성신문의 인식은 민족사의 재발견과 연구에 대한 촉구로 이어졌다.

황성신문에서는 실학을 중요하게 다루고 있다. 이는 황성신문이 추구하였던 문명자강, 부국강병과도 관련이 있는 것으로 보인다. 황성신문은 우리 역사에 대한 의식이 중화적 세계관에서 탈피하고 제국주의

---

964) 최기영, 앞의 논문, pp. 155

965) 『황성신문』 1909. 5. 14 논설 「乙支公家史에 對하여 又一觀念」, 1908년 6월 5일 논설에서는 을지문덕을 우리역사 4천년의 제1 위인이라고 칭송하였다.

966) 『황성신문』 1908. 2. 26 논설 「英雄을 渴望」

967) 『황성신문』 1908. 4. 5 논설 「志士를 待遇하는 風氣」

침략으로부터도 주체성을 확보한다고 보았다. 따라서 우리가 국가사상이 없는 것도 역사의 발달이 없어서라고 비판하고 인지를 증장시키고 국성을 배양하기 위하여 역사의 저술이 필요하다고 계몽하였다. 또 우리가 서양보다 뒤떨어지게 된 연유가 격치지학 즉 실학이 발달하였기 때문이라고 보았다.[968] 그에 비해 우리나라는 경학을 중시하고 농·상·공학을 천시하였고, 실학을 주창하였던 학자들을 이단으로 몰아 희생시키자 이 때문에 실학이 행하여지지 못하게 됨으로 국민은 가난해지고 나라는 쇠약해졌다고 하였다.[969] 자강을 달성하기 위해서는 서양문물을 받아들여야 한다고[970] 하면서도 그러나 우리의 문화유산, 즉 17,8세기에 발달하였던 실학을 매개로 하지 않는 한 제대로 받아들일 수 없다고 하였다.

『황성신문』에서는 우리의 실학자들은 한국의 중요문제를 이미 거론하였고, 훌륭한 연구업적을 남기고 있는데도 불구하고 후학들이 그 가치를 인식하지 못하고 있을 뿐더러 계승하지 못하고 있다고 판단하였다. 그러므로 주필들은 실학자들의 저작물을 열심히 읽었고, 또 신문에 소개하는데 주력하였다.[971] 한국의 역사, 지리, 제도를 설명하는 한편 17,8세기에 융성하였던 실학을 열심히 소개하였다.

많은 훌륭한 실학자 중에서 주필들이 높이 평가하였던 사람은 다산이었다. 1902년 5월 19일의 논설 「광문사신간목민심서」를 보면 김육, 유형원, 이익, 정약용, 박지원 등의 실학자가 있는 중에 다산 정약용이 가장 뛰어난 사람이라고 했음을 보아 알 수 있다.

---

968) 『황성신문』 1899. 4. 28 논설.
969) 『황성신문』 1899. 5. 18 논설
970) 『황성신문』 1901. 4. 10 논설 「宜讀書懋實」
971) 『황성신문』 1899. 4. 18 논설

물론 위의 열거한 실학자들의 저작물도 소개하였으나, 특별히 다산의 저작물을 논설에 많이 소개하였다.[972] 또 그의 저서 목민심서, 흠흠신서 등을 간행하기까지 하였다.

황성신문의 개신유학자들이 실학을 매개로 하여 이들이 받아들여서 적용하고자 한 서구의 학문이란 어떤 것인가. 즉, 이들이 말하는 실학이란 단순한 실용적 기술만은 아니었다. 「실학」이란 사물의 「실상」의 탐구로부터 「실용」의 기술을 찾아내려고 하는 것이다. 여기서 그들이 말하는 격치학이란 실생활에 필요한 학문으로 각국 언어와 역사 · 윤리 · 화학 · 광학 · 지학 · 동식물학 등 자연과학을 의미하고 있다. 이외에도 실상학문에 속하는 것은 천문 · 농상 · 상공 · 기계 등의 학문과 법률 · 정치 · 병전 · 약장 · 공법 등의 사회과학 부문이 포함된다.[973] 이런 것을 연구하는 것이 학문의 근본이라고 강조하였다.[974] 이렇게 볼 때 개신유학자들은 우리나라의 실학자들을 소개함으로써 나라의 부강에 직결되는 실업을 위한 교육을 강조하고, 그를 통해 실업발달을 진작시키고자 하였음을 알 수 있다.

1904년까지의 황성신문의 역사관련 기사가 강역 제도 실학에 집중되었던 것과는 달리 1904년 이후에 보이는 역사와 관련된 연재물의 대부분은 외국의 망국사를 비롯하여 독립 개혁 등이었다. 그 같은 현상은 러일전쟁이 발발하고 일본이 한국에서의 정치적 우위를 차지하자 그에 대한 여론 환기를 위한 조치였다고 짐작된다. 아울러 이러한 움직임은 기본적으로 당시 지식인들을 중심으로 전개되던 이른바 애국계몽운동의

---

972) 이를테면, 1899년 8월 3,4일 자에 「목민심서」 소수의 「守令考積法」, 1903년 12월 2일 부터 16일 까지 「雅言覺非」, 동 4월 14일부터 30일까지 「大韓疆域考」라는 제목으로 「疆域考」의 내용을 요약소개 하였다.

973) 『황성신문』 1901. 7. 23 논설 「著述書籍開腐新智」

974) 『황성신문』 1900. 5. 22 논설 「格致研究學問之源」

일환이기도 하였다는 사실도 지적되어야 할 것이다.[975]

그밖에도 타국의 역사를 통하여 각국의 흥망원리를 인식하라고 권장하였다. 그 중에서도 특히 애국자의 사적을 중시하였는데 열성과 기개의 애국자의 정신을 주입하고 그로써 애국사업을 일으키기 위한 것이었다.[976]

외세에 의존하였던 국가도 내정과 외교를 잘하면 국권을 유지할 수 있다는 내용의 논설을 통해서 이집트는 내정의 실패로 영국의 속국이 되었으나 세르비아는 내정과 외교에 성공하여 외세의존의 상태에서도 독립을 유지하였으므로 '국가의 존망과 강약이 우리에게 있지 타인에게 있지 않다는 것이 명백한 일이다'고 결론을 맺고 있다.[977] 한일의정서 체결이후의 한국 상황을 상정하여 비록 국내에서 일본 세력이 확대되고 있으나 한국민의 노력 여하에 따라 상황이 변화할 수 있음을 시사한 글이었음을 짐작할 수 있다. 이어 프랑스 혁명을 설명한 <독법국혁신사>[978], 보호국이 된 이집트 역사를 다룬 <독애급근세사>[979]와 같은 외국사기의 독후감과 프랑스의 보호국으로 떨어진 베트남의 역사를 기술하고 그것이 한국의 상황과 다르지 않음을 거듭 강조하기도 하였다.[980] 베트남과 이집트의 정치적 상황은 자주 한국의 그것과 비교되곤 하였다. 모두 제국주의 열강의 침략으로 국권을 빼앗겼던 국가였던 것이다.

이 시기 외국의 역사를 자주 게재한 것은 시대상황과도 관련이 깊다

975) 최기영, 앞의 논문, p. 150-151.
976) 『황성신문』 1907. 11. 16, 논설 「讀伊太利三傑有感」
977) 『황성신문』 1904. 6. 13 논설 「讀史管見」
978) 『황성신문』 1905. 8. 24- 26 논설 「讀法國革新史」
979) 『황성신문』 1905. 10. 7 논설 「讀埈及近世史」
980) 『황성신문』 1906. 5.3-5.4 「逑安南道事大略」, 1906. 5. 5 논설 「哀安南」

고 본다. 한일의정서와 을사조약 체결로 국가의 주권이 약화되어 갔던 상황에서 역사를 정치의 귀감이나 교훈으로 인식하는 관점에서 볼 때 우리와 유사한 타국의 예는 우리에게 귀감이 되는 사실이었다고 할 수 있다.

국민적 입장에서의 자강운동론의 적극적 개진과 유포는 주로 을사보호조약의 전후시기에 집중되었다. 당시에 자강운동의 과정에서 애국심 배양이 중시되었고, 이와 관련해 자국역사에 대한 인식의 중요성이 대두되었다. 실학의 민족의식을 계승하고 대외위기의식이 고조되면서 종족, 영토를 중심으로 민족의식을 강화하였으나 여전히 단군과 함께 기자계승의식을 유지하였다.

그러나 무엇보다도 『황성신문』이 강조했던 것은 조선의 혼, 정신, 민족의식을 기반으로 한 애국심의 고취였다. 국권이 상실되어 가는 위기에서 국학을 통하여 국혼을 견지하고 애국심을 불러일으키는 것이 중요함을 인식하였던 것이다. 먼저 국혼의 배양을 위하여 국학 즉, 종교, 지지, 역사, 문자를 들었다. 이어 조상들의 활동무대였던 영역을 인식함으로써 민족의식을 고취시킬 수 있다고 보았다.

이상으로 볼 때 황성신문은 사회진화론에 입각하여 경쟁관념을 국민들에게 인식시킴으로써 자강으로 나아갈 수 있는 분발심과 자주심 등을 고취하려 했고, 국가와 민권에 대한 근대사상 그리고 종교, 지리, 역사, 문자를 통한 국혼의 강조를 통하여 애국심을 불러일으키려 했다. 이 같은 황성신문의 의식계몽은 교육과 식산이라는 자강의 방법을 실천하기 위한 정신적 출발이라는 점에서 중시되었던 것이라고 하겠다.

3. 근대학문수용론

1) 실상교육

『황성신문』에 나타난 교육사상은 기본적으로는 갑오개혁에서의 교육사상을 계승한 것이고 심화시킨 것으로 보고 있다.[981] 『황성신문』이 논설을 통해 교육이 급선무임을 계몽하면서 교육목표로 자주성 교육을 제시하여 애국심 앙양을 주장하였음은 상술한 바와 같다.

자주성 교육이라는 교육 목표를 달성하기 위한 방법으로 실상학문을 강조하고 있다. 이 실상학문에 대한 논의는 독립신문에서도 여러 차례 나타나고 있다. 독립협회가 애국심을 심어주기 위한 방법으로 국문전용과 국사교육을 강조하였음은 주지의 사실이라 하겠으나 독립협회의 중점적인 교과내용은 서구의 자연과학과 서양 역사 등의 실상학문과 국문·국사였다.[982] 종래 학교에서의 교과내용이 모두 비실용적이었음을 지적하고 이용후생·부국강병·실사구시를 하는 실상학문 또는 실학을 교육해야 한다는 기본방안을 구상하고 있다.[983] 독립협회가 실상학문 또는 실학이라고 강조한 과목은 대체로 사회과학 자연과학 산업발전과 관계있는 실용적 학문, 역사교육(국사와 외국사 포함), 외국어 교육임이다.[984]

앞 절에서 살펴보았듯이 근대교육제도와 실시되고 신학문을 받아들

981) 강재언, 『한국의 개화사상』, 비봉출판사. 1981. 독립협회의 교육사상이 기본적으로 갑오개혁의 그것을 계승, 심화시킨 실학을 축으로 하는 사상이라 주장하며 갑오개혁에서 교육사상의 축을 이루는 것은 '실용', '정덕·이용·후생', '실학'이었고, 이것은 18세기를 중심으로 하여 그 전후기에 정립된 실학사상의 근대적 변용이었다. 그리고 여기에서 말하는 실학이란 상업, 공업, 농업과 일상생활에 직결되는 지식과 기능을 말하는 것이다.

982) 『독립신문』 1896. 2. 22 논설, 1897. 4. 22 논설

983) 『독립신문』 1897. 10. 5 논설

984) 신용하, 앞의 책, p.226.

이고 구학문을 '허학'으로 규정하여 비판하더라도 전면적인 부정은 아니었음을 알 수 있다. 비록 '허명은 이를 버린다'고 하더라도, 역사상에 있어서 한국 민중의 애국적 전통과 학문적 유산을 모두 부정하는 것은 아니었다. 1898년 11월, 평안남도 공립소학교에 내린 학부의 훈령에 의하면[985] 일찍이 한국사에서의 문학과 정치가 세계에 으뜸이 되었음을 강조하여, "빼어나고 걸출한 인물들을 보면 을지문덕은 적은수의 군대를 거느리고 수나라 2백만의 무리를 무찔렀고, 이순신은 가벼운 선박 수백 척으로써 풍신수길의 잔인 탐학한 군대를 쳐부셨고, 이밖에도 고상한 최치원, 경국제세의 황희, 현신 이제현, 강감찬, 김유신, 충신 정몽주, 성삼문, 의사 삼학사, 임경업 등 제공은 모두 천하의 영명한 호걸들로서, 세계만국에서 구하여도 드물다"라고 하여 역사상의 위인을 칭송하고 있다. 이렇게 많은 인물이 있었음에도 불구하고 나라의 형세가 쇠퇴하여 갑오 청일전쟁 후에 온 나라가 큰 혼란에 빠져있었는데, 나라를 바로 잡기 위해서는 교육이 필요하다고 보았다. 국가의 부강은 국정 정돈을 이루기 위해서 가장 시급한 일이 학교를 설치하는 것이며, 그 다음으로 실학, 즉 실사구시의 교육을 추구하는 데 있다고 밝히고 있다.[986] 즉 국권회복을 위해서 교육을 강조하며 그 중에서도 실업교육이 필요함을 강조하였다.

『독립신문』이든 『황성신문』이든, 구교육을 비판하고 신교육의 필요를 거듭하여 강조하고 있는 것은 말할 것도 없지만, 그 논리의 전개에 있어서 후자가 상대적으로 보다 유교적이었다는 것 이외에는, 신교육의 내용을 '실학'으로서 파악하고 있는 점은 공통되고 있다.[987]

---

985) 『황성신문』 1898. 11. 4 별보 「學部訓令」

986) 『황성신문』 1898. 11. 5 별보 「學部訓令」 續

987) 강재언, 앞의 책, p.315.

서양제국이 옛날에는 우리보다 뒤 떨어져 있었는데 오늘날 발달하게 된 연유는 격치지학 즉 실학이 발달하였기 때문이라고 보았다.[988] 이들은 경학, 역사학, 병학, 정치학, 천문학, 농학, 의약학, 공학, 제조학, 격치학, 화학, 상학, 법률학, 어학 등을 실학으로 인식하고 그것의 진흥을 도모한 것이다.[989] 그러나 우리의 처지는 수백년 동안 경학을 중시하고 농업·상업·공학을 천시하였고, 실학을 주창하였던 학자들을 이단으로 몰아 희생시키자 이 때문에 실학이 행하여지지 못하게 됨으로 국민은 가난해지고 나라는 쇠약해졌다는 것이었다.[990] 즉, 한국은 조선 중기에 들어 와 도학을 너무나 존숭함과 동시에 실생활과 밀접한 관계를 가진 실학을 무시해 버렸다는 것이었다. 그러므로 오늘날 무엇보다 더 실학에 힘써야 된다고 하였다. 1899년 6월 26일 자 논설에서 "실사를 구하는 자는 만에 하나라도 잃음이 없고, 허사를 숭상하는 자는 만에 하나도 이루기 어렵다"고 하였다. 또 "실학에 힘쓰지 않으면 학문이 부패하고 낡아 무너지며 사람 또한 금수가 된다"[991]고 하여 학문을 익히더라도 실학에 힘써야 함을 강조하고 있다.

실학을 추구함에 따라 『황성신문』은 유교에 집착하는 학문 태도에 대하여 비판을 가하고 있다. 서양의 신학문을 해롭게 여기는 경향에 대하여 우물 안 개구리처럼 바깥을 모르고 있다고 비판하고, 유교에만 얽매일 것이 아니라 서구의 장점인 천문학, 지리학, 농학, 상학, 공학 등등의 학문을 취하여야 한다는 것이다.[992] 이들이 추구하였던 것이 실상(실용)학문임을 알 수 있다. 그러나 취장기단의 논리에서도 나타나듯이

988) 『황성신문』 1899. 4. 28 논설
989) 『황성신문』 1898. 9. 9 논설, 1898. 9. 15 논설
990) 『황성신문』 1899. 5. 18 논설
991) 『황성신문』 1901. 4. 10 논설 「宜讀書懋實」
992) 『황성신문』 1898. 9. 15 논설

무조건적인 서구지향은 아니었다.

『황성신문』의 필진들은 개신유학자로서 고루. 보수한 인물은 아니었지만 무조건적인 서구화도 원치 않은 인물들이었다. 이들은 새로운 시대에 요구되는 신학문의 필요성을 통감하였지만 그것이 오로지 서양의 힘을 빌려야만 가능한 것으로 보지는 않았다. 이 신문의 신학문 수용 태도는 그 장점을 취하고 단점을 버리는 형식이었고, 그것도 우리의 것을 바탕으로 한 서구의 수용이었다. 우리의 전통을 살리면서 서양의 좋은 법과 제도를 접목시켜야만 건전하게 발달할 수 있다고 보았던 것이다. <광문사신간목민심서>란 글을 통해서, 한국인의 '완고자' 즉 구학을 지키려는 자는 중국의 옛 제도만을 따르고자 하고, '개화자' 즉 신학을 받드는 자는 서양의 문물만을 따르고자 함에, 이를 배격하고 양자의 장점을 참작, 절충을 시도하겠다는 인식을 나타냈다.[993]

이들은 서양문물이 실학의 범주 속에 들어간다고 보고 이것을 받아들이려고 하고 있다. 그러나 우리의 문화유산, 즉 17,8세기에 발달하였던 실학을 매개로 하지 않는 한 제대로 받아들일 수 없다고 하였다. 또한 우리의 실학자들은 한국의 중요문제를 이미 거론하였고, 훌륭한 연구업적을 남기고 있는데도 불구하고 후학들이 그 가치를 인식하지 못하고 있을 뿐더러 계승하지 못하고 있다고 판단하였다. 그러므로 주필들은 실학자들의 저작물을 열심히 읽었고, 또 신문에 소개하는데 주력하였다. 어떤 주필이 옛 제도 개혁의 필요성을 강조한 다산 정약용의 글을 소개한 다음에, 훌륭한 식견을 가졌던 사람들의 주장이 과거에 받아들여지지 못했을 뿐 아니라, 오늘날에는 잊혀지고 있으니 이를 애석히 여겨 기록한다고 말하고 있음을 보아도[994] 실학자들에 대한 얼마나 큰 관

993)『황성신문』 1902. 5. 19 논설「廣文社新刊牧民心書」

심을 갖고 있었던가를 알 수 있다.

실학자들이 농·상·공 분야에서 새로운 학풍을 일으켰으나 그들의 학문을 계승 발전시키지 못하였음을 한탄하면서 우리의 전통에 관한 관심과 아울러 실학사상의 계승을 기반으로 한 서양학문의 수용을 주장하는 것이다.[995] 그리하여 한국의 역사, 지리, 제도를 설명하는 한편 우리 역사를 되돌아 보건대 신라의 공예 기술과 고려청자와 같은 기술은 당대 최고 수준이었으나 이러한 전통을 계승하지 못하여 국가적 고통을 당함을 애석히 여기고 교육을 통해 이러한 전통을 계승할 것을 강조하고 있다.[996] "고구려 광개토왕의 묘비는 부강 발달의 증거요, 고려청자는 미술발달의 증거요, 충무공의 거북선은 군함발명의 증거, 율곡의 격몽요결과 성학집요는 도학발달의 증거요, 반계수록은 경제발달의 증거요, 동의보감은 의학발달의 증거요, 금강경의 주석은 불교발달의 증거다"[997]라고 하며, 문명 발달과 군함·경제·의학 등의 기술이 우리에게도 있었음을 역사 속에서 그 흔적을 찾아내어 소개하였다. 여기서 도학의 발달 증거로 퇴계가 아닌 율곡을 내세웠음을 볼 때 그 학문의 실용성을 강조한 의도가 엿보인다.

실학을 매개로 하여 받아들여서 적용하고자 한 서구의 학문이란 어떤 것인가. 『황성신문』이 말하는 실학이란 단순한 실용적 기술만은 아니었다. 즉 실학이란 사물의 실상의 탐구로부터 실용의 기술을 찾아내려고 하는 것이다. 이것을 『황성신문』은 '격물'(물에 이르다)이라고 하는 유교적 논리로서 전개하고 있다. 즉 동지에 의하면, 격물이란 물의

994) 『황성신문』 1899. 4. 18 논설
995) 『황성신문』 1899. 5. 18 논설
996) 『황성신문』 1899. 6. 3 논설
997) 『황성신문』 1909. 2. 6 논설 「我國古代發達의 遺蹟」

원리를 깨우치고, 물의 성질을 통달하고 물의 쓰임을 배치하는 것이다. 서구의 격치란 날마다 '물의 근본 이치'를 연구하여, 선박 · 기차 · 전기 · 현미경을 발명하였다. 즉 유럽 문명과 학문의 발달은 나라 안에 소재로서 존재하는 자원을 가공하여 기를 이루는 것, 바꾸어 말하면 학문을 발명과 생산에 결부시키는 것이었다. 우리가 그렇게 되지 못하는 것은 지혜가 없어서가 아니라 게으르고 안일하여 학문발달에 힘쓰지 않은 탓이라고 하였다.[998] 격물치지는 학문을 연구하여 실생활에 이로운 기술을 개발하는 것이라 할 수 있다.

왜 우리의 실학을 매개로 하여 서구의 학문을 받아들여 새로운 교육에 적용하여야 하느냐는 영국의 예를 제시하였다. 영국이 격치의 학문을 연구하는 자가 많아 서구에서도 강국이 될 수 있었다는 것이다.[999] 단 온고이지신의 태도를 가지고 배워야 만이 그 효력을 취득할 수 있다고 보았다. 여기서 그들이 말하는 격치학이란 실생활에 필요한 학문으로 각국 언어와 역사, 윤리, 화학, 광학, 지학, 동식물학 등 자연과학을 의미하고 있다. 이외에도 실상학문에 속하는 것은 천문, 농상, 상공, 기계 등의 학문과 법률, 정치, 병전, 약장, 공법 등의 사회과학 부문이 포함된다.[1000] 이것을 연구하는 것이 학문의 근본이라고 강조하였다.[1001]

실학교육이란 결국 나라의 부강에 직결되는 실업을 위한 교육이라고 보아도 무방할 것이다. 종래 경사를 중심으로 하는 구교육은 기본적으로는 과거시험을 위한 것이었으므로 '실업'에 연결되지 않는 교육이라는 바로 그 뜻에서 허학이었던 것이다. 실업교육은 종래의 구교육에서

---

998) 『황성신문』 1899. 4. 3 논설

999) 『황성신문』 1899. 8. 2 논설

1000) 『황성신문』 1901. 7. 23 논설 「著述書籍開腐新智」

1001) 『황성신문』 1900. 5. 22 논설 「格致研究學問之源」

빠져있던 새로운 분야로서 경제개화를 위해서는 불가결한 것이었음은 말할 것도 없다. 나아가 국가가 빈곤에서 벗어나 부강하게 되려면 이와 같은 실상학문을 익히고 실업발달을 진작시킬 수 있는 교육이 필요하다고 인식하였다. 부국을 이루는 방법의 하나가 백성들이 직업을 가지는 것인데, 그를 위해선 세 가지 길이 있다고 하였다. 양민 · 신민 · 교민이 그것이다. 백성으로 하여금 식물생산을 배증케 하는 것이 양민의 도이며, 개화시켜서 날마다 진보하도록 하는 것이 신민의 도이며, 세계의 양법과 식리를 꾀하는 방법을 알게 하여 사농공상의 일에 종사할 때 최소의 비용으로 최대의 이익을 얻게 하는 것이 교민의 도라고 하였다. 그런데 우리나라가 날로 위축되는 것은 이 세 가지 방책의 부실한 탓이라는 것이다.1002) 백성들이 직업을 가지고 경제활동을 장려하기 위해서도 실용교육이 중요하다고 여겼음을 알 수 있다. 그리고 당시의 시급한 사무 즉 만국공법 · 법률 · 토지의 성질을 파악하고, 천조 · 인조를 구분하고, 시세에 따라 귀천을 예산 잡아 출입취산을 적절히 하고, 통상교역에 손해가 없이 이익이 남도록 하는 일 등과 기계를 광설하고, 기술을 널리 알려 철제 · 목조 · 직기 등을 더욱 정교하게 하는 일, 즉 농업 · 공업 · 상업의 경제적 개화를 위하여는 과학기술상의 정체의 극복, 기술개발, 직업에 대한 봉건적 귀천관념 타파와 아울러 기간시설이 필요하다고 보았다.1003) 이것을 이룩할 수 있는 것이 실상학문이라고 간주하고 실업교육을 강조하였다.1004)

『황성신문』은 우리나라는 갑오 이후로 부터 변법하기를 생각한지 오

1002) 『황성신문』 1899. 11. 25 논설

1003) 『황성신문』 1899. 2. 20 논설 「採芝山人寄書」

1004) 실업교육을 강조한 논설로는 광무 4년(1899) 1월 22일, 동년 10월 19일, 10월 25일, 광무 5년(1890) 2월 23일, 8년 11월 28일 논설 등이 있다.

래이되 지금까지 능히 변치 못함은 그 본을 바르게 하지 못하고 그 근원이 맑지 못한 까닭이라고 하여 인재도 실학한 자들 가운데서 등용해야 한다고 주장하였다.[1005] 여기서 말하는 '그 본을 바르게 하고 그 근원 맑게 하는 것'이란 정치를 국민에게 접근시켜 지방의 각 학교로부터 중앙의 경학교에의 과정을 통하여 공예에 대한 실용적 인재를 양성하여 등용하는 것이다. 또 가르쳐야 할 학문이란 무비·격치·제조·농상·의광·산술 등이라고 하는 것이다. 그러나 이것은 부국이 되기 위해 정부에 제언하는 정책인 것이다. 일반인의 부국을 위한 노력은 공장건설, 상업회의소 설치, 농법 개량 등 이었다. 나아가 사농공상의 차별관을 타파하고 직업관의 변혁이 중요하다고 보았다. 『황성신문』은 상공학교를 설립할 것을 독촉한 국왕의 조칙을 지지하는 논설 속에서 '배워서 벼슬에 있는 자'로서의 사, '땅을 갈아 곡식을 심는 자'로서의 농, '기술에 의하여 기를 만드는 자'로서의 공, '재물을 유통시키고 물건을 파는 자'로서의 상이 다 같이 고루 흥하여야만 나라가 부강할 수 있다고 하면서 공상을 천시하는 종래의 폐풍을 시정하고 '백성으로 하여금 먼저 공상에 종사하게 하는 것이 급무'임을 강조하였다.[1006]

2) 학교설립

『황성신문』은 열강이 경쟁하는 이 시대에 정치의 쇄신과 일본의 침략을 면할 수 있는 것은 교육뿐이라고 주장하였다.[1007] 신교육이 진흥되지 못하여 지금 노예의 치욕을 받는다고 하여 교육을 구국을 위한 방

1005) 『황성신문』 1899. 1. 9 논설
1006) 『황성신문』 1898. 11. 19 논설
1007) 『황성신문』 1905. 3. 8 논설 「國力振興在敎育發達」

도로 강조하였다. 일본의 현재 발달도 30년 전에 서양의 학술을 연구한 데서 기인한 것이라고 지적하고[1008] 국세의 만회를 위하여 학교를 설립하여 실력을 양성하여야 한다고 했다.[1009]

이들은 학교설립과 봉건유지들이 자녀교육에 힘쓸 것을 들고 있다. 특히 학교설립이 자주독립과 국권회복의 길임을 주장하면서 국민의 이에 대한 물심양면의 협조를 요청하는 기사와 논설을 자주 게재하고 있다. 우리나라가 약해지게 된 까닭이 부패한 학습을 고수하여 학문의 변화가 없는 탓이며, 시세의 진운에 따른 변화에 관심을 갖지 못하였기 때문이었는데 최근에 유지들이 각성하여 학교설립과 교육진흥에 노력하고 있다. 이는 한국 이천만 국민들에게 한 가닥 실마리를 일으키는 것이라고 하며 소개하고 있다.[1010] 교육이 진흥하고 민지가 개발되면 국력이 회복 될 것이니, 유지들이 구국의 정신으로 학교를 설립하는 것은 큰 다행이며 이를 국민들이 적극 협조해야 할 것임을 호소하고 있다.

국권확립과 민중개발의 방법으로 『황성신문』은 근대식 학교 설립을 적극 권장하였다. 학교 설립이 대한 독립의 기초가 되는 시작[1011]이라고 하면서 학교의 신설을 축하하고 설립자의 뜻을 높이 평가하였다. 반면 교육에 힘쓰지 않는 정부를 비판하고 시무교육은 없이 공담의 한문교육만 하는 유림을 계몽하여 신교육의 장으로 나오도록 권유하였다.[1012] 이에 영남 유림계의 신교육 참여를 축하하고[1013] 성균관에서 학과 과정에 경의 이외에 사, 지, 산술이 있게 되자 기뻐하며 역사, 지지,

---

1008) 『황성신문』 1905. 3. 24 논설 「賀學校之鬱興」
1009) 『황성신문』 1905. 3. 8 논설 「國力振興在教育發達」
1010) 『황성신문』 1905. 3. 24 논설 「賀學校之鬱興」
1011) 『황성신문』 1906. 5. 23 논설 「警告于學校設立之人」
1012) 『황성신문』 1908. 5. 7 논설 「書院의 歷史를 證하여 學校의 將來를 論함」
1013) 『황성신문』 1910. 8. 2 논설 「賀協東學校復活」

경제, 법률, 정치 등의 제반 문제도 다 개량하라고 권고하였다.[1014] 그뿐만 아니라 노동자나 농민 어민 등이 학교를 설립하거나 학교의 재정을 보조함으로 기여하는 것에 대해 유산자나 양반보다 정의감 기개가 훌륭하다고 칭송하였다.

본 절에서 논하고자 하는 학교 설립이란 신문을 통해서 구국운동으로서 교육운동이 강조되는 과정에서 설립되는 사립학교를 의미한다. 사립학교는 이미 1895년 이후 관학의 설립에 자극을 받아 설립되기 시작했다. 또한 제도적으로 교과목이나 교육내용에 있어서도 새로운 틀이 잡혀가는 관학의 영향을 받고 있었다.[1015] 또 이 당시 정부에서도 지방의 공립학교를 필요한 만큼 설치하는 것이 재정 형편상 어려웠으므로 보조금을 지급하면서 사립학교의 설립을 장려하였다. 이러한 사실은

> 학부의 광무 3년도 각 학교총수와 경비 및 보조를 본 즉 한성에 관립소학교 10, 외국어학교 6, 사립소학교 11, 의학교 1, 사범학교 1, 배재학당 1, 각 지방에 소학교는 62이니 매교 매삭 보조금이 30원이라 학교총수는 92이요 경비는 8만여 원인데 국내 각 학교 가운데 관의 보조에 의존하지 아니한 것은 이것에 지나지 않다.[1016]

라고 한『황성신문』의 기사에 의해 1899년의 학교 상황을 잘 알 수 있다. 상기 기사에서 1899년도에 관공립학교와 학부의 보조금을 지급받는 사립학교는 모두 92개 교로 나타났는데 관의 보조를 받지 아니한 학교의 숫자는 나타나 있지 않다. 같은 신문 2월 17일자 잡보에서

1014)『황성신문』 1907. 11.5 논설「成均司業試選規程」

1015) 김흥수,『한국근대역사교육연구』, 삼영사, 1990. p.85.

1016)『황성신문』 1900. 1. 26 잡보「各學校及經費」

광무 4년도 한성 및 각 지방학교 경비의 예산을 편성하였는데 13도 각 부와 군의 공립소학교는 50이니 경비총계가 이만 사백원이요 한성내외에 사립학교가 24이니 보조금이 칠천 일백 팔십원이라 [1017)]

라고 밝히고 있어 앞의 기사와 결부시켜 보면 지방의 사립학교로 보조금을 받은 학교는 12개 교임을 알 수 있다. 그러나 실제로 1896년 이후 설립된 학교는 이보다 훨씬 많았다. 관의 보조를 받지 못하는 사립학교의 상황은 상당히 어려웠다. 이에 신문에서는 자주 국내 유지인사들의 보조나 학교설립을 권고하고 있다.[1018)]

외국에서는 부자들이 학교설립에 보조를 하거나 스스로 학교, 도서관, 병원 설립에 전 재산을 희사하여서 인재양성에 힘쓰고 있는데 비해서 우리나라는 부자라고 할 만한 자들도 적지만 가진 자들이 낭비에는 기백 원을 서슴없이 쓰면서도 마땅히 써야 할 때는 일 이원도 아까워 한다는 것이다. 이로 인해 사립학교에서 교사가 적고 경비가 모자라서 이들에게 보조를 청하면 겨우 일 이원을 보조하면서도 아까워하는 모습이 승려에게 하는 시주나 관리들의 행하만큼도 기꺼워하지 않는 것이 역력하다고 비난하였다. 이들이 비록 이런 사립학교가 국가에 바로 수용됨은 아니지만 학교라는 명칭이 오백년 중 처음 있는 일이고, 관립도 아닌 사립이므로 재산있는 자들이 학교설립에 많은 도움을 주면 학교의 재정도 나아지고 국가의 대사업을 이룰 수 있는 일이라고 하여 희사를 권고하였다.

당시의 재정이 어려웠던 만큼 부형들 특히 양반층에게 자제의 신교육을 권고하였다 이들은 구학문의 풍토를 비난하고,[1019)] 실상교육이 없

1017)『황성신문』1900. 2. 17 잡보「學校經費」
1018)『황성신문』1899. 4. 21 논설

으면 마음이 비뚤어져 사물분별이 어렵다고 하면서 자제들에 대한 외국 유학이나 신교육을 권고하였다.[1020] 이외에도 자녀 교육을 위해서 사립학교의 설립이 필요함을 주장하였다.[1021]

이와 같은 신문의 학교 설립 권고와 자녀 교육의 중요성에 대한 계몽과 국권회복 운동에 호응하여 많은 사립학교들이 설립되었다. 당시 설립된 각 지방의 사립학교의 실태를 보도한 『황성신문』의 내용을 살펴보면 다음과 같다.

제일 먼저 세워진 것으로 보이는 사립학교는 부산 동래의 개성학교와 서울 남서 홍문동의 사립소학교, 그리고 인천의 박문학교가 있다. 개성학교는 개국 505년(1896)에 설립되었고 그 설립자인 박기종 이내옥 이명만 이승규 변달홍 배동인을 포상하였다고 하였는데, 이에 앞서 부산의 박기종 등이 학교설립의 공을 내세워 외부에 관직을 요청했다고 하면서 이를 비난하는 보도가 있었다. 이로 보면 개성학교는 1896년 개항장인 동래의 일본인을 상대하는 실무자의 양성을 위해 설립한 것으로 보이며 외부의 관직을 요청한 것도 그러한 이유에서 일 것이다.[1022]

1898년에 설립된 학교로는 서울의 광흥학교, 한성의숙, 흥화학교가 있고 지방에서는 평양과 함남의 정평에도 있었다. 광흥 · 한성 · 흥화학교는 곧 이어 설립되는 시무학교, 1901년의 낙연의숙, 1902년의 우산학교, 보창학교(강화도), 그리고 1905년에 세워지는 보성, 양정 등과 함께 이 시기의 대표적인 민족계 사립학교였다.

이 중에서 흥화학교는 당시 대표적인 사학의 하나였다. 흥화학교의

1019) 『황성신문』 1905. 3. 16 논설 「教育之術宜先痛除痼習」

1020) 『황성신문』 1899. 1. 24 논설, 1905. 9. 16 논설 「警告儒林」 續, 『독립신문』 1896. 12. 22 논설

1021) 『황성신문』 1899. 4. 4 논설

1022) 『황성신문』 1898. 9. 29 잡보 「借啣累義」.

설립시기에 대해서는 이론이 없지 않다. 고종 32년 (1895)에 민영환이 러시아황제 대관식에 갔다가 외국어 교육의 필요성을 느끼고 돌아오는 길로 세웠다는 설[1023]과 독립협회 운동이 대중적인 시민운동 즉 만민공동회로 발전한 1898년에 설립되었다는 의견이 있다.[1024]

그런데 흥화학교에 대한 기사가 보이는 것은 1898년 10월부터이다. 교육에 많은 관심을 가졌던 『독립신문』에 흥화학교에 관한 언급이 없었던 점이나, 1898년 『황성신문』의 기사를 보면 그 해에 세워 졌던 것 같다. 『황성신문』에 보도된 내용은 다음과 같다.

> 서서신문내 흥화문앞 오궁동계 상원동(웃동산 나무골)에서 사립 흥화학교를 설립할 것인데 과정은 영어, 산술, 지지, 역사, 작문, 토론, 체조 등이요, 입학시험은 음력 10일(양력 11월 3일)로 한다. 개교는 동월 15일(10월 15일)이나 이후에도 입학하고자 하는 사람이 있으면 허락하겠고 또 주야학을 둘 것이니 본교로 와서 시험을 치르고 규칙을 묻되 국한문이 전혀 되지 않거나 보증인이 없으면 본교에서는 입학을 허락하지 않을 것이니 이를 유의하여 내학하시기를 바람.[1025]

위에서 보면 흥화학교는 앞서의 광흥학교가 설립된 지 얼마 아니 된 1898년 10월 말이나 11월 초에 설립되었으며 그 과목은 영어, 산술, 지지, 역사, 작문, 체조 등 일반교양과목이 모두 포함되었다. 교육수준은 국한문 해독자를 입학자격으로 한 것, 또는 광흥학교에서처럼 법률, 정치, 경제 등 전문과목이 없는 것으로 보아 중등정도의 과정이었다고 볼 수 있겠다. 흥화학교는 개교한 지 얼마 되지 않아 주간에 60여명 야간

1023) 박상만, 『한국교육사』, p. 51; 오천석, 『한국 신교육사』, p.110; 손인수, <한국근대교육의 유형과 보급의 실태>, 『한국교육연구』 1집, p.184.
1024) 강재언, 『한국의 개화사상』, p.303; 김홍수, 앞의 책, p.91.
1025) 『황성신문』 1898. 10. 25 잡보 및 11월 3-4일 광고.

90여명에 이르는 많은 학생들이 재학하였다.[1026] 1900년 말 한성 내외의 사립학교 생도 수가 461명이라고 한 사실과 비교하면[1027] 흥화학교 학생 150여명은 당시 학생 수의 삼분의 일에 해당되는 것이었다. 또 당시 한성내의 사립소학교의 수는 24개교였던 점으로 본다면 재학생 수를 평균으로 나누더라도 다른 학교의 7-8배에 가까운 것을 알 수 있다. 이 학교에는 다른 학교에는 없는 토론과목이 있었다. 이는 학교가 설립된 1898년이 만민공동회의 활동이 활발하던 때 이며, 이 학교의 교사인 정교가 독립협회의 중심인물의 한사람으로 만민공동회에 큰 활약을 하였던 까닭으로 학생들에게 토론을 정규과목으로 지도하였다고 생각된다.

이와 같은 흥화학교에 대하여, 당시 교육을 일으켜 나라를 발전시키려고 생각하는 많은 뜻있는 사람들이 커다란 호응과 관심을 갖게 되었다. 이것은 흥화학교의 교육활동을 소개하는 『황성신문』의 기사에 잘 나타나고 있다.[1028] 학교가 계속 발전함에 따라 흥화학교는 사회 유지들에게 찬성금을 받아 교사를 옮기고 학교를 확장하였다. 민영환이 순국한 후에는 경영난에 빠졌는데 이때 고종이 황실경비 중에서 매달 은급을 내렸고 학부의 보조와 유지의 의연금으로 유지되었다. 이 학교는 1911년 일제에 의하여 폐교되는 비운을 당하였다.[1029]

광무 2년(1898) 11월 3일자 『황성신문』에는 사립 광흥학교에서 학생을 모집한다는 광고가 실려 있다.[1030] 이외에도 1899년에 들어서면 한성의숙이라는 민족계 사립학교의 입시광고가 게재되고 있다.[1031] 또 사

1026) 『황성신문』 1898. 12. 27 잡보「學業自旺」
1027) 『황성신문』 1900. 12. 22 잡보「私立學校」
1028) 『황성신문』 1899. 1. 7 잡보「學校寄書」
1029) 오천석, 앞의 책, p.111.
1030) 『황성신문』 1898. 11. 3 광고

립 시무학교가 1899년 2월에 설립되고 그 해 4월 봄철 입학시험이 실시되었다. 교장이 민영기로 되어 있었고, 입학자격은 입학시험으로 추측할 때 앞서의 학교들과 같이 국한문・한문 해독이 가능한 자이었다.

이로 볼 때 이들 학교는 독립협회의 운동이 대중운동 즉 만민공동회로 고양된 1898년부터 출발하고 있고, 그 입학자격은 관립사범학교나 외국어학교와 거의 같았으며 그 교육내용은 해박한 신지식을 가진 근대적 지식인의 양성을 목적으로 하는 중등학교 내지 전문학교 정도의 것이었다고 생각된다. 이처럼 사립학교가 증설되자 『황성신문』에서는 이러한 상황을 보도하고 고무하는 논설을 싣고, 교육이 국민의 국민의 생명의 기틀이며, 국가 발달의 기초이므로 흥기시키는 것이 중요하다고 강조하였다.[1032]

이상에 열거한 학교 이외에 1898년부터 1905년 까지 전국 각지에는 많은 학교가 설립되었다. 일부는 전문 정도도 있었지만 주로 소학교 수준이었고 많은 학교가 야간부를 병설하고 있으며 처음부터 야간으로 출발한 것도 많다. 그 교과내용은 당시 시대상을 반영하여 일어, 산술이 주를 이루었으나 다수의 학교에서 관공립소학교의 교과내용에 맞추어 교과목이 편성되었고 국사 등이 중시되었는데 이는 민족계 사립학교의 특징을 말하는 것이기도 하다. 물론 이들 학교들의 규모는 영세하여 학

1031) 『황성신문』 1899. 3. 29 광고

1032) 『황성신문』 1905. 3. 24 논설 「賀學校之鬱興」. 近日 國內有志紳士ㅣ 多慨然省悟於變化之理하고 私自創設學校하야 募集子弟하야 以振興敎育으로 爲熱心義務하니 此誠我韓二千年國民之一線生機也라 吾輩는 不勝同情之感하여 자擧其所知而陳之하노니 如基督敎之靑年會난 久已大興敎育하고 李容復 尹德榮 諸氏난 設法學校하고 李容翊 申海永 諸氏난 設普成專門學校하고 嚴柱益 金孝益 諸氏난 設養正義塾하고 李東輝氏난 設育英學校於江華하고 李一雨氏난 設時務學堂於大邱하고 其他一塾一堂之設立者난 指難枚述이오 近又學部參與官弊垣坦氏난 將經營五署內小學敎之增設云하니 盖無論公私하고 敎塾之逐漸擴張은 卽我韓勃興之基礎야라.

생 수효가 적은 경우 10여명 밖에 안되는 곳도 있었고, 100명이 넘는 학교는 몇 되지 않았으며 대부분 30명에서 50 ~ 60명 정도였다. 또 새로 학교 건물을 짓기보다는 개인의 방을 이용하기도 하고 많은 학교가 그 이전의 서당이나 제를 개편하여 설립되었는데 이러한 사실은 평양의 경우에서 좋은 예를 보여주고 있다. 즉 1899년 초에 평양부관찰사 조민희가 부내 각 재(齋)의 명호를 바꾸어 사립학교라 하게 하였는데 삼일학교, 일신학교, 사숭학교, 숭덕학교, 유예학교, 신흥학교, 의신학교, 월현학교, 돈의학교, 남호학교, 신문학교, 삼역학교, 죽헌학교, 융덕학교, 견룡학교 등등이 이때 새로 만들어진 학교이다. 이들 학교는 종래의 유교적 교육을 넘어서 근대교육으로의 탈바꿈을 하게 된 것이었으니 이 중에 사숭학교의 경우 공맹지서와 함께 시무지학을 교육한다는 광고를 내었는데 이 광고를 통해 근대교육으로의 탈바꿈을 엿볼 수 있다.[1033)]

1905년 이래 모든 지방에서 많은 사립학교가 설립되었는데, 그 중 한성부, 경기, 평북지역에 200개 이상의 학교가 설립되었고, 충남, 경남, 황해, 평남, 함남 지역에 100~ 190개의 학교가 설립되었다. 이 중 주목되는 것은 황해도와 평안남북도에 사립학교가 집중되어 있고, 조선 후기 이래 성리학적 전통을 유지해 온 유림의 대표적인 지역이었던 경북, 전라남북도, 충북 등의 지역에는 학교의 수가 그리 많지 않은 점이다.[1034)]

당시에 설립된 사립학교의 경제적 기반은 미약하였다. 신식학교가 처음 설립될 때에는 정부에서도 경제적 보조를 하여 광혜원이나 배재학당의 창건 시에 교사건립비나 운영비의 일부가 지원되기도 했다. 그러

1033) 『황성신문』 1905. 5. 31 광고

1034) 손인수, 『한국근대교육사』, p.87.

나 재정이 빈약한 정부입장에서는 계속적인 지원을 해줄 수가 없었다. 곧 정부에 의해 설립된 서울의 관·공립학교도 경비부족으로 큰 효과를 보지 못했으며 지방의 소학교는 군수가 스스로 경비를 마련해야 할 정도였다. 이와 같은 상황 하에서 사립학교가 정부의 지원을 받을 수는 없었을 것이다.[1035] 따라서 보다 많은 사람들에 의한 출연으로 학교가 설립되게 되었다. 1900년의 서울의 시무학교는 경기 관찰사 조종필을 위시하여 경기도 관내 각부, 군의 부윤, 군수 등 13인이 공동 출연하여 학교를 세우게 되었다.[1036] 지방의 경우도 마찬가지로 1905년 충청도 괴산의 시안학교는 군수 민영은을 위시하여 전·현직관리 39인이[1037], 1906년 평북 강계군의 일신학교는 군수 서정규 등 29인이[1038], 산군 보명학교는 군수 등 전·현직관리 11인 및 유지 19인[1039]이 공동 출연한 것이 그 대표적인 예이다. 이처럼 전·현직관리들이 집중적으로 사립학교의 건립에 참여하였던 경우는 주로 해당 지역의 수령이 학교설립에 앞장섰던 경우에 한하고 있다.

지방 사립학교 중 유력한 인사에 의해 설립된 학교의 경우는 향교로부터 재산을 기부받을 수도 있었지만 여타 대부분의 학교는 경제적 뒷받침이 마련되지 못해 폐교 위기에 처해지기도 했다. 이와 같은 경제적인 입장은 1905년 이래 많은 사립학교가 설립되면서 더욱 심화되어 갔다. 또한 1908년 8월 사립학교령이 공포되면서 큰 타격을 받았다.

1035)『대한자강회월보』11,「內地彙報」, 1907
1036)『황성신문』1900. 6. 30 광고
1037)『황성신문』1905. 9. 23 광고
1038)『황성신문』1906. 5. 9 잡보
1039)『황성신문』1906. 6. 8 광고

3) 교과서 편찬

근대교육에 대한 교육열의 팽창과 함께 관립 공립 사립학교가 제도적으로 뒷받침이 되어 설립되기 시작하고 교육과정의 체제가 잡혀나가면서 교과서의 필요성이 대두되었다. 1894년 관제 개혁시 학무아문의 편집국에서 교과서의 편찬업무를 담당하도록 업무분담이 짜여졌다.[1040] 그 후 1895년 4월에 '한성사범학교관제'가 발표된 직후부터 학부에서 교과서 편찬작업이 본격적으로 진행되었으며, 1895년 7월에는 소학교용 교과서가 간행되었다. 1896년 2월에 간행된 <신정심상소학>의 권말에 있는 학부편집국 개간서적정가표에 제시된 것을 보면 모두 17종의 교과서가 1895년에 간행되었음을 알 수 있다.[1041]

그러나 학부에서 나온 교과서만으로는 당시 각지에 설립되는 관공립학교나 사립학교의 수요에 충분히 응할 수 없었다. 또한 학부에서 간행되는 것은 주로 관공립학교에 공급하였을 것이며 사립학교의 경우 교과서는 처음부터 부족하였을 것이다. 학부간행의 교과서가 사립학교에 공급되는 것은 1905년이 지나서야 가능하였다는 것이다. 당시의 교과서 사정에 관한 것은『황성신문』에 자세히 나타난다.[1042]

소학교를 설립하고 처음에는 교과서와 과목이 일정하지 않아 교과목이 서로 섞이고 학교에서 학년별로 사용할 수 있도록 정비되어 있는 것이 아니었으며, 과정도 문란하였으며 교과목 내용상의 계열성이 고려되지도 못하였을 뿐 아니라 학년별 교과목도 통일되어 있지 못한 상태였

1040)『官報』草記, 1894. 6. 28

1041) 그 내역을 보면『萬國地誌』,『萬國略史』上・下,『朝鮮歷代史略』,『朝鮮歷史』,『國民小學讀本』,『朝鮮略史』,『朝鮮地誌』,『小學讀本』,『牖蒙彙編』,『夙惠記略』,『輿載撮要』,『地球略論』,『東輿地圖』,『近易算術』上・下,『士民必知(漢文)』,『四禮復知』등인데, 이 중에 역사교과서가 4종이며, 소학독본이 3종이다. 金興洙, 앞의 책, p.121.

1042)『황성신문』1898. 12. 23 논설

다. 이는 학교교육 전반적인 문제이기도 하였지만, 이러한 문제는 학부에서 교과서를 많이 간행하게 되면 해결될 수 있으리라는 주장을 하고 있다. 당시에 교과서와 과목이 일정하게 정해지지 않은 상태에서 학년별 교과목과 교육내용이 학교마다 다르게 운영되는 상황을 잘 설명하고 있다. 이를 교과목별로 내용의 수준에 따라 교과서를 편찬할 것을 주장하면서 학부의 교과서 편찬을 통해서 이를 정리해 나갈 것을 말하고 있는 것이다.

교과서의 필요성을 강조한 글은 많이 나타난다. 신학문을 배우려하여도 알맞은 서적이 없거니와 교과서의 분류가 되어 있지 않아서 교육이 부진하다고 보았다. 이의 해결을 위해선 인쇄술의 개발과 각종 서적 인쇄가 필요하다고 주장하였다.[1043)]

이처럼 교과서나 각종 서적의 간행이 시급한 것이지만 더욱이 교과서는 국가 정세와 국민의 수준에 따라서 과불급이 없도록 적의하게 하여야 옳다고 보았다.[1044)] 또 교과서 간행은 상당히 중요한 것이므로 국민정신이 들어 있어야 한다고 보았다.[1045)]

『황성신문』은 교과서를 교육의 원기로 보고 교과서의 편찬을 교육발달의 제 1관건이라고 보았다. 그러기에 당시 일본어로 교과서를 편찬하는 문제에 대하여 강력하게 반발하였던 것이다. 국민교육으로 뜻을 정하면 한국의 정신으로 해야 한다고 하면서 자국정신의 배양이 학문의 제1주의라고 하였다. 따라서 교과서 발행 목적이 역사·지지 교육을 개괄하여 국가사상을 주입하는 것이라고 하였던 <초등소학>을 국가 독립의 원동력이라고 칭송하였다.[1046)] 그리고 교육에 뜻이 있는 인사는

1043) 『황성신문』 1905. 4. 4 논설 「書籍印刷爲開明之第一功業」.
1044) 『황성신문』 1907. 11. 17 논설 「教科書의 不可不備」.
1045) 『황성신문』 1906. 5. 30 논설 「各種教科書之精神」.

교과서를 편찬하여 일반 국민의 보통지식을 배양하라고 하고 또한 학부는 외국인의 고용이 무익하다고 지적하였다.[1047] 우리의 말이나 문자 풍토, 물정을 모르면 외국의 고명한 학자라도 교과서의 편집이나 검정은 할 수 없다는 의미에서였다.

외국의 서적을 구입하여 번역 편집하면 그 문법, 규범, 언어 읽기와 맞춤법, 풍속속상이 다 외국의 혼일뿐이니 교과서를 편찬하는 사람들은 이 점을 유념하여 조국의 정신으로 편찬하도록 해야 한다고 하였다. 더욱이 교과서가 전무한 것이나 다름없는 상황에서 심상소학교의 독본만이라도 한국의 정신을 관철하여 감발토록 하여야 한다고 주장하였다.

이처럼 교과서 편찬에 있어서 한국정신을 강조한 이들은 한국정신을 함양하는 방법으로서는 서적간행에 있어서 국한문혼용이나 순국문 간행을 할 것을 주장하였다.[1048] 『황성신문』이 비록 국한문혼용체를 사용하였지만 국문을 경시한 것은 아니었다. 오히려 국문을 애창하며 세종대왕이 창제하신 훈민정음이 쉽고 편하여 민지발달에 도움이 되므로 국문서적을 많이 발간할 것을 권유하고 있다.[1049]

교과서 편찬과 서적간행의 필요성을 주장하고 출판사가 설립되는 것을 축하하고 고무하였지만[1050] 교과서 부족현상은 심하였던 것 같다. 이러한 사정은 사립학교 그 중에서도 지방의 경우는 더욱 심하여 교과서를 공급받을 수 없으므로 과목을 정하는 일조차 할 수 없었다. 그러므로 학교별로 학부에 교과서 공급을 청원하는 한편 교과서를 구입하여

1046) 『황성신문』 1907. 7. 15 논설 「初等小學」
1047) 『황성신문』 1907. 10. 20 논설 「學部는 外人의 雇用이 無益」
1048) 『황성신문』 1898. 11. 5 별보 「學部訓令」 續
1049) 『황성신문』 1899. 11. 9 논설
1050) 『황성신문』 1902. 4. 3 논설 「宜廣佈新書」, 1905 4. 25 기서, 1906 3. 28 논설 「賀大同書觀之設立」, 1906 5. 1 논설 「告廣學社及一般社會同胞」, 1906 11. 7 雜報 「東華書館趣旨書」

교과서에 맞추어 교과목을 설명하는 형편이었다. 이와 같은 사정이 광주 온천 시흥학교의 경우를 통하여 다음과 같이 소개되고 있다.

> 교중에 서책이 갖추어지지 않아 학부에 청구한 이외에 산술책자와 각국 역사도 구배하여 (교육)과정에 첨입하며, 공부하는데 섭렵하기 위하여 법규유편과 보병조전을 구입하여 때때로 공람하는 데…[1051]

학부에서 교과서가 편찬 간행되기 시작하였으나 당시 신교육의 수용을 바라는 일반의 기대만큼 넉넉히 충족시킬 수 없었다. 학교에 충분히 교과서를 공급할 수 없었던 문제 외에 또 한가지 중요한 문제점은 학부의 교과서 편찬에 일본인이 참여하고 있었던 점이다.[1052]

이러한 일인 편수관의 전권 하에 진행된 교과용 도서 편찬은 친일 내각에 의하여 조작된 것이었으니 민간에서는 이러한 처사에 반대하는 움직임이 나타나기 시작하였다. 더욱이 일문 교과서를 편찬한다는 일에 대하여는 언론기관 뿐만 아니라 재일 한국유학생을 중심으로 하여 결성된 각종 학회[1053] 및 교육회의 노골적인 비난과 반대를 받게 되었다.[1054] 대한매일신보는「교육화태」란 논설에서

> 소위 교과서는 자국의 사상과 자국의 풍속과 자국의 물정에 적합한 연후에야 사용하여 계몽・계발함이어늘 지금 폐원탄씨는 그렇지 않다. 일문으로 한국 초년의 교과서를 편집할 때 학부 대소관인으로 동의한 자가 한 사람도 없거늘 동씨가 일문 교과서를 편집하기 위해서 일인을

1051)『황성신문』1899. 6. 24 논설

1052)『대한자강회월보』2, pp.12-14 大垣丈夫,「韓國의 新學政」

1053) 교과용 검정에 관한 글은『畿湖興學會月報』10호 pp.5-7, 嵩陽山人,「教科書 檢定에 關한 忠告」;『共修學報』제 1호, pp.19-20, 具滋鶴,「論我國小學校教科書」

1054) 강윤호,「개화기의 학회 및 교육회 설립과 교과용 도서 편찬의 경위 －광무 융희년간의 교과용 도서편찬교」,『한국문화연구원 논문집』제 7집, 1966.

다수 모집하여 편집에 종사한다 하니 한국 유년으로 일문교과서를 복습코저 함이 소아의 뇌수를 뚫고 소위 일본혼이라는 것을 주사코자 함이라.[1055]

하여 강압적인 일어교과서 편집을 통박하고 일어교과서 편찬의 목적이 일본혼 주입에 있다고 비판하였다. 당시 교과서 검정 문제에 관해서도 비판이 상당하였다.

근일 학부에서 교가서 검정규정을 반포함은 일반교과서의 종류룰 좇고 완전한 것을 가려서 균일하게 하려는 뜻이다. 누가 감히 찬송하지 아니하리오. 그러나 이에 관하여 최근 교육계의 여론을 들은 즉 결점이 없는 것은 아니니 그 검정을 청원하면 허다한 세월을 소비하고 검정의 기한이 행연하여 필경 저작자로 하여금 스스로 그만두려는 생각으로 무너지게 한다. 그런즉 이는 검정의 규정으로서 저작자를 제한 하고자 함이라는 논평을 면할 수 없을 것이다. 이미 이 규정을 반포할진데 직무를 맡은 관리가 반드시 있겠거늘 세월만 지연하면 직무를 감당하지 못하는 책임을 면하기 어려운 것이니 어찌 개탄하지 아니하리오. 또 더하여 여론에 격앙되는 것은 어떤 종류의 교과서를 막론하고 애국 두 글자를 삭제케 하며 무릇 애국에 관한 요지는 금지 위주로 한다고 하니 이 설이 과연인지 그 확부는 상세하지 않거니와 아니땐 굴뚝에 연기나지 않는다고 하니 반드시 그 빌미가 았을 것이다. 대개 교과서에 정치관념을 포함하여 인민의 정취와 의지를 격앙하게 하는 종류를 금지하는 것은 혹시 그럴수도 있어 괴이할 것이 없는 일이라 하려니와 애국 두 글자를 영원히 교과서의 문자에 삭제케 함은 극히 불가하다 단언하노니[1056]

1055) 『대한매일신보』 1906. 6. 6 논설 「教育禍胎」

1056) 『大韓協會會報』 제 10호, 張志淵, 「教科書 問題」, pp.5-6. 『대한매일신보』 1910. 1. 11 논설 「教科書와 學部」.; 1909. 3. 16 논설 「國家를 멸망케 하는 學部」라는 제하에서 교과서 편찬 및 검정과 관련하여 학부를 비판하고 있다.

장지연의 경우 학부가 교과서 검정 규칙을 발표했는데 그 취지는 일반 교과서 가운데 좋고 완전한 것을 골라 사용토록 하자는데 있는 것이므로 이해가 되는 일이나 여론은 그렇지만은 않다는 것이다. 검정 규정을 악용하여 제작자를 제한하고 교과서 청원시 시일을 끌어버리든지 애국에 관한 내용은 일체 싣지 못하게 한 것 등은 비난을 면할 수 없다는 것이다.

이미 갑오개혁이 전개되면서 일본인이 교육에 참여하여 새로운 제도를 실시함에 일본의 것을 모방하고 그 영향을 받았음에 대한 비판하였다. 교육이라는 것은 어떤 학문이든지 국가정신을 배양하는 것을 제일주의로 삼아서 국가적 인민을 양성하는 것이며, 이것을 진보라고 일컷는 데 학부의 교과서 편찬으로는 이러한 것을 기대할 수 없다는 것이다.[1057)]

1906년 일제통감부는 학제를 개편하고 교육에 대한 통제를 강화하면서 식민지 지배의 준비로써 소위 '순량화'에 교육방침을 정하고[1058)] 한국인의 자각심을 없애는데 주안점을 두었다. 또한 학부의 교과서 편찬 업무가 일본인에 의해 장악되었기 때문에 역사교과서가 포함되지 않았다. 이 점에 대하여 『황성신문』에서는 한민족의 민족정신을 말살하려는 일제의 음모를 간파하고 여기에 대하여 강렬한 언사로 비판 공격하였다. 교육은 자국정신(애국심)을 배양하는 것을 제일로 삼아야 하는데 자국의 역사를 모르고 조국에 대한 정신을 잃어버리게 하면 심부름꾼 밖에 될 것이 없으며 더욱이 우리의 훌륭한 한글이 있음에도 불구하고 일문으로 교과서를 만든다는 것은 그 뜻을 이해할 수 없다고 비판하였

1057) 『황성신문』 1906. 4. 5 논설 「學部教科書問題」
1058) 강재언, 『한국의 개화사상』, 비봉출판사, 1981. P.340.

다. 『황성신문』은 또한 일인 참여관 지데하라 타이라의 한국의 교육에 대한 정책을 비난하면서 교과서를 일어로 편찬하지 말고, 또한 국가정신을 불러일으키기 위해 우리나라의 역사와 지지 등을 가르치는 것을 교육에서 제일로 삼아야 할 것임을 강조하고 있다.[1059] 한국의 정신을 사람마다의 뇌수에 관주한 연후에야 한국 국민교육이 이루어질 수 있다고 보았으므로 『황성신문』은 교과서가 일인에 의해 편집되고 그렇기 때문에 학생들의 '조국정신'이 제대로 배양되지 못할 것을 걱정하는 논설을 게재하였다.[1060]

다음으로 이들은 외국인 고빙에 대해 비판적 태도를 지녔다. 통감부 설치 때에 교사 부족을 보충한다는 명목으로 일본인 교사를 각 학교에 배치하였는데 처음에는 관공립학교에만 배치하더니 뒤에는 사립학교에 까지 강제로 일본인 교사를 배치시키기에 이르렀다. 일본인 교사의 한국 학교에 대한 임용은 1906년 이후 본격화되었다. 1906년 3월에 이등통감이 학부 참여관 지데하라 타이라와 각 학교에 있는 일본인 교사를 일제히 초견하였다고 하는 『황성신문』의 기사를 보면[1061] 통감부설치 당시에 이미 일본인 교사가 서울에서 근무하고 있었음을 알 수 있다. 또한 동 신문 7월 14일 기사에 '학부는 한성내 각 관립소학교에 일본인 교사 1인씩 배치하기 위해 10명을 고빙하기로 했는데 그 중 4명이 이미 도착하다'라고 한 것을 보면 학부 명의에 의해 공식으로 임용하기 전부터 일본인 교사들은 학교에 근무하고 있었던 것으로 보인다. 통감부는 13도 관찰부에 있는 공립보통학교에는 1906년 내에, 그리고 기타 각 지역의 보통학교에는 1907년부터 일본인 교사를 배치하기로 하였고 이에

1059) 『황성신문』 1906. 4. 6 논설 「學部教科書問題」 續
1060) 『황성신문』 1906. 5. 30 논설 「各種教科書之精神」
1061) 『황성신문』 1906. 3. 27 雜報

따라 1907년 4월 현재 지방의 각 공립보통학교에 25인의 일본인 교사가 임용되고 있다.[1062]

이와 같은 일본인 교사의 임용은 이후 더욱 확대되어 갔다. 더욱이 1908년 이후에는 보통학교의 교감, 1910년에는 한성고등학교의 교감이 일본인으로 임명되었다. 관공립보통학교의 교감을 일본인으로 임용하는 것은 일본인을 통하여 교육의 모범을 보임으로서 교육의 효과를 높일 수 있다는 명분으로 통감부는 이를 정당화시키고 있다.

일본인들이 학부의 실권을 장악하고 학교의 경영을 주도하면서 민족교육을 억압하게 되자 이에 대한 민족의 반발이 일어났다. 황성신문에서는 통감부의 교육정책을 비판하면서 특히 일본인 교사의 임용에 반대하는 논설을 게재하여 민족의 감정을 대변하고 있다. 이들은 학무상으로 하등 필요가 없고 교육재정도 궁핍하여 여유가 없으므로 교육 분야에서의 외국인 고빙은 불필요하다는 것이었다. 나아가 외국인 교사나 고문관 대신 국내에서 사범을 조속히 양성하는 것이 가장 시급한 일이라고 하였다. 『황성신문』에서는 이를 보다 문제 삼아 일본인이 학부에 와서 일하는 것 자체를 반대하며 '학부는 외인의 고용이 무익'이라는 제목으로 다음과 같은 논설을 게재하고 있다.

> 현재 우리정부에서 각부 · 원 · 청의 칙주임관 이하로 일반관리를 다수 외국인을 임용하는 데 그 이유인 즉 부패한 구습을 제거하고 개명한 신도(법)을 채용하고자 함이다. 이는 금일 시세에 견제한 바 되어 어쩔 수 없이 나온 것이거니와 우리들은 이 다수 외인을 고용함에 대하여 또한 부득불하게 진고할 필요가 있다. 가령 궁내부 탁지부 군부 농상공부 등의 제부와 부는 외인을 임용할 필요가 혹 있다 할지라도 학부 일부에

1062) 『황성신문』 1907. 4. 3 雜報

까지 외인을 고용할 필요는 전혀 없는지라. 그 이유를 간략하게 논하면 대저 학부는 지방행정이나 경찰사무에 그 중한 바도 없고 기타 재정이나 군무나 실업 사법 등의 기관이 있는 것이 아니요 다만 인민의 교육 사무를 담당할 뿐이다. 근래 재정이 어려워 학부의 확장을 희망하기도 어렵다 하고 잠깐 시기가 미치지 못한다고 의무교육도 실시하기 어렵다 한다 하고 그 밖에 국내에 약간 설립된 관공립학교에는 일체 일본교사를 고빙하여 교무를 담당케 하였다. 그러한 즉 학부의 사무는 각 학교에서 혹 보고 청원등의 문서나 접수 보관할 뿐이요, 또 학교를 감독하며 인민을 장려하여 교육을 발전하게 할 뿐이다. 하등 번잡한 업무는 다시 없을 것이니 외인을 고용할 필요가 있지 않다. 또 교과서를 편집하거나 혹 검정하는 사무가 있으나 이는 결코 외국인이 대행할 수 없는 것이다. 본국인이라도 그 학식이 능히 자국 사정에 관통하지 못하면 그 편집의 임무를 감당하기 어렵거늘 하물며 외국인이 우리나라의 언어 문자와 풍토 물정에 익숙하지 못하고, 또 그 교육정도도 높질 못하다. 비록 고명한 학식이 있다 할지라도 결코 이와 같은 편집 임무에는 고용할 수 없는지라 가령 …(중략)… 학부에서는 어떤 까닭으로 외인을 고용하는가 학무상 하등 필요가 없고 또한 (교과서)편집에 하등 필요가 없거늘 다만 금액을 낭비하고자 하는가.1063)

이와 같이 학부에서는 일본인들을 고용해야 할 정도로 업무가 복잡하지도 않고 어려움이 있는 것도 아닌데 일본인들이 다수 고용되어 있음을 지적하고, 또한 교과서 편찬의 일을 본다고 하지만 한국의 사정과 어느 문자도 잘 알지 못하는 일본인이 어떻게 한국 학생이 배우는 교과서를 편찬할 수 있겠는 가를 지적하면서 이와 같이 불필요한 일을 위해 많은 국가예산을 낭비하여 일본인을 고용하는 학부를 비난하고 있는 것이다. 물론 이는 학부를 비난하는 기사이지만 그 실제 대상은 통감부에

1063) 『황성신문』 1907. 10. 20 논설 「學部난 外人雇用이 無益」

서 실시하는 교육정책을 비난하는 것이며, 한국의 교육에 일본의 침략과 통제가 진행되고 있는데 대한 반항의 한 표현이었던 것이다.

4) 학회 활동

『황성신문』은 국내에서의 학교교육만으로 교육진흥이 충분히 이루어질 수 없다고 전제하고 외국유학을 권장하는 한편 성인의 민지를 개발하기 위해 신문을 많이 발간하여 읽히게 해야 한다고 하였다. 이미 신문사 창설의 목적을 '인민개명하기를 주의함이요 이익을 도모함은 아니다'[1064]라고 밝혔듯이 신문사 운영에 있어서 상업주의를 배척하고 보도기능과 계도기능을 강화해야 한다고 보았다. 『황성신문』이 통달민은(通達民隱)의 혈관적 기능과 선도정사(宣導政事)의 목탁적 기능을 역설한 것[1065]도 결국은 신문의 보도기능과 계도기능을 강조한 것이라고 볼 수 있다.

이들은 신문의 이런 두 가지 기능이 수행됨으로서 궁극적으로는 '하정이 상달을 얻게 되어 질고의 난선할 바가 없고 상의 유시가 상고를 얻어 정사의 은폐할 바가 없게'[1066]할 뿐이라고 하였다.

'언론의 흥왕이 즉 국가의 흥왕이요, 신문의 발달이 즉 민족의 발달'[1067]이기 때문에 신문사가 많이 설립되고, 따라서 '장차 절대한 세력을 양성하여 중대한 책임을 부담' 해야 한다는 것이었다.[1068]

이들은 다양한 형태의 신문들이 보도기능과 계도기능을 원활하게 수

1064) 『황성신문』 1898. 10. 19 논설
1065) 『황성신문』 1898. 9. 6 논설
1066) 『황성신문』 1899. 3. 15 논설
1067) 『황성신문』 1909. 2. 17 논설 「我國 報館의 種族」
1068) 위와 같음.

행하여서 나라의 개화자강에 이바지하기 위해서는 무엇보다도 언론의 자유가 보장되어야 한다고 역설하였다. 여기서 사용된 언론 또는 언권 등은 포괄적인 개념으로서 표현의 자유를 의미한다. 이들은 언권의 자유와 더불어 그 전제조건으로서 사상의 자유를 주장하였으며 대중에 대한 집합적 언론 행위의 활성화를 위해 저술의 자유, 출판의 자유 등 광범한 언론의 자유를 요구하였다.

그러나 이들은 무엇보다도 신문의 자유가 가장 중요하다고 강조하였다. 신문이란 한 사람의 언론이 아니라 실은 국민대표의 언론이기 때문이었다.[1069)]

민족지를 탄압할 목적으로 1890년대 말에 정부에서 신문규칙을 제정하려하자 당시의 대표적 신문이었던 『독립신문』과 『황성신문』은 이에 적극 반대하였다. 신문의 반대 등으로 정부의 신문규칙 제정 시도는 일단 좌절되었다. 그러나 이른바 보호조약이 체결된 뒤 1907년에 '신문지법'이 제정되고, 그 이듬해에는 외국인이 발행하는 신문을 단속하기 위한 법 개정까지 이루어졌다. 제정된 신문지법은 1945년의 일제 말까지 언론을 다스리는 기본법으로 악용되었는바 이에 대해 『황성신문』은 그 법이 제정 공포된 직후 다음과 같이 비난하였다.

> 대개 신문조례를 반포하는 것은 인민의 언론자유를 금제하고 일반 내국신문을 모두 다 속박하고자 하는 의도에서 나옴이라. 우리들도 이에 대하여 그 불가함을 항의하노니…(중략)… 우리나라도 10년 전에 완고수구파가 위력을 사용하여 인민의 언론을 속박할 때에도 이러한 속박의 일은 차마 행하지 못하였거늘 지금 유신 개혁의 때를 맞아 개명진보의 시기라고 말하는 때 오히려 완고파도 행하지 않던 압제적 정치를 행

1069) 『황성신문』 1907. 7. 12 논설 「新聞條例에 對한 觀念」

함은 결코 문명을 개도하는 주의가 아니오.[1070)]

이 논설에서 『황성신문』은 수구파가 독립협회를 탄압할 때도 하지 않았던 일, 또 일본에서도 명치 초년에 신문을 속박하는 조례가 제정되었다가 얼마 후에 전폐되었는데, 일본에서 지탄을 받았던 명치초년의 신문지조례를 그대로 수용, 신문지법을 제정한 것은 있을 수 없는 일이라고 통박하였다. 곧 이어 1908년 4월에 반포된 신문지 개정법은 외국인이 발행하는 신문을 취체하기 위한 것이었다고 하나 실은 국내의 대한매일신보와 해외에서 발행된 망명신문의 국내 유입을 단속하기 위한 것으로 이에 대해서도 민족지들은 법 개정의 부당성을 지적하고 비판하였다. 이들 법이 제정되고 또는 개정되고 나서 신문에 대한 압박이 심해지자 이들은 사례가 발생할 때마다 당국의 언론탄압을 규탄하였다.

한편 『황성신문』은 민지를 개발하기 위해 출판이나 잡지출간 역시 보다 활성화되어야 한다고 강조하였다. 출판에 대해서는 신서를 보다 많이 발간하며 아울러 외서를 번역하여 펴낼 것을 주장하였다. 이와 아울러 도서관의 설립 등도 제의하였다.

다음으로 이들은 단체의 중요성을 강조하였다. 『황성신문』은 경쟁의 적당력을 확보[1071)]하여 개화자강을 이루기 위해서는 각종 사회단체가 많이 결성되고 또한 활성화되어야 한다고 주장하였다. 바로 "타족이 통일한 중력으로 우리에게 가하는"[1072)] 경쟁의 시대에 살아남기 위해서는 일반민족의 단합체를 완성하여 경쟁을 적당케 해야 하며, 이를 위해 동심합력하여 단체를 만들어 '중지와 중력'[1073)]으로 민지를 개발하고

1070) 『황성신문』 1907. 10. 11 논설 「新聞束縛의 條例」
1071) 『황성신문』 1908. 4. 8 논설 「天擇物競에 適者生存論」
1072) 위와 같음.

자주력을 길러가야 한다는 것이었다.

이들은 당시 사회가 단합되어 있기보다는 환산되어 있어 사회단체의 육성이야말로 절박한 시대적 과제라고 인식하였다. 당시 애국이나 단합이니 내세우는 단체들도 단합이 제대로 이루어지지 않고 있음을 비판하였다.[1074]

『황성신문』에 의하면 사회적 단합이 이루어져 있지 않을 뿐만 아니라 사회단체 역시 일부 유지인사들이 단합을 도모하기 위해 문명국의 모범을 본떠서[1075] 조성한다고 나섰지만 완성된 것이 없거나 있더라도 유명무실한 상태라고 지적하였다.

『황성신문』은 대체로 두 가지 종류의 단체육성에 역점을 두었다. 첫째는, 국시정론의 가치를 고양하여 사회의 중심이 될 대 단체, 지사의 단체가 필요하다는 것이었다. 한국이 일대 위기에 처해 있는 것은 국론이 정해지지 않아 민지가 환산(渙散)한 때문이라고 전제하고 진실된 인사가 일대 단체를 만들어 국시정론의 가치를 고양하고 일반 민지의 취향을 하나로 모아야 한다고 하였다. 둘째는, 교육을 면려하여 인재를 양성하며 민지를 계도하여 일반 국민이 공공이익을 향수하기 위한 지역단위의 사회단체가 육성되어야 한다는 것이었다.[1076] 이들 지역단체들이 특히 교육사업과 산업진흥에 주력해 줄 것을 촉구하였다.

당시 사학설립의 주도적 역할을 한 것은 각지의 학회였다. 이들 학회 가운데 국민교육회는 이미 1904년 9월에 설립되었는데 그 목적과 사업 내용을 보면 다음과 같다.

1073) 『황성신문』 1908. 8. 7 논설 「各團體에 관한 觀念」
1074) 『황성신문』 1908. 4. 8 논설 「天擇物競에 適者生存論」
1075) 『황성신문』 1907. 9. 24 논설 「社會의 團體」
1076) 『황성신문』 1908. 3. 17 논설 「賀畿湖西北兩學會懇親」

제2조, 본회의 목적은 일반국민의 교육을 면려하여 지식을 발달케하되 오래된 폐습을 없애고 쇄신의 규모를 확립하는 일.

제3조, 본회의 목적을 관철하기 위하여 매 개회시에 교육상 유익한 의견을 서로 강연하되 정치에 관한 일은 일체 물론하고 단 다음 사항에 종사한다.

1. 학교를 광설하는 일
2. 문명적 학문에 응용할 서적을 편찬 혹 번역하여 간행・반포하는 일
3. 본국 사기와 지지와 고금명인 전적을 수집 널리 보급하여 국민의 애국심을 북돋우고 원기를 배양하는 일.[1077]

당시 이와 비슷한 취지로 설립된 학회로는 대한자강회 서북학회(서우학회, 한북흥학회), 호남학회, 기호흥학회, 교남교육회, 대동학회, 여자교육회, 태극학회, 대한흥학회, 대한동인회, 대한학회, 관동학회, 보인학회 등이 있었다.[1078] 이에 학회들은 모두 교육을 통하여 국권을 회복하는데 그 목표를 두었다. 교육확장과 산업 발달을 연구 실시함으로써 부강을 계도해 독립 기초를 만드는 단체들을 높이 평가하였다. 예를 들면 1908년도에 사회단체들이 내세운 취지나 목적을 보면 40개 단체의 목적 중 교육이 16개 단체, 실업 상업 식산이 10개, 국가 발달이 3개 등이다[1079] 물론 이들의 활동이 취지 그대로 이루어졌다고 할 수 없지만 이러한 목적에 의한 발간 자체를, 또 그 정신을『황성신문』은 높이 평가하였다. 우리나라 발전의 희망을 각 단체의 발전에 두어 서로 화합하고 덕의와 성신으로 정치나 교육, 식산의 목적에 도달하기를 희망하였다.[1080]

1077)『황성신문』1904. 9. 19-21 잡보「國民教育會規則의 大要」
1078) 손인수,『한국근대민족교육의 이념연구』, 문흥사, 1983, p.166.
1079) 양동순,『개화기 민중교화사』, 창문각, 1989, p.280.
1080)『황성신문』1907. 12. 5 논설「勸告各會團」

이들이 전개한 사회단체 육성론은 민지개발을 위한 하나의 유효한 도구로서 단체가 육성되어야 한다는 일반론의 차원을 넘어 의병운동 등 민중세력의 보다 적극적인 투쟁노선에 대한 대안으로 제시되고 있음을 간과해서는 안 된다. 교육과 산업진흥을 목표로 한 대한협회의 발기에 즈음하여 『황성신문』이 이를 치하한 아래의 논설에 이들의 입장이 잘 드러나 있다.

> 소위 국민의 의무는 저 의병과 같이 망령되이 폭동함에 있지 않고 다만 단체 협심하여 실력을 배양함에 오직 있다. 실력은 즉 교육, 산업 등이다. 이제 대한협회가 발표한 7대 강령이 곧 이 실력배양을 위주로 하여 인민 지도를 담임하는 자라고 하니 그 취지의 광대함이 실로 전국 국사를 주창함이라 일컬어도 불가하지 아니하도다.[1081]

한편 이들은 단체는 정신에 있고 형식에 있지 아니하다고 하여 각급 사회단체들이 형식에 치우치기보다는 정신력으로 뭉쳐 민지개발의 실효를 거둘 것을 촉구하였다. 아울러 이들은 단체의 목적이 국가와 민족을 위한 것이어야 하며 외세와 결탁하여 사익을 추구하고자 하거나 수구에 집착하여 개진을 장해하는 단체는 백해무익하다고 강조하였다.

『황성신문』은 국가의 자주 자립을 위한 국민계몽을 교육 기관 이외의 기관을 통해서도 이룩해야 할 시급한 업무라고 생각하였다. 이러한 인식에서 단체·학회들을 근대 정당으로 간주하고 무엇보다 필요한 국민단합을 추진할 수 있는 기능을 가진 존재로서 단체육성을 강조하였다.

1081) 『황성신문』 1907. 11. 14 논설 「大韓協會의 發起」

4. 여성교육론

1) 여성교육론

1876년 조일수호조약 체결로 문호개방이 되고, 수신시 일행들이 일본을 방문한 이후 서구의 제도와 기술에 대한 관심이 높아졌다. 김기수 일행이 동경여자사범학교를 방문하고 상당히 경이로운 것으로 받아들이고, 귀국 후 고종에게 일본의 교육상황에 대해서 거론하면서,[1082] 일본에서는 여자에게 이르기까지 학교가 있어 크게는 천지병농, 작게는 시문서화에 대하여 모두 한 가지 재주를 오로지 한다고 보고하였다. 이 시기 우리에게 있어 여학교를 설립하여 여성이 교육받을 수 있도록 한다는 것은 놀랍고 흔치 않는 일 중의 하나였을 뿐이었다.

우리나라 최초의 신문이었던 『한성순보』는 구미 각국의 제도를 소개하고 근대적 개혁의 필요성을 강조하고 있었다. 서구적인 정치, 사회제도의 도입과 더불어 교육을 실시하여야 한다고 하여 「태서각국소학교」난에서 비교적 자세히 언급하고 있다.[1083] 또, 「각국학업소동」에서는 서양 각국의 학교의 모국어 교육과 교과 내용을 설명하고 있다.[1084] 여기서의 교육제도는 근대교육제도였고 내용 또한 신학문이었다. 그 뒤를 이은 『한성주보』에서도 서양의 근대교육제도와 교육상황을 소개하는 것에 의해 조선에서도 근대교육을 시작할 것을 요청하였다.[1085] 남녀의 구분 없이 강제로 취학한다는 등 의무교육의 실시 방법을 설명하고 있지만 어디까지나 서구의 여성교육을 소개하는 정도였지 구체적

1082) 金綺秀, 『日東記游』 권2, 「問答九則」, 『修信使記錄』 국사편찬위원회, 1971, p.108.
1083) 『한성순보』 1884. 7. 11 「泰西各國小學敎」
1084) 『한성순보』 1884. 3. 29
1085) 『한성주보』 1886. 10. 11 私議

인 논의는 드러나지 않는다.

근대국가 건설을 지향하는 개화 사상가들은 구교육의 부정에서 출발하여 국내개혁의 근간을 이룰 교육개혁안을 제기하였다. 이들은 국가 쇠약의 원인을 일반 민중에 대한 기술교육의 부재와 지배계급의 무지 몰상식, 또는 실용성의 부족에 두고 그것을 비판하였다.[1086] 갑신정변에 실패하고 일본에 망명하였던 박영효는 1888년 2월 24일(음력 1월 13일) 국왕에게 상소를 올려 국정개혁의 중요한 일환으로서 교육개혁을 건의하였는데 요점의 하나가 소학교 중학교를 설치하여 6세 이상의 모든 남녀를 재학시킬 것이었다.[1087] 유길준도 그의 저서 『서유견문』에서 교육문제에 관해 중요한 관심을 나타내었다. 구미의 교육이 첫째는 도덕 교육이고, 둘째는 재예 교육이며, 셋째는 공업 교육이라고 한 뒤 국가의 빈부 · 강약 · 치란 · 존망이 그 인민교육에 달려있다고 강조하였다.[1088] 또, 학문들이 어느 것이나 실용의 학문이라는 것을 강조하였다. 이외에도 여성교육에 관해 소개하고 있다. 그는 서양의 남녀평등의 관습을 보고 좋다 나쁘다는 논평은 하지 않고 다만 소개를 할 뿐이라고 하여 서양의 남녀평등에 관해서 논하고 있다. 그러나 그 글 중에는 서양도 옛날부터 남녀평등이 이루어졌던 것이 아니고 오랜 세월에 걸쳐 그러한 풍습이 개량되어 나간 것이라고 하였다. 이렇게 풍습이 개량될 수 있었던 것은 여자를 교육하고 여자의 학식이 남자와 대등하게 된 후에 이루어진 일로서 여자의 학식이 없었다면 불가능한 일이라고 하였

1086) 윤건차, 『한국근대교육의 사상과 운동』, 청아, 1987, p.27.

1087) 『일본외교문서』 21권, 건백서 중 「教民才德文藝以治本」; 정중환, 「박영효상소문」, 『아세아학보』 1, 1965. pp.735-737. 박영효의 건백서는 남녀평등과 봉건적 신분제도의 철폐를 전제로 하여 근대적 학교제도의 창설, 의무교육의 실시, 근대 학문의 도입, 국사 · 국문의 중시 등을 주장하였던 점에서 조선교육사에 있어 획기적인 내용을 갖는 것이었다.

1088) 김영호, 『西遊見聞』 해제, 경인문화사, 1969, p.17.

다.[1089] 이것은 천부적으로 남녀의 차별이 있는 것이 아니며, 불평등은 여성측의 교육수준 향상에 의해서 변화가 가능하였다고 보는 것으로 여성교육을 대단히 중시한 것으로 보아도 무방할 것이다. 그러나 그도 여성의 지위를 서양의 예를 들면서 인간사회의 근원, 집의 대들보와 같다고 하면서 여성의 교육이 곧 제 2세의 올바른 교육을 위하여 반드시 이루어져야 하는 중대한 일이라는 것을 강조하고 있다.[1090] 그는 남녀평등 자체에 중점을 두기 보다는 어머니로서 자녀교육의 담당자로서의 여성교육의 필요성에 다소 중점을 두고 있다는 느낌이다.

이들 개화사상가들의 교육개혁론 특히 여성교육론은 서구의 제도를 소개하는 정도에 그쳤지 구체적인 방법이나 실시에 관한 것은 별로 보이지 않는다. 오히려 이 시기는 여성 교육보다는 여성이 처하여 있는 당시 사회의 악습을 철폐하려는 각종 논의들, 예를 들면 과부재가 허용, 축첩폐지, 조혼폐지 등의 혼인제도의 개혁과 사회개혁에 더 많은 관심을 보이고 있다.[1091]

이 시기 개화파의 교육사상의 본질이 지적 인식보다는 덕성의 함양을 강조하는 교화사상으로써 교육을 사회변혁의 중심에 위치지우고 오히려 교육만이 가장 유효한 수단일 수 있다고 주장하고 있다. 또한 봉건적 신분차별이 규탄되고 인민 평등이 주장되어 왔지만 그것은 어디까지나 민중의 소란을 방지하고 국가의 안태를 도모하기 위해 실시해야할

1089) 유길준, 『西遊見聞』 제 15편, 「女子接待하는 禮貌」, p.406.

1090) 유길준, 위의 책, pp.408-409.

1091) 박영효의 <건백서>와 유길준의 『서유견문』 15편 「여자에게 접대하는 예의」를 보면 주로 결혼제도를 중심으로 해서 문제를 제기하고 있다. 남성의 축첩금지, 여성의 개가 허용, 일부일체제의 실시, 남편의 부인에 대한 폭력 금지, 조혼 금지 등을 통하여 여성의 지위를 향상하는 것이 바람직하다는 것이다. 이렇게 볼 때 여성의 정체성 확립보다는 봉건적 제 모순을 혁파하기 위한 한 방법론으로서 여성의 지위 향상과 남녀평등권이 논의되었다고 본다.

사회제도개혁의 일환으로만 논해지고 있다는 점을 고려한다면,[1092] 여성교육은 이차적이고 부수적인 것이었으며, 여성의 의식 성장이나 가능성을 개발하고 국가에 유용한 인간을 육성한다는 관점은 거의 없었다고 볼 수 있다. 이러한 것은 정부의 근대교육에 대한 노력이 1883년 영어학교 설립을 통한 어학교육의 실시로 나타나고, 민간인에 의한 사립학교의 설립이 있었지만 여성교육과 여성교육 기관은 1894년 갑오개혁에서도 배제되었던 사실에서 명확히 나타난다.

미국선교사들에 의해 설립된 이화학당(1886), 정신여학교(1887) 등이 있었으나 한국인에 의한 여학교의 설립은 보다 후일의 일이다. 또 여성교육론이 활발히 전개된 것은 독립신문이 발행되고 독립협회를 중심으로 민중계몽운동이 활발히 전개된 1896년 이후에야 이루어졌다.

『황성신문』은 논설을 통해서 사회, 정치, 경제 등 각종 개혁의 필요성과 부국강병의 방법론을 제시함으로써 국민계몽을 달성코자 하였다. 앞 장에서 살펴보았듯이 민권신장에 관해서 국민의 자유권과 평등권의 보장을 주장하였다. 자유권 그 자체를 하늘이 균부하고 사람이 공통으로 획득한 것[1093]이기 때문에 국민의 평등권을 보장해야 하며, 특히 문벌에 따른 차별, 관인과 인민의 차별, 사농공상의 차별, 남녀의 차별, 노주의 차별을 철폐해야 한다는 것을 주 내용으로 하고 있다. 각국의 예를 보더라도 '평등주의를 행하는 나라는 반드시 흥하고' 그렇지 않은 경우는 모든 것이 멸절하므로[1094] 부국강병의 실현을 위해서는 꼭 필요한 것이었다. 이러한 취지는 자연히 인구의 절반인 여성에게도 관심을 가지게 되었고, 여성계몽과 여성의 역할에 관한 중요성이 논의되기에 이

1092) 윤건차, 앞의 책, p.62.
1093) 『황성신문』 1899. 2. 11 논설
1094) 위와 같음.

르렀다. 남녀평등을 주장하고, 나아가 남녀평등권을 제도적으로 보장할 것을 주장하고, 여성들로 하여금 보다 적극적인 방법으로 종속적인 관념에서 벗어나 평등권을 확보할 것을 촉구하였다. 그러한 방법 중의 하나가 여성교육이었다.

선구적인 개화사상가들에 의해 여성교육의 필요성이 거론되고 여학교 설립 등이 주장되었지만 본격적으로 거론된 것은 독립협회 설립과 한말 국권회복기라고 볼 수 있겠다.[1095] 이처럼 한말 국권회복을 위한 방법으로 '민지'발달을 중시하게 되고, 그 방법으로 교육이 가장 적절한 것이었다.[1096] 교육이 전 국민에게 골고루 실시됨으로써 실력양성, 자강을 도모한다는 것이었다. 이 과정에서 국민의 상당수를 이루고 있는 여성의 역할, 여성교육의 중요성이 거론되었다.[1097]

이들은 한국의 국권이 미약하고 문명 진보하지 못한 원인은 바로 여성의 미개화와 미교육에 연유한다고 판단하였기 때문에 무엇보다도 여성교육을 실시함으로써 국력을 회복하려고 생각하였다. 여성교육이 민

1095) 1876년 修信使로 일본에 파견되었던 金綺秀一行이 동경여자사범학교를 방문하고 상당히 경이로운 것으로 받아들이고, 귀국후 고종에게 일본의 교육상황에 대해서 거론한 사실이 있었으며, 또 『漢城旬報』의 경우 「泰西各國小學教」난에서 (1884. 7. 11일자) 비교적 자세히 언급하고 있다. 이외에도 朴泳孝의 '建白書', 俞吉濬의 '西遊見聞'등에서도 주장하고 있다. 신문을 통한 여성교육론은 1896년 4월 7일 『독립신문』 창간 취지에서 "내외 남녀 상하 귀천 모든 조선인에게 각양 물정을 알게 하려고 언문으로 독립신문을 출간하므로 부인네들이 이 신문을 보고 온갖 것을 배우면 한문을 잘하고 다른 것 모르는 귀족 남자보다 높은 사람이 되는 법이라"고 얘기한데서 찾아 볼 수 있다. 당시의 선각적 지식인들은 국력배양의 가장 좋은 방법이 "먼저 신문을 창간하고, 뒤에 학교를 설립"하라고 주장할 만큼 신문의 국민계몽적 기능을 높이 평가하고 있다. 이종일이 재정적 어려움 속에서도 동지들을 규합하여 1898년 8월에 『제국신문』을 서둘러 창간한 것도 바로 국민의 2분의 1에 해당하는 부녀자 계층의 의식구조를 어서 속히 근대적으로 계도하여야 한다는 데서였다(李種一, 『黙菴備忘錄』 1898. 8. 1일자). 그리하여 그는 『제국신문』을 창간한 뒤 그 신문이 여성사회의 대변자임을 자처하고, 여성해방 및 여성의 사회 참여 등에 관련된 여성계몽 문제를 사시로 삼고 부녀계도에 노력하였다.

1096) 『황성신문』 1908. 9. 17 논설 『勸告學部』

1097) 『독립신문』 1896. 5. 12 논설 1898. 9. 13 「녀인교육」, 『황성신문』 1898. 11. 23 논설

지개발의 최대관건이므로 여학이 없이는 교육의 본을 알 수 없다고 하여 여성교육을 강조하였다. 이러한 여성교육의 주장은 이제까지 무시되어 왔던 여성의 역할에 주목하게 되었다.

『황성신문』에서는 비교경쟁의 시대에 비록 일용지물이라도 마땅히 타인의 질과를 생각하는데 더욱이 국가의 절반인 여성을 무용의 폐물로 두는 것은 인구 절반을 버리는 것이라 하여 여성의 인적요인을 중시하였다. 또한 여성이 교육받지 않으면 가정교육이 이루어지지 않기 때문에 국가유지를 위해서 여성교육이 급선무라는 것이다.[1098]

다음 여성교육의 문제는 남성과 똑같이 여성도 교육하여야 한다는 남녀 교육기회 부여의 동등권론에 바탕을 두고 있다. 여성교육을 등한시하는 전통적 교육을 비판하며, 독립협회는 인구의 반을 차지하는 여성은 장래 아내 어머니가 되어 자녀교육이라는 중대한 짐을 지게 됨으로 남성과 동일하게 교육시키지 않으면 나라의 부강을 이룩할 수 없다고 생각하였다.[1099] 『황성신문』의 경우도 여성도 남성과 똑같이 국민의 일분자이며 국권회복을 하는데 경중과 선후의 구별이 없다는 논리를 전개하였다. 더욱이 남존여비에 대한 규정이 동양에도 없었으며, 여성을 압제 하는 악습이 있었던 것도 아니었다고 주장하였다. 남녀평등권을 서구에만 있는 이상하고 별스러운 일로 여기고 있지만 동양에도 남자를 귀히 여기고 여자를 천시하는 풍속은 원래 없었다는 것이다. 그런데 평등권을 행하지 않고 여성을 압제하는 악습만 확대시켜서 교육을 실시하지 않으므로 여자의 학문이 암매하고 지식이 막혔고, 부부간에도 무례하여져서 그 처를 구타하고 욕하기도 하고 지아비를 도리어 배반하

1098) 『황성신문』 1906. 5. 15 기서 「女子教育이 不可無」
1099) 『독립신문』 1896. 9. 5 논설, 1897. 10. 2 잡보

는 변괴가 생겼다고 보아 가정 내의 화목을 위해서는 여성교육이 필요하다고 보았다.[1100]

여성이 교육을 받지 못함으로 세상물정에 몽매하고, 지식이 발달하지 못한 까닭에 장성한 후에 현명한 배필이 되어 그 양인을 내조하고, 또 자모가 되어 그 자녀를 훈육하는 본분의 의무를 다하지 못하게 되었다는 것이다. 그로 인해 국가 사회가 문명개화를 이룰 수 없다고 보고 여성교육이 시급하다고 강조하였다.[1101]

또한 여성이 평등권을 인정받지 못함으로 교육의 기회가 없어서 야기된 사회적 폐단은 적지 않다고 지적하였다. 가정 내에서의 힘에 의한 압제, 축첩, 조혼, 과부재가금지 등의 폐습이 조장되었다고 개탄하였다. 특히 조혼, 과부재가금지의 폐습은 여성의 권리억압과 밀접한 관계가 있는 것으로 보았다. 조혼제와 과부재가금지의 폐단을 논하고 전통적인 여성관이 극복되고 진정한 의미의 여성을 찾기 위해서는 우선 여성의 몽매함을 깨우쳐서 새로운 지식과 학문을 배우게 하는 것이 급선무라고 보았다. 즉 여권신장을 위해서도 여성교육은 중요하다고 주장하였다.

여성교육론의 핵심은 여학교를 설립하여 여자로 하여금 남자와 똑같은 교육을 받게 한다는 데 있었다. 박영효는 건백서에서 남녀에게 동등한 교육기회를 주어야 한다는 견해를 밝혔다. 그러나 남존여비, 남녀유별 사상에 의해서 여성의 외부 출입이 엄격히 통제되었고, 교육은 남성의 전유특권으로 인식되었던 당시 사회에서 학교를 통한 여성교육을 현실적으로 실시하려면 그에 대한 구체적인 방법이 강구되어야만 했다.

여학교 교육에 관한 구체적인 방법을 제시한 것은 『독립신문』이다.

1100) 『황성신문』 1900. 4. 9 논설 「女子亦宜教育事爲」
1101) 『황성신문』 1906. 7. 9 잡보 「漢城女學院開設趣旨」

남자와 동등하게 여자아이 교육을 위한 학교를 설립해야 하며,[1102] 버려졌던 절반의 국력을 키우기 위하여 여성교육은 필요하며, 그 이득을 위하여 남자들이 자발적으로 동등권을 여성에게 주는 것이 의리상 마땅하다고 하였다.[1103] 자녀의 가정교육은 부인네들의 손에 달려있기 때문에 여성의 역할이 더 소중하고 절실한 것이었다. 즉, 여성의 교육은 남편 내조나 자녀 양육상 더욱 필요한 것이었다. 이 글은 여성 교육을 금기시하였던 조선 사회의 분위기에서 진일보한 것은 분명하지만 여성 스스로의 권리 쟁취나 여성의 인격 존중이라는 측면보다는 개화교육사상에서도 나타나듯이 여성교화라는 측면이 강하며, 부국강병의 한 방법론으로 대두된 것이지 참다운 여성운동이나 교육에 관한 자각은 아니라고 보여진다. 물론 이어진 글 속에는 "조선 유지각한 여인네들은 당당한 권리를 뺏기지 말고 아무쪼록 학문을 배워 사나이들과 동등히 되어 사나이들이 못하는 사업을 할 도리를 하여 보기를 바라노라"고 하여 여권신장을 위한 여성들의 각성을 촉구하고 있기도 하다. 그러나 이것은 여성 개인의 인권 존중이나 권리 존중보다는 여권신장이 국익과 관계가 깊다는 인식에서 나온 것이었다. 『독립신문』에서는 남녀동권이 성립되었을 때 국가에 도움이 되는 점을 다음과 같이 세 가지 점을 들어 논하였다. 첫째, 지혜 있는 부인들도 국사를 의논하여 정치를 진보케 할 수 있다. 둘째, 혼인 후 부부간에 가사를 서로 의논하여 가문의 법도를 흥왕케 할 수 있다. 즉, 남편을 도와 편지를 대서하고 문서를 기록하고 또 서책을 보아 학문을 토론할 수 있어 가화가 충만하고 생전의 좋은 친구가 된다. 셋째, 10세 이전의 자녀 교육을 담당하는 것은 어머니이므로 어머니가

1102) 『독립신문』 1896. 5. 12 논설
1103) 『독립신문』 1896. 9. 5 논설

학문으로 자녀를 가르칠 수 있으므로 자녀의 어머니요 스승이 된다.[1104] 여기에서도 나타나듯이 여성교육은 여성의 인권존중이나 권리존중보다는 남성의 보조자, 가사 분담자, 아동교육의 담당자로서의 역할이 중시되었음을 알 수 있다.

을사조약 체결이후 국권회복을 위하여 여성교육은 더욱 강조되었다. 박은식 장지연 등의 개신유학자들은 여성교육의 뿌리를 한민족사 안에서 찾아 민족 실력배양의 근원을 삼고자 하였다. 이들은 전통시대의 내칙교육을 '여학당의 일'이라고 하여 근대적 여성교육론이 서구 전래의 것이 아님을 주장하였다. 장지연에 의하면 교육의 단계는 가정교육, 학교교육, 사회교육으로 구분되는데 모든 교육의 기초는 결국 가정교육에 있으며, 가정교육의 담당자는 여자이므로 인간의 기초교육의 담당자로서의 여성교육론을 주장하였다.[1105]

아동교육자로서의 여성교육론은 아동출생전의 태교와 출생 후의 가정에서의 교육으로 구분된다. 『황성신문』의 한 논설에서 아동교육자로서의 여성교육의 중요성과 그 방향을 다음과 같이 논하고 있다.

> 한 나라의 어머니가 학식이 있으면 한나라의 자녀가 의를 받들 것이요. 천하의 아내가 학식이 있으면 천하의 남편이 내상이 있으리니. 이와 같으면 집집이 문명하고 사람마다 충애하여 여자 교육의 효과가 남자교육보다 더욱 많을 것이다. 여자가 문명 충애의 배움을 실천하면 그 정혈로 온합하여 출생한 자는 그 탄생하던 시초에 이미 문명 충애로 탄생하고 문명 충애로 훈육 양육될 것이니 철식근천한 충애를 누가 능히 움직이겠는가. 그러한 까닭에 일세의 개명은 교육에 있고 교육은 몽양(어린이 교육)이 제일 좋고 몽양은 태초에 성품을 받음이 제일 귀하니 여학교

1104) 『독립신문』 1899. 5. 26 논설「여학교론」

1105) 장지연, <가정박람회>, 『위암문고』, 국사편찬위원회, 1956, p.74.

설립이 시각이 급하니라[1106]

위의 논설은 이어 동몽교육에 있어서의 첫째, 아이의 건강을 위한 음식관리 및 청결 등의 위생관이 중요하며, 둘째는 거짓행위 등을 하지 않는 덕육의 교육이 필요하며, 셋째는 뜨거운 애국정신을 함양하는 애국교육이 필요하다고 하였다. 아이들에 대한 덕육교육에 있어서는 어머니가 자녀에게 사소한 거짓말이나 실없는 말을 해서는 안 된다고 하였는데, 『황성신문』 1909년 11월 25일의 논설에서도 교육의 삼대요소인 지 · 덕 · 체 중 덕육이 여성교육에 있어 제일 중요시 되는 것은 자녀교육의 본이 되는 어머니의 몸가짐과 마음가짐이 중요하기 때문이라고 하였다.[1107] 특히 애국심을 함양하기 위해서는 동몽시대에 애국심이 있는 어머니로부터 교육을 받아야만 한다는 것이다. 이와 같은 취지의 논설이 당시 신문에 많이 나타나고 있다.[1108]

이로 볼 때 아동의 가정교육은 어디까지나 어머니의 책임아래 있다고 판단하고 그 담당자로서 여성의 역할이 주목된 것이다. 따라서 이들은 여성에게 교육을 실시하는 것도 곧 아동을 인재로 양성시킬 수 있는 기회를 확립하는 길이라고 주장하였다. 즉 여성교육의 목적을 국민교육의 기초 작업에서 구하고 있다는 것을 알 수 있다.

이처럼 여성이 자녀교육에 미치는 영향이 지대하기 때문에 여성교육의 긴급성이 강조되었던 것이다. 만약 여성교육이 제대로 이루어져 있지 않으면 아동의 가정교육도 제대로 될 수 없고, 학교교육만으로는 시정하기 어렵다고 주장하였다.[1109] 이들도 '여성이야말로 남성의 모(母)'[1110]

1106) 『황성신문』 1898. 11. 3 논설
1107) 『황성신문』 1909. 11. 25 논설 「女性敎育의 新光明」
1108) 『제국신문』 1901. 1. 22 논설 「급여인교육」

라는 점을 강조하여 여성교육의 실시를 반대하던 수구파의 의견을 공박하기도 하였다.

2세 교육 담당자로서의 여성교육론은 당시 지식민층에서도 꾸준히 주장하고 있다. 지석영의 경우에는 색다르면서도 실현성 있는 구체적인 방법을 주장하였는데 국문여학교 설립론이 그것이다.[1111)]

이와 비슷한 주장으로서 1905년 8월『대한매일신보』의 한 논설에서는 국문으로 여자교과서를 편집 출간하여 여자로 하여금 읽기를 가르치면 여자교육이 크게 진보할 것이라고 주장하고 있다.[1112)] 여자에 대한 국문교육론은 1907년 정부에서도 시도되었었다. 그 내용은 농상공부에서 농민에게 실업교육을 장려하기 위하여 순국문의「농사잡지」를 발간하여 농촌에 반급하였다.[1113)] 즉 이 때 정부는 실업교육 보급을 위한 하나의 방법으로 전 여성에게 국문교육을 실행하는 방침을 세웠던 것이다.

국권회복을 위해 활동하던 당시였던만큼 애국심발양은 상당히 중요한 과제 중의 하나였다. 이들 신문 외에도 신채호는「역사와 애국심의 관계」라는 글에서 여성의 애국심 발양을 위해서는 여자도 국사를 읽어야 한다는 점을 강조하였다.[1114)]

1109)『황성신문』1908. 10. 1 논설「告當局諸公」

1110)『황성신문』1908. 2. 6 논설「女子의 教育」

1111)『제국신문』1903. 6. 19 논설「국문여학교에 관계」 지석영은 이 글에서 10세 내외의 남아교육은 전부 어머니의 손에 의해서 이루어지는데 국문을 조금 아는 여자조차도 대부분이 토 받침을 제대로 쓰지 못하여 문장을 작성하지 못하는 형편이므로 국문학교를 설립하여 여성에게 올바를 국문교육을 실시하고 각종 학문과 덕스러운 행실, 규모 있는 생활 등에 관한 여러 가지 책을 국문으로 번역 민간에 널리 유포하면 얼마 지나지 않아 국문이 크게 쓰여 올바르고 바른 여성교육이 이루어 질 수 있다고 주장하였다.

1112)『대한매일신보』1905. 12. 8 논설「女子宜興」

1113)『대한매일신보』1907. 12. 22「농사잡지」

1114) 신채호,『대한협회회보』제 1권, 제 3호,「역사와 애국심의 관계」p.3.

또 박은식은 여성의 자녀 생산이 국가에 대한 중요한 의무이며 나라가 부강하기 위해서는 여자교육이 급무임을 내세웠다. 그 이유 중의 하나가 여성교육의 상황이 가정, 국가, 사회의 성쇠와 직결된다는 논리에 서였고, 아동교육의 담당자로서의 역할이 어느 때보다도 필요한 연유이기도 하다. 그에 의하면 어머니는 마땅히 자녀를 국가가 필요로 하는 인물로 교육하여야 한다는 것이다. 국가가 요구하는 자녀교육은 상무정신 교육으로 보았다. 그는 스파르타 여자교육의 예를 들어 자녀에 대한 애국교육관을 시사하였다.[1115] 즉, 박은식은 아동에 대한 주체정신 애국정신 교육의 기초로서 여성교육을 중시하였다.[1116]

장지연이 편집 간행한 구한말 여학생용 교과서인 여자독본을 보면 한국과 동서양의 현부와 애국적 헌신을 한 인물을 중심으로 서술하였다. 이는 애국심이 확고한 현모현부상을 확립하는 것이 여성교육의 중요한 지침이었음을 나타내는 것이라고 하겠다.

이 시기의 여성교육은 여성의 독립된 개체를 위한 교육이라기보다는 국권회복을 위한 적극적인 남성에 대한 상호 보완인으로서의 교육으로 인식하고 있었다. 따라서 전통적인 현모양처상은 의연히 자리를 굳히고 있었던 셈이다. 그러나 종래의 현모양처관과의 차이점은 구국적 가정교육을 확립하려는데 있어서 여성 교육의 중요성이 새삼 인정되어 여성교육을 강조하게 되었다는 점과 아울러 이 같은 여성교육론의 진척이 결과적으로 여성의 자각을 높이게 되었다는 점이다.

1115) 박은식, 「文明之弊는 必喪其國」, 『西友』 제 10호, p.5.
1116) 박은식, 「女子普學院維持會趣旨書」, 『女子指南』, 제 1권 제 1호, pp.1-3.

2) 여성의 사회적 역할론

『황성신문』은 여성의 무교육은 국가경제의 기초인 가정경제에 도움을 전혀 줄 수 없다고 보았다. 그리고 여성의 무교육은 국가경제를 좀먹는 사치와 나태를 낳으며, 결국 국가의 큰 손해임을 강조하였다.[1117] 또한 여성의 무교육으로 인한 경제적인 무능력은 남성에게만 의지하는 경향을 과중 시켜 여성의 독립적 인격을 지키지 못하고 압제받는 원인이 됨도 지적하였다.[1118] 계몽운동가들의 일부는 당시 국권 상실의 위기를 맞이하게 된 중요한 원인의 하나가 인구의 절반을 차지하는 여성들이 자립적인 경제 능력을 갖지 못했기 때문이라고 지적하였다. [1119] 이러한 논점은 여성도 남자와 마찬가지로 자립적인 경제 활동을 할 수 있도록 교육하여야 한다는 것을 포함하고 있다. 여성이 직업을 가지고 자립하여야 남귀여천이 없어질 수 있다고 보았다.[1120] 지석영도 일본이 부강해 진 것은 여성으로 하여금 경제활동을 할 수 있도록 교육을 시킨 데 있다고 주장하고 부국강병을 위한 여성의 경제활동과 그를 위한 여성교육을 강조하였다.[1121] 위와 같이 여성교육을 주장한 이들은 여성의 무지가 초래하는 국가적 폐해에 대하여 신랄히 비판하고 여성들의 노동에 의해서도 국력이 배가 될 수 있음을 강조하였다.

다음으로 가정경제의 안정에 발휘되는 여성의 능력은 여성의 경제적 자립을 가능케 하여 이제까지 경제적 능력이 없어서 압제 속에 지내던 여성의 지위를 향상시킨다는 것이었다. 이와 같은 목적에서 여성의 실

1117) 『황성신문』, 1906. 5. 22 잡보「大韓自强會演說」중「女子教育之必要」
1118) 『황성신문』, 1898. 9. 8 별보
1119) 윤효정,「여자교육의 필요」, 앞의 책, pp.42-43.
1120) 김하남,「여자교육의 급선무」,『서우』, 제 15호, pp. 13-14.
1121) 『제국신문』, 1903. 6. 19 논설「국문여학교에 관계」

업에의 참여를 주장했던 이들이 여성이 취업할 수 있는 직종으로 거론한 것은 사무직인 은행부기, 회계, 체신사무, 상업계통인 상포무역, 농업계통인 농사감독, 목축, 교원 등 실업 전반에 걸친 것이었다.[1122]

특히 이들이 여성에게 적합한 직종이라고 주장하였던 것은 잠업이었다. 잠업은 종래에도 여공이라 하여 농가 수입의 일익을 담당하고 있었으나 이시기에 이르러 국가의 경제적 부를 증진시키는 문제와 관련해 더욱 중요한 것으로 부각되었다. 이에 따라 여성에게 양잠을 장려하기 위한 방책도 고안되고 있었다. 『황성신문』의 논설 「남녀잠업조」에서 양잠감과 실험설 등을 국문으로 번역해 양잠법에 대해 교수시키고 이것을 교수 받은 각 군의 양잠학교 졸업생으로 하여금 자기 군의 부녀들에게 양잠법 교육을 실시할 것을 제의하였다.[1123]

여성교육으로서 남녀동권을 찾아 여성의 해방을 이룩하여야 한다고 주장한 우리나라 최초의 여성단체인 찬양회의 취지문에도 생활 능력이 없이 남자에 의지하여 압제받는 종래의 여성관을 떨쳐버리기 위하여는 경제적인 자립 능력을 가져야 함을 시사하고 있다. 이처럼 여성의 경제활동이 국가의 발전을 위해서 굉장히 중요하다고 하면서도 다른 한편으로는 사회참여하기 시작하는 여성들과 여학생들의 복장 및 장식에 대한 비판이 자주 보이고 있다. 이것은 여자들이 종래에 미덕으로 여긴 검소와 절약을 강조한 것이기도 하지만 다른 한편으로는 신여성들이 사치로 흐르는 것을 경계한 것이기도 하다.

이처럼 가정안정과 경제적 자립을 위해서 여성교육의 필요성을 강조하였고, 남녀는 본래 육체적인 면에서 뿐만 아니라 정신적인 면 즉 능력

1122) 『황성신문』 1908. 2. 6 논설 「女子의 敎育」
1123) 『황성신문』 1903. 12. 18 기서 「農商工部蠶業課」

과 재주에 있어서도 동등하게 태어났고, 음양으로 나뉘어졌지만 인류란 점에서 같으므로 남자의 일을 여자인들 못할 이유가 없다[1124]는 인식하에 남성과 똑같이 여성도 교육하여야 한다는 남녀동등권을 주장하였지만 사회적 역할에 있어서는 남성적 시각에서 완전히 벗어난 것은 아니었다

『황성신문』에서는 문명국의 여성교육에 대해서 거론하고 여성교육의 필요성도 주장하였지만 그러한 문명국에서도 여성에게 주지 않는 권한이 있다는 것이다. 문명국에서도 어디까지나 여성교육의 목적은 자선과 친목을 통한 일가의 화평, 청소와 청결로 가정의 위생을 담당하고, 수입과 지출을 적고(가계부 작성), 근검절약하여 남편과 자식을 보좌하는데 지나지 않는다는 것이다. 그렇기 때문에 문명국에서도 의원선거권, 정부의 관리임면권, 육해군 응모출전권은 허락하지 않는다는 것이다. [1125] 그러므로 부인회 등의 단체를 만들어 활동하더라도 여자의 본분이 무엇인지 모범을 보여서 추호라도 정치사회에 간섭하거나 끼어드는 폐단이 없도록 해야 한다고 주장하였다.[1126]

위와 같은 인식은 여성이 남성과 동등한 교육을 받는다고 해서 남성과 동일한 사회 정치권을 행사할 필요는 없다는 것이다. 즉 구국을 위해 여성이 담당할 사회적 역할은 정치 참여에 있는 것이 아니라 가정의 안정에 주력하는 것이라는 인식이다. 남녀가 서로 능력에 적합한 역할분담을 함으로써 그것을 토대로 국력을 발달시키고 국권을 회복하자는 것이며, 여성의 가장 중요한 업무로 무엇보다 육아 가정일 문제를 들고 있었다. 이로 볼 때 이들이 여성의 역할을 가정에 국한한 단점은 있지만

1124) 『황성신문』 1898. 11. 3 논설
1125) 『황성신문』 1906. 5. 22 잡보「大韓自强會演說」尹孝定,「女子敎育之必要」
1126) 『황성신문』 1905. 8. 14 논설「論大韓婦人會創起」

반면에 이들은 가정이 사회, 국가의 기초라고 보고 그것을 중시하였음도 알 수 있다.[1127]

여성교육의 중요성을 고취시킨 계몽사상가들이 여성의 실업교육을 통해 국부를 증진시킬 뿐 아니라 개개인의 독립적 인격체로서의 자립을 가능케 한다는 방향에서 여성교육의 긴급성을 주장한 것은 이 시기 여성교육관의 또 다른 특징을 이루고 있다. 이것은 또 여성의 지위를 개혁시켜 보려던 사회개혁론과도 연결이 되고 있음을 알 수 있다.

일부이지만 여성 스스로의 자각과 움직임이 나타나고 있었다. 1898년 9월 1일은 근대 조선여성사에 있어서 여성측에서 사회를 향하여 발언한 최초의 날이고 그 내용은 남녀간의 교육기회균등의 요구였다.

> 혹자 이목구비와 사지오관 육체가 남녀가 다름이 있는가. 어찌하여 병신모양으로 사나이가 벌어 주는 것만 앉아 먹고 평생을 심규에 처하여 남의 결제만 받으리오. 이왕에 우리보다 먼저 문명개화한 나라들을 보면 남녀가 동등권이 있는지라. 어려서부터 각각 학교에 다니며 각종 학문을 다 배워 이목을 넓혀 장성한 후에 사나이와 부부의 의를 결하여 여 평생을 살더라도 그 사나이에게 일호도 압제를 받지 아니하고 후대함을 받음은 다름 아니라 그 학문과 지식이 사나이와 못지아니한 까닭에 권리도 일반이니 어찌 아름답지 아니하리오. 슬프도다 전일을 생각하면 사나이가 위력으로 여편네를 압제하려고 한갓 옛글을 빙자하야 말하되 여자는 안에 있어 밖을 말하지 말며 술과 밥을 지음이 마땅하다 하는지라 어찌하여 사지육체가 사나이와 일반이거늘 이 같은 압제를 받어 세상형편을 알지 못하고 죽은 사람 모양이 되리오. 이제는 옛 풍규를 전폐하고 개명진보하야 우리나라도 타국과 같이 여학교를 설립하고 각각 여아들을 보태여 각항제조를 배워 일후에 여중군자들이 되게 하려고 바로 여학교를 창설하오니 [1128]

1127)『황성신문』1908. 10. 1 논설「告當局諸公」

이 통문은 '대저 물이 극하면 반드시 변성하고 법이 극하면 반드시 고금의 상리'라고 하여 변통개혁의 필연을 주장하였다. 이 통문에서 주장되고 있는 여성의 권리는 세 가지이다. 첫째는 문명 개화정치를 수행하는 민족 대열에 여자도 참여할 권리를 갖고 있다는 것이다. 둘째는 남자와 평등하게 직업을 가지고 일할 권리를 갖고 있다는 것이며, 셋째는 여자도 남자와 동등하게 교육을 받음으로써 독립된 인격을 가질 수 있다는 것이다.

서구에서 일어난 여권운동의 기본사상은 천부인권론이 기초가 되어 있다. 인간의 인격은 타인에게 무시되거나 유린될 수 없는 불가침의 것이므로 인간은 누구나 자유 평등을 누릴 권리가 있다. 여권운동이란 바로 여자도 남자와 똑같은 인격의 소유자가 되어 자유 평등을 동등하게 누리도록 정치에 참여할 권리. 직업을 가질 권리. 교육을 받을 권리를 갖기 위한 운동이다. 그러므로 서구여권운동이 오랫동안 '참정권' '교육권' '직업권' 등 삼대 권리의 획득에 초점을 준 것은 당연한 것이었다.

1898년에 설립된 찬양회(贊襄會)는 '참정권', '직업권', '교육권'등 3대 권리 획득에 초점을 두고 우리나라 최초의 여권운동을 추진하였다.[1129] 특히 교육의 기회균등요구는 남성에 의해 독점된 지식과 직업에 여성도 동등하게 참여하여 여성의 사회활동을 보장받고자 하는 것으로 여성운동사에 중요한 의미를 갖는 것이다. 그리고 여학교 설립의 추진주체로서 찬양회(順成會)를 결성하였고, 그것에 대한 남성측의 후원단체(책임가 윤치호)까지 조직되었다.

그러나 초기 여권운동의 취약성 때문에 이 운동이 서울 일대에 멈추

1130) 『황성신문』 1898. 9. 8 별보 「五百年有」. 같은 내용이 표현은 약간 다르지만 『독립신문』 1898. 9. 9 잡보 「여학교」에 실려 있음.

1129) 『황성신문』, 1898. 9. 8 논설; 『독립신문』, 1898. 9. 9 「녀학교」

었을 뿐 지방으로 확대되지는 못하였다. 이후 여성교육운동은 1905~10년 전 기간에 걸쳐 계속적으로 추진되어 지방에까지 확대되어 수많은 여학교와 여성단체를 설립, 활동케 하였다는 점에서 특히 역사적 의의를 찾을 수 있다.[1130] 이 시기는 여성교육론이 온 국민의 관심아래 가장 고조된 때로서 여성교육론이 특히 강조된 것은 여성은 애국적 2세 국민을 교육하는 어머니라는 애국의식과 관련해서이다. 이 때 전국의 유지들은 사재를 모아서 200여 개의 여학교를 설립 운영하였다.[1131] 사립여학교의 교육방향은 근대적 국가관과 민족관을 갖게 하는 교육으로 행하여져 여성들의 항일구국의식은 날로 성장되어갔다. 이 같은 사정은 결과적으로 일제의 식민지 여성교육정책에 박차를 가하게 하였고 마침내 일제 통감부는 1908년 식민지 여성교육의 표본으로서 한성관립여학교를 설립하였다. 한민족의 발전을 위한 국민교육의 모범이 될 관립여학교를 한국인의 의지로 설립하지 못하고 일제로 하여금 식민지 여성교육의 한 방편으로서 설립하게 한 것은 여성교육발전사에 하나의 오점이라 할 수 있다.

위에서 살펴본 바 1876년 개항이후 개화론자들에 의해 근대교육의 중요성과 더불어 여성교육이 소개되고 있다. 그러나 이 시기 개화파의 교육사상이 국가 유지를 위한 사회제도 개혁의 일환으로만 논해지고 있다는 점을 고려한다면, 여성교육론은 이차적이고 부수적인 것이었으며, 여성의 의식 성장이나 가능성을 개발하고 국가에 유용한 인간을 육성한

1130) 박용옥, 『한국근대여성운동사』, 한국정신문화연구원, 1984, pp.57~61, p.80에 의하면 이 시기의 女性教育 啓蒙團體는 서울 10, 경기 2, 황해 3, 충청 1, 경상 6, 평안 4, 함경 6이 있었다. 그리고 전국적 여학교의 분포상황은 전국 174개의 여학교 중 서울 56, 경기 15, 충청 5, 전남 8, 강원 1, 경상 20, 황해 9, 평안 3, 함경 30이었다. 이로 보건대 단체설립과 여학교설립은 상관관계가 높다고 볼 수 있다.

1131) 박용옥, 위의 책, 부록 1 참조.

다는 관점은 거의 없었다고 볼 수 있다

대한제국기에 이르면 국권회복을 위한 방법으로 국민교육이 중시되었다. 이 과정에서 국민의 상당수를 이루고 있는 여성의 역할, 여성교육의 중요성이 거론되었다. 이들은 한국의 국권이 미약하고 문명 진보하지 못한 원인은 바로 여성의 미개화와 미교육에 연유한다고 판단하였기 때문에 무엇보다도 여성교육을 실시함으로써 국력을 회복하려고 생각하였다. 이에 여학교 설립을 통한 여성교육을 강조하고 있다.

또한 여성이 평등권을 인정받지 못함으로 교육의 기회가 없어서 야기된 사회적 폐단은 적지 않다고 지적하였다. 가정 내에서의 힘에 의한 압제, 축첩, 조혼, 과부재가금지 등의 폐습이 조장되었다고 개탄하였다. 이와 같은 폐습은 여성의 권리억압과 밀접한 관계가 있는 것으로 보고 전통적인 여성관이 극복되고 진정한 의미의 여성을 찾기 위해서는 우선 여성의 몽매함을 깨우쳐서 새로운 지식과 학문을 배우게 하는 것이 급선무라고 보았다. 즉 여권신장을 위해서도 여성교육은 중요하다고 주장하였다.

이처럼 여성교육의 필요성을 주장하고 있지만 현실 생활에서의 남녀동등을 추구했는지에 관해서는 의문이 간다. 선각적 지식인들 대부분의 인식은 여성이 남성과 동등한 교육을 받는다고 해서 남성과 동일한 사회 정치권을 행사할 필요는 없다는 것이다. 즉, 구국을 위해 녀성이 담당할 사회적 역할은 정치 참여에 있는 것이 아니라 가정의 안정에 주력하는 것이라는 인식이다. 남녀가 서로 능력에 적합한 역할분담을 함으로써 그것을 토대로 국력을 발달시키고 국권을 회복하자는 것이다. 여성의 가장 중요한 업무로 무엇보다 육아 · 가정 일 문제를 들고 여성의 역할을 가정에 국한하였다.

이처럼 한국의 여성교육은 개화운동과 더불어 봉건적 제 악습 타파의 하나로, 기본적으로 여성의 문맹타파와 여성의 교양, 의식계몽의 차원에서 시작되고 있다. 여성 스스로의 권리 쟁취나 여성의 인격 존중이라는 측면보다는 개화교육사상에서도 나타나듯이 여성교화라는 측면이 강하며, 부국강병의 한 방법론으로 대두된 것이다. 그러나 이 같은 여성교육론의 진척이 결과적으로 여성의 자각을 높이게 되었다.

여성은 여성으로서의 삶만이 아니라 가족의 일원으로서, 민족의 일원으로서 사회 비판의식 민족의식의 눈을 뜨는 과정에서 사회와 만족의 한 성원으로 스스로는 물론이거니와 당시 사회로부터 지도자정신을 요구받기도 하였다. 그들은 집단적으로 또는 조직적으로 교육계몽과 국권회복운동 그리고 자신들의 권익과 지위향상을 위한 여성운동 등에 적극 참여함으로써 여성해방운동과 민족해방운동에도 일익을 담당하였다.

Ⅷ. 결 론

『황성신문』이 발간되던 시기(1898 ~ 1910)의 한국사회는 내적으로는 봉건제의 모순을 해결하기 위한 갑오개혁, 동학농민혁명, 독립협회의 개혁운동이 실패로 돌아갔고, 외적으로는 열강의 이권양여요구와 러일전쟁, 한일의정서의 체결 등으로 일제가 한국 내에서 독점적 위치를 구축해 나갔던 시기였다. 민족적 위기에 직면하여 개화세력의 확대와 아울러 위기극복의 방안제시가 필요하였다. 그를 위해 『독립신문』과는 달리 봉건적 지식인층과 유교적 바탕에 그 지지기반을 두고 발전적 변혁을 추구하기 위한 필요성이 자각되었다.

이러한 바탕하에 『황성신문』은 장지연, 박은식, 남궁억 등 독립협회의 중견간부로 활동하였으면서도 유학적 학문배경을 가진 인물들이 주축이 되어 그 전에 있었던 『대한황성신문』의 판권을 인수받아 국-한문혼용체로 발간하였다. 그 창간목적은 국내외 정세의 전달이라는 보도기능과 아울러, 국권상실위기에 직면한 현실을 타개하기 위한 방안으로서의 국민계몽, 정계와 사회의 나아가야 할 방향의 제시라는 계몽에 보다 큰 역점을 두었다. 순국문 사용이라는 시대적 풍조와는 달리 국한문혼용체를 사용한 것에서 나타나듯이 독립협회의 민중운동이 광무정권에 의해 실패로 돌아가자 봉건유생층의 계몽을 통한 세력 확대의 필요성을 자각하고 민중만이 아닌 봉건적 지식인(양반유생)도 계몽의 대상으로 보고 이들을 계몽시킴으로써 사회적 개혁을 실현하고자 하였다.

또한 신문의 필진들이 유학적 바탕 위에 신학문, 신사상을 수용하였다는 사상적 배경을 가짐으로써 『독립신문』 『대한매일신보』와는 달리 유교개혁을 통한 정치 사회 각 방면의 근대화를 목표로 하였고, 전통의 재긍정이라는 입장을 강하게 띄고 있다. 개혁 실시의 방향이나 이념에 있어서도 『독립신문』이 급진적 수용론을 편 것과는 달리 자칭 '수구를 심호하는 자'로서 '동서고금을 참작 절충'하는 방향에서의 문명개화를 제시하였다. 종래의 동도서기적인 입장에서 나아가 서구의 과학문명과 기술뿐만이 아니라 사상 · 윤리 · 도덕 등 대상을 불문하고, 구학이든 신학이든 특장이 있으면 취할 수 있다는 논리를 전개하였다.

『황성신문』은 제국주의 열강의 침략이 자행되는 당시 시대에 대해서는 사회진화론에 의거하여 약육강식의 경쟁시대라고 파악했다. 그리고 이러한 국제 갈등은 바로 서구 강대국의 민족주의에 기인한다는 사실에 유의하면서 한국에서도 민족정신의 강조를 위한 제도적 장치나 단합이 필요하다고 강조하였다. 동양보다도 서구 세력이 우세한 요인을 서구우월관에 의거해 기후 · 인종의 차이, 나아가 개명된 지식과 개척 추진력의 차이에서 연유한다고 봄으로써 이 경쟁에서 살아남을 수 있는 방법으로서 민지개발 민력양성을 통한 자강 실현을 추구하였다. 이를 통해 일본과 열강과의 경쟁에서 승리가 가능하다는 인식을 지녔다. 이런 면은 제국주의의 침략을 근대화로 인식하고 나아가 강자의 논리 적자생존의 논리를 긍정함으로써 뇌기(개명된 지식), 심력(개척추진력)이 부족한 민족국가는 개명부강한 국가의 침략을 받아도 무방하다는 인식하에 제국주의의 침략을 수용하는 입장을 지녔다.

대외적 인식에 대해서도 열강의 각축이 심화되는 상황에서 열강의 세력균형하에 독립을 유지하는 방법으로 외교를 중시하였다. 외교를 잘하는 것이 병력을 증강하는 것보다 쉽게 국권을 수호하는 방법이라 해서 외교를 중요시함과 동시에 서구 세력의 동양침략을 막기 위한 방안으로 일인들이 주장하였던 삼국공영론에 관심을 가지고 그의 실현을 추구하였다. 1905년 이전까지 서세에 대한 위기의식은 강하였지만 일본에 대한 인식은 오히려 외세를 막아주는 국가로서, 황백인종의 싸움에서 동양을 보호하는 국가로서 인식하였다. 이런 인식은 한반도 나아가 만주침략을 둘러 싼 러일전쟁을 일본이 대의에 따라 부득불 행하는 전쟁으로 인식하여 한국의 독립, 개화를 보장하고 지도해 주는 국가로서 일본에 대해 호의적 인식을 지녔다. 러일전쟁 이후 일본이 한국을 완전히 지배하려는 야욕을 드러내자 이에 대한 비판의 논설이 상당수 나타난다. 그 주된 이유는 강화도 조약에서 비롯하여 그 후 체결된 조약에서 일본이 여러 차례 선언한 '한국의 독립보장'이라는 신의를 지키지 않는데 대한 비판이었다. 이는 그들이 일본 내에서의 '일한동맹론', '동양삼국제휴론'이 으레히 일본맹주론을 동반하고 있었으며, 나아가서는 그 맹주의 문명지도를 빙자한 침략까지도 긍정하는 이론임을 알지 못하고 있었음을 보여주는 것이었다.

그러나 일제의 침략성을 체험하면서 인종경쟁적 관념에서 한국 종족의 보존, 민족경쟁의 관념이 대두되었다. 나아가 국권회복기에 이르면 국수보전, 국혼이 강조되어 인식의 변화를 나타낸다.

당시 시대 문제를 해결하기 위해서 이들은 우선 서양의 기술문명은 물론 서양의 정치사상까지 도입하고자 하였다. 그들이 도입하였던 서양의 정치이론은 종래의 정치론이었던 유교와의 조화위에서 거론되고 있었다. 우선 서구법의 수용에 있어서 기존의 동양법을 인정하고 보완하는 의미에서 수용한다는 기단취장의 태도를 견지하였다. 법치의 중요성을 강조한 이유는 절대군주의 자의적인 지배를 막자는 데 있고 그를 위해 의회에 의한 립법, 법률에 의한 재판, 법률에 의한 행정을 추구하자는 것 이었다. 특히 개인의 권리는 모두 법에 의해서 만이 보장된다고 생각하였다. 입헌군주론을 선호하였지만 대체로 통치권 자체를 주권으로 간주하여 신민의 그 통치권에의 절대복종을 강요함으로써 군주권이 부정되지 않는 입헌제였다. 또한 서구의 의회가 행정부로부터 철저히 분리, 독립되어 운용된다는 것을 알고 있으면서도 우리나라에서는 서구와는 달리 군권의 통어를 받으면서 군주를 보좌하는 자문기관의 성격에 한정시키고자 하였다. 이런 태도는 민권론에서도 나타나듯이 당시 민중세력의 능력에 대한 부정적 평가가 바탕이 되어 민중의 정치참여는 배제한 체 집권세력과 신흥지식계층을 중심으로 한 정치개혁, 개화자강을 추구하려 했던 것을 엿볼 수 있다. 또한 계몽의 주된 대상을 봉건유생층에 두고 이들에 대한 계몽을 목적으로 하였던 만큼 민선의 의회를 설립하는 것이 오히려 보수 세력의 반동을 유발할 우려가 있다는 점에서 비교적 관심이 낮았던 것이라고 생각된다.

이런 점은 국가관에서도 나타난다. 자연법사상, 천부인권설, 사회계약설에 의해 인간의 자유의사에 의해 국가가 형성되었다는 논리를 받아들였다. 또한 국가의 성립 목적도 인류의 천부권인 자유와 생활, 복리를 달성하기 위해 법리적 관계를 바탕으로 성립된 것이므로 국가는 인민의 생활복지를 보호 발달케 하는 의무가 있다고 보았다. 국민주권론을 주장하였지만 민권의 구체적 실현에 있어서 그들은 국민의 국가에 대한 권리보다 의무를 강조하였다. 그 이유는 국민 각자의 지식수준이 발달하지 않았다는 것이다. 또한 국가성립 시 인민이 가진 자연권을 군주에게 양도하였기 때문에 국민은 국가나 군주의 권리를 인정하여야 하며, 나아가 군주와 국민의 관계를 동양적인 가부장적 관계로 파악하고 국민에 국가에 대한 의무를 중요시 하였다. 이들은 서구의 자연법사상 천부인권설에 영향을 받아서 국민의 국정참여를 주장하면서도 사회진화론적 인식에 의해 경쟁의 주체는 국가였고 그 국가의 체현으로서 군주를 중시하였다. 이것이 유교적 윤리와 결부됨으로서 강력한 왕권을 바탕으로 한 국권의 강화를 주장하였다. 그 결과 서구의 정치제도를 받아들이되 국가를 중시한 외견적 입헌군주제를 추구하였다. 동시에 민권은 제한적이었으며 충군애국을 상당히 중시하였다. 의회 구성이나 선거에 국민들이 참여하는 것을 반대하였으며 더욱이 힘에 의한 적극적 정치참여, 즉 국민의 국가에 대한 저항권은 인정하지 않고 있다. 즉 폭정이나 압정에 대항하는 수단으로써의 민중궐기에 대해서는 부정적 견해였다. 의병을 창기하는 것은 왕명이나 실정법을 무시한 행위라고 규정짓고 더욱이 외세에 대항하고자 한 의병에 대해서도 비판을 가하고 있다. 오직 법에 의한 민의 전달, 준법을 강조함으로써 통감부 치하의 일본 통치법을 인정하는 오류를 범하고 있다.

『황성신문』의 이와 같은 태도는 『독립신문』이나 애국계몽운동기의 학회들의 논조와도 맥락을 같이 하고 있다. 의병의 발생요인에 대한 긍정적 태도나 일부 계몽인사들의 의병을 지지하는 견해가 있지만 대부분 의병에 대해서는 부정적이다. 이는 임오군란, 갑신정변, 동학농민혁명 등 힘에 의한 움직임이 오히려 외세에 이용되어 배상금지불, 조약체결 등으로 국가를 더욱 위난에 처하게 하였다는 점도 작용하였다고 본다.

또 정치개혁을 완수하기 위해선 적자만이 살아남을 수 있는 경쟁의 시대를 맞이하여 존망의 위기에 처한 나라를 구하기 위해선 가치체계의 근본적인 혁신이 필요하다고 보았다. 이를 위해선 허명개화를 타파하고, 반상의 차별을 폐지하고, 허학위주의 학문풍토를 타파하여 실학을 추구하고, 과부의 재가금지나 조혼 제도의 폐지, 근로심 고취, 의뢰심 나태성의 불식, 국가사상과 정신의 함양이 필요하다고 주장하였다. 또한 양반의 수탈·탐학 금지, 잡세의 일소 등 행정을 바로잡기 위해서는 국가관리층에 대한 교육, 공정한 인사행정, 지방자치제도의 실시가 필요하다고 하였다. 그러나 관리계층별로 볼 때 최고관리층 보다는 중간 또는 하급관리층 특히 지방관리층을 주 대상으로 하였다는 한계점을 지니고 있다.

『황성신문』은 경제적으로 정부측이 주도한 갑오개혁, 광무개혁처럼 지주, 상업자본을 중심으로 한 농업, 상업, 공업의 진흥을 도모하였다. 산업진흥을 통하여 이들이 추구했던 경제체제가 봉건적 경제체제를 지양하고 자본주의를 도입 정착시키는 데 목적을 두었다. 이를 위해 선진 자본주의 국가와의 문호개방, 교류촉진과 재정개혁, 화폐개혁 등 내정개혁을 촉구하면서 자본주의적 발전을 추구하였다. 그를 위한 방법으로는 서구과학기술의 적극적 수용이 필요하며 서구열강에 대한 이권양여를 자제해야 된다고 주장하였다. 이들은 열강의 이권양여 요구를 국권침탈, 국토분할 요구로 인식하고 국가의 재정확보와 국력 쇠퇴를 막기 위해서 강력히 반대하였다. 이러한 면은 독립신문의 인식보다 진일보하였음을 알 수 있다.

『황성신문』의 경제개혁은 낙후된 한국경제를 살리기 위해서 서구열강과 같은 공업진흥이 필요하다고 보았다. 공업진흥에 필요한 막대한 재원을 마련하기 위해 그 전단계로서 상업진흥을 추구하였다. 또 당시 인구의 대부분을 차지하고 있는 농업문제를 떠나서는 상업진흥, 공업진흥을 이룩하여 근대국가를 수립한다는 것도 기대하기 어려운 상황이었다. 이에 따라 서구의 기계농업, 기업농업을 소개하고 새 농업과 농기구 개량등 농업생산성을 제고하기 위한 다각적인 방법을 제시하였다.

그러나 당시 가장 큰 문제로 남아있던 토지문제에 대해서는 관심이 거의 없다. 이러한 태도는 개화 초기 이래 개화사상가들이 각종 정책이나 개혁을 주장하면서도 토지개혁에 대해서는 언급이 없었던 점과 일치한다. 결국 이들이 추구하였던 자본주의 경제체제의 도입, 정착의 주도세력은 기반 확립과정에서 정부 특히 행정부의 능동적 역할을 강조하였으며, 지주자본의 산업자본으로의 전환을 통한 산업구조 개편을 의도한 것이지 중산적 생산자층의 성장 확대를 통한 자본주의 경제체제의 도입은 아니었다.

이들은 자본주의 체제로의 전환에서 자본축적의 방법으로 자유무역주의원칙을 근본으로 하고 있다. 또 자유상업체제의 발전을 꾀하였다. 그러나 이들은 자유주의 무역이 갖고 있는 문제점이나 일본상인들의 상권침해에 따른 피해에 대한 인식이 부족하여 한국경제를 보호하기 위한 보호무역주의나 불리한 조약개정등에 대한 인식을 하지 못하였다는 한계점을 지니고 있다.

『황성신문』에서 유교개혁을 보면 대부분의 관련논설이 1905년 이후에 집중적으로 게재되고 있다. 시대적으로 대한제국의 경본예참정책의 추진으로 유학에 대한 인식의 변화도 있지만 부국강병이 시급한 상황에서 봉건유생층의 사상적 전환이 보다 빠른 계몽세력의 확대를 가져올 수 있다는 기대감이 작용했을 것이다. 또 모든 정치활동이 금지되었고 일본에 의해 우리의 자주권이 박탈당하는 상황에서 '우리의 것'에 대한 인식도 작용하였다고 본다. 전통의 재긍정이라는 입장에서 유교의 폐단을 시정하여 국가사상과 애국심을 함양하고자 하였다. 그렇기에 이들의 유교개혁론은 유교를 통한 근대화・문명개화를 목표로 하고, 유교를 하나의 종교적 조직으로 만들고자 하였다. 국가의 주권이 침해되고 있는 상황에서 국가의 부국강병을 도모하기 위한 방법으로 종교의 발전을 도모하였던 것이다. 즉, 유교를 불교나 기독교와 마찬가지로 종교적 위치로 만들어서 국민계몽의 방법으로 이용하고자 하였다. 또 국민교육을 실현하기 위한 방법의 하나로 유생층의 신교육참여를 주장하였다. 당시 사립학교 설립과 교육진흥의 분위기와 더불어 순조롭지는 않지만 유생층의 인식전환과 신학수용의 논리적 근거를 마련해 주었으며, 전통교육기관인 향교나 서원재산이 신교육으로 전환하는 데 영향을 주기도 하였다.

『황성신문』의 교육에 대한 인식은 앞서의 모든 문제의 선결과제로서 또는 실현가능한 개혁으로 추진할 수 있는 열쇠로 보았다. 그러므로 교육목표는 민지를 개발하고 힘을 길러 국권을 회복하는 데 중점을 두었다. 학문의 유무가 국가의 흥망을 결정짓는 요인이라고 보았다. 열강의 침략, 일본의 보호정치가 실시됨에 따라 여기에 대응할 주체양성을 위해서는 자주성 확립이 필요하다고 하여 정신교육을 강조하였다. 국가와 민권에 대한 근대사상, 종교, 역사, 지리, 국문교육을 통한 '국혼'을 되살려 애국심과 자주심을 고취하려 하였다. 이 같은 『황성신문』의 교육론은 자강을 실천하기 위한 방법으로서 정신적 출발이라는 점에서 중시되었던 것이다. 또 국민의무교육, 남녀평등교육, 가정교육이 중시됨으로써 여성교육에 관한 관심도 높아졌지만 완전한 남녀평등이라는 의미보다는 국권회복을 위한 적극적인 남성에 대한 상호보완・보조인으로서의 역할분담이라는 의미를 지니고 있다. 교육내용에 있어서도 허학위주에서 벗어나 민력을 증진시키고 국력을 증진시키기 위해서는 실학을 바탕으로 한 교육, 즉 서구의 자연과학 사회과학에 대한 교육이 필요하다고 보고 이를 강조하였다. 이상의 목적을 적극적으로 실현하기 위한 방안으로서 사립학교 설립, 학회활동, 교과서 편찬과 보급의 중요성을 역설하였다. 또 국가의 자주 자립을 위한 실력양성은 교육기관 이외의 기관을 통해 서로 이룩해야 할 시급한 업무였고, 민족의 단결이 요구되었던 만큼 『황성신문』은 단체와 학회를 근대정당으로 간주하고 단체육성을 강조하였다. 이는 당시 정치활동이 금지된 상황에서 하나의 탈출구이자 국민단합을 추진할 수 있는 기구로서의 역할을 기대하였기 때문이다.

이상과 같이 본고에서는 『황성신문』에 나타난 계몽사상을 살펴보았다. 『황성신문』은 기존의 개화운동의 한계성을 탈피하는 방법으로 봉건 유생층의 계몽을 통해 개화세력으로의 전환을 유도함으로써 '위로부터의 개혁'을 추진한다는 방법을 내세웠다. 유교개혁을 통한 새로운 사회구상을 하되 모든 개혁과 정책실현의 방법을 교육에 두었음을 알 수 있었다. 『황성신문』의 내용을 분석하는 과정에서 이들의 주장이 실제적으로 어떻게 반영되고 실현되었나를 규명하기 위해선 국내 기사가 실린 잡보나 『독립신문』『제국신문』『대한매일신보』와 같은 비슷한 시기의 다른 신문과의 비교·분석이 필요하다는 미진한 점이 있으나 추후 계속하여 연구할 과제로 삼고자 한다.

참고문헌

〈자료집〉

『漢城旬報』『漢城周報』『獨立新聞』『皇城新聞』『大韓每日申報』『帝國新聞』『大韓民報』『高宗實錄』『日本外交文書』『尹致昊日記』『大韓季年史』『俞吉濬全書』『韋庵文稿』『申采浩全集』『朴殷植全書』『黃玹全集』『舊韓末官報』『日本外交資料集成』

〈문헌〉

강덕상 외, 『갑신갑오기의 근대변혁과 민족운동』, 청아, 1983.
강만길, 『분단시대의 역사인식』, 서울, 삼영사, 1982.
_____, 『한국근대사』, 서울, 창작과 비평사, 1984.
강재언 외, 『봉건사회해체기의 사회경제구조』, 서울, 청아출판사, 1982.
_____, 『한국의 개화사상』, 서울, 비봉출판사, 1981.
_____, 『한국근대사상사연구』, 서울, 한울, 1983.
_____, 『한국의 근대사상』, 서울, 한길사, 1985.
국사편찬위원회, 『한국사』 16 - 19, 탐구당, 1974.
금장태, 『한국근대의 유교사상』, 서울대출판부,1990.
김민환, 『개화기 민족지의 사회사상』, 서울, 나남, 1988.
김영작, 『한말내셔날리즘연구』, 서울, 청계, 1989.
김용섭, 『한국근대농업사연구』, 일조각,1975.
김원희, 『한국의 개화교육사상』, 한국교육학총서,5, 학문사, 1988.
김흥수, 『한국근대역사교육연구』, 서울, 삼영사,1990.
노영택, 『일제하민중교육사』, 서울, 탐구당, 1979.
박용옥, 『한국 근대 여성운동사연구』, 서울, 정신문화연구소, 1984.
_____, 『한국근대교육사』, 연세대출판부, 1971.

손인수, 『한국 개화기 교육연구』, 서울, 일지사, 1980.
______, 『한국 근대민족교육의 이념연구』, 문음사, 1983.
송건호, 강만길 편, 『한국민족주의론』, 서울, 창작과 비평사, 1982.
신복룡, 『한말 개화사상연구』, 서울, 평민서당, 1987.
신승하, 『근대 중국의 서양인식』, 고려원, 1985.
신용하 편, 『독립협회연구』, 서울, 일조각, 1976.
________, 『박은식의 사회사상 연구』, 서울대출판부, 1982.
________, 『사회사와 사회학』, 서울, 창작과 비평사, 1982.
신일철, 『신채호의 역사사상 연구』, 서울, 고려대 출판부, 1981.
안병직, 『신채호』, 서울, 한길사, 1979.
안병태, 『한국근대경제와 일본제국주의』, 서울, 백산서당, 1982.
양동순, 『개화기 민중교화사』, 서울, 창문각, 1989.
역사학회 편, 『일본의 침략정책사연구』, 일조각, 1984.
__________, 『노일전쟁전후 일본의 한국침략』, 일조각, 1986.
__________, 『한국근대민족주의운동사연구』, 일조각, 1987.
오천석, 『한국신교육사』, 현대교육총서출판사, 1964.
유동준, 『유길준연구』, 일조각, 1987.
유영열, 『개화기의 윤치호연구』, 서울, 한길사, 1985.
윤건차, 『한국 근대교육의 사상과 운동』, 서울, 청사, 1987.
이기준, 『한말 서구경제학 도입사연구』, 서울, 일조각, 1985.
이광린, 『개화당 연구』, 서울, 일조각, 1973.8.
______, 『한국개화사연구』, 서울, 일조각, 1982.
______, 『한국 개화사의 제문제』, 서울, 일조각, 1986.
______, 『개화파와 개화사상연구』, 서울,일조각, 1989.
이광주 편, 『역사와 사회과학』, 서울, 한길사, 1981.
이만규, 『조선교육사』, 을유문화사, 1947.
이만열, 『박은식』, 서울, 한길사, 1980.

이현희,『한국근대사의 모색』, 서울, 이우, 1979.
정신문화연구소 편,『근대 민족교육의 전개와 갈등』, 1982.
______________,『일제하 교육이념과 그 운동』, 1986.
______________,『한국 신교육의 발전연구』, 1984.
______________,『한국의 민족교육과 일제교육과의 갈등』, 1988.
정재철,『일제의 대한국식민지교육정책사』, 일지사, 1985.
조기준,『한국 자본주의성립사론』,서울 고려대아세아문제연구소, 1973.
조항래,『한말 사회단체사 논고』, 형설, 1972.
차기벽,『한국민족주의의 이념과 실태』 서울. 까치,1978.
최문환,『민족주의의 전개과정』, 서울. 박영사,1975.
차석기,『한국민족주의 교육의 연구』, 진명문화사, 1976.
최 준,「한국신문사』, 일조각, 1960
_____,『한국신문사논고』, 일조각, 1976.
최홍규,『신채호의 민족주의사상연구-생애와 사상』, 단제신채호기념사업회, 1983
한국경제사학회,『한국사시대구분론』, 서울 을유문화사,1973.
한국사연구회 편,『한국 근대사회와 제국주의』, 삼지원, 1985.
____________,『청일전쟁과 한일관계』, 일조각, 1985.
한국정치외교사학회 편,『한국독립운동과 열강관계』, 평민사, 1985.
한길사 편,『한국사회연구』 2, 한길사, 1984.
한흥수,『근대한국민족주의 연구』, 서울, 연세대출판부, 1977.
홍이섭,『한국근대사』, 서울, 연세대출판부, 1975.
황성규,한태호 공저,『근대 일본 정치문화사』, 시사일본어사, 1986.

〈논문류〉

강만길, "대한제국시기의 상공업문제", 『아세아연구』, 16-2, 1973.

______, "유길준의 논문, 중립론", 『창작과 비평』, 1973, 겨울.

______, "대한제국의 성격", 『창작과 비평』, 48, 1978.

______, "한국독립운동의 역사적 배경", 『아세아연구』, 21-2, 1978.

강만생, "황성신문의 현실개혁구상", 『학림』 9, 1987.

강윤호, "개화기의 교육실태", 『논총』 5, 이화여대 한국문화연구원.

______, "개화기학회 및 교육회설립과 교과용도서 편찬의 경위", 『한국문화연구』 제5집, 1964.

구범모, "개화기 정치의식 상황연구", 『한국정치학회보』, 3, 1969.

구자혁, "장지연의 역사의식과 교육론", 『역사교육』 27, 1980.9.

금장태, "근대 유교개혁사상의 유형과 사상사적 전개", 『국사관논총』 2, 1989.

김경태, "한국 근대교육 형성의 사상적배경", 『이화사학연구』 10, 1978.

______, "한국 근대화의 전개와 담당주체", 『이화사학연구』 17-18, 1988.

김기주, "황성신문에 관한 고찰", 『호남대논문집』 8, 1987.

김도형, "한말 계몽운동의 정치론 연구", 『한국사연구』 54, 1986.

______, "한말 계몽운동의 지방지회", 『손보기박사정년기념논총』, 1987.

______, "대한제국말기의 국권회복운동과 그 사상", 연세대대학원박사학위논문,1988.

______, "대한제국기 계몽주의 계열 지식층의 '삼국제휴론', '인종적 제휴론'을 중심으로", 『한국근현대사연구』 13, 2000.

김봉렬, "유길준의 개화사상", 『경희사학』, 1983, 7.

김성준, "구한말의 국사교육에 대하여", 『대동문화연구』, 8,1971.

김숙자, "구한말 항일의식에 관한 연구--신문논조를 중심으로", 『사학연구』, 30, 1980.

______, "독립협회의 교육사상", 『한국사연구』 30,1980.

______, "독립협회의 교육구국운동", 『한국사논총』, 4,성신여대, 1981.

______, "구한말 여성지의 구국교육론", 『민족운동사연구』 2,1988.

김여칠, "한국 개화기의 국사교과서와 역사인식", 단국대박사학위논문, 1985.

김영국, "한말민족운동의 계보적 연구", 『한국정치학회보』, 3, 1969.

김영애, "대한매일신보의 항일자주의식 연구", 『성신여대 인문과학연구』, 1, 1981.

김영호, "위암 장지연의 생애와 사상", 『신동아』, 1972.4.

______, "유길준의 개화사상", 『창작과 비평』, 1968, 가을.

______, "한말 서양기술의 수용", 『아세아 연구』, 11-3, 1968.

김용선, "위암장지연의 제논설에 나타난 교육관", 『원광대학위논총』 15,1985.

김용섭, "일본 한국에 있어서의 역사서술", 『역사학보』 31, 1966.

김운태, "조선왕조의 개항이후에 있어서의 행정근대화 과정에 관한 연구", 『문교부 학술지원 연구논집』, 1969.

김일호, "근대사립학교의 설립이념연구", 『사학연구』 23, 1972.

김정해, "1895 ~ 1910 사립학교의 설립과 운영", 『역사교육논집』 11, 1987.

김창수, "한말의 국학진흥운동과 민족의식", 『동헌남도영박사화갑기념사학논총』, 1984.

김흥수, "한말 역사교육 및 교과서에 관한 연구", 『역사교육』 29, 1981.

______, "한국근대의 사립학교에 관한 연구", 『춘천교대논문집』 28, 1988.4.

남시욱, "한성순보와 조선의 대외관계", 『신문연구』, 30, 1980, 여름.

박성근, "독립협회의 사상적 연구", 『이홍식 박사회갑기념 한국사학논총』, 1969.

박영신, "독립협회 지도세력의 상징적 의식구조", 『동방학지』 20, 1978.

박종홍, “서구사상의 도입비판과 섭취”, 『아세아연구』 35, 1969.
박찬승, “한말 자강운동론의 각계열과 그 성격”, 『한국사연구』 68, 1990.
백동현, “대한제국기 언론에 나타난 동양주의 논리와 그 극복”, 『한국사상사학』 17, 2001
______, “러일전쟁 전후 ‘관족’용어의 등장과 민족의식”, 한국사학보 10, 2001
변승웅, “대한제국정부의 경본예참정책과 유생층의 신교육참여”, 『건대사학』 7, 1989.
손인수, “한국 근대이후 교육가치관의 변천연구”, 『한국교원대 교수논총』 5-1.
송건호, “서재필의 자주적 근대화사상”, 『한국의 근대사상』, 서울, 삼성출판사, 1977.
송병기, “광무개혁연구-그 성격을 중심으로”, 『사학지』 10,
신복룡, “조선말기 개혁사상의 맥락”, 『현대사회』, 1983.6.
신순철, “개화기 언론의 종교관 연구”, 석사학위논문, 고려대 대학원, 1980.
______, “애국계몽운동기의 유교개혁사상 운동”, 『한국종교』 8, 1983.
신용하, “박은식의 애국계몽사상”, 『성곡논총』, 1976.9.
______, “한국독립운동의 사상사적 성격”, 『아세아연구』 21-1, 1978.
______, “신채호의 애국계몽사상”, 『한국학보』 19, 1980.6.
______, “한말애국계몽사상과 운동”, 『한국학보』 1, 1980.
안병직, “19세기 말 20세기 초의 사회경제와 민족운동”, 『창작과 비평』 8-4, 1973.
______, “단재 신채호의 민족주의”, 『창작과 비평』, 1973, 가을.
유영열, “독립협회의 민권사상연구”, 『사학연구』 22, 1973.
______, “독립협회의 민권운동 전개과정”, 『사총』 17-18, 1973.
______, “대한자강회의 애국계몽운동”, 『한국근대민족주의운동사연구』,

1987.
윤남한, “장지연의 생애와 자강사상”, 『한국의 근대사상』, 서울, 삼성출판사, 1977.
윤명철, “한말 자강사학에 대하여”, 『국학연구』 2, 1988.10.
윤영원, “개화기 여성교육”, 『한국근대 여성연구』 숙명여대 아세아 여성문제연구소, 1987.
이광린, “한성순보와 주보에 대한 고찰”, 『역사학보』 38, 1969.8.
______, “서재필의 독립신문 간행에 대하여”, 『진단학보』 39, 1975.
______, “독립신문 평가의 몇 가지 새 사실”, 『신문평론』 1975.11.
______, “유길준의 개화사상”, 『역사학보』 75-76, 1977.
______, “구한말 진화론의 수용과 영향”, 『세림한국학 논총』 1, 1977.
______, “황성신문연구”, 『동방학지』 53, 1986.
______, “구한말 관서지방 유학자의 사상적 전회”, 『우계이병도박사 구순기념 한국사학논총』, 1987.
______, “개화기 한국인의 아시아연대론”, 한국사연구』 61-62, 1988.
이광재, “매스콤사 연구방법에 관한 고찰”, 『경희대 사회과학연구』 9, 1983.
이대룡, “한성순보에 관한 연구”, 석사학위논문, 중앙대 대학원, 1967.
이만갑, “독립신문에 표시된 가치관념”, 『한우근박사 정년기념사학논총』 1981.
이만영, “구한말 애국계몽운동의 대의병관”, 『해사논문집』 18, 1983.
이배용, “개항후 한국의 광업정책과 열강의 광산탐사”, 『이대사원』 10, 1972.
이송희, “한말 애국계몽사상과 사회진화론”, 『부산여대사학』 2, 1984.
______, “대한제국말기 애국계몽학회연구”, 이화여대박사학위논문, 1986.
이해창, “한국 초기 기독교신문에 대한 고찰”--그 사명감을 중심으로, 『이대논집』 18, 1971.8.

______, "한말 국권회복과 민족언론", 『한국사학』 2, 1980.6.
이현종, "구한말 외국인고빙고", 『한국사 연구』 8, 1972.
______, "개화기의 사상", 『한국학』 6, 1975.
이현희, "대한협회에 관한 연구", 『아세아연구』 8-3, 1970.
______, "19세기말 일제의 한국철도 부설권 쟁취문제", 『건대사학』 3, 1973.
______, "19세기 후반의 한국 개화운동관고", 『성신여사대연구논문집』 7, 1975.
임근주, "동양에 있어서의 근대신문 생성과정에 관한 비교사적 연구", 『아세아연구』 36, 1962.
______, "언론인으로서의 위암선생", 『나라사랑』 5, 1971.
______, "한국커뮤니케이션사 연구방법에 관한 일고찰", 『신문연구』 21, 1975 봄
임치환, "협성회회보 논고", 『신문방송연구』 4, 1975.9.
전봉덕, "서재필, 독립신문, 법률사상", 『신문평론』 63, 1976.2.
정경숙, "대한제국기 여자교육회의 조직과 구성원연구", 『정신문화연구』 34,1988.5.
정방준, "광무신문지법에 관한 소고", 『신문방송연구』 3, 1973.10.
정순목, "한국개화교육의 이상과 전개", 『한국교육연구』 1, 1980.
정영희, "개화기 실업교육에 관한 연구-독립신문을 중심으로-", 『우인김용석박사 정년기념 사학논총』, 1988.9.
정은경, "대한매일신보에 대한 고찰", 『신문평론』 18, 1966.
______, "대한매일신보의 주체적 자세", 『자유공론』 7, 1967.
정진석, "언론사 연구", 『신문연구』 30, 1980.7.
______, "노일전쟁이후 한일합방까지의 한국언론과 언론통제연구", 『신문연구』 32, 1981 여름.
정진석, "한국신문의 발달연구", 『최준교수 정년기념논문집』, 1979.

정창열, "한말 신채호의 역사의식", 『손보기박사 정년기념논총』, 1987.
조동걸, "한말 사서와 그의 계몽주의적 허실(상)", 『한국독립운동사연구』 1, 1987.
_____, "한말 사서와 그의 계몽주의적 허실(하)", 『한국학논총』 10, 1988.
_____, "한말 계몽주의의 구조와 독립운동상의 위치", 『국민대 한국학논총』 11, 1989.

조항래, "구한말 언론기관의 항일구국논조상" 『효성여대 연구논집』 20,1978.
_____, "독립신문의 여성교육논조고", 『여성문제연구』 10,1981.11.
_____, "한말신문의 발달과 논조에 관한 고찰" 『한우근박사 정년기념 사학논총』,1981.
주진오, "독립협회의 대외문제에 대한 인식과 대응", 연세대석사학위논문, 1984.
_____, "독립협회의 사회사상과 사회진화론", 『손보기박사 정년기념 논총간행회』, 1987.
차기벽, "한말정치사의 연구", 『성곡논총』 1,1970.
천관우, "장지연과 그 사상" 『백산학보』 3,1967.11.
최 준, "한성순보에 대한고찰", 『향토서울』 2, 1958.6.
_____, "고종시대의 커무니케이션형태의 고찰" 『사학연구』 3, 1959.
_____, "독립신문판권과 한미교섭", 『중앙대논문집』 13,1968.10.
_____, "한성순보의 뉴스원에 대하여", 『신문학보』 2, 1969.11.
최기영, "광무신문지법에 관한 연구" 『역사학보』 92, 1981.12.
_____, "구한말 '경남일보'에 관한 고찰", 『언론문화연구』 6, 1988.9.
_____, "구한말 '공립신보' '신한민보'에 관한 일고찰", 『동아연구』 17, 1989.
_____, "황성신문의 역사관련기사에 관한 검토", 『한국근현대사연구』 2,

1995.

최덕수, “독립협회의 정체론 및 외교론 연구”, 『민족문화연구』 13, 1978.

______, “한말 일본유학생의 대외인식연구”, 『공주사대논문집』 22, 1984.

최서영, “한국의 초기 개화운동과 신문-한성순보에 관한 연구”, 『신문연구』 8, 1972.

최종고, “한말 경향신문의 법률계몽운동”, 『한국사연구』 26, 1979.

최진우, “독립신문에 관한 연구”, 『중앙대학교 논문집』 16, 1971.

______, “독립신문의 기능에 관한 연구”, 『노산이은상박사 고희기념논문집』, 1973.

최홍규, “신채호의 애국계몽사상 연구”, 『성곡논총』 7, 1976.

추헌수, “한국민족의식의 형성 전개과정에 관한 시론적 연구” 『연세논총』 5,1968.

한미라, “대한매일신보에 나타난 교육구국론”, 『숙대사론』13.14.15, 1989.

한우근, “개화당시의 위기의식과 개화사상”, 『한국사연구』 2, 1968.

한흥수, “독립협회회보의 내용분석”, 『연세대 사회과학논집』 6, 1973.

홍이섭, “구한말 국사교육과 민족의식”, 『연세대 인문과학논집』, 32, 1974.

찾아보기

(ㅇ)

(ㅈ)

(ㅊ)

(ㅌ)

(ㅎ)